Lehrkräftebildung von morgen

Nicole Graulich, Julia Arnold,
Stefan Sorge & Marcus Kubsch (Hrsg.)

Lehrkräftebildung von morgen

Beiträge der Naturwissenschaftsdidaktiken zur
Förderung überfachlicher Kompetenzen

Waxmann 2024
Münster • New York

Gefördert durch die Joachim Herz Stiftung.

Bibliografische Informationen der Deutschen Nationalbibliothek
Die Deutsche Nationalbibliothek verzeichnet diese Publikation in
der Deutschen Nationalbibliografie; detaillierte bibliografische
Daten sind im Internet über http://dnb.dnb.de abrufbar.

Print-ISBN 978-3-8309-4796-7
E-Book-ISBN 978-3-8309-9796-2
https://doi.org/10.31244/9783830997962
Das E-Book ist unter der Lizenz CC BY-NC-SA 4.0 DE open access verfügbar.

© Waxmann Verlag GmbH, 2024
Steinfurter Straße 555, 48159 Münster

www.waxmann.com
info@waxmann.com

Umschlaggestaltung: Nicole Weber, IPN
Umschlagbild: © karpenko_ilia – stock.adobe.com
Satz: MTS. Satz & Layout, Münster
Druck: Elanders GmbH, Waiblingen

Gedruckt auf alterungsbeständigem Papier,
säurefrei gemäß ISO 9706

Dieses Buch wurde
klimaneutral produziert

Printed in Germany

Inhalt

Teil III   Unterricht in den Naturwissenschaften im 21. Jahrhundert

https://doi.org/10.31244/9783830997962.01

Lehrkräftebildung von morgen

Mit dem Ziel, innovative Lehrkonzepte und -ansätze in der Lehrkräftebildung zu bündeln und über Standortgrenzen bekannt und nutzbar zu machen, haben wir vor zwei Jahren gemeinsam mit Kolleginnen und Kollegen aus den Naturwissenschaftsdidaktiken den Band „Lehrkräftebildung neu gedacht" veröffentlicht. Diese erste Sammlung an Konzepten für die Lehrkräftebildung der Naturwissenschaften sowie die dazu ausgerichtete Tagung und das Interesse am Podcast haben nicht nur den Bedarf an Austauschformaten deutlich gemacht, sondern auch gezeigt, wie vielfältig und innovativ die zukünftigen Lehrkräfte in den Naturwissenschaften und deren Didaktiken schon heute professionalisiert werden.

Zum Podcast

Bereits beim ersten Band wurde deutlich, dass es viel mehr interessante Ansätze gibt, als es eine einzige Ausgabe leisten kann. Darüber hinaus steht die Schullandschaft nach der Covid-Pandemie durch die Digitalisierung und den aktuell diskutierten Lehrkräftemangel vor großen Herausforderungen. Gleichzeitig muss Schule den gesellschaftlichen und globalen Entwicklungen gerecht werden, die ein Weiterdenken der Inhalte für den naturwissenschaftlichen Unterricht erfordern, um die Lehrkräfte von morgen zu befähigen, die Schülerinnen und Schüler von morgen auf ein Morgen oder gar Übermorgen vorzubereiten. Bildung für nachhaltige Entwicklung (BNE), die Auseinandersetzung mit dem Klimawandel und seinen Folgen, der Bedarf der Förderung von Scientific Literacy, aber auch ein diversitätssensibler Unterricht erfordern neue Konzepte für den Unterricht sowie auch für die Lehrkräftebildung. Diesen aktuellen und zukunftsbezogenen Themen widmen wir uns nun in diesem zweiten Band „Lehrkräftebildung von morgen". Insgesamt 32 Beiträge aus den Fachdidaktiken der Chemie, Biologie, Physik und Geographie, aus Deutschland, der Schweiz und Öster-

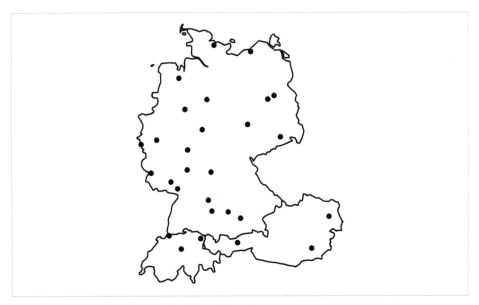

Abb. 1: Mit Beiträgen vertretene Hochschulstandorte.

reich (siehe Abb. 1. Standorte) zeigen, wie Lehrkräftebildung von morgen aussehen kann.

Eingeleitet wird das Buch durch drei Essays von Vertreterinnen außerhalb der Naturwissenschaftsdidaktik. Johanna Kranz vom rheinland-pfälzischen Kompetenz-zentrum für Klimawandelfolgen lädt uns ein, darüber zu reflektieren, wie sich Schule, Lehrkräfte und Lehrkräftebildung in Zeiten der Klimakrise verändern müssen. Silja Graupe, Präsidentin der Hochschule für Gesellschaftsgestaltung, setzt hier an: Wie gelingt es, diesen Wandel zu gestalten? Friederike Hendriks vom Institut für Kom-munikationswissenschaft und Institut für Pädagogische Psychologie der Technischen Universität Braunschweig stellt die Frage danach, wie wir einen informierten Umgang mit Wissenschaft im Alltag erreichen können. Es folgen Beiträge aus der naturwissen-schaftsdidaktischen Praxis in der Lehrkräftebildung.

Im ersten thematischen Abschnitt stehen verschiedene Konzepte zur Thematisie-rung von BNE im Vordergrund; es wird gezeigt, wie sich diese Thematik in Lehramts-modulen umsetzen lässt. Hier reicht das Spektrum der Beiträge von interdisziplinär organisierten Kursen über die digitale Umsetzung von BNE-Konzepten bis hin zu ga-mifizierten Ansätzen. Im zweiten thematischen Abschnitt stehen Herausforderungen des 21. Jahrhunderts im Vordergrund der Beiträge, d. h. Themen wie Diversitätssensi-bilität und Inklusion sowie ein kritisch reflektierter Umgang mit Informationen. Über Genderkompetenz, Citizen-Science-Projekte und Computational Thinking wird auch hier die Interdisziplinarität der Beiträge deutlich. Diese braucht es, um den globalen Herausforderungen und Zielsetzungen für eine moderne Lehrkräfteprofessionalisie-rung begegnen zu können.

In allen Themenabschnitten finden sich Beiträge im Lang- oder Kurzformat. Kurzbeiträge fokussieren stärker auf einzelne Innovationen, während Langbeiträge ganze Konzeptionen von Lehrveranstaltungen beschreiben. Bei einigen Beiträgen steht Open-Access-Material auf der Website zur Verfügung. Dieses reicht von einzelnen Tools hin zu Konzeptionen von Seminaren und soll dazu beitragen, die Lehre am eigenen Standort weiterzuentwickeln.

 Zum E-Book

Abschließend möchten wir der Joachim Herz Stiftung unseren Dank für die großzügige Unterstützung bei der Finanzierung dieses Projektes aussprechen. Weiterhin gilt unser Dank allen Autorinnen und Autoren, die eine zeitnahe und reibungslose Zusammenarbeit und diesen Blick in die Zukunft über Fächer- und Landesgrenzen hinweg möglich gemacht haben.

Wir hoffen, dass dieses Buch Dozierende in den Naturwissenschaften und deren Didaktiken anregt, neue Wege zu gehen, Konzepte auszuprobieren, zu adaptieren und weiterzuentwickeln, um angehende Lehrkräfte auf ein Morgen vorzubereiten.

Die Herausgebenden
Nicole Graulich, Julia Arnold, Stefan Sorge, Marcus Kubsch

Teil I
Perspektiven auf die
Lehrkräftebildung von morgen

Unterrichten in der Klimakrise

Klimagefühle und kollektives Handeln als Ressourcen zur
Ermächtigung junger Menschen

Johanna Kranz

In was für einer Welt werden Lehrkräfte von morgen unterrichten? Eine Welt, die
maßgeblich von Entscheidungen und Maßnahmen abhängig ist, die wir dieses Jahr-
zehnt treffen und umsetzen. Entscheidungen und Maßnahmen, die sich auf tausende
von Jahren auswirken werden (IPCC, 2023). Dabei bleiben nur noch wenige Jahre,
um eine lebenswerte und nachhaltige Zukunft zu gewährleisten (IPCC, 2023). Müsste
angesichts der Tragweite und der Dringlichkeit das Klima im Unterricht nicht nur
häufiger, sondern auch auf andere Art und Weise behandelt werden? Das Klima im
physikalischen Sinne, aber auch das Klima in unserer Gesellschaft? Während das
eine System, das Klima auf der Erde, derzeit ins Kippen gerät und uns unumkehr-
bare Klimawandelfolgen bevorstehen, bleibt die Dynamik in unserer Gesellschaft aus,
um genau diese katastrophalen Auswirkungen noch abzuwenden (Engels et al., 2023).
Während Ökosysteme zusammenbrechen, Wälder sterben und Seen austrocknen,
steigen Treibhausgasemissionen weiter und erreichen nie dagewesene Rekordwerte
(IPCC, 2023). Wir sind dabei, unsere Lebensgrundlagen zu zerstören. Das ist die physikalische Realität.

Ohne sofortige, drastische Klimaschutzmaßnahmen erleben Kinder und Jugendliche, die heute noch in die Schule gehen, zum Ende des Jahrhunderts eine drei Grad
heißere Erde (IPCC, 2023). Drei Grad global bedeutet für Deutschland rund sechs
Grad Erwärmung. Das ist sehr viel. Damit wäre Berlin wärmer als Madrid heute
(Ramstorf, 2022). Eine solche Welt hätte fortwährende drastische Auswirkungen, zum
Beispiel auf die Verfügbarkeit von Wasser und unsere Ernährungssicherheit, während
viele Orte der Erde, insbesondere im globalen Süden, unbewohnbar wären (IPCC,
2023). Bereits heute gibt es zahlreiche Vorzeichen, wohin sich das alles entwickelt: das
überflutete Ahrtal, 4.500 Hitzetote in Deutschland allein im letzten Sommer 2022,
bereits im Frühjahr 2023 Wasserrationierungen in Frankreich, noch nie dagewesene
Ozeantemperaturen mit bisher unabsehbaren Folgen, Ernteausfälle in der Landwirtschaft, New York – gehüllt in eine gesundheitsgefährdende Rauchwolke aufgrund von

Waldbränden in Kanada, Millionen Menschen, die ihre Heimat verlieren. Wir sind schon längst mittendrin in der Klimakrise und dennoch: Das ist erst der Anfang.

Wie eine Drei-Grad-Welt genau aussehen würde, das kann niemand genau sagen, nicht mal die Klimawissenschaft, - „[…] zu weit wäre sie außerhalb der gesamten Erfahrung der Menschheitsgeschichte" (Ramstorf, 2022; S. 29). Aber warum muss es so weit überhaupt kommen? Wieso soll das der Lauf der Welt sein? Der Ausgang ist kein besiegeltes Schicksal, sondern eine Entscheidung. Zu lange wurde gewartet, weshalb jetzt Umsetzungen in hoher Schlagzahl ausstehen. Dabei fordern die jungen Menschen von *Fridays for Future* genau das ein, was die Klimawissenschaft seit mehr als 50 Jahren erklärt: Klimaschutz und Anpassung an Klimawandelfolgen müssen höchste Priorität haben (Ramstorf, 2022). Doch welche Rolle spielt Bildung, um eine lebenswerte Zukunft zu sichern?

1.   Klimabildung schafft Klimabildung schafft Klimabildung

In vielen – häufig politischen – Dokumenten wird Bildung große Bedeutung beigemessen, nicht nur um Gesellschaften und Volkswirtschaften klimaneutral und widerstandsfähig gegenüber den Folgen der Klimakrise zu machen (IPCC, 2023). Es geht auch darum, junge Menschen darüber aufzuklären, was auf sie zukommt, wie sie mit den Herausforderungen umgehen und wie sie zum Teil der Lösung werden. Otto et al. (2020) bekräftigten diese Aussage, indem sie das Bildungssystem – parallel zu den ‚Kipppunkten des Klimasystems' – als einen möglichen positiven ‚gesellschaftlichen Kipppunkt' identifizieren. Nach dieser Metapher bietet Bildung das Potential, soziale Dominoeffekte anzustoßen, um das Klima der Erde bis 2050 zu stabilisieren. Lehrkräfte und auch Schülerinnen und Schüler sind in diesem Prozess wichtige Multiplikatorinnen und Multiplikatoren für den sozialen Wandel und damit sogenannte ‚CHANGE AGENTS' (Winter et al., 2022). Lehrkräfte können zum Beispiel als Vorbilder wichtige Antriebspunkte sein, sodass andere ebenfalls Maßnahmen gegen den Klimawandel ergreifen oder auch, um auf Schulebene wichtige Netzwerkstrukturen oder auch systemische Veränderungen zu etablieren (z. B. Klassenfernreisen mit ÖPNV). Schülerinnen und Schüler sind ebenfalls in der Lage, anderen Bewusstsein für den Klimawandel zu vermitteln (Kuthe et al., 2019) oder das Energiesparverhalten ihrer Familien positiv zu beeinflussen. Wenn so das Gelernte weitergegeben wird, profitieren nicht nur Schülerinnen und Schüler, sondern auch Familien und Gemeinschaften. Dieses ökologische Potential gilt es, den jeweiligen CHANGE AGENTS im Bildungskontext zu vermitteln, ihnen ihren Möglichkeitsspielraum bewusst werden zu lassen, sodass ökologisches Potential zum ökologischen Mehrwert werden kann.

2. Bildung muss für die Bewältigung der Klimakrise Bedeutung haben

Kinder, Jugendliche und junge Erwachsene sind am stärksten vom Klimawandel und seinen Auswirkungen betroffen, weswegen ihre frühzeitige Ermutigung zum Erkennen von klimabedingten Risiken und Handlungsmöglichkeiten besonders ins Gewicht fällt. Vor diesem Hintergrund finden in immer mehr Schulen Aktionen im Rahmen von Nachhaltigkeitsbildung statt, um Kompetenzen aus den Bereichen Erkennen, Bewerten und Handeln von jungen Menschen als entscheidendes Element von ‚CLIMATE LITERACY' (zu dt. etwa Klimagrundbildung; z. B. Kuthe et al., 2019) zu fördern. Gleichzeitig bleiben die derzeitigen bildungspolitischen Anstrengungen hinter dem Anspruch und der eindrücklichen Empfehlung durch UNESCO oder auch die Vereinten Nationen zurück, Grundsätze, Werte und Praktiken der nachhaltigen Entwicklung in allen Bereichen der Bildung und des Lernens systematisch zu verankern, sodass Bildungseinrichtungen zu Orten des gelebten Wandels werden (Brock & Holst, 2022). Doch um das vierte Nachhaltigkeitsziel, ‚Hochwertige Bildung', der ‚SUSTAINABLE DEVELOPMENT GOALS' erreichen zu können, bedarf es abseits politischer Zielsetzungen auch personeller Ressourcen. Wer, wenn nicht Lehrkräfte, bringen Nachhaltigkeitsbildung in die Schulen?

Um Lehrkräfte bestmöglich dabei zu unterstützen, Klimabildungsunterricht durchzuführen, unabhängig von ihrer fachlichen Ausbildung und ihrer Schulformzugehörigkeit, ist eine übergreifende Verankerung von Klimabildung im Bildungssystem Voraussetzung und das in allen Bereichen: im Rahmen der verschiedenen Phasen der Lehrkräfteausbildung über Klimabildung an Schulen bis hin zu Lehrkräfteaus- und -fortbildungen. Dezidierter Raum und festgelegte Zeitkontingente für Klimathemen im Bildungskontext sind nicht nur elementar wichtiges, sondern auch wirksames Mittel, um Kapazitäten zur Bewältigung der Klimakrise im Bildungsbereich freizusetzen (Brock & Holst, 2022; Winter et al., 2022).

Das Bildungssystem hat aber auch auf anderer Ebene eine Kernfunktion, um die Klimakrise einzudämmen. So zeigen Modellierungen des Arbeitsmarktes in Abhängigkeit der Klimakrise beispielsweise, dass Bildung und damit einhergehender Kapazitätsaufbau von Fachkräften zentrale Grundlage – in diesem Fall – für die Anpassungsfähigkeit Deutschlands im Kontext der Klimakrise sein wird (Hoffmann et al., 2023). Bis 2040 werden demnach deutlich mehr Erwerbstätige, insbesondere in der Land- und Forstwirtschaft, im Gartenbau, im Baugewerbe sowie in der Bildung und Wissenschaft, notwendig werden. Es geht also auch darum, in der Bildungsbiographie von Schülerinnen und Schülern sowie Studierenden Kenntnisse aufzubauen, Interessen zu wecken und Möglichkeiten der beruflichen Bildung im Klimaschutz und der Anpassung an Klimawandelfolgen aufzuzeigen, um letztlich notwendige Maßnahmen zum Erhalt einer lebenswerten Zukunft umzusetzen. Das kann nicht allein über zusätzliche Bildungs- oder Informationsangebote zur Nachwuchsgewinnung abgedeckt werden, sondern bedarf gezielter politischer Entscheidungen und Weichenstellungen.

3.   Die physikalische Realität ist keine Meinung

Soziale Medien zählen für Schülerinnen und Schüler zu den wichtigsten Informationsquellen und haben massiv dazu beigetragen, dass der Schulstreik einer einzelnen Schülerin in eine weltweite Klimagerechtigkeitsbewegung mündete. Jedoch bergen soziale Medien auch Risiken: Von einer unkuratierten Informationsverbreitung über intransparente Quellen bis hin zur Verbreitung von Falsch- und Desinformationen können soziale Medien Fehlvorstellungen fördern. Auch der Weltklimarat räumte 2022 erstmals ein, dass Fehlinformationen, Populismus und eine absichtliche Untergrabung der Wissenschaft zu einer falschen Wahrnehmung des wissenschaftlichen Konsenses führen, was Verunsicherung und die Verzögerung von dringlichst notwendigen Klimaschutz- und Anpassungsmaßnahmen zur Folge hat (IPCC, 2023). Dabei ist die Anzahl an Klimawandelleugnern zwar weltweit gesunken, jedoch kursieren nun vermehrt Unwahrheiten über mögliche Lösungsansätze (Lamb et al., 2020). Eine Zeitenwende von Leugnern hin zu Untergangspropheten, so beschreiben es manche. Die gezielte Verbreitung von Angst, Unsicherheit und Zweifel bietet aber keine Lösungen für die Herausforderungen unserer Zeit, sie schadet nicht nur der Debattenkultur, sondern verhindert letztlich dringend notwendige klimagerechte Leitplanken auf allen Entscheidungsebenen. Anhaltende öffentliche Kontroversen entstehen auch deswegen, weil viele Menschen über wissenschaftliche Fakten falsch informiert sind oder nicht zwischen wissenschaftlichen und nicht wissenschaftlichen Informationen unterscheiden können (Lamb et al., 2020). Doch gerade in Zeiten multipler Krisen und großer Umbrüche braucht es einen lösungs- und handlungsorientierten und vor allen Dingen faktenbasierten Diskurs. Das ist im Kontext der Klimakrise besonders wichtig. Einerseits, weil klimapolitische Entscheidungen nur dann wirksam sein können, wenn sie auf wissenschaftlichen Erkenntnissen fußen. Andererseits, weil auch ein gewisses Maß an Zustimmung oder Konsens in der Gesellschaft notwendig ist, um klimabezogene Maßnahmen umzusetzen, die in naher und ferner Zukunft auch persönliche Lebensumstände von Individuen und ganzen Gesellschaften beeinflussen werden (Kranz et al., 2022).

Klimabildung kann Fehlinformationen entgegenwirken und wertvolle, zuverlässige Klimainformationen vermitteln und Lernende in die Lage versetzen, ihr entwickeltes Verständnis von Wissenschaft zu nutzen, um zur öffentlichen Debatte beizutragen und sich eine fundierte Meinung zu wissenschaftsbasierten Fragen zu bilden. Es geht darum, die Berücksichtigung der Wissensqualität stärker in den Blick zu nehmen und Kompetenzen zu fördern, die dabei helfen, kritisches Denken zu fördern. Zu unterscheiden, was gesichertes Wissen, was Halbwissen, was Erfahrung und was Meinung oder gar Verschwörungsmythos ist, insbesondere im digitalen Zeitalter, gewährleistet letztlich evidenzbasierte Aushandlungs- und damit Veränderungsprozesse in der Gesellschaft. Insbesondere der naturwissenschaftliche Unterricht gilt in diesem Zusammenhang als bedeutend, um Lernende dabei zu unterstützen, herausfordernde und komplexe ‚SOCIO-SCIENTIFIC-ISSUES‘, wie die Klimakrise, zu verstehen. Dazu müssen jedoch auch Lehrkräfte in die Lage versetzt werden, diese Kompetenzen zu vermitteln (Lenzer et al., 2022). Wirksame Klimabildung beginnt also nicht erst im Unterricht, sondern weitaus früher (Möller et al., 2021).

4. Vom Klimawandel zu Klimapolitik

Bildung an sich, aber auch Bildung für Nachhaltige Entwicklung und Klimabildung zeichnen sich durch einen Fokus auf Wissen und Verständnis als Mittel zur Veränderung aus. Vielen dieser Bildungskonzepte liegt die implizite Annahme zugrunde, dass mehr Informationen zu mehr Handeln führen, dass also Faktenwissen über die Klimakrise zu Verhaltensänderungen führt, was auch als ‚Informations-Defizit-Modell‘ der Kommunikation beschrieben wird (Kollmuss & Agyeman, 2002). Eine solche Fokussierung auf den Erwerb von Wissen über den Klimawandel hat sich in Bildungsprozessen, die sich auf Klimahandeln oder umweltfreundliches Handeln beziehen, jedoch als unzureichend erwiesen (Höhle & Bengtsson, 2023; Kollmuss & Agyeman, 2002). Neben dem Wissen über den Klimawandel werden häufig auch Einstellungen und Wahrnehmung des Klimawandels als relevant für Klimahandeln diskutiert. Mittlerweile zeigen internationale Studien zu Einstellungen von Schülerinnen und Schülern und auch Erwachsenen ein ausgeprägtes Klimabewusstsein von Menschen auf der ganzen Welt: ein Großteil der Bevölkerung sieht die Welt in einem Klimanotstand, sie haben umwelt- und nachhaltigkeitsfreundliche Einstellungen, Menschen erwarten sich entschlossenes klimapolitisches Handeln, sie sind sich der ökologischen Herausforderung bewusst (z. B. UNDP, 2021). Metaanalysen zeigen jedoch, dass umweltgerechte Einstellungen und umweltbezogenes Verhalten nur mäßig positiv korrelieren (z. B. Bamberg & Möser, 2007). Stern (2000) stellte in diesem Zusammenhang fest, dass ein Verhalten umso weniger von Einstellungsvariablen abhängt, einschließlich der Sorge um die Umwelt, je wichtiger es in Bezug auf seine Umweltauswirkungen ist. Es genügt also nicht länger, nur mehr Wissen über die Klimakrise zu vermitteln oder umwelt- und nachhaltigkeitsfreundliche Einstellungen zu fördern. Insbesondere wenn es darum geht, Veränderungsprozesse anzustoßen.

Die Fähigkeit der Gesellschaft, grundlegende Veränderungen vorzunehmen (‚HUMAN AGENCY‘) ist laut einer aktuellen Studie des Exzellenzclusters ‚CLIMATE, CLIMATIC CHANGE AND SOCIETY‘ der Universität Hamburg (Engels et al., 2023) die größte Hoffnung für die Gestaltung einer lebenswerten Klimazukunft. So können – im Vergleich zu Einzelverhalten – systemische Veränderungen vor allen Dingen dann erreicht werden, wenn sich nichtstaatliche Akteure weiterhin für den Klimaschutz einsetzen und Proteste den Druck auf die Politik aufrechterhalten. Die Bedeutung politischer Maßnahmen zur Bekämpfung und Anpassung an den Klimawandel ist in der Klimaforschung genauso Konsens wie die Existenz des menschengemachten Klimawandels. Im Gegensatz dazu wurde im Bildungssektor die Verantwortung für Klimaschutz immer wieder den einzelnen Menschen zugeschrieben, indem private Handlungen, wie etwa Mülltrennung, umweltschonende Konsumgewohnheiten, Wasser- und Energiesparen, propagiert werden. Dabei ist die Verschiebung der Verantwortung auf individuelle Änderungen des eigenen Verhaltens eine irreführende

Verantwortungsverschiebung in den privaten Bereich und lenkt von tatsächlich hoch wirksamen systemischen Handlungen ab (beispielsweise Mitgliedschaft in Umweltgruppen, Initiierung oder Unterzeichnung von Petitionen, Teilnahme an Demonstrationen; Kranz et al., 2022). Zu diesem Zeitpunkt in der Erdgeschichte reicht es nicht mehr aus, absichtsvoll zu handeln und über diese Handlungen zu reflektieren. Wenn sich Menschen darüber bewusst werden, dass sie politische Wesen sind, dass sie selbst in der Lage sind, Antworten zu geben, die Veränderungen in der Welt bewirken, dann geht damit eine Sichtweise von Handlungsfähigkeit einher, die eine ‚Fähigkeit' beschreibt, die nicht nur im eigenen Zuhause, sondern in der Welt Veränderung bewirkt (Toivonen, 2022). Insbesondere naturwissenschaftliche Bildung muss die Instrumente dafür bieten, indem sie die wissenschaftlichen Fakten erklärt, aber auch die effektivsten kollektiven Klimahandlungen aufzeigt, um klimakompetente Bürgerinnen und Bürger auszubilden, die eine klimagerechte Transformation vorantreiben.

Die Adressierung der politischen Perspektive im Rahmen von Klimabildung illustriert, dass zunehmend weitere Dimensionen der Bildung Beachtung finden, die sich von einer alleinigen Konzentration auf die Wissensvermittlung entfernen. Die aktive Beteiligung der Lernenden an Veränderungsprozessen, ohne sich dabei in erster Linie auf klimawissenschaftliche Kenntnisse zu konzentrieren, verlagert die Rolle der Lernenden von passiven Wissensempfängerinnen und -empfängern zu aktiven Mitwirkenden an Veränderungsprozessen (Höhle & Bengtsson, 2023).

5.   Von Ohnmacht zur Ermächtigung

Zunehmend zeigen umweltpsychologische wie auch didaktische Studien, dass der Prozess des Lernens über den Klimawandel keine rein kognitive, sondern vielmehr auch eine emotionale Begegnung ist, die dauerhafte Auswirkungen auf Lernende haben kann (Jones & Davison, 2021). Jugendliche, aber auch Erwachsene, weltweit sind immer häufiger von psychischen und emotionalen Belastungen im Zusammenhang mit Umwelt- und Klimathemen betroffen. 60 % junger Menschen (16–25 Jahre; $N = 10.000$; Hickman et al., 2021) aus 10 Ländern weltweit sind äußerst oder sehr besorgt über den Klimawandel, über 50 % erleben jedes der folgenden Gefühle zum Klimawandel: Schuldgefühl, Hilflosigkeit, Ohnmacht, Angst, Trauer, Wut. Über 45 % der Befragten gaben an, dass ihre Gefühle über den Klimawandel ihr Alltagsleben beeinträchtigen. Gleichzeitig stimmten rund 59 % zu, sich um die eigene Zukunft bzw. die der zukünftigen Generationen betrogen zu fühlen, und circa 65 % gaben an, dass Regierungen gegenüber den jungen Menschen versagen. Es besteht hier nicht nur ein Risiko für die mentale Gesundheit, fehlendes Vertrauen kann auch gesellschaftlichen Zusammenhalt erodieren. In Bezug auf Klimabildung im schulischen Kontext zeigen Jones und Davison (2021) in einer Interviewstudie auf, dass die pädagogische Auseinandersetzung mit der Klimakrise im Unterricht bei jungen Menschen (18–24 Jahre) zu drei zentralen affektiven Erfahrungen führt. Die jungen Erwachsenen fühlten sich nach ihrem Klimakrisenunterricht insbesondere „entmachtet", „gestrandet durch die Generationenkluft" und „entmutigt durch die Zukunft". Die Teilnehmenden berichteten, dass sie sich ohnmächtig fühlten und beschrieben, dass sie durch die Erfahrung begrenzter Handlungsfähigkeit und Macht überwältigt wurden. Sie wiesen auch auf einen Generationsunterschied hin, durch den sie sich von älteren Erwachsenen im Stich gelassen fühlten, was mit Gefühlen von Wut und Verrat einherging. Schließlich hatten die affektiven Erfahrungen mit dem Klimawandel in der Schule eine anhaltende Bedeutung für die Lernenden, da sie versuchten, im Schatten einer beängstigenden Zukunft Lebensentscheidungen zu treffen (Jones & Davison, 2021). Vor dem Angesicht der Klimakrise, deren Folgen und Gefahren werden diese Reaktionen auf die Klimakrise aus psychologischer Sicht als emotional angemessen eingeordnet und sollten als emotionale Reaktion auf den Klimawandelunterricht nicht verhindert, vermieden oder gar ignoriert werden, auch wenn sie belastend sind. Vielmehr sind sie Teil der Bewusstwerdung und Bewältigung (Meininger et al., 2023). Möglicherweise kann Handlungsmotivation bei Ohnmachts- oder Hilflosigkeitsgefühlen auch dadurch zurückgewonnen werden, wenn Menschen ihr eigenes Handeln als Teil einer kollektiven Handlung oder einer Bewegung wahrnehmen und damit kollektive Wirksamkeit erfahren (Fritsche et al., 2021). Die Anerkennung und Einbindung der affektiven Dimension in Lehr-Lern-Konzepte, die Synergieeffekte zur politischen Dimension anbietet, ermöglicht Belastungssituationen aufzugreifen, ernst zu nehmen und angemessen darauf zu reagieren.

6. Lehrkräfte von Heute für eine lebenswerte Welt von Morgen

Wir brauchen eine mutige, engagierte, selbstwusste, aufgeweckte und auch widerstandsfähige Zivilgesellschaft, um das 1,5-Grad-Limit am Leben zu halten. Bildung vermag es, über die Einbindung der affektiven und politischen Dimension dazu beizutragen. Ein globales Problem in lokales Engagement umzuwandeln, sodass Wege aufgezeigt werden, um sich an der Zivilgesellschaft zu beteiligen und Entscheidungsfindungen mitzugestalten, kann eine nachhaltige Quelle für soziale Veränderungen und Lösungen sein. Eine andere Welt ist möglich. Das müssen wir den jungen Menschen mitgeben, damit diese Vision relevant wird, damit sie Kraft hat, damit sie Realität wird.

Literatur

Bamberg, S. & Möser, G. (2007). Twenty years after Hines, Hungerford, and Tomera: A new meta-analysis of psycho-social determinants of pro-environmental behaviour. *Journal of Environmental Psychology, 27*(1), 14–25. https://doi.org/10.1016/j.jenvp.2006.12.002

Brock, A. & Holst, J. (2022). *Schlüssel zu Nachhaltigkeit und BNE in der Schule: Ausbildung von Lehrenden, Verankerung in der Breite des Fächerkanons und jenseits der Vorworte: Kurzbericht des Nationalen Monitorings zu Bildung für nachhaltige Entwicklung (BNE)*. Freie Universität Berlin. https://doi.org/10.17169/REFUBIUM-36094

Engels, A., Marotzke, J., Gresse, E., López-Rivera, A., Pagnone, A. & Wilkens, J. (2023). *Hamburg Climate Futures Outlook: The plausibility of a 1.5°C limit to global warming – social drivers and physical processes.* Universität Hamburg. https://www.fdr.uni-hamburg.de/record/11230

Fritsche, I., Barth, M. & Reese, G. (2021). Klimaschutz als kollektives Handeln. Die psychologische Forschung zur Rolle sozialer Identität. In L. Dohm, F. Peter & K. van Bronswijk (Hrsg.), *Climate Action – Psychologie der Klimakrise. Handlungshemmnisse und Handlungsmöglichkeiten* (S. 229–250). Psychosozial-Verlag.

Hickman, C., Marks, E., Pihkala, P., Clayton, S., Lewandowski, R. E., Mayall, E. E., Wray, B., Mellor, C. & van Susteren, L. (2021). Climate anxiety in children and young people and their beliefs about government responses to climate change: A global survey. *The Lancet Planetary Health*, 5(12), e863–e873. https://doi.org/10.1016/S2542-5196(21)00278-3

Hoffmann, E., Rupp, J., Kellermann, C. & Osieja, S. (2023). *Klimaanpassung in der beruflichen Bildung: Kompetenzen, Bedarfe und Praxiserfahrungen* (UBA, Kompetenzzentrum Klimafolgen und Anpassung, Hrsg.).

Höhle, J. V. & Bengtsson, S. L. (2023). A didactic toolkit for climate change educators: Lessons from constructive journalism for emotionally sensitive and democratic content design. *Environmental Education Research*, 1–19. https://doi.org/10.1080/13504622.2023.2182746

IPCC. (2023). *Synthesis Report of the IPCC sixth Assessment Report (AR6).* https://www.ipcc.ch/report/sixth-assessment-report-cycle/

Jones, C. A. & Davison, A. (2021). Disempowering emotions: The role of educational experiences in social responses to climate change. *Geoforum*, 118, 190–200. https://doi.org/10.1016/j.geoforum.2020.11.006

Kollmuss, A. & Agyeman, J. (2002). Mind the Gap: Why do people act environmentally and what are the barriers to pro-environmental behavior? *Environmental Education Research*, 8(3), 239–260. https://doi.org/10.1080/13504620220145401

Kranz, J., Schwichow, M., Breitenmoser, P. & Niebert, K. (2022). The (Un)political Perspective on Climate Change in Education – A Systematic Review. *Sustainability*, 14(7), 4194. https://doi.org/10.3390/su14074194

Kuthe, A., Keller, L., Körfgen, A., Stötter, H., Oberrauch, A. & Höferl, K.-M. (2019). How many young generations are there? – A typology of teenagers' climate change awareness in Germany and Austria. *The Journal of Environmental Education*, 50(3), 172–182. https://doi.org/10.1080/00958964.2019.1598927

Lamb, W. F., Mattioli, G., Levi, S., Roberts, J. T., Capstick, S., Creutzig, F., Minx, J. C., Müller-Hansen, F., Culhane, T. & Steinberger, J. K. (2020). Discourses of climate delay. *Global Sustainability*, 3, e17. https://doi.org/10.1017/sus.2020.13

Lenzer, S., Menthe, J., Nehring, A. & Parchmann, I. (Hrsg.). (2022). Klimabildung. *Unterricht Chemie*, 33(191).

Meininger, J., Ashour, R. & Dohm, L. (2023). *Empfehlungen zur Berichterstattung über die Klimakrise aus psychologischer Perspektive.* https://www.klimafakten.de/sites/default/files/downloads/empfehlungen-medien-psy-klimakrise-lang-de-final.pdf

Möller, A., Kranz, J., Pürstinger, A. & Winter, V. (2021). Professionsverantwortung in der Klimakrise: Klimawandel unterrichten. In M. Kubsch, S. Sorge, J. Arnold & N. Graulich (Hrsg.), *Lehrkräftebildung neu gedacht. Ein Praxishandbuch für die Lehre in den Naturwissenschaften und deren Didaktiken* (S. 208–217). Waxmann.

Otto, I. M., Donges, J. F., Cremades, R., Bhowmik, A., Hewitt, R. J., Lucht, W., Rockström, J., Allerberger, F., McCaffrey, M., Doe, S. S. P., Lenferna, A., Morán, N., van Vuuren, D. P. & Schellnhuber, H. J. (2020). Social tipping dynamics for stabilizing Earth's climate by 2050.

Proceedings of the National Academy of Sciences, 117(5), 2354–2365. https://doi.org/10.1073/pnas.1900577117

Ramstorf, S. (2022). Klima und Wetter bei 3 Grad mehr. Eine Erde, wie wir sie nicht kennen (wollen). In K. Wiegand (Hrsg.), *3 Grad mehr: Ein Blick in die drohende Heisszeit und wie uns die Natur helfen kann, sie zu verhindern* (2. Aufl.). Oekom Verlag.

Stern, P. C. (2000). New Environmental Theories: Toward a Coherent Theory of Environmentally Significant Behavior. *Journal of Social Issues, 56*(3), 407–424. https://doi.org/10.1111/0022-4537.00175

Toivonen, H. (2022). Themes of climate change agency: A qualitative study on how people construct agency in relation to climate change. *Humanities and Social Sciences Communications, 9*(1), 102. https://doi.org/10.1057/s41599-022-01111-w

UNDP. (2021). *Peoples' Climate Vote*. University of Oxford.

Winter, V., Kranz, J. & Möller, A. (2022). Climate Change Education Challenges from Two Different Perspectives of Change Agents: Perceptions of School Students and Pre-Service Teachers. *Sustainability, 14*(10), 6081. https://doi.org/10.3390/su14106081

Johanna Kranz, Rheinland-Pfalz Kompetenzzentrum für Klimawandelfolgen, Hauptstraße 16, 67705 Trippstadt
johanna.kranz@klimawandel-rlp.de
https://orcid.org/0000-0002-6165-8004

Bildung neu denken in Krisenzeiten

Transformatives Lernen und 4FutureLabs an Schulen

Silja Graupe

Dieser Beitrag begründet und entwickelt vor dem Hintergrund der komplexen Krisen und ungewissen Zukünfte unserer heutigen Gesellschaft ein neues Verständnis von transformativem Lernen. Dieses soll Lernenden ermöglichen, sich als Persönlichkeiten zu stärken sowie kritische und kreative Kräfte in sich zu wecken, um sich für eine lebendige und vielfältige Natur, eine solidarische und demokratische Gesellschaft sowie eine gerechte und lebensdienliche Wirtschaft einsetzen zu können. Es werden die Spirale transformativen Lernens als pädagogisches Konzept für diesen neuen Bildungsansatz skizziert und die 4FutureLabs der Hochschule für Gesellschaftsgestaltung in Koblenz als ein praktisches Beispiel zu deren Anwendung im Schulunterricht vorgestellt.

1.   Ausgangslage

Inmitten diverser und multipler Krisen – Kriege, Armut, Inflation, Pandemien sowie Umweltzerstörung und Klimawandel, um nur einige zu nennen – stellt sich die Frage nach der Bedeutung der Lehre sowohl in Hochschulen als auch Schulen neu. Denn junge Menschen wachsen nicht nur inmitten sich bereits entfaltender Krisen auf; sie werden auch morgen eine Welt voll von Umbrüchen, Komplexität und Ungewissheit aktiv und verantwortungsvoll zu gestalten haben. Jugendstudien besagen, dass sich mehr als drei Viertel aller jungen Menschen Sorgen um die Zukunft machen (vgl. etwa Vodafone, 2022). Das gilt schwerpunktmäßig für Umwelt- und Klimakrisen, aber auch für soziale Krisen (vgl. etwa BMU, 2020). Ein besonderes Problem liegt dabei in einem „Zukunftsvakuum", wie es das Rheingold-Institut (2021) nennt: Es herrschen dystopische Zukunftsbilder vor, ohne dass diese Bilder reflektiert oder gar revidiert werden könnten. Dennoch glaubt eine Mehrheit der jungen Generation – es sind nach einer Studie des BMU (2021) sogar bis zu 86 Prozent –, dass ein umfassender gesellschaftlicher Wandel notwendig sei, um die Krisen aufzuhalten.

Hochschulen und Schulen haben es also mit einer verunsicherten, zugleich aber grundsätzlich veränderungsbereiten jungen Generation zu tun. In dieser droht, um es mit einem von der UNECSO geprägten Begriff zu sagen, eine „futures illiteracy" vorzuherrschen (Miller, 2018). Gemeint ist damit die Unmöglichkeit, bewusst konstruktive Zukunftsvisionen zu schaffen und Schritte zu deren Verwirklichung einzuleiten. Zugleich aber dominiert unter Jugendlichen und jungen Erwachsenen die Einsicht in die Notwendigkeiten gesellschaftlicher Veränderungen, und viele junge Menschen engagieren sich auch aktiv. Was aber benötigen sie, damit dieses Engagement tatsächlich erblühen kann?

2. Ein neues paradigmatisches Verständnis der Gesellschaft

Meines Erachtens rufen die Krisen der heutigen Welt und die damit verbundenen Fragen nach einer nachhaltigen Gesellschaftsgestaltung nach grundsätzlichen Wandlungsprozessen in der Bildung. Diese erschöpfen sich dabei nicht in der bloßen Hinzunahme einzelner weiterer Kompetenzen, die Lernenden vermittelt werden sollten. Sie sollten stattdessen mit einem grundsätzlichen Paradigmenwechsel in unserem Verständnis sozialer Institutionen und der Rolle menschlicher Gestaltungskraft darin einhergehen. Dieser Wechsel sei in diesem Abschnitt zunächst näher skizziert.

Zunächst möchte ich es mit Hilfe einer Metapher formulieren: Vor ungefähr hundert Jahren wurden die Geowissenschaften von einem neuen Verständnis der Erde erschüttert. Es kam zu einem Paradigmenwechsel, der mitunter als Wandel vom „Fixismus" zum „Mobilismus" beschrieben wird. Vor den zwanziger Jahren des letzten Jahrhunderts hatte man gedacht, nicht nur die Erdkruste, sondern auch das Innere der Erde sei im Wesentlichen so fest, dass die Kontinente sicher mit ihm verbunden und damit ortsfest sein könnten. Alfred Wegener erteilte dieser Vorstellung eine Absage. Er zeigte, dass die Kontinente wie auf einem Meer aus flüssigem, beweglichem Gestein schwimmen und deswegen beständig in Bewegung sind. Und mehr noch: Die damals noch unbekannt, heute aber gültige Theorie der Plattentektonik besagt, dass Kontinente nicht nur driften, sondern auch in einen ständigen Kreislauf der Gesteine einbezogen sind: An der Oberfläche einst Erstarrtes und Verkrustetes sinkt ab, wird in der Tiefe auf- und umgeschmolzen und verflüssigt sich. Das Verflüssigte steigt dann wieder auf, um erneut zu vorübergehend festen Strukturen zu erstarren. Es gibt nichts, das sich in diesem Kreislauf nicht irgendwann veränderte, also dem ständigen Wandel entzogen wäre.

Ich schlage vor, dass wir uns soziale Institutionen fortan mit Hilfe dieser Metapher ebenso als in beständiger Veränderung begriffen vorstellen. Dies bedeutet nicht, alles soziale Leben mit einem Male als flüssig und veränderlich zu begreifen. Institutionen im Sinne von Normen und Gesetzen ebenso wie von Werten und Gewohnheiten sowie von kollektiven Mindsets sind selbstverständlich in unserer Gesellschaft oftmals erstarrt. Sie sind – ebenso wie die Erdplatten – verkrustet und gewähren damit Stabilität und Vorhersehbarkeit. Doch sollte dies nicht darüber hinwegtäuschen, dass sie lediglich aus alten und überkommenen Strukturen bestehen, die wenig Verbindung mehr zur aktueller sozialen (und ökologischen!) Dynamik unseres Lebens aufweisen. Jeder Institution, so hat es bereits Cornelius Castoriadis (1975) formuliert, gehen instituierende, schöpferische Tätigkeiten von Menschen voraus, die sie ins Leben rufen,

Abb. 1: Ein neues Gesellschaftsbild und Lernverständnis (eigene Abbildung)

und diese Tätigkeiten lassen sich durch diese Institution weder erklären noch regulieren. Sie stellen vielmehr im Sinne eines „sozialen Magmas" (ebd.) die Geburtsstätte neuer Institutionen dar und verfügen als solche zumindest potentiell über eruptive ebenso wie tektonische Kräfte: Sie vermögen bestehende Institutionen entweder aufzusprengen oder aber in einen ständigen Prozess des Aufschmelzens (soziale Exnovation) und Neustrukturierens (soziale Innovation) zu erneuern (vgl. für genauere Ausführungen Graupe, 2020).

Mit ‚Institutionen' meine ich hier allgemein „jegliche Form bewusst gestalteter oder ungeplant entstandener stabiler, dauerhafter Muster menschlicher Beziehungen, die in einer Gesellschaft erzwungen oder durch die allseits als legitim geltenden Ordnungsvorstellungen getragen und tatsächlich ‚gelebt' werden" (Hillmann, 2007, 381). Es lassen sich nun verschiedene Schichten dieser Institutionen ausmachen, die sich nach dem Grad ihrer Festigkeit und Dauer unterscheiden lassen (vgl. Abbildung 1).[1] So gibt es zunächst die am meisten erstarrten, weil unabhängig von jeglicher konkreten Lebenswirklichkeit geltenden „regulativen Institutionen". Diese bestehen aus formalen Regeln und kodifizierten Normen, die ggf. mit Sanktionen und Gewalt durchgesetzt werden können. Zweitens sind es die „normativen Institutionen", die Werte und Normen umfassen, die das soziale Miteinander durch Vorstellungen von Wünschen- und Erstrebenswerten koordinieren. Diese beiden institutionellen Schichten bilden gleichsam die „Lithosphäre" unserer Gesellschaft, das heißt eine ‚erstarrte Hülle' an etablierten Praktiken und Artefakten, die sich kaum dynamischen Veränderungen anzupassen versteht, sondern allenfalls unter starkem Veränderungsdruck zerbrechen kann.

Unterhalb dieser Lithosphäre lassen sich zwei weitere Schichten imaginieren: jene der kognitiven und der imaginativen Institutionen. Diese bestehen aus Denkweisen

---

1   Drei der im folgenden genannten „Schichten" lassen sich angelehnt an den Neo-Institutionalismus verstehen (vgl. Sandhu, 2012). Die Schicht der „imaginativen Institutionen" füge ich selbst hinzu.

und Weltsichten, die im Sinne von Denkstilen, Mindsets oder auch Paradigmen nicht nur darüber bestimmen, wie Menschen die Welt wahrnehmen, sondern auch, aus welchen Gründen sie handeln und welche Vorlieben, Normen Weltanschauungen etc. sie ausbilden. Dabei reichen die imaginativen Institutionen bis weit in implizite Vorstellungsbilder hinein, die eher mit unartikulierbaren Gefühlen und Intuitionen verbunden sind und über keinen klaren sprachlichen Ausdruck verfügen, dabei aber – wie die anderen Institutionen auch – nicht rein individueller, sondern sozialer Natur sind. Die kognitiven und imaginativen Institutionen lassen sich als etwas beweglicher und plastisch verformbarer als jene der regulativen und normativen Institutionen vorstellen. Ähnlich wie die Asthenosphäre in der Geologie sind sie es, die die letzteren in Bewegung versetzen und zum Aufbrechen ebenso wie zum Aufschmelzen veranlassen können.

Für ein Verständnis von grundsätzlichem institutionellem Wandel ist nun das „soziale Magma" zentral. Gemeint sind damit, allgemein gesagt, Aktivitäten des Menschen, die seine kognitiven und imaginativen Institutionen ihrerseits in Bewegung und Veränderung versetzen können. Allem Imaginierten geht, so Castoriadis (1975), ein Imaginierendes, also Akte kreativer Vorstellungskraft voraus, die es möglich machen, sinnlich nicht Gegenwärtiges zu erschaffen und somit insbesondere Zukunftsbilder zu entwerfen, die sodann handlungsleitend werden können. Diesen Akten wiederum liegen soziale Interaktionen im Sinne der *communities of practice* nach Etienne Wagner (2000) oder der *socialization* im Sinne Ikujiro Nonakas et al. (2008) zugrunde: menschliches Engagement in informaler sozialer Praxis, aus dem neues Wissen und Vorstellungskraft entspringen kann, ohne umgekehrt durch dieses Wissen oder durch diese Kraft vollständig erfassbar zu sein. Menschen lernen hier, dergestalt praktisch tätig zu werden, dass sie in konkreten Erfahrungen die ansonsten herrschenden Stereotype, Paradigma etc. außer Kraft setzen und spontan genuin neue Handlungsweisen vor jeder reflexiven Bewertung und Beurteilung schaffen können (vgl. erneut Graupe, 2020).

3.   Ein neues Bildungsverständnis

Legen wir ein solch dynamischen Verständnis unserer Gesellschaft zugrunde, so wandeln sich die Schwerpunkte von Bildung. Zunächst entsteht ein Fokus, der den Blick weniger auf das Erlernen von Bestehendem oder Vergangenem, denn auf die Ermöglichung von Zukünftigem lenkt. Es geht, um einen heutzutage häufig gebrauchten Begriff zu nutzen, um den Erwerb von „Future Skills" (etwa Stifterverband, 2021). Ich meine damit allerdings ausdrücklich nicht die bloße Vermittlung von technologischen und digitalen Kompetenzen, damit Lernende sich an den technologischen Wandel besser anpassen könnten. Stattdessen steht hier die Befähigung zur sinnstiftenden Gestaltung einer komplexen Gegenwart und ungewissen Zukunft im Vordergrund. Diese lässt sich am ehesten im Bereich der „transformativen Kompetenzen" verorten, wie er ebenfalls Teil der Diskussion um die Future Skills sind: Geht es hier doch tatsächlich darum, „die großen gesellschaftlichen Herausforderungen unserer

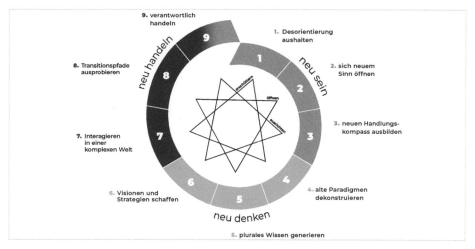

Abb. 2: Die Spirale transformativen Lernens (Quelle: Graupe/Bäuerle 2022)

Zeit wie zum Beispiel den Klimawandel oder die COVID-19-Krise angehen und lösen zu können. Im Zentrum stehen dabei Kompetenzen wie Missionsorientierung und Innovationskompetenz, die helfen, viele Menschen hinter einem gemeinsamen Ziel zu vereinen und so gänzlich neue Kräfte zu entfesseln." (ebd., 5).

Doch reicht auch ein solches Verständnis nicht, da es etwa voraussetzt, dass Handlungsziele bereits bestehen. Genau dies aber ist heutzutage nicht mehr der Fall. U. a. deswegen ist ein neuartiges und umfassendes Konzept transformativen Lernens zu schaffen, das die Reflexion und Neuschaffung gerade auch gesellschaftlicher Ziele ausdrücklich in Bildungsprozesse zu integrieren verspricht. Ein solches Konzept kann seinen Ausgangspunkt etwa bei Mezirow (2000) nehmen. Mit Hilfe der Abbildung 2 sei hier kurz skizziert, was damit nun weitergehend gemeint ist: Statt auf einfaches Faktenwissen zu setzen, geht es darum, dass Lernende sich auf drei Ebenen Wissen aneignen können (vgl. etwa Singer-Brodowski & Schneidewind, 2014): auf der Ebene der imaginativen und kognitiven Institutionen ein *Zielwissen* (Was wollen wir wirklich erreichen? Wofür setzen wir uns ein? Wofür lohnt es sich zu leben, zu arbeiten etc.?), auf der Ebene der normativen Institutionen ein *Transformationswissen,* das gerade auch ein praktisches Know-how darstellt (Wie leben und wollen wir zukünftig zusammenleben und welche Werte und Normen sollen uns dabei leiten und welche sind zu verändern?) sowie auf der Ebene der regulativen Institutionen ein *Systemwissen* über die aktuell geltenden regulativen Institutionen und ihre möglichen Alternativen. Nochmals weiter- bzw. tiefergehend meint transformatives Lernen nun auch, Formen imaginierender Kreativität ausbilden und lernen zu dürfen, mit denen sich aktiv bestehende Mindsets, Weltbilder etc. reflektieren und neue schaffen lassen. Zudem bedarf es (Frei-)Räume für das Lernen im Sinne von Prozessen spontaner sozialer Partizipation, in denen Lernende in und mit der Welt so interagieren dürfen, dass ihr Handeln weniger von festen Mindsets bestimmt wird, als dass sie diese Mindsets inmitten praktischer Lebensvollzüge auflösen und neu hervorzubringen lernen.

4. Die Spirale transformativen Lernens

Die „Spirale transformativen Lernens" zeigt, wie sich dieses neue Bildungsverständnis als pädagogisches Konzept fassen lässt (Graupe & Bäuerle, 2022, 2023, vgl. Abbildung 2). Das Innerste dieser Spirale symbolisiert, dass Lernprozesse in der heutigen ungewissen Welt von einem Dreiklang aus „erschüttern", „öffnen" und „neu ausrichten" geprägt sein sollten. Damit wird der tektonische Wandel von Denk- und Handlungsgewohnheiten nicht allein als Gegenstand, sondern als aktiv nachzuvollziehender Prozess ins Lernen eingebracht: Institutionen werden in all ihren vier Schichten in ihren historischen Gewordenheiten, Fragwürdigkeiten und Erschütterbarkeiten ins Licht kritischen Bewusstseins und Reflexion gehoben. Zugleich werden Ausdrucksmöglichkeiten für Ängste, Unbehagen ebenso wie für Wünsche nach Veränderung geschaffen, so dass Raum für soziale Exnovationen entsteht („erschüttern"). Sodann können Freiräume im Lernprozess geschaffen werden, um eine Vielfalt an Perspektiven auf und Möglichkeiten für alternative Institutionen zu erarbeiten („öffnen", soziale Innovation). In einem dritten Schritt werden die Lernenden ermutigt und befähigt, sich inmitten dieser Vielfalt reflektiert und eigenständig für bestimmte Institutionen zu entscheiden und ihnen verantwortlich zur Etablierung und Stabilisierung zu verhelfen („neu ausrichten", soziale Innovation).

Alle drei genannten Schritte (erschüttern, öffnen, neu ausrichten) vollziehen sich im transformativen Lernen wiederum in drei Bereichen. Der Bereich des „neu Denken" zielt dabei vor allem auf das Verstehen der vier genannten starren bis zähflüssigen institutionellen Schichten und ihrer Wandelbarkeiten im Sinne eines neu verstandenen Systemwissens und Transformationswissens ab. Der Bereich „neu Sein" umfasst vor allem Aspekte der Persönlichkeitsbildung, wie sie sich im Bereich zwischen Zielwissen und imaginierender Kreativität vollziehen, damit Lernende neue Ziele imaginieren und die damit einhergehenden Transformationen tiefsitzender Weltanschauung und kultureller Prägungen des eigenen Lebens aktiv vollziehen lernen. Der Bereich „neu handeln" meint schließlich weniger, sich innerhalb fest etablierter Institutionen bewegen zu lernen oder sich an sie anzupassen, sondern im Sinne genannten sinnstiftenden Handelns und sozialer Partizipation inmitten praktischer Handlungsvollzüge und *Communities of Practices* und damit aus unmittelbarer Erfahrung neue Formen der Sinngebung zu entdecken und daraus Visionen für das zukünftig Mögliche entwerfen zu lernen.

5. Ein praktisches Beispiel: 4Future Labs

Gewiss stellt die Integration der Befähigung zur Imagination und kreativer Vorstellungskräfte im Bereich „neu Sein" eine große Herausforderung für die Anwendung der Spirale transformativen Lernens im heutigen Schulunterricht dar. Statt weitere theoretische Überlegungen anzustellen, möchte ich hierfür im Folgenden eine praktische Möglichkeit skizzieren. Die Rede ist von „4FutureLabs", die wir an der Hochschule für Gesellschaftsgestaltung für Hochschulen und Schulen entwickeln und die wir bislang in der Sekundarstufe II erproben.

Aufbauend auf und angelehnt etwa an Konzepte der „Futures Literacy" der UNESCO (vgl. erneut Miller, 2018), *der Causal Layered Analysis* (Inayatullah, 2004) und des Learnings in Doing (Wagner, 2000) ermöglichen diese Schülerinnen und Schülern, sich ihres kreativ-imaginierenden Potentials und seiner Bedeutungen für individuelle und soziale Zielvorstellungen und damit ihrer Teilhabe am „sozialen Magma" bewusst zu werden. Ganz im Sinne der Spirale transformativen Lernens vollziehen die Lernenden dabei eine Bewegung von der Erschütterung über die Öffnung bis hin zu einer neuen Ausrichtung. Dabei dürfen sie vor allem ihre Persönlichkeitsbildung fokussieren, wobei diese nicht abgetrennt von, sondern inmitten der heutigen Krisen angeregt wird.

Die 4FutureLabs, die etwa über vier halbe Tage reichen und damit eine fächerübergreifende Projektwoche füllen können, ermöglichen es Lernenden in einem ersten Schritt, ihre Vision für einen bestimmten Lebensbereich, der sie selbst betrifft, in 15 bis 20 Jahren zu entwerfen (etwa im Hinblick auf die Arbeit der Zukunft, auf ein zukunftsfähiges Wirtschaften oder auf das morgige Leben in Städten). Dabei bieten ihnen die Lehrenden vielfältige Hilfestellungen gerade auch kreativer Natur, um ein solch zukunftsbezogenes Denken anzuregen und zugleich mögliche Zukunftsängste aktiv aufzugreifen und anzusprechen. Diese Visionen werden dann auf ihre (bis dahin eher stillschweigenden) Voraussetzungen hin überprüft. Welche Wandel halten die Schülerinnen und Schüler für realistisch und möglich, welcher ist für sie überhaupt vorstellbar? Welche Ängste und welche Hoffnungen verbinden sie damit und wie äußert sich dies? Ziel in dieser Phase ist, existierende Weltsichten und ihre Auswirkungen auf individuelle und gesellschaftliche Zukunftsvorstellungen offenzulegen und damit der Reflexion und (potentiellen) Erschütterbarkeit zugänglich zu machen.

In einem zweiten Schritt werden alternative, plurale Zukunftsentwürfe mit den Lernenden entworfen. Im Sinne etwa der *Causal Layered Analysis* wird dabei mit den Schülerinnen und Schülern beginnend bei möglichen neuen Weltsichten, Metaphern und Litaneien gearbeitet und sodann Szenarien entworfen, wie sich aus diesen kreativen und ausdrücklich auch zum Träumen anregenden Umbrüchen neue imaginative, kognitive, normative und regulative Institutionen entwickeln lassen. Was wären etwa Unterschiede, wenn das zukünftige Leben in Städten vom Ideal kooperativen Zusammenlebens bestimmt wäre? Was wäre, wenn es keinen Individualverkehr mehr gäbe? Wie sähe Lebensqualität aus, wenn die Temperaturen auf den Straßen über 50° stiegen? Was wäre jeweils das eigene Leben darin und für was würden sich die Lernenden wie engagieren wollen? Welche institutionellen Umfelder bräuchten sie jeweils dafür und wie könnten diese entstehen oder erhalten werden? Flankiert von Wissensinputs und kreativen Übungen geht es in dieser Phase vor allem darum, Öffnungen auf der Ebene imaginierender Gestaltungskraft zu ermöglichen.

In einem dritten und letzten Schritt werden den Lernenden sodann Räume eröffnet, sich neu ausrichten zu können. Welche Zukunft ist die für sie am meisten wünschenswerte? Da Zukunft per Definition niemals vorhanden ist (dann wäre sie ja die

Gegenwart), erfahren die Schülerinnen und Schüler nun, wie Zukunftsvorstellungen Teil ihrer gegenwärtigen Imaginationskraft sind und wie sie sie zur wichtigen Gestaltungskraft ihres Alltags machen können. Fragen an die Schülerinnen und Schüler können hier sein: Wenn sie eine bestimmte Zukunft in 15 oder 20 Jahren verwirklichen möchten, was sind hier und heute die ersten Schritte, die sie unternehmen können und sollten? Was können sie konkret tun? Was können sie lassen? Wie sich engagieren? Wie ihren weiteren Bildungsweg gestalten?

6.   Abschluss

In diesem Beitrag habe ich Notwendigkeiten ebenso wie Möglichkeiten eines grundlegend neuen Bildungsverständnisses skizziert, das die Krisenhaftigkeit unserer Welt ernstnimmt und jungen Menschen zugleich Hoffnungen ebenso wie Fähigkeiten vermittelt, in dieser Welt nicht nur zu überleben, sondern aktiv Zukunft zu gestalten. Dabei habe ich argumentiert, dass Bildungsverantwortliche sich zunächst tiefergehender Fragen nach gesellschaftlichem Wandel stellen sollten, und sich daraus ein neues Verständnis transformativen Lernens entwickelt. Ein erstes Beispiel, wie dieses Lernen konkret in den Schulunterricht integriert werden kann, habe ich anhand der 4FutureLabs skizziert.

Es bleibt eine wesentliche Frage: Welchen institutionellen Wandel wird das Schulsystem selbst brauchen, um das in diesem Beitrag aufgezeigte transformative Lernen möglich zu machen? Ohne hierauf fertige Antworten geben zu können, schiene mir ein möglicher Weg, eine adaptierte Form der 4FutureLabs unmittelbar in die Lehrkräftebildung selbst zu etablieren. Nicht allein, um zu lernen, wie sich diese Labs mit Schülerinnen und Schülern durchführen lassen, sondern um einen offenen Ort sozialer Interaktion zu schaffen, an dem angehende Lehrkräfte selbst lernen dürfen, wie sie jene Schule imaginieren und gestalten wollen, an der sie die junge Generation tatsächlich befähigen werden, in einer fundamental ungewissen Welt lebenswerte Zukünfte für alle zu schaffen.

Literatur

Bäuerle, L. &Pühringer, S. & Ötsch, W. (2020). *Wirtschaft(lich) Studieren Erfahrungsräume von Studierenden der Wirtschaftswissenschaften.* SpringerVS.

Bundesministerium für Umwelt, Naturschutz und nukleare Sicherheit (2019). *Ausgewählte Ergebnisse der Jugendstudie „Zukunft? Jugend fragen!".* https://www.bmu.de/fileadmin/ Daten_BMU/Download_PDF/Klimaschutz/ergebnisse_bmu_jugendstudie_neu_bf.pdf,

Bundesministerium für Umwelt, Naturschutz und nukleare Sicherheit (2021). *Naturbewusstsein 2021. Bevölkerungsumfrage zu Natur und biologischer Vielfalt.* https://www.bmuv.de/ publikation/naturbewusstsein-2021

Castoriadis, C. (1984). *Gesellschaft als imaginäre Institution. Entwurf einer politischen Philosophie.* Suhrkamp.

Graupe, S. (2020). Die Biodiversität des Erkennens. Visionäre Zukunftsgestaltung braucht reflexive Freiheit. In L. Hochmann (Hrsg.*), Economists for Future. Verantwortung übernehmen für eine bessere Welt*. Murmann Verlag.

Graupe, S. & Bäuerle, L. (2022). *Bildung in fragilen Zeiten. Die Spirale transformativen Lernens*. Koblenz: Working Paper der Hochschule für Gesellschaftsgestaltung Nr. 70. https://hfgg.de/wp-content/uploads/2023/05/70_WP_Graupe-Baeuerle_Bildung-in-fragilen-Zeiten.pdf

Graupe, S. & Bäuerle, L. (2023. In Erscheinung). Die Spirale transformativen Lernens. In M. A. Heidelmann, V. Storozenko & S. Wieners (Hrsg.), *Forschungsdiskurs und Etablierungsprozess der Organisationspädagogik*. SpringerVS.

Hillmann, K. H. (2007). *Wörterbuch der Soziologie* Kröner 1994.

Inayatullah, S (Hrsg.) (2004). *The Causal Layered Analysis (CLA) Reader. Theory and Case Studies of an Integrative and Transformative Methodology*. Tamkang University Press.

Miller, R. (2018). *Transforming the future: anticipation in the 21st century*. UNESCO. https://unesdoc.unesco.org/ark:/48223/pf0000264644.

Mezirow, J. (2000). *Learning as transformation: critical perspectives on a theory in progress*. In The Jossey-Bass higher and adult education series. Jossey-Bass.

Nonaka, I.,Toyama, R. & Hirata, T. (2008). *Managing Flow: A Process Theory of the Knowledge-Based Firm*: Palgrave McMillan.

Rheingold-Institut (2021, 7. Oktober). *Psychologische Grundlagenstudie zum Stimmungs- und Zukunftsbild in Deutschland. Ergebnisbericht*. https://www.rheingold-marktforschung.de/wp-content/uploads/2022/09/Ergebnisse-Zukunftsstudie_final.pdf

Sandhu, S. (2012). *Grundlagen und Kernbegriffe des Neo-Institutionalismus*. In Public Relations und Legitimität (S. 73–150). VS Verlag für Sozialwissenschaften.

Singer-Brodowski, M. & Schneidewind, U. (2014). *Transformative Literacy : gesellschaftliche Veränderungsprozesse verstehen und gestalten*. In *Krisen- und Transformationsszenarios: Frühkindpädagogik, Resilienz & Weltaktionsprogramm* (Bildung für nachhaltige Entwicklung: Jahrbuch 2014, S. 131–140). Forum Umweltbildung,

Stifterverband (2021). *Future Skills*. https://www.stifterverband.org/medien/future-skills-2021.

Vodafone Stiftung (2022, 5. April). *Jugendstudie „Hört uns zu!* https://www.vodafone-stiftung.de/jugendstudie-2022/.

Wagner, E. (2000). *Communities of Practice: Learning, Meaning, And Identity*. Cambridge University Press.

Silja Graupe, Cusanus Hochschule für Gesellschaftsgestaltung, Kornpfortstr. 15, 56068 Koblenz

https://orcid.org/0000-0002-9896-4849

https://doi.org/10.31244/9783830997962.04

Kompetent mit Wissenschaft im Alltag interagieren können

Zum Verhältnis von Wissenschaftsverständnis und
informiertem Vertrauen

Friederike Hendriks

Socio-scientific issues wie Corona-Pandemie und Klimakrise sind kontroverse Themen, die gesellschaftlich von hoher Relevanz sind und auf wissenschaftliches Begründungswissen zurückgreifen. In Folge ist wissenschaftliches Wissen relevant für persönliche Meinungsbildung (Ist der Klimawandel verantwortlich für die Zunahme an Starkregenereignissen? Kann eine mRNA-Impfung das Genom verändern?) und Entscheidungsfindung (Soll ich mit dem Flugzeug in den Urlaub fliegen? Soll ich mich impfen lassen?). Im Kontext von *socio-scientific issues* sind solche Fragen aber schwer zu lösen: relevantes wissenschaftliches Wissen ist aber oft vorläufig oder unsicher, etwa weil komplexe Systeme Untersuchungsgegenstand sind, oder weil fortlaufend neue Forschung zum Thema entsteht.

Das Internet ist inzwischen der bedeutendste Kanal für Informationen über Wissenschaft (Wissenschaft im Dialog, 2021); und auch Jugendliche informieren sich online über Themen wie Klimawandel oder Corona-Pandemie (Medienpädagogischer Forschungsverbund Südwest, 2021). Digitale Medienumgebungen verstärken die Anforderungen, die wissenschaftliches Wissen mitbringt, noch (Hendriks et al., 2020), nicht zuletzt durch „post-truth"-Phänomene wie Fake News (Chinn et al., 2021). Was müssen Schülerinnen und Schüler also wissen und können, um im 21. Jahrhundert mit wissenschaftsbezogenen Fragen in digitalen Medienumgebungen kompetent umzugehen?

Feinstein (2011) antwortet mit dem Bild des *competent outsider*: Ziel solle sein, dass Personen die Relevanz von Wissenschaft für ihren Alltag erkennen und ihr Wissenschaftsverständnis produktiv nutzen können. Damit stellt Feinstein die Wichtigkeit der Wissensvermittlung in der naturwissenschaftlichen Bildung zugunsten der Übung ihrer Anwendung zurück:

> „science education can help people solve personally meaningful problems in their lives, directly affect their material and social circumstances, shape their behavior, and inform their most significant practical and political decisions" (Feinstein, 2011, S. 169).

In diesem Essay möchte ich mit Bezug auf Feinsteins *competent outsider* das Konzept des informierten Vertrauens (Bromme, 2020, 2022) vorstellen –, denn es zeigt eine Möglichkeit auf, wie Personen trotz eines begrenzten Verständnisses von Wissenschaft kompetent über wissenschaftliche Informationen urteilen können.

1. Informiertes Vertrauen

Die kritische Beurteilung wissenschaftlicher Geltungsbehauptungen ist ein herausforderndes Unterfangen, weil unser Verständnis von Wissenschaft notwendigerweise begrenzt ist (Bromme & Goldman, 2014). Dies ist Folge der kognitiven Arbeitsteilung in modernen Wissensgesellschaften: Aufgrund der Komplexität wissenschaftlichen Wissens ist für eine einzelne Person nurmehr möglich in einer oder wenigen Spezialisierungen Expertise zu erreichen, in den meisten anderen Wissensbereichen bleibt sie Laie oder Laiin. Entsprechend ist ihr eine direkte Glaubwürdigkeitsbewertung (*Was kann man glauben?*) wissenschaftlicher Informationen mithilfe eigenen Hintergrundwissens, logischer Konsistenzprüfung, oder kritischer Auseinandersetzung meist schwer bzw. unmöglich. Sie kann aber auf eine indirekte Glaubwürdigkeitsbewertung (*Wem kann man vertrauen?*) ausweichen: So kann sie über die Bewertung der Vertrauenswürdigkeit einer Informationsquelle auf den Wahrheitsgehalt einer Information schließen (Bromme, 2022).

Das bedeutet nicht, dass Informationen blind vertraut wird. Zwar besteht eine grundsätzliche Bereitschaft, sich für Informationen auf Andere zu verlassen – schließlich beziehen wir einen Großteil unseres Wissens von Anderen (z. B. Eltern, Lehrkräften, Journalistinnen und Journalisten) –, Menschen sind aber auch epistemisch vigilant gegenüber Fehlinformation (Sperber et al., 2010). So präferieren schon Kinder im Alter von 3 Jahren Informantinnen und Informanten, die ihnen kompetent und wohlwollend erscheinen, zum Beispiel, weil sie in der Vergangenheit korrekte Informationen gegeben hatten oder als hilfreich beschrieben worden waren, gegenüber Informantinnen und Informanten, die Fehler machen oder eigennützig agieren (Harris, 2012; Shafto et al., 2012).

Im Kontext wissenschaftlicher Informationen konnten wir zeigen, dass Personen die Expertise (relevantes Fachwissen, Erfahrung), Integrität (Ehrlichkeit, Regeltreue) und das Wohlwollen (Uneigennützigkeit, Handeln im Interesse Anderer) einer Wissenschaftlerin oder eines Wissenschaftlers abschätzen, um Vertrauensurteile zu treffen (Hendriks et al., 2015). Personen ziehen nicht nur konkrete Eigenschaften von Personen (z. B. Doktortitel, Beruf) heran, um einzuschätzen, ob eine Informationsquelle Expertin oder Experte für ein Thema und somit vertrauenswürdig ist (Thon & Jucks, 2017; Winter & Krämer, 2012). Sie beobachten auch das kommunikative Verhalten, um Schlussfolgerungen über die kommunikative Intention der Expertin oder des Experten zu machen. In zwei Studien fanden wir, dass wenn ein (fiktiver) Wissenschaftler in Kommentaren zu seinem eigenen Blog-Artikel selbst eine überzogene Schlussfolgerung eingestand (Hendriks et al., 2016a), bzw. ethische Aspekte ansprach (Hendriks et al., 2016b), dies zu positiveren Einschätzungen von Integrität und Wohlwollen führte. Dies lässt sich mit dem *„Stealing Thunder Effekt"* erklären (Guyer et al., 2022): Wenn ein Kommunikator selbst Gegenargumente oder negative Informationen über sich selbst preisgibt, und zwar bevor Andere das tun können, wird dieser Kommunikator als vertrauenswürdiger beurteilt. Altenmüller et al. (2021) konnten zeigen, dass nicht nur positiv auf die zugeschriebene Vertrauenswürdigkeit wirkt, wenn Wissenschaftlerinnen und Wissenschaftler Kritik gegenüber ihren eigenen früheren Forschungsergebnissen äußern, sondern dass es ihnen sogar negativ ausgelegt wird, wenn sie zu wenig selbstkritisch agieren.

Auch scheint sich die Kommunikation wissenschaftlicher Unsicherheit nicht negativ auf die Bewertung der Vertrauenswürdigkeit auszuwirken. Im Mai 2020, also kurz nach Einführung der Maskenpflicht in Deutschland als Maßnahme gegen die Corona-Pandemie, führten wir zwei Studien durch. Wir zeigten den Versuchspersonen Texte zur Maskenpflicht, in denen wissenschaftliche Unsicherheit entweder enthalten war oder nicht (als Quelle wurde entweder ein Wissenschaftler oder ein Politiker ausgegeben). Während sprachliche Unsicherheitsmarkierungen keine Auswirkungen auf die Einschätzung der Vertrauenswürdigkeit hatten (Janssen et al., 2021), hatte die Erwähnung von sowohl Pro- als auch Contra-Argumenten zur Maskenpflicht (verglichen mit der ausschließlichen Erwähnung von Pro-Argumenten) zur Folge, dass die Expertise der Informationsquelle höher eingeschätzt wurde (Hendriks et al., 2022). Dies könnte möglicherweise dadurch erklärt werden, dass Menschen Informationsquellen mit informativer Intention solchen mit persuasiver Intention vorziehen (Flanagin et al., 2018). Auch andere Studien finden selten negative Effekte der Kommunikation von Unsicherheit auf Vertrauenswürdigkeit (van der Bles et al., 2019).

Personen scheinen also Erwartungen an Wissenschaftlerinnen und Wissenschaftler richten, die von ihrem Wissenschaftsverständnis informiert sind, etwa dass Wissenschaft selbst-korrektiv ist (Jamieson et al., 2019) oder Unsicherheiten enthält.

2. Wissenschaftsverständnis als Basis informierten Vertrauens

Vertrauensurteile können und sollen wissensbasierte Urteile und Entscheidungen über wissenschaftliche Themen nicht ersetzen. Das Konzept des *informierten* Vertrauens trägt der Tatsache Rechnung, dass kritisches Vertrauen auch auf dem Wissen über (relevante und grundlegende) wissenschaftliche Inhalte und wissenschaftliche Prozesse fußt (Bromme, 2020). Es gibt inzwischen einige Vorschläge dafür, wie das Wissenschaftsverständnis aussehen sollte, das Schülerinnen und Schüler zum Ende ihrer Schullaufbahn besitzen (z. B. National Research Council, 2012; OECD, 2017).

Für den *competent outsider* ist jedoch vor allem das Inhalts- und Prozesswissen wichtig, welches relevant für die Lösung aktueller Probleme erachtet wird. So kann etwa die Frage „Soll ich mit einem mRNA-Impfstoff impfen lassen?" kaum auf relevantes Inhaltswissen zurückgreifen, weil mRNA-Impfstoffe erst seit kurzem klinische Anwendung finden (erst 2015 gab es die erste klinische Studie mit einem mRNA-Impfstoff). Welches Wissen über wissenschaftliche Prozesse benötigt also ein *com-*

petent outsider, um trotz begrenztem Inshaltswissen informierte Vertrauensurteile zu treffen?

Es bedarf erstens eines Verständnisses davon, dass Wissenschaft nicht nur ein kognitives, sondern auch ein soziales Unterfangen ist (Hendriks et al., 2016c). Wissenschaftliche Konventionen – auf die Wissenschaftlerinnen und Wissenschaftler sich disziplinär verständigt haben – sorgen für epistemische Verlässlichkeit (Wilholt, 2013). Beispielsweise bestimmt das Signifikanzniveau, unter welcher Fehlerwahrscheinlichkeit eine Nullhypothese angenommen wird. Wenn die Entscheidung zur Annahme einer Nullhypothese (etwa, dass mRNA-Impfstoffe ungefährlich sind) aber unter hohem Risiko getroffen wird (etwa, weil schädliche Konsequenzen für Individuen drohen; zum Beispiel, weil Nebenwirkungen eines Impfstoffs doch eintreten können), können strengere Regeln festgelegt werden. Im Falle der Zulassung von mRNA-Impfoffen im Rolling-Review-Verfahren ist also wichtig zu verstehen, dass trotz der zeitlichen Verkürzung des Verfahrens keine Abstriche bei der Bewertung von Risiken gemacht werden. Solche Werturteile sind Teil wissenschaftlicher Praxis (Douglas, 2009) – wichtig ist, dass relevante Werte gesellschaftlich geteilt werden und das Interesse der Allgemeinheit priorisieren (Wilholt, 2013).

Wissenschaft beinhaltet nicht nur kognitive Prozesse der Generierung aussagekräftiger und qualitativ hochwertiger Evidenz, sondern auch soziale Prozesse, zum Beispiel kollaborative Evidenzsynthese und Konsensfindung (die Weltklimaberichten des IPCC sind dafür ein gutes Beispiel). Zu verstehen, dass alle diese Prozesse zum aktuell bestmöglichen verfügbaren Wissen beitragen, ist Grundlage einer evaluativistischen epistemischen Überzeugung (Kuhn & Weinstock, 2002), nämlich dass Wissen weder faktisch festgelegt (Absolutismus) noch beliebige Meinung ist (Multiplizismus), sondern dass auf Grundlage der Evaluation von Evidenz und mit Argumentation eine begründetet Annahme über „Wahrheit" getroffen werden kann (Evaluativismus).

Zweitens sind für Vertrauensurteile eines *competent outsider* nicht nur Überzeugungen über extern verfügbares (also z. B. durch Wissenschaft bereitgestellten) Wissen wichtig, sondern auch Überzeugungen über das eigene Wissen. Motivationen und Emotionen – etwa die grundsätzliche Bereitschaft, sich epistemische Ziele zu setzen, sowie aktive Offenheit im Denken und intellektuelle Bescheidenheit (Chinn et al., 2021; Taylor, 2016) – spielen eine wichtige Rolle für erfolgreiche Auseinandersetzung mit Wissensfragen, insbesondere im Umgang mit Desinformationen und Fake News (Chinn et al., 2021; Sharon & Baram-Tsabari, 2020). Intellektuelle Bescheidenheit beinhaltet im Kern die Anerkennung einer kognitiven Arbeitsteilung: Das Eingeständnis, dass Personen – inklusive man selbst – nicht über absolutes Wissen verfügen (können), verlangt danach, Informationsquellen zu identifizieren, die hohe Expertise und Zuständigkeit zu einem Thema besitzen und diesen zu vertrauen. Tatsächlich scheint intellektuelle Bescheidenheit auch ein Prädiktor von Vertrauen in Wissenschaft zu sein (Plohl & Musil, 2023).

3. Ausblick

Feinstein (2011) hat in seiner Beschreibung des *competent outsider* eine wichtige Beobachtung geteilt: Anstatt anzunehmen, dass ein Wissenschaftsverständnis präskriptiv festzulegen ist, hat er Forschung dazu konsultiert, wie Menschen im Alltag oder zu bestimmten für sie selbst relevanten Themen mit Wissenschaft interagieren. Wie der *competent outsider* dann aber mit einem notwendigerweise begrenzten Wissenschaftsverständnis mit wissenschaftlichem Wissen – und seiner Vorläufigkeit, Unsicherheit, Konflikthaftigkeit und Komplexität – umgehen und kompetente Urteile fällen kann, das kann durch Forschung zum informierten Vertrauen näher informiert werden (Bromme, 2020, 2022). Die normative Frage nach dem „richtigen und nützlichen" Wissenschaftsverständnis kann schließlich besser beantwortet werden, wenn es uns gelingt, Forschung zur Nachturwissenschaftsbildung und zur Wissenschaftskommunikation noch besser zu verknüpfen (Baram-Tsabari & Osborne, 2015).

Literatur

Altenmüller, M. S., Nuding, S. & Gollwitzer, M. (2021). No harm in being self-corrective: Self-criticism and reform intentions increase researchers' epistemic trustworthiness and credibility in the eyes of the public. *Public Understanding of Science, 30*(8), 962–976. https://doi.org/10.1177/09636625211022181

Baram-Tsabari, A. & Osborne, J. (2015). Bridging science education and science communication research. *Journal of Research in Science Teaching, 52*(2), 135–144. https://doi.org/10.1002/tea.21202

Bromme, R. (2020). Informiertes Vertrauen: Eine psychologische Perspektive auf Vertrauen in Wissenschaft. In M. Jungert, A. Frewer & E. Mayr (Hrsg.), *Wissenschaftsreflexion. Interdisziplinäre Perspektiven zwischen Philosophie und Praxis* (S. 1–25). Mentis Verlag.

Bromme, R. (2022). Informiertes Vertrauen in Wissenschaft: Lehren aus der COVID-19 Pandemie für das Verständnis naturwissenschaftlicher Grundbildung (scientific literacy). *Unterrichtswissenschaft*. https://doi.org/10.1007/s42010-022-00159-6

Bromme, R. & Goldman, S. R. (2014). The Public's Bounded Understanding of Science. *Educational Psychologist, 49*(2), 59–69. https://doi.org/10.1080/00461520.2014.921572

Chinn, C. A., Barzilai, S. & Duncan, R. G. (2021). Education for a "Post-Truth" World: New Directions for Research and Practice. *Educational Researcher, 50*(1), 51–60. https://doi.org/10.3102/0013189X20940683

Douglas, H. (2009). *Science, Policy, and the Value-Free Ideal*. University of Pittsburgh Press.

Feinstein, N. W. (2011). Salvaging science literacy. *Science Education, 95*(1), 168–185. https://doi.org/10.1002/sce.20414

Flanagin, A. J., Winter, S. & Metzger, M. J. (2018). Making sense of credibility in complex information environments: The role of message sidedness, information source, and thinking styles in credibility evaluation online. *Information, Communication & Society, 23*(7), 1038–1056. https://doi.org/10.1080/1369118X.2018.1547411

Guyer, J. J., Vaughan-Johnston, T. I. & Nguyen, A. (2022). *Stealing Thunder: Empirical Evidence and Real-World Applications*. Routledge. https://doi.org/10.4324/9780367198459-REPRW115-1

Harris, P. L. (2012). *Trusting what you're told*. Belknap of Harvard UP.

Hendriks, F., Janssen, I. & Jucks, R. (2022). Balance as Credibility? How Presenting One-vs. Two-Sided Messages Affects Ratings of Scientists' and Politicians' Trustworthiness. *Health Communication*, 1–8. https://doi.org/10.1080/10410236.2022.2111638

Hendriks, F., Kienhues, D. & Bromme, R. (2015). Measuring laypeople's trust in experts in a digital age: The Muenster Epistemic Trustworthiness Inventory (METI). *PLoS ONE*, *10*(10), 1–20. https://doi.org/10.1371/journal.pone.0139309

Hendriks, F., Kienhues, D. & Bromme, R. (2016a). Disclose your flaws! Admission positively affects the perceived trustworthiness of an expert science blogger. *Studies in Communication Sciences*, *16*(2), 124–131. https://doi.org/10.1016/j.scoms.2016.10.003

Hendriks, F., Kienhues, D. & Bromme, R. (2016b). Evoking vigilance: Would you (dis)trust a scientist who discusses ethical implications of research in a science blog? *Public Understanding of Science*, *25*(8), 992–1008. https://doi.org/10.1177/0963662516646048

Hendriks, F., Kienhues, D. & Bromme, R. (2016c). Trust in Science and the Science of Trust. In B. Blöbaum (Hrsg.), *Trust and Communication in a Digitized World. Models and Concepts of Trust Research* (S. 239–251). Springer. https://doi.org/10.1007/978-3-319-28059-2

Hendriks, F., Mayweg-Paus, E., Felton, M., Iordanou, K., Jucks, R. & Zimmermann, M. (2020). Constraints and Affordances of Online Engagement with Scientific Information – A Literature Review. *Frontiers in Psychology*, *11*, 572744. https://doi.org/10.3389/fpsyg.2020.572744

Jamieson, K. H., McNutt, M., Kiermer, V. & Sever, R. (2019). Signaling the trustworthiness of science. *Proceedings of the National Academy of Sciences*, *116*(39), 19231–19236. https://doi.org/10.1073/pnas.1913039116

Janssen, I., Hendriks, F. & Jucks, R. (2021). Face Masks Might Protect You From COVID-19: The Communication of Scientific Uncertainty by Scientists Versus Politicians in the Context of Policy in the Making. *Journal of Language and Social Psychology*, *40*(5–6), 602–626. https://doi.org/10.1177/0261927X211044512

Kuhn, D. & Weinstock, M. (2002). What is epistemological thinking and why does it matter? In B. K. Hofer & P. R. Pintrich (Hrsg.), *Personal Epistemology: The Psychology of Beliefs about Knowledge and Knowing* (S. 121–144). Routledge. https://doi.org/10.4324/9780203424964

Medienpädagogischer Forschungsverbund Südwest. (2021). *JIM Studie 2021*. https://www.mpfs.de/fileadmin/files/Studien/JIM/2021/JIM-Studie_2021_barrierefrei_230418_neu.pdf

National Research Council. (2012). *A Framework for K-12 Science Education* (Bd. 1). https://doi.org/10.17226/13165

OECD. (2017). *PISA 2015 Assessment and Analytical Framework*. OECD Publishing. https://doi.org/10.1787/9789264281820-en

Plohl, N. & Musil, B. (2023). Assessing the incremental value of intellectual humility and cognitive reflection in predicting trust in science. *Personality and Individual Differences*, *214*, 112340. https://doi.org/10.1016/j.paid.2023.112340

Shafto, P., Eaves, B., Navarro, D. J. & Perfors, A. (2012). Epistemic trust: Modeling children's reasoning about others' knowledge and intent. *Developmental Science*, *15*(3), 436–447. https://doi.org/10.1111/j.1467-7687.2012.01135.x

Sharon, A. J. & Baram-Tsabari, A. (2020). Can science literacy help individuals identify misinformation in everyday life? *Science Education*, sce.21581. https://doi.org/10.1002/sce.21581

Sperber, D., Clément, F., Heintz, C., Mascaro, O., Mercier, H., Origgi, G. & Wilson, D. (2010). Epistemic vigilance. *Mind and Language*, 25(4), 359–393. https://doi.org/10.1111/j.1468–0017.2010.01394.x

Taylor, R. M. (2016). Open-Mindedness: An Intellectual Virtue in the Pursuit of Knowledge and Understanding. *Educational Theory*, 66(5), 599–618. https://doi.org/10.1111/edth.12201

Thon, F. M. & Jucks, R. (2017). Believing in Expertise: How Authors' Credentials and Language Use Influence the Credibility of Online Health Information. *Health Communication*, 32(7), 828–836. https://doi.org/10.1080/10410236.2016.1172296

van der Bles, A. M., van der Linden, S., Freeman, A. L. J., Mitchell, J., Galvao, A. B., Zaval, L. & Spiegelhalter, D. J. (2019). Communicating uncertainty about facts, numbers and science. *Royal Society Open Science*, 6(5), 181870. https://doi.org/10.1098/rsos.181870

Wilholt, T. (2013). Epistemic trust in science. *British Journal for the Philosophy of Science*, 64(2), 233–253. https://doi.org/10.1093/bjps/axs007

Winter, S. & Krämer, N. C. (2012). Selecting Science Information in Web 2.0: How Source Cues, Message Sidedness, and Need for Cognition Influence Users' Exposure to Blog Posts. *Journal of Computer-Mediated Communication*, 18(1), 80–96. https://doi.org/10.1111/j.1083–6101.2012.01596.x

Wissenschaft im Dialog. (2021). *Wissenschaftsbarometer 2021*. Wissenschaft im Dialog. https://www.wissenschaft-im-dialog.de/fileadmin/user_upload/Projekte/Wissenschafts-barometer/Dokumente_21/WiD-Wissenschaftsbarometer2021_Broschuere_web.pdf

Friederike Hendriks, Technische Universität Braunschweig, Bienroder Weg 87, 38106 Braunschweig
f.hendriks@tu-braunschweig.de
https://orcid.org/0000-0003-1023-8103

Teil II
Bildung für nachhaltige Entwicklung (BNE) und weitere gesellschaftliche Herausforderungen

https://doi.org/10.31244/9783830997962.05

Kompetent für nachhaltige Entwicklung

Studierende als multiperspektivisch Lernende und Lehrende

Eva Freudenmacher & Christoph Thyssen

Die Dringlichkeit, Nachhaltigkeit als grundlegendes und lebenslanges gesellschaftliches Leitmotiv zu implementieren, wird unter Anbetracht des Klimawandels und seiner Folgen sowie wachsenden Ungleichheiten innerhalb der Gesellschaft immer größer (UN, 2015). Für die Implementierung dieses Leitmotivs sind gesamtgesellschaftliche Einstellungsänderungen notwendig. Effizienter als bereits etablierte, unter Umständen wenig nachhaltige, Einstellungen zu beeinflussen, scheint jedoch der Ansatz, die Einstellungsbildung bei jungen Menschen im Sinne der Nachhaltigkeit zu begleiten. Entsprechende Bildungsangebote können sowohl in der Schule als auch in außerschulischen Bildungssettings angeboten werden (UNESCO, 2020). Bildung für nachhaltige Entwicklung (BNE) wird deshalb als ein Schlüsselfaktor nachhaltiger Entwicklung gesehen (ebd.).

Um BNE in Schulen verankern zu können, müssen Lehrkräfte als Multiplikatorinnen und Multiplikatoren Kompetenzen in den Bereichen BNE und Nachhaltigkeit erlangen. Diesbezüglich kann in allen drei Phasen der Lehrkräftebildung, d.h. sowohl im Studium und Referendariat als auch in der Weiterbildung von aktiven Lehrkräften, angesetzt werden (Bundesministerium für Bildung und Forschung, 2019). Im Folgenden wird ein Lehrkonzept für die Hochschule vorgestellt, welches eine Kompetenzerweiterung in den Bereichen BNE und Nachhaltigkeit, über eine von Studierenden geplante und durchgeführte Fortbildung, sowohl bei Lehramtsstudierenden als auch im Bereich der Weiterbildung aktiver Lehrkräfte, bewirken soll. Entsprechend der zu adressierenden Kompetenzbereiche wird sich im Folgenden mit den Begriffen Nachhaltigkeit sowie BNE auseinandergesetzt. Neben der allgemeinen Strukturierung der Lehrveranstaltung inklusive zugrundeliegender methodischer und didaktischer Entscheidungen, soll auch die Wahl des inhaltlichen Schwerpunkts, der nachhaltigen naturnahen Forstwirtschaft, dargelegt und begründet werden. Abschließend soll ein Ausblick für eine geplante Skalierung gegeben werden, die auch einen Umgang mit erfahrenen Schwierigkeiten der Lehrveranstaltung darstellt.

1. Nachhaltige Entwicklung und BNE– Eine Begriffsklärung

1.1 Nachhaltige Entwicklung – Ziele für eine gerechte Zukunft

Eine gerechte Gesellschaft zwischen den Menschen auf der ganzen Welt, auch über Generationsgrenzen hinaus, steht im Mittelpunkt des Nachhaltigkeitsverständnisses der UN (UN, 2015). Daran anknüpfend wurden 2015 die 17 Ziele für nachhaltige Entwicklung (englisch Sustainable Development Goals kurz: SDGs) ausgerufen. Sie definieren Inhaltsbereiche in Bezug auf Nachhaltigkeit, die bis 2030 erreicht werden sollen (ebd.).

Neben der Gesellschaft werden durch die unterschiedlichen Schwerpunkte der SDGs auch die Bereiche Umwelt und Wirtschaft erfasst. Umwelt und Wirtschaft sind dabei als Systeme anzusehen, die, im Falle einer nachhaltigen Ausgestaltung, eine gerechte Gesellschaft erst erreichbar machen. Die drei Bereiche werden im Vorrangmodell (Abbildung 1 a), welches die theoretische Grundlage dieses Projekts bildet, nicht als gleichwertig betrachtet (Zimmermann, 2016): Der Umwelt wird als unserer Lebensgrundlage die höchste Priorität zugeschrieben, im Mittelpunkt steht die Gesellschaft mit dem an die UN angelehnten Gerechtigkeitsverständnis. Diese wird dabei durch eine Wirtschaft gestützt, die zur Aufrechterhaltung der Gerechtigkeit beiträgt und eine Verstärkung von Ungleichheiten verhindert, ohne die Umwelt zu gefährden (ebd). Vorrangmodell und SDGs sind kompatibel. Mit ihnen kann Nachhaltigkeit abhängig von der jeweiligen Anforderungssituation unterschiedlich differenziert betrachtet werden (im Kontinuum zwischen drei Dimensionen und 17 SDGs, die jeweils selbst weiter ausdifferenziert werden können). Mit dem Weddingcake-Modell (Abbildung 1 c) kann diese Kompatibilität verdeutlicht werden. Die Größe der Etagen des Modells symbolisiert dabei die Prioritäten, die den Bereichen zugeschrieben werden.

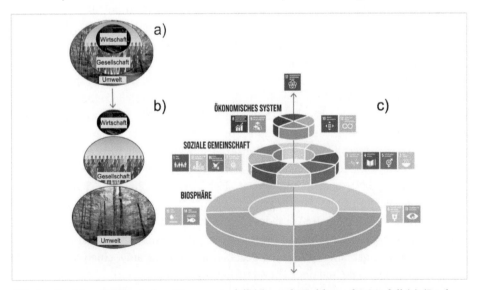

Abb. 1: Beziehung (b) zwischen Vorrangmodell (a)- und Weddingcake-Modell (c) (Rockström & Sukhdev, 2016; Zimmermann, 2016)

Zusätzlich wird dadurch, dass die Gesellschaft über mehr Ziele repräsentiert wird als die anderen beiden Bereiche deutlich, dass die soziale Gerechtigkeit das eigentliche Ziel von nachhaltiger Entwicklung darstellt (Obrecht et al., 2021). Abbildung 1 stellt neben dem a) Vorrangmodell und dem c) Weddingcake-Modell auch b) die Beziehung der beiden Modelle dar.

1.2 Bildung für nachhaltige Entwicklung – Lehre für ein Lernen, die Welt zu verändern

BNE gilt als wichtiger Schlüssel zur Erreichung der SDGs. Außerdem ist BNE selbst Teil von „SDG4: Hochwertige Bildung" (UN, 2015). Jedes Ziel beinhaltet zusätzlich Unterziele, wobei Unterziel 4.7 unmittelbar die Implementierung von BNE in der Schule adressiert (ebd). BNE wird als ganzheitliches, normatives Bildungskonzept verstanden, das Lernende in die Lage versetzen soll, informierte Entscheidungen im Sinne der nachhaltigen Entwicklung zu treffen (Holfelder, 2017). Dabei sollen die Folgen von Entscheidungen auf unterschiedlichen Ebenen und aus mehreren Perspektiven mit einbezogen werden. Der ganzheitliche Charakter der Konzeption der BNE zeigt sich darin, dass nicht nur einzelne Unterrichtseinheiten in den Blick genommen werden. Vielmehr soll nach dem „Whole System Approach" der gesamte Schulalltag, auch außerhalb des Unterrichts, nach Kriterien der nachhaltigen Entwicklung, gestaltet werden (UNESCO, 2020).

2. Eine Lehrveranstaltung im Kontext BNE – „Ökosystem Wald"

2.1 Ziele der Lehrveranstaltung

Die Lehrveranstaltung wurde entwickelt, um angehende Lehrkräfte als Multiplikatorinnen und Multiplikatoren für nachhaltige Entwicklung auszubilden und BNE in die Lehrkräftebildung der Hochschule zu integrieren. Durch die konkrete Ausgestaltung des hier vorgestellten Konzepts werden die Nachhaltigkeitskompetenzen von sowohl Studierenden als auch von Schülerinnen und Schülern sowie von Lehrkräften im Schuldienst erweitert. Die Studierenden sollen durch Teilnahme an der Lehrveranstaltung einerseits in der Lage sein, Unterricht im Sinne der BNE zu gestalten. Andererseits sollen sie auch ein Verständnis für den ganzheitlichen Ansatz von BNE erlangen. Dies soll sie in die Lage versetzen, als Lehrkräfte an ihren Schulen zu einer Verankerung von BNE im Schulalltag (vgl. Whole System Approach) beizutragen und Veränderungsprozesse in diese Richtung anzustoßen. Die Studierenden werden somit zu Multiplikatorinnen und Multiplikatoren der BNE ausgebildet, die später die Nachhaltigkeitskompetenzen ihrer Schülerinnen und Schüler erweitern und den Schulalltag mitgestalten können, d. h., so aktiv zu einer nachhaltigen Entwicklung der Gesellschaft beitragen können.

2.2 Warum naturnahe nachhaltige Forstwirtschaft als Kontext?

Inhaltlich befasst sich das Konzept mit der naturnahen nachhaltigen Forstwirtschaft. Zum einen kommt der Forstwirtschaft regional (bezogen auf die RPTU) eine wichtige wirtschaftliche, ökologische und gesellschaftliche Bedeutung zu. Zum anderen erfüllt der Wald für die Gesellschaft auch überregional mit seinen drei Funktionen (Schutz-, Nutz- und Erholungsfunktion) wichtige Aufgaben, die sich gut auf die drei Teilbereiche nachhaltiger Entwicklung (Umwelt, Wirtschaft und Gesellschaft) übertragen lassen. Die wirtschaftliche Nutzfunktion bezieht sich in erster Linie auf die Produktion von Holz, welches in der naturnahen nachhaltigen Forstwirtschaft kontinuierlich, aber in für die Natur verträglichen Mengen, aus dem Wald entnommen wird. Die Erholungsfunktion bedient die gesellschaftliche Ebene von Nachhaltigkeit, indem der Wald zur Gesunderhaltung und der Bildung der Bevölkerung beiträgt. Die Schutzfunktion umfasst zum einen gesellschaftlich wichtige Aspekte, wie z. B. den Hochwasserschutz oder den Klimaschutz über die CO_2-Bindung der Bäume. Zum anderen umfasst die Schutzfunktion des Waldes auch die Aufrechterhaltung des Ökosystems und somit die Sicherung des Lebensraums Wald, was den Bereich der Umwelt abdeckt.

Ein wichtiger Faktor, der im Zuge der Veranstaltung besondere Beachtung findet, ist der Waldboden. Boden im Allgemeinen ist ein System, welches aufgrund seiner Eigenschaften hohe Relevanz im Bereich der Nachhaltigkeit hat. So ist der Boden beispielsweise die Grundlage der menschlichen Ernährung und stellt außerdem einen großen CO_2-Speicher dar (Grüneberg, 2016). Boden wird in „SDG15 – Leben an Land" als endliche Ressource mit einer Schlüsselfunktion im Bereich Umwelt angesehen. Bei der Wahl des inhaltlichen Schwerpunkts für eine Veranstaltung im Bereich der BNE sollte, entsprechend unserer Planungsgedanken, darauf geachtet werden, dass ein Lerngegenstand regional bedeutend ist, eine wichtige Rolle in den drei Nachhaltigkeitsbereichen spielt und aus vielen unterschiedlichen (Fach-)Perspektiven betrachtet werden kann und sollte. So wird zum einen eine persönliche Betroffenheit mit dem Inhalt initiiert und zum anderen können die bereits dargelegten grundlegenden Ziele der BNE (vgl. Kapitel 1.2) adressiert werden.

2.3 Organisation und Struktur der Lehrveranstaltung

Die Lehrveranstaltung ist in Form einer drei Sitzungen umfassenden Vorlesung mit anschließendem Seminar strukturiert. Die Studierenden planen im Seminarteil eine Unterrichtsreihe für Schülerinnen und Schüler sowie eine Lehrkräftefortbildung mit dem Schwerpunkt Forstwirtschaft im Kontext von BNE und führen beide Konzepte weitestgehend eigenverantwortlich durch. Die von den Studierenden geplante und durchgeführte Unterrichtsreihe dient dabei als Beispiel für die Umsetzung eines Konzepts mit BNE-Bezug in der Schule und wird den an der Fortbildung teilnehmenden Lehrkräften von den Studierenden vorgestellt. Die Studierenden erlangen ihre Kompetenzen so auf vielfältige Weise. Zum einen werden die Kompetenzen durch die Konzeption und Durchführung der Unterrichtsreihe, zum anderen aber auch durch die Durchführung der Fortbildung (Lernen durch Lehren) geschult (Kelchner & Martin, 2011). Außerdem bietet die Fortbildung Raum, um die von den Studierenden geplante Unterrichtseinheit durch die Praxiserfahrung der Lehrkräfte auf einer theoretischen Ebene zu evaluieren. Die Unterrichtsreihe wird durch die Studierenden außerdem über eine Prä-Post-Befragung der Schülerinnen und Schüler im Hinblick auf eine Veränderung des Nachhaltigkeitsbewusstseins evaluiert. Eine quantitative Evaluierung der Lehrkräftefortbildung in Bezug auf das Nachhaltigkeitsbewusstsein der Lehrkräfte erscheint aufgrund der bisher eher geringen Zahl teilnehmender Lehrkräfte (je 3–5) nicht zielführend. Die universitäre Lehrveranstaltung (Vorlesung und Seminar) ist auf eine Teilnahme von drei bis 15 Studierenden ausgelegt. Bisher haben immer zwischen drei und fünf Studierende pro Jahr teilgenommen. Die Ausgestaltung der Lehrveranstaltung wird im weiteren Verlauf von Kapitel 2.3 noch ausführlicher beschrieben. Die Studienleistungen (Unterrichtsreihe, Lehrkräftefortbildung und Befragung der Schülerinnen und Schüler) werden in Kapitel 2.4 genauer dargestellt.

2.3.1 Vorlesung und Seminar

Bei der Lehrveranstaltung handelt es sich um eine reine Präsenzveranstaltung, die zwei Semesterwochenstunden (SWS) umfasst (14 Termine à 90 Minuten). Zu Beginn des Semesters besuchen die Studierenden drei Vorlesungseinheiten, in denen theoretische Kenntnisse in den Bereichen a) nachhaltige Entwicklung b) BNE und c) der naturnahen nachhaltigen Forstwirtschaft vermittelt werden. An den Vorlesungsteil schließt sich ein Seminarteil an. Im ersten Seminartermin wird die Aufgabenstellung für die Studierenden inklusive aller Vorgaben erläutert. Im darauffolgenden Seminartermin wird eine Begehung der Waldflächen, die im Rahmen der Veranstaltung genutzt werden, durchgeführt, wobei Besonderheiten der Flächen im Hinblick auf die spätere Nutzung als außerschulischer Lernort im Fokus stehen. Die weiteren neun Termine werden zur Planung und, gegen Ende des Semesters, zur Evaluation der Studierendenleistungen genutzt. In Abbildung 2 ist die Struktur der Veranstaltung grob dargestellt (2 SWS Teil). Eine ausführlichere tabellarische Aufstellung der einzelnen Termine findet sich im Onlinematerial, welches am Ende des Artikels verlinkt ist, wieder. Bei den Studienleistungen handelt es sich zum einen um die Planung und Durchführung einer Unterrichtsreihe mit Exkursion, die auch tatsächlich von den Studierenden mit Schülerinnen und Schülern durchgeführt wird. Zum anderen ist die Planung und Durchführung einer Lehrkräftefortbildung zu leisten. Beide Studienleistungen werden in Kapitel 2.4 genauer beschrieben. Die Planung der beiden Konzepte findet im Rahmen des Seminars statt, damit die Studierenden im engen Kontakt mit den Dozierenden jederzeit Hilfestellungen und Impulse erfragen und entgegennehmen können. Es hat sich als sinnvoll erwiesen, die Gruppe aufzuteilen und einen Teil der Gruppe mit Schwerpunkten in der Planung der Unterrichtsreihe und einen Teil mit der Planung der Lehrkräftefortbildung zu betrauen. Da sich die Fortbildung auf die Unterrichtsreihe, als wesentliches inhaltliches Element bei deren Durführung, bezieht und die fertige Konzeption der Unterrichtreihe den Lehrkräften der Fortbildung zugänglich gemacht wird, ist auch hier eine Planung im Seminar zum Austausch zwischen den beiden Gruppen sinnvoll. Je weniger Studierende teilnehmen, desto mehr müssen diese bei der Planung unterstützt und ggf. auch entlastet werden. Dazu können beispielsweise konkretere didaktische Vorgaben zur Planung der Unterrichtseihe gemacht und damit der Aufwand zur Klärung der fachwissenschaftlichen Hintergründe und der Recherche über mögliche passende didaktische Inhalte verringert werden. Genauso können Vorschläge zur methodischen Ausgestaltung gemacht werden, was ebenfalls zu einem wesentlich geringeren Rechercheaufwand beitragen würde.

2.3.2 Interdisziplinäre Lehre als Konzept zur Umsetzung einer multiperspektivischen BNE

Ein wichtiger konzeptioneller Aspekt der Lehrveranstaltung besteht, das in der BNE zentral verankerte Prinzip des multiperspektivischen Denkens aufgreifend, darin, dass sowohl Lehramtsstudierende der Biologie als auch der Geographie an der Veranstaltung teilnehmen können. Durch die beiden Fachperspektiven kann im Diskurs ein umfangreiches Verständnis von den wirtschaftlichen, gesellschaftlichen und umweltbezogenen Aspekten der Forstwirtschaft geschaffen werden. Unabhängig von den Möglichkeiten einer Zulassung für Studierende mehrerer Fachrichtungen müssen die Inhalte im Sinne der BNE immer aus mehreren (Fach-)Perspektiven betrachtet werden können. Das Öffnen der Veranstaltung für Studierende mehrerer Fachrichtungen kann dabei helfen, ist aber nicht der Einzige und auch kein allein ausreichender Weg, um eine mehrperspektivische Betrachtung zu gewährleisten. Deshalb wurde bei der Planung der Lehrveranstaltung großer Wert auf den inhaltlichen Schwerpunkt Forst gelegt, der, wie in Kapitel 2.2 beschrieben, ein multiperspektivisch gut zu betrachtendes Element darstellt.

2.4 Von Studierenden zu erbringende Studienleistungen

2.4.1 Planung und Durchführung einer Unterrichtsreihe inklusive Exkursion im Seminar

Eine Aufgabe im Seminarteil ist die Konzeption und Durchführung einer Unterrichtsreihe im Rahmen von BNE im naturnahen Forst. Die Reihe ist mit drei Teilen, d. h. einer vorbereitenden Einheit, einer Exkursion und einer nachbereitenden Einheit, zu planen. Im Vorfeld zur Veranstaltung organisieren die Dozierenden Kontakte zu Kooperationsschulen, wodurch die Klassenstufe (i.d.R. Oberstufe) sowie die Fächereinbindung (i.d.R. Biologie oder Erdkunde) für die Unterrichtskonzepte vorab festgelegt sind. Für die Vorbereitungseinheit der Unterrichtsreihe ist der Einsatz eines interaktiven Videotools vorgesehen. Die Vorbereitungseinheit sollte in ca. 90 Minuten von den Schülerinnen und Schülern durchgeführt werden können, sodass diese Einheit organisatorisch flexibel von den Lehrkräften eingebunden werden kann (in der Schule mit entsprechender Ausstattung in ca. einer Doppelstunde oder als Hausaufgabe außerhalb des Unterrichts und in Eigenverantwortung der Schülerinnen und Schüler). Durch die Integration von Aufgaben und Fragen, die während des Abspielens der Videos bearbeitet werden müssen, wird eine aktive Auseinandersetzung mit den Videoinhalten sichergestellt. Die didaktische Gestaltung der Videos erfolgt durch die Studierenden unter Anleitung und mit Hilfestellung durch die Dozierenden, wobei Art und Umfang der Hilfestellungen im Ermessen der Dozierenden liegen und an die Zahl sowie die Bedarfe der Studierenden angepasst werden sollte (siehe dazu auch Kapitel 2.3.1). Vorgabe für die Exkursion ist, dass durch praktisches Arbeiten am außerschulischen Lernort Forst Daten generiert werden sollen, die in der Nachbereitung ausgewertet und zum Abschluss eingeordnet und diskutiert werden. Die Unterrichtseinheit sollte innerhalb eines Zeitraums von ca. drei Wochen von den Klassen durchlaufen werden können. Die Vorbereitung sollte in der ersten Woche stattfinden (in der Schule oder zu Hause/von den Lehrkräften organisiert). Die Exkursion findet in der zweiten Woche statt und wird von den Studierenden geleitet. In der dritten Woche wird eine nachbereitende Stunde von den Studierenden in den Schulen durchgeführt. Die gesammelten Daten aus der Exkursion sollten bis zur nachbereitenden Stunde von den Schülerinnen und Schülern ausgewertet und analysiert sein. Die Studierenden erstellen einen ausführlichen Unterrichtsentwurf, sodass die erstellten Konzepte auch für weitere Projekte und als Material für die an der Fortbildung teilnehmenden Lehrkräfte genutzt werden können (die Konzeption der Fortbildung ist in Kapitel 2.4.2 dargelegt). Neben der Konzeption ist die weitgehend eigenverantwortliche Durchführung der Exkursion sowie der nachbereitenden Unterrichtseinheit mit den kooperierenden Klassen (die Dozierenden sind mit anwesend) Teil der Studienleistung. Zum einen erlangen die Studierenden durch diesen Teil der Veranstaltung didaktische und methodische Kompetenzen im Bereich der Unterrichtsplanung und -durchführung im Kontext von BNE. Zum anderen werden durch die Durchführung allgemeine Lehrkompetenzen im Umgang mit Schülerinnen und Schülern geschult (Seckelmann & Hof, 2020). Ein Best-Practice-Beispiel einer von Studierenden geplanten und durchgeführten Unterrichtsreihe findet sich, in Form eines tabellarischen Unterrichtsverlaufsplans, im online zugänglichen und unter dem Artikel verlinkten, Zusatzmaterial.

2.4.2 Planung und Durchführung einer Lehrkräftefortbildung

Die zweite Studienleistung im Rahmen der Lehrveranstaltung besteht darin, dass die Studierenden eine Lehrkräftefortbildung planen und durchführen. Vorgabe ist, dass es einen theoretischen Teil gibt, bei dem die Lehrkräfte Wissen über Konzepte der BNE erlangen aber auch untereinander und mit den Studierenden in Diskussion über die BNE-Aktivitäten an ihren Schulen treten können. Durch diesen Austausch können die Lehrkräfte (inkl. der Studierenden) voneinander lernen und Erfahrungen austauschen sowie auftretende Schwierigkeiten und Probleme diskutieren. Die Studierenden können ihr Wissen zur BNE durch die praktischen Erfahrungsberichte der Lehrkräfte erweitern und mit Maßstäben aus der Praxis abgleichen. Dies kann einen Beitrag zur Professionalisierung sowohl der Studierenden als auch der Lehrkräfte leisten (Bonsen & Rolff, 2006). Außerdem stellen die Studierenden im Rahmen des Theorieteils ihre geplante Unterrichtsreihe vor. Dabei sollen auch die Erfahrungen, welche die Studierenden bei der Durchführung der Reihe mit Schülerinnen und Schülern gemacht haben, mit einfließen. Die Lehrkräfte sollen aus ihrer schulpraktischen Erfahrung heraus den Unterrichtsentwurf auf theoretischer Ebene reflektieren und diskutieren, um so ihren eigenen als auch den Erkenntnisgewinn der Studierenden steigern.

Neben diesem theoretischen Teil der Fortbildung soll ein praktischer Teil geplant werden, bei dem vor Ort die praktischen Tätigkeiten aus der, von den Studierenden geplanten, Exkursion durchgeführt und erläutert werden. Dabei sollen vor allem unterrichtsrelevante Aspekte der praktischen Umsetzung beleuchtet werden. Den Lehrkräften wird der Unterrichtsentwurf zu der von den Studierenden geplanten Unterrichtsreihe im Nachgang zur Fortbildung zur Verfügung gestellt. Durch die praktische Erfahrung, die die Lehrkräfte bei der Durchführung der Versuche machen, soll die Hemmschwelle zur Umsetzung der Übungen im eigenen Unterricht gesenkt und somit die Wahrscheinlichkeit für eine Implementierung von BNE im Unterricht gesteigert werden.

2.4.3   Forschendes Lernen im fachdidaktischen Studium

Um die Unterrichtsreihe im Hinblick auf die Erweiterung des Nachhaltigkeitsbewusstseins der beteiligten Schülerinnen und Schüler zu reflektieren, wird eine Prä-Post-Befragung mit Hilfe eines in der aktuellen Hochschulforschung entwickelten Fragebogens durchgeführt. Die gesammelten Daten werden von den Studierenden ausgewertet und interpretiert. Der Fragebogen erfasst das Nachhaltigkeitsbewusstsein der Schülerinnen und Schüler (angelehnt an ein vom Umweltbundesamt entwickeltes Modell zum Umweltbewusstsein (Umweltbundesamt, 2020). Die Studierenden können so reflektieren, ob ihre Unterrichtsreihe einen Einfluss auf das Nachhaltigkeitsbewusstsein der Schülerinnen und Schüler hat. Durch die Fülle an Aufgaben, die von den Studierenden im Rahmen der Lehrveranstaltung zu erbringen ist, wurde dieser Teil der Lehrveranstaltung zwar zur Evaluation der Unterrichtseinheit angewendet, eine vertiefende Auseinandersetzung mit der Forschungsmethode, als Weg der Erkenntnisgewinnung in der fachdidaktischen Forschung, konnte jedoch nicht durchgeführt werden.

3.   Erfahrungen und abgeleitete Weiterentwicklung der Lehrveranstaltung

Aufgrund von positivem Feedback durch Studierende, Lehrkräfte sowie Schülerinnen und Schüler ist eine Erweiterung des Konzepts geplant. Das bereits bestehende Konzept, das zwei SWS umfasst, wird weitergeführt und durch ein Angebot, welches

Abb. 2: Darstellung der Verzahnung zwischen Basisteil im Umfang von zwei SWS und dem sechs SWS umfassenden erweiternden Veranstaltungsteil.

sechs SWS umfasst, ergänzt. Abbildung 2 stellt die Verzahnung sowie die Aufgaben-aufteilung der beiden Veranstaltungsteile dar. Die Studierenden, die lediglich am zwei SWS umfassenden Teil teilnehmen, werden zukünftig keine Befragung der Schüle-rinnen und Schüler mehr durchführen. Auch die Lehrkräftefortbildung wird nur von den Studierenden, die zusätzlich die sechs SWS umfassende Veranstaltung besuchen, geplant. Die Studierenden, die nur den 2-WS-Teil belegen, werden jedoch als Teilneh-mende bei der Fortbildung anwesend sein. Die Kürzung der Aufgaben für den zwei SWS umfassenden Teil dient der Verringerung des sehr hohen Arbeitsaufwands der Studierenden und der damit einhergehenden Notwendigkeit von umfangreichen Ent-lastungen durch die Dozierenden in Form von Hilfestellungen. Die wesentlich höhere Eigenleistung, die die Studierenden dabei erbringen werden, soll zu einem höheren Lernzuwachs führen (Engelschalt & Upmeier zu Belzen, 2019). Die Studierenden, die den 6-SWS-Teil als zusätzliches Modul belegen, werden zusammen mit den anderen Studierenden an der 2-SWS-Veranstaltung teilnehmen und gleichermaßen an der Planung und Durchführung der Unterrichtsreihe mitwirken. Zusätzlich werden im 6-SWS-Teil, im Rahmen von zehn 7-stündigen Seminaren, eine weitere Unterrichts-einheit (je nach Studierendenzahl auch mehr), eine Lehrkräftefortbildung und die Prä-Post-Befragung aller beteiligten Schülerinnen und Schüler geplant und durchge-führt. Die wesentlich höhere Auseinandersetzungszeit der Studierenden führt dazu, dass auch in diesem Teil weniger Vorgaben durch die Dozierenden gegeben werden müssen und die Eigenleistung sowie der Lernzuwachs der Studierenden steigen soll (ebd.). Des Weiteren ist es durch die gewonnene Zeit möglich, die Beforschung der Schülerinnen und Schüler durch die Studierenden durch weitere (auch qualitative) Forschungsmethoden zu ergänzen und die angewandten Methoden fachdidaktischer Forschung auch als theoretischen inhaltlichen Schwerpunkt zu ergänzen. Die Aufga-ben, die in beiden Teilen erfüllt werden müssen, sind in Abbildung 2 dargestellt und zusammengefasst.

Literatur

Bonsen, M. & Rolff, H.-G. (2006). Professionelle Lerngemeinschaften von Lehrerinnen und Lehrern. *Zeitschrift für Pädagogik, 52*(2). https://doi.org/10.25656/01:4451

Bundesministerium für Bildung und Forschung. (2019). *Nationaler Aktionsplan Bildung für nachhaltige Entwicklung.* https://www.bne-portal.de/bne/de/nationaler-aktionsplan/nationaler-aktionsplan_node.html

Engelschalt, P. & Upmeier zu Belzen, A. (2019). *Interventionsstudie zur Wirkung von schülerzentrierten Methoden auf Modellkompetenz und Fachwissen* (Erkenntnisweg Biologididaktik Nr. 18). Bonn.

Grüneberg, E. (2016). *6 Kohlenstoffvorräte und deren zeitliche Veränderungen in Waldböden 6.1 Einleitung.* TI: Johann Heinrich von Thünen-Institut. https://policycommons.net/artifacts/2130719/6-kohlenstoffvorrate-und-deren-zeitliche-veranderungen-in-waldboden-61-einleitung/2886017/

Holfelder, A.-K. (2017). *Orientierungen von Jugendlichen zu Nachhaltigkeitsthemen: Zur didaktischen Bedeutung von implizitem Wissen im Kontext BNE.* Springer Fachmedien.

Kelchner, R. & Martin, J.-P. (2011). Lernen durch Lehren. In J.-P. Timm (Hrsg.), *Englisch lernen und lehren: Didaktik des Englischunterrichts* (S. 211–219). Cornelsen.

Obrecht, A., Pham-Truffert, M., Spehn, E., Payne, D., Altermatt, F., Fischer, M., Passarello, C., Moersberger, H., Schelske, O., Guntern, J., Prescott, G., Geschke, J. & Bremond, A. de. (2021). *Achieving the SDGs with Biodiversity.*

Rockström, J. & Sukhdev, P. (2016). *The SDGs wedding cake.* https://www.stockholmresilience.org/research/research-news/2016-06-14-the-sdgs-wedding-cake.html

Seckelmann, A. & Hof, A. (Hrsg.). (2020). *Exkursionen und Exkursionsdidaktik in der Hochschullehre: Erprobte und reproduzierbare Lehr- und Lernkonzepte.* Springer Spektrum.

Umweltbundesamt. (2020, 14. Oktober). *Weiterentwicklung einer Skala zur Messung von zentralen Kenngrößen des Umweltbewusstseins.* https://www.umweltbundesamt.de/publikationen/weiterentwicklung-skala-umweltbewusstsein

UN. (2015). *Resolution der Generalversammlung: Transformation unserer Welt: die Agenda 2030 für nachhaltige Entwicklung.* https://www.un.org/depts/german/gv-70/band1/ar70001.pdf

UNESCO. (2020). *Education for Sustainable Development – A roadmap: ESD for 2030.* https://unesdoc.unesco.org/ark:/48223/pf0000379488

Zimmermann, F. M. (Hrsg.). (2016). *Lehrbuch. Nachhaltigkeit wofür? Von Chancen und Herausforderungen für eine nachhaltige Zukunft.* Springer Spektrum.

Onlinematerial

Eva Freudenmacher, RPTU Kaiserslautern-Landau, Campus Kaiserslautern, AG Fachdidaktik der Biologie, Erwin Schrödinger Straße 14, 67663 Kaiserslautern
eva.freudenmacher@rptu.de

Christoph Thyssen, RPTU Kaiserslautern-Landau, Campus Kaiserslautern, AG Fachdidaktik der Biologie, Erwin Schrödinger Straße 14,67663 Kaiserslautern
c.thyssen@rptu.de

Bildung für Nachhaltige Entwicklung (BNE) – die eigenen Handlungsmöglichkeiten reflektieren
Dialogische Lernsettings für erwägungsorientiertes Denken
Corinne Ruesch Schweizer & Svantje Schumann

Bildung für Nachhaltige Entwicklung (BNE) im Unterricht umzusetzen, fordert Lehrpersonen auf mehreren Ebenen heraus: Das Wissen um die globale Nicht-Nachhaltigkeit macht deutlich, dass rasch gehandelt und Verantwortung für die zukünftige Entwicklung übernommen werden muss. Ohne konkrete Handlungsalternativen setzt sich die globale Nicht-Nachhaltigkeit fort (Hemmati-Weber, 1993). Auch der Lehrplan zielt darauf, Lernende zu verantwortungsvollem Handeln zu befähigen (D-EDK, 2016). Aktuelle Ziele und Handlungsvorschläge, wie eine Nachhaltige Entwicklung (NE) zu erreichen ist, sind im historisch-kulturellen Kontext entstanden (Di Giulio, 2004) und können für die Zukunft nur eine eingeschränkte Geltung beanspruchen. Unterschieden wird deshalb zwischen einer instrumentellen BNE, die darauf zielt, die Lernenden zu befähigen, konkrete aktuell für wichtig erachtete Ziele umzusetzen und einer nicht instrumentellen, emanzipierten BNE (Vare & Scott, 2007), die darauf zielt, die Lernenden zu befähigen, Handlungsvorschläge und Zielsetzungen kritisch zu reflektieren und selbst an der Gestaltung der Gesellschaft mitzuwirken. Auch im Sinne des Beutelsbacher Konsens (Wehling, 1977) sind Lehrpersonen angehalten, kontroversen Sichtweisen Raum zu geben und Lernende in die Lage zu versetzen, dass diese ihre eigene Interessenslage analysieren, sich orientieren und ihre Position einbringen können.

Wie lässt sich im Unterricht mit diesem Spannungsfeld umgehen, das zwischen der Notwendigkeit, Lernende mit konkreten Annahmen zu Handlungsalternativen zu konfrontieren, auf der einen Seite und auf der anderen Seite der Verpflichtung zur Nicht-Instrumentalisierung der Lernenden durch vorgegebene Handlungsweisen besteht? Eine mögliche Antwort darauf ist das Konzept der Erwägungsorientierung (Blanck, 2021). Mit diesem wird davon ausgegangen, dass es für das Begründen und Verantworten von Handlungsentscheidungen von Bedeutung ist, möglichst viele problemadäquate Handlungsmöglichkeiten – sowohl vorgezeichnete als auch neu konstruierte – erwogen zu haben. Dies bedeutet, den Blick zu öffnen und zu schärfen für alternative Sichtweisen und Handlungsmöglichkeiten. Die unterschiedlichen Erfahrungshorizonte der Lernenden einer Klasse lassen sich hierfür genauso wie Fachperspektiven als Ressource nutzen, um alternative Sichtweisen kennenzulernen und nachzuvollziehen (Pettig, 2021; Combe & Gebhard, 2012), ihre Vor- und Nachteile abzuschätzen und unterschiedliche Handlungsmöglichkeiten zu erwägen (Blanck, 2021).

In unseren Lehrveranstaltungen lässt sich immer wieder beobachten, dass BNE-Unterrichtsentwürfe angehender Lehrpersonen darauf zielen, Lernende auf nicht-nachhaltiges Handeln hinzuweisen, verbunden mit entsprechend vorgezeichneten Handlungsaufforderungen. Dabei wird mitunter die Komplexität des Handlungskontextes übersehen, in die das Handeln der Lernenden eingebettet ist. Unser Projekt „Eine App für Bildung für Nachhaltige Entwicklung" (BNE-App) bot und bietet hier Möglichkeiten, diese Struktur näher zu beleuchten. Die Studierenden führen dabei ein Erfahrungstagebuch und tauschen sich mit ihren Mitstudierenden aus. Die Auseinandersetzung der Studierenden mit der App haben wir, u. a. gemeinsam mit den Studierenden, vielfältig forscherisch begleitet. In den Daten unseres BNE-App-Projekts lässt sich dabei u. a. eine ‚Wir wissen, was nachhaltig ist und was die richtigen Nachhaltigkeitsargumente sind'-Haltung bei einigen Studierenden ausmachen. Mit dieser Haltung werden alternative Argumente und Begründungen von Anfang an ausgeschlossen und es wird verhindert, dass Lernende selbst abwägen, beurteilen und entscheiden können. Dieser Befund bewegte uns dazu, uns Gedanken zu einem Lernsetting zu machen, das die Studierenden ermutigt und befähigt, alternative – auch explizit konträre – Sichtweisen, Positionen und Handlungsmöglichkeiten wahrzunehmen, nachzuvollziehen und mit Blick auf deren Begründung zu erwägen.

Die Nutzung der BNE-App hat sich als vielversprechend erwiesen, um mit Studierenden in einen Austausch über unterschiedliche Erfahrungen und Sichtweisen zu kommen (Ruesch Schweizer et al., 2022). Um dieses Potenzial zu nutzen, ist eine Einbettung der BNE-App in ein Lernsetting notwendig, das die Erweiterung des eigenen Erfahrungshorizonts und darüber hinaus die Entwicklung eines erwägungsorientierten Denkens ermöglicht. Im Folgenden wird zunächst das Potenzial der Nutzung der BNE-App für ein erwägungsorientiertes Lernsetting anhand der bisherigen Erkenntnisse im Projekt nachgezeichnet, um dann Überlegungen zur möglichen Ausgestaltung solcher Lernsettings zu skizzieren.

1.   Erfahrungen mit nachhaltigkeitsbezogenem Handeln als Ausgangspunkt

Die BNE-App wurde an der Professur Didaktik des Sachunterrichts des Instituts Primarstufe der FHNW in Zusammenarbeit mit der Hochschule für Technik der FHNW entwickelt und mit rund sechzig Studierenden in der Lehrpersonenbildung erprobt und evaluiert (vgl. hierzu ausführlicher Ruesch Schweizer et al., 2021; 2022). Eine Implementierung in konkrete Lernsettings steht allerdings noch aus.

1.1 Austausch über Erfahrungen und Sichtweisen

Die Idee hinter der BNE-App ist, dass Erfahrungen mit nachhaltigkeitsbezogenem Handeln initiiert werden, die dann zum Gegenstand der Reflexion werden können oder anders gesagt, eine gedankliche Analyse der konkreten Praxis ermöglichen. Damit wird vermieden, dass rein theoretisch über nachhaltigkeitsbezogenes Handeln und dessen Rahmenbedingungen diskutiert werden muss (Ruesch Schweizer et al., 2021). Ausgangspunkt der BNE-App bildet die Wahl eines vorgegebenen oder von in der (Seminar-)Gruppe definierten Self-Commitments. Damit sind vierwöchige Verpflichtungen zu einem konkreten nachhaltigkeitsbezogenen Handeln in einem Konsumbereich (Fleischkonsum, Wasserverbrauch, Energieverbrauch etc.) gemeint, wie z. B. nur noch einmal in der Woche Fleisch zu essen oder die Duschzeit auf fünf Minuten zu verkürzen. Während der vier Wochen wird – unterstützt und erinnert über die App – ein Tagebuch geführt, das neben dem Eintrag, ob man das Self-Commitment einhalten konnte, auch unterschiedliche Fragen zur Reflexion bietet. Ein wöchentlicher Rückblick auf die Einträge soll dazu anregen, Schlüsse daraus zu ziehen, die dann auch mit anderen Gruppenmitgliedern geteilt werden (einen Einblick in die BNE-App gewährt die Projektwebseite: https://www.fhnw.ch/de/forschung-und-dienstleistungen/paedagogik/institut-primarstufe/bne-app-der-fhnw).

Die Evaluation der App in Seminaren an der PH FHNW zeigte, dass die App vielfältige Reflexionsaktivitäten auslöst. Interessant ist insbesondere, dass die App zu einem Austausch im sozialen Umfeld führte, der nicht auf das gewählte Self-Commitment beschränkt blieb, sondern in dessen Rahmen nachhaltigkeitsbezogenes Handeln allgemein zum Thema gemacht wurde (Ruesch Schweizer et al., 2021). Auch in den Fokusgruppengesprächen, die in drei Seminargruppen geführt wurden, wurde deutlich, dass grundlegende Fragen durch die Erfahrungen mit dem gewählten Self-Commitment angestoßen wurden (Schumann & Ruesch Schweizer, 2022). In den exemplarischen Gesprächsausschnitten in Tabelle 1 werden solche grundlegenden Fragen, die in den Fokusgruppengesprächen aufschienen, deutlich: im Gesprächsausschnitt I beispielsweise die Frage nach dem Umgang mit kontroversen Meinungen, in Ausschnitt II die Frage nach der eigenen Verantwortlichkeit bzw. der Bereitschaft der Verantwortungsübernahme und in Ausschnitt III die Frage nach der Wirkung von individuellem Handeln (siehe Tab. 1).

Tab. 1: Gesprächsausschnitte aus Fokusgruppengesprächen mit den Studierenden, die die BNE-App genutzt haben

Gesprächsausschnitt I [Gruppe B, 2. Gespräch]	
Stud. A:	Und ich hab wie die Erfahrung gemacht, dass es vielleicht nicht der beste Ort ist wenn man gemeinsam am Tisch sitzt und über den vegetarischen Ernährungsstil spricht, wenn andere nicht einverstanden sind, weil man dem gegenüber dann immer das Gefühl gibt, er macht etwas nicht richtig oder etwas falsch. Und das sind oft auch so soziale Spannungen, wo dann plötzlich- wo man merkt äh diese awkward silence, […]

Stud. B:	Aber hast du es erlebt, wenn du dich ausgetauscht hast mit anderen Leuten, dass sie das nicht wirklich nachvollziehen konnten, warum du das jetzt machst. An sich würde ich sagen, die Fakten sprechen für sich. Es ist nachhaltiger. Gab es da Leute, die dir widersprochen haben, dass es völliger Quatsch sei?
Stud. A:	Ehm (.) Ich weiß nicht genau. Sie konnten vermutlich schon den Hintergrund nachvollziehen, warum Leute das machen, aber oft war es dann einfach so, dass sie sich bewusst dafür entschieden haben, es nicht zu machen. Also aufgrund von Lebensqualität, Gewohnheiten, gesellschaftlichen Themen, weil es einfach dazugehört oder uncool ist, sich vegetarisch zu ernähren. Auch der Geschmack. Tierische Sachen liefern einfach auch gute Fette, die Geschmacksträger sind und auch einfach der Scham zu sagen; ich esse kein Fleisch mehr. Es könnte auch als Schwäche rüberkommen.

Gesprächsausschnitt II [Gruppe A, 2. Gespräch]

Stud. D:	Wenn man eigentlich denkt, es ist doch gar nicht so schwer, wie man denkt und sich dann fast auch manchmal bisschen aufregt, wenn man selber dann was macht für die Nachhaltige Entwicklung. Und beim Einkaufen dann Leute, die diese Großpackung an Billigfleisch kaufen und man sich denkt, ja, man selber verzichtet jetzt und fühlt sich auch gut und macht das gerne. Aber wenn man sich dann denkt, man selber hat dann doch nur einen geringen Einfluss auf das ganze Große, aber klar würden alle so denken, dann wird gar nichts passieren. Es ist besser, wenn man selber dann anfängt und dann vielleicht auch einen Unterschied macht.

Gesprächsausschnitt III [Gruppe B, 2. Gespräch]

Stud. C:	[…] aber ich muss sagen, beim Thema Wasserverbrauch habe ich persönlich jetzt ein bisschen Mühe, […] (..) na ja ok, wir sind halt voll in einer privilegierten Lage, wo wir jetzt nicht fürchten müssen, dass morgen oder übermorgen das Wasser ausgeht (..) von dem her (..) also sicher, dass man es nicht einfach verschwendet, aber ob es jetzt, also ob wir in der Schweiz jetzt wirklich was verändern, wenn wir jetzt hundert Liter pro Woche weniger Wasser benutzen, weiß ich jetzt nicht. (..)

1.2 Alternative Sichtweisen, Positionen und Handlungsmöglichkeiten in den Blick nehmen

„Der Austausch über die artikulierten Umgangsweisen im Klassenverband erlaubt die Vergewisserung über Gemeinsamkeiten und Unterschiede, d.h. das Ausloten unterschiedlicher Erfahrungshorizonte sowie deren (Un-)Vereinbarkeit und hierüber auch den Nachvollzug alternativer Sichtweisen, Visionen und Lösungsansätze" (Pettig 2021, S. 13).

Damit ein solcher Austausch möglich wird, muss – folgt man dem Konzept der Erwägungsorientierung nach Blanck (2021) – zwischen Lösungsebene und reflexiver Erwägungsebene unterschieden werden. Auf der Lösungsebene stehen sich kontroverse Positionen und Handlungsmöglichkeiten entgegen. Auf der Erwägungsebene werden diese zu Lösungsalternativen auf einer Reflexionsebene integriert, was erlaubt, über die Begründungen sowie Vor- und Nachteile im Vergleich der Alternativen nachzudenken. Entsprechend steigert die Zahl der alternativen Sichtweisen, Handlungsmöglichkeiten oder Positionen die Qualität der Begründung. Auf der Lösungsebene kann dennoch unabhängig von der Qualität der Begründung entschieden oder eine Position eingenommen werden. Die Erwägungsorientierung zeigt sich aber darin, dass eine Entscheidung im Bewusstsein gefällt wird, dass alternative Lösungen vorliegen.

Sie trägt somit dazu bei, scheinbare Selbstverständlichkeiten, sich als alternativlos präsentierende Überwältigungsversuche, das eigene Verfangensein in Vorurteilen zu hinterfragen aber auch, sich den Grenzen des Wissens, um noch unbeachtete Alternativen bewusst zu werden (Blanck, 2021). Auf der Erwägungsebene lässt sich somit über konkretes nachhaltigkeitsbezogenes Handeln, das aus den aktuell konkretisierten gesellschaftspolitischen Problemlösungen für eine NE hervorgeht, nachdenken, ohne auf der Lösungsebene instrumentalisierend festzusetzen, was zu tun ist.

2. Ausblick: dialogische Lernsettings für erwägungsorientiertes Denken

In den vorangegangenen Ausführungen wurde deutlich, dass die BNE-App irritierende, kontroverse oder emotionale Erfahrungen im Zusammenhang mit nachhaltigkeitsbezogenem Handeln anstoßen kann. Die Erfahrungen lassen sich – so sind wir überzeugt – für eine erwägungsorientierte Auseinandersetzung nutzen. Im Folgenden skizzieren wir anhand der zitierten Gesprächssausschnitte unsere Überlegungen dazu, welche Aspekte in solchen Lernsettings aufgegriffen werden könnten.

Unsere Fokusgruppengespräche zeigten, dass es Studierenden nicht schwerfällt, über ihre Erfahrungen in ein Gespräch mit Mitstudierenden zu kommen. In einem geführten Lernsetting lässt sich an diese Erfahrungen anschließen. Um Gemeinsamkeiten und Unterschiede in verschiedenen Sichtweisen auszuloten, kann nun eine Erfahrung herausgriffen werden, die es ermöglicht, unterschiedliche Sichtweisen wahrzunehmen und nachzuvollziehen. Dazu eignen sich Situationen, in denen unterschiedliche Sichtweisen von Involvierten deutlich werden, wie dies im Gesprächsausschnitt I der Tabelle 1 der Fall ist. In diesem Gesprächsausschnitt werden nicht nur Sichtweisen aufgezählt, sondern es werden in der Reaktion aus der Gruppe, hier studierende Person B, auch weitere Sichtweisen deutlich. Mit den Studierenden kann nun nach Begründungen für die verschiedene Sichtweisen und Positionen gesucht werden, vielleicht lassen sich auch noch weitere Sichtweisen finden oder konstruieren.

Die emotionale Erfahrung mit der Ambivalenz der individuellen Verantwortungsübernahme, wie diese im Gesprächsausschnitt II geschildert wird, lässt sich nutzen, um alternative Deutungsmöglichkeiten zu erkennen, zu konstruieren und für sich zu erwägen. Hier ließe sich beispielsweise gemeinsam die Frage nach alternativen Umgangsweisen mit Verantwortungszuschreibung und Verantwortungsübernahme für NE erörtern. Diese Frage ist insbesondere auch mit Blick auf Ohnmacht, Resignation oder Verdrängung angesichts nachhaltigkeitsbezogener Probleme, die in Gesprächsausschnitt II erahnbar werden, zentral.

Schließlich können die Zweifel an der Wirksamkeit bestimmter Handlungen, wie sie im Gesprächsausschnitt III vorgebracht werden, dazu genutzt werden, um konkrete Handlungsalternativen zu erwägen. Da sowohl Lernende als auch angehende Lehrpersonen keine Fachleute hinsichtlich systemischer Auswirkungen von bestimmten Handlungen sind und Systemmodellierungen auch nur jeweils innerhalb bestimmter Systemgrenzen Zusammenhänge aufzeigen können, können immer kontroverse Diskussionen über bestimmte Handlungsweisen geführt werden. Im Ganzen betrachtet gibt es somit immer alternative Handlungsmöglichkeiten mit dem Ziel, einen Beitrag zu einer NE zu leisten. Viele davon sind widerspruchslos vereinbar, andere aus individueller, gesellschaftlicher oder sachlicher Perspektive unvereinbar. Auf der Erwägungsebene kann es darum gehen, zunächst das Problem zu definieren, zu dessen Lösung ein Beitrag geleistet werden soll, um dann dafür möglichst viele Handlungsalternativen zu suchen und reflexiv zu erwägen. Die Entscheidung bleibt beim Individuum, gemeinsam kann aber über die Kriterien und die Qualität der Begründung verschiedener Handlungsalternativen diskutiert werden.

Von diesem dialogischen Ansatz erhoffen wir uns, dass angehende Lehrpersonen sich mit diesem darin üben können, kontroversen Sichtweisen Raum zu geben, bei scheinbar alternativlosen Lösungen kritisch hinzuschauen und zu hinterfragen sowie immer wieder nach Alternativen zu suchen, die Veränderungen anstoßen können.

Literatur

Blanck, B. (2021). Erwägungsorientierter Umgang mit kontroversen Alternativen und reflexivem Wissen um Nicht-Wissen als Chance für Demokratisierung durch vielperspektivischen Sachunterricht. In T. Simon (Hrsg.), *Demokratie im Sachunterricht – Sachunterricht in der Demokratie* (S. 105–115). Springer.

Combe, A. & Gebhard, U. (2012). Annäherungen an das Verstehen im Unterricht. *Zeitschrift für interpretative Schul- und Unterrichtsforschung, 1*, 221–230.

D-EDK (2016): Lehrplan 21. URL: https://www.lehrplan21.ch/ [16.07.2023].

Di Giulio, A. (2004). *Die Idee der Nachhaltigkeit im Verständnis der Vereinten Nationen: Anspruch, Bedeutung und Schwierigkeiten.* LIT-Verlag.

Hemmati-Weber, M. (1993). Zivilisierung zum Corpus. Warum wir Naturzerstörung nicht erleben. *J. für Psychologie, 1*, 28–33.

Pettig, F. (2021). Transformative Lernangebote kritisch-reflexiv gestalten. Fachdidaktische Orientierungen einer emanzipatorischen BNE. *GW-Unterricht, 162(2)*, 5–17.

Ruesch Schweizer, C., Schumann, S. & Kaeser-Zimmermann, J. (2022). App-basierte Reflexion von Überzeugungen zum Umgang mit nachhaltigkeitsbezogenen moralischen Ansprüchen. *Progress in Science Education (PriSE), 5(3)*, Article 3.

Ruesch Schweizer, C., Zimmermann, J., Theiler-Scherrer, K., & Schumann, S. (2021). Wege zur Übernahme gesellschaftlicher Verantwortung: Über Self-Commitments zu reflexiven Bildungsprozessen. *HiBiFo – Haushalt in Bildung & Forschung, 10(4)*, 17–29

Schumann, S. & Ruesch Schweizer, C. (2022). App-basierte Erfahrung und Reflexion als Unterstützung der Professionalisierung von Lehrpersonen im Bereich BNE. In A. Becher, E. Blumberg, T. Goll, K. Michalik, & C. Tenberge (Hrsg.), *Sachunterricht in der Informationsgesellschaft* (S. 81–88). Bad Heilbrunn: Julius Klinkhardt.

Vare, P. & Scott, W. (2007). Learning for a Change: Exploring the Relationship Between Education and Sustainable Development. *Journal of Education for Sustainable Development, 1(2)*, 191–198.

Wehling, H.-G. (1977). Konsens à la Beutelsbach? Nachlese zu einem Expertengespräch. In S. Schiele & H. Schneider (Hrsg.), *Das Konsensproblem in der politischen Bildung* (S. 173–184). Stuttgart: Klett.

Corinne Ruesch Schweizer, Pädagogische Hochschule FHNW, Institut Primarstufe, Professur Didaktik des Sachunterrichts, Hofackerstrasse 30, CH-4132 Muttenz
corinne.ruesch@fhnw.ch
https://orcid.org/0000-0001-7168-4225

Svantje Schumann, Pädagogische Hochschule FHNW, Institut Primarstufe, Professur Didaktik des Sachunterrichts, Hofackerstrasse 30, CH-4132 Muttenz
svantje.schumann@fhnw.ch
https://orcid.org/0000-0002-6905-4918

https://doi.org/10.31244/9783830997962.07

Zwei Annäherungen an eine Bildung für nachhaltige Entwicklung in der Physik-Lehrkräftebildung

Kai Bliesmer, Michael Komorek & Jonas Tischer

In der physikdidaktischen Lehre nähern wir uns mit zwei Modulen einer Bildung für nachhaltige Entwicklung (BNE): In einem Modul wird ein fächerverbindender und im anderen ein fachüberschreitender Ansatz (Labudde, 2003) verfolgt.

Da sich mittlerweile viele auf das Konzept BNE beziehen, erscheint eine Definition, die alle Zugänge abdeckt und einen breiten Konsens findet, schwierig, wenn nicht unmöglich. Dennoch sollte jede Person, die BNE umsetzen möchte, formulieren, welche Lesart von BNE sie vertritt, also über welche Charakteristika diesbezügliche Lernsituationen verfügen müssen.

Unsere Lesart von BNE geht auf das Modell der nachhaltigen Entwicklung von Serageldin und Steer (1994) zurück, das als Nachhaltigkeitsdreieck bekannt ist. Die darin zentralen Dimensionen Soziales, Ökologie und Ökonomie stehen bei Fragestellungen nachhaltiger Entwicklung häufig im Konflikt, was einfache Lösungen verhindert. Auch wenn heute verschiedene Modellvarianten existieren – Drei-Säulen-Modell (Pufé, 2012), Vorrangmodell (Hattingh, 2004), Donut-Modell (Raworth, 2012), Viabilitätsmodell (Wilhelm et al., 2022) – so ist allen gemein, dass sie für Multiperspektivität stehen, aus der bei Fragen nachhaltiger Entwicklung Dilemmata und Ambiguitäten resultieren. Für die hieraus abgeleitete Lesart einer Bildung für nachhaltige Entwicklung ist somit die Ausbildung von Ambiguitätstoleranz (Labudde, 2014) konstitutiv, die einer Multidisziplinarität bedarf. Es kann daraus aber nicht gefolgert werden, dass einzelne Fachperspektiven für das Erreichen einer BNE keine Bedeutung hätten und zu überwinden seien, denn Multiperspektivität muss angebahnt werden. Die Auseinandersetzung mit den Einzelperspektiven ist aus unserer Sicht eine Voraussetzung für Interdisziplinarität, weil hierzu Einzelperspektiven aufeinander zu beziehen sind. Ohne sich der Potenziale, aber auch der Grenzen der Einzelperspektiven für Fragen der nachhaltigen Entwicklung bewusst zu sein, erscheint eine sinnstiftende, fundierte Interdisziplinarität, die für BNE wichtig ist, kaum möglich. Entsprechend dieser Maxime wurden zwei Module zur Realisation bzw. Anbahnung von BNE in unserer physikdidaktischen Lehre wie folgt umgesetzt.

1. Modul: Realisation einer BNE in ‚Energie und Klima interdisziplinär'

Energie und Klima werden in diesem 6KP-Modul breit thematisiert, von den fachlichen Energie- und Klimakonzepten verschiedener Disziplinen über das Alltagsverständnis von Laien hinsichtlich Energie und Klima bis hin zu technischen, ökonomischen und sozialen Fragen der (nachhaltigen) Energieversorgung und Klimaanpassung. Wissen über Energie und Klima zusammen mit der Fähigkeit und der Volition, es anzuwenden, soll hier als Energie- und Klimakompetenz bezeichnet werden (vgl. Freckmann et al., 2016). Gemeint ist damit, dass die Studierenden sich die Begriffe Energie und Klima zunächst aus verschiedenen disziplinären Perspektiven erarbeiten: In der Physik ist der Begriff ‚Energie' bspw. an Konzepte wie Umwandlung, Erhaltung und Entwertung geknüpft, wohingegen er in der Ökonomie z. B. im Sinne einer Ware verwendet wird. Es ist Ziel des Moduls, dass die Studierenden das disziplinäre Wissen erarbeiten und im Anschluss aufeinander beziehen, woraus Dilemmata und Ambiguitäten erwachsen. Das gelingt, indem im Modul Lehr-Lern-Kontexte angeboten werden, die Problemstellungen implizieren und zu interdisziplinären Betrachtungen einladen (Beispiel: Wie sollte die Energieversorgung Deutschlands in Zeiten des Ukraine-Konflikts aussehen?). Die Studierenden sollen kompetent werden, zu erkennen, dass eine solche Frage nicht eindeutig zu beantworten ist, weil die kennengelernten Perspektiven eine Komplexität aufspannen, die keine einfachen und klaren Lösungen zulassen. Es gilt, die Ambiguitäten auszuhalten, jeweils das Für und Wider abzuwägen und selbst eine Entscheidung zu fällen, sich dabei aber der Vor- und Nachteile der eigenen Entscheidungsfindung bewusst zu werden. Eine so verstandene Energie- und Klimakompetenz hat engen Bezug zum Konzept der ‚Gestaltungskompetenz' (de Haan, 2008), wie sie im Bereich der Bildung für nachhaltige Entwicklung diskutiert wird (Komorek et al., 2011; Bloemen & Porath, 2012).

1.1 Ausrichtung des Moduls

Das Modul ist aus dem Projekt ‚Energiebildung' (uol.de/energieportal) hervorgegangen, mit dem in Niedersachsen schulische und hochschulische Energiebildung gefördert wurde. Das Modul wurde mehrfach durchgeführt und evaluiert (Freckmann et al., 2016). Am Modul wirken neben Personen aus der Fachdidaktik und Fachwissenschaft auch Expertinnen und Experten aus der regionalen Energiebranche, aus Umweltbildungszentren, Schulen und Forschungszentren – kurz: Externe – mit (Komorek et al., 2018).

Kennzeichnend ist neben dem multidisziplinären Ansatz des Moduls auch der kollaborative: Zum einen planen die Mitwirkenden das Modul gemeinsam, zum anderen arbeiten die Studierenden mit Hochschullehrenden, die teils nicht aus ihren eigenen Fächern stammen, und mit den Externen zusammen. Dabei wird ein Mix von Formaten realisiert: Gruppenprojekte, Seminare, Exkursionen und Vorträge. Grundsätzlich strukturieren die Studierenden die einzelnen Veranstaltungstermine und Exkursionen selbst.

Vermehrt sind Aspekte der Klimabildung ins Modul integriert worden, um die deutliche Komplementarität von Energienutzung und Klimawandel abzubilden. Damit erwachsen im Modul Aufgaben der fachlichen Klärung, des Herausarbeitens der Verknüpfungen zwischen Energie und Klima und der Aufarbeitung von Dilemmata für bestimmte Zielgruppen gemäß dem Modell der Didaktischen Rekonstruktion (Duit et al., 2012).

1.2 Perspektivenvielfalt im Modul

Das Modul führt Studierende an Multidisziplinarität heran und unterstützt sie, verschiedene disziplinäre Zugänge zu verknüpfen (Interdisziplinarität). Bisherige Moduldurchgänge zeigen (Freckmann et al., 2016), dass die Studierenden weitgehend im disziplinären Denken verhaftet sind, das sie aus der Schule und Hochschule kennen. Im Modul wird verdeutlicht, dass Multi- und Interdisziplinarität nicht dazu führen, dass die Probleme unfassbar und überkomplex werden, sondern beschreibbar und verstehbar. Angebotene Perspektiven sind in Abbildung 1 dargestellt.

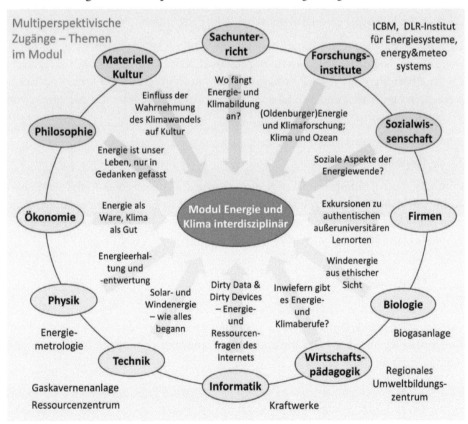

Abb. 1: Perspektiven und Themen im Modul

Das Modul ist so gestaltet, dass von den 13 zur Verfügung stehenden Terminen ca. neun Termine der Erarbeitung von Einzelperspektiven auf Energie und Klima gewidmet sind; immer je eine Perspektive pro Sitzung, geleitet von einem Experten bzw. einer Expertin (= Einzelsitzungen). Dass in Abbildung 1 mehr als neun Perspektiven zu sehen sind, liegt daran, dass nicht alle Perspektiven in jedem Moduldurchgang thematisiert werden. Welche Perspektiven zum Tragen kommen, hängt von den Kolleginnen und Kollegen ab, die am Modul teilnehmen; das wechselt von Jahr zu Jahr. Die übrigen vier Termine dienen dazu, die kennengelernten Einzelperspektiven aufeinander zu beziehen (= Vernetzungssitzungen). Hierzu dienen z. B. Exkursionen zu Energieversorgungsunternehmen oder auch Sitzungen mit Fragestellungen, die zu interdisziplinären Betrachtungen einladen (Beispielthema: „Wie könnte Deutschlands Energieversorgung in Zeiten des Ukraine-Konflikts aussehen?"). Solche Vernetzungssitzungen sind nicht alle am Ende des Moduls verortet, sondern zwischen den Einzelsitzungen, sodass die Studierenden üben, kennengelernte Einzelperspektiven aufeinander zu beziehen. Im Folgenden werden in Ergänzung zur Abbildung 1 einige Perspektiven mit Blick auf ihren Beitrag zum Modulthema „Energie und Klima" kurz konkreter vorgestellt.

1.2.1 Gesellschaftliche/sozialwissenschaftliche Perspektive

Hier spielt die allgemeine Lebensqualität eine Rolle (Gallego Carnera et al., 2013), was Familie, Kultur und Sicherheitsfragen einschließt. Änderungen der Energieversorgung berühren das soziale Zusammenleben etwa aufgrund der Lage von Kraftwerken, des gerechten und bezahlbaren Zugangs zu Energie oder der Akzeptanz von Versorgungsszenarien.

1.2.2 Politische Perspektive

Politische Entscheidungen im Energiesektor, wie der Ausstieg aus Kernenergie und Kohle sowie die Nutzung erneuerbarer Energien, haben Einfluss auf gesellschaftliche Prozesse sowie das Nutzungsverhalten bzgl. Energie des Einzelnen, was Interessenskonflikte begründet.

1.2.3 Ökologische Perspektive

Hier werden Wechselbeziehungen zwischen Lebewesen, ihrer Umwelt und den Lebensgrundlagen des Menschen betrachtet. Die Bewertung ökologischer Nachteile von Energiequellen, ihre Erschließung und Auswirkungen ihrer Nutzung auf Umwelt und Klima stehen im Blick.

1.2.4 Moralische/ethische/philosophische Perspektive

Bewertungen, wie die Gesellschaft Energie nutzt – in welchem Umfang, aus welchen Quellen und mit welchen Gefährdungen –, finden immer auf Basis moralischer Grundsätze und Wertvorstellungen bzgl. Klimaschutz, Versorgungssicherheit und Wirtschaftlichkeit statt. Verknüpft damit sind Dilemmata und Konflikte, ggf. Kriege.

1.2.5 Ökonomische Perspektive

Energie ist eine Ware und gehorcht damit den Gesetzen von Angebot und Nachfrage. Der Zugang zu knappen Energieträgern wird für Volkswirtschaften zur Existenzfrage, wobei eine sichere Energieversorgung positiv auf die wirtschaftliche Prosperität wirkt.

1.2.6 Informatische Perspektive

Diese spielt eine größer werdende Rolle in Versorgungsszenarien, die auf erneuerbare Energien setzen. Intelligente Steuersysteme, die über das Internet alle Angebote mit allen Bedarfen vernetzen (Smart Grid), nehmen an Bedeutung zu.

1.2.7 Chemische, biologische, physikalische Perspektiven

Von den naturwissenschaftlichen Perspektiven wird ein wesentlicher Beitrag zum Verstehen der Konzepte Energie und Klima erwartet. Naturwissenschaften werden im Gegenzug für negative wirtschaftliche oder technologische Entwicklungen verantwortlich gemacht.

1.2.8 Technische/technologische Perspektive

Sie ist die Perspektive, in der naturwissenschaftliche Erkenntnisse für eine technologische Umsetzung genutzt werden. Sie bezieht sich auf Fragen theoretischer, numerischer und experimenteller Innovationen, etwa im Bereich der Elektromobilität.

1.3 Erfahrungen und Begleitforschung

Erfahrungen im Modul zeigen, dass es Studierende stark herausfordert, Perspektiven ihrer Fächer zu verlassen oder zu überschreiten. Grund sei, so die Studierenden, dass die beteiligten Personen aus der Fachwissenschaft und die Externen (s. o.) andere Begrifflichkeiten und unvertraute pragmatische Zugänge nutzten. Diese weichen oft vom kanonischen Wissen ab, das sie aus ihrem Studium kennen. Wie gezeigt werden konnte (Freckmann et al., 2016), ermöglicht das Modul Studierenden dennoch, charakteristische Fälle und Situationen im Lichte bislang unvertrauter Disziplinen zu analysieren. Zu verzeichnen sind ein deutlicher Wissenszuwachs und eine erweiterte Fähigkeit, unterschiedliche Perspektiven auf Energie und Klima begründet zu verknüpfen. Mit einer qualitativen Prä-post-Befragung mit Concept Mapping (Freck-mann et al., 2016) konnte in einem der Moduldurchgänge festgestellt werden, dass die Studierenden anfangs zwei bis neun Perspektiven auf Energie und Klima anführen, am Ende des Moduls aber acht bis 17. Die Anzahl der hergestellten Verknüpfungen zwischen den Perspektiven verfünffacht sich. In der Prä-Befragung ist das Wissen zu Energie und Klima oft fundiert, stammt aber nur aus einer Fachperspektive; ver-knüpft wird meist nur mit einer weiteren fachlichen Perspektive. In der Post-Be-fragung konnten Studierende fünfmal mehr Verknüpfungen anhand ihrer Concept Maps begründen und mit Beispielen sowie Dilemmata illustrieren. Sie bildeten am Ende des Seminars differenziertere Verknüpfungsnetze; ihr Verständnis einzelner Perspektiven hatte sich erweitert. Dennoch wünschen sich Studierende mehr hand-lungsorientiertere Sitzungen, eine stärkere Thematisierung der ethisch-moralischen Perspektive und teils tiefgründigere Betrachtungen einzelner Fragestellungen, z. B. hinsichtlich Lebensstile (vgl. Komorek et al, 2018).

2. Modul: Anbahnung einer BNE in ‚Physikdidaktische Forschung für die Praxis‘

Um BNE durch einen Beitrag direkt aus der Physik anzubahnen, wurde das 6KP-Mastermodul ‚Physikdidaktische Forschung für die Praxis‘ neu ausgerichtet. Die Studierenden arbeiten projektartig in Kleingruppen. Sie haben die Aufgabe, Lehr-Lern-Angebote mit BNE-Bezug für das Oldenburger Lehr-Lern-Labor ‚physiXS‘ zu entwickeln und zu erproben.

2.1 Theoretische Fundierung für die Anbahnung von BNE in der Fachdidaktik

Um BNE aus der Physik heraus anzubahnen, wurde eine theoretische Fundierung entlang fachdidaktischer Konzepte entwickelt; sie dient als Arbeitsgrundlage im Mo-dul.

2.1.1 Kontextorientierung

Die Studierenden sollen kontextorientierte Lehr-Lern-Angebote (Nentwig & Wad-dington, 2005) entwickeln; also lebensweltbezogene Frage- und Problemstellungen in die Angebote integrieren. Gemäß Nawrath (2010) existieren zwei Vorgehen der Kontextorientierung. Das ist zum einen das fachsystematische Vorgehen: Hier ste-hen die fachlichen Sachstrukturen im Vordergrund, wobei Kontexte in dienender Funktion in das Lehr-Lern-Angebot einbezogen werden, um zu illustrieren und zu motivieren. Komplementär dazu gibt es das kontextstrukturierte Vorgehen: Hier ist das Verstehen des Kontextes, in dem auch eine Handlungsfähigkeit hergestellt werden soll, das Ziel. Dienende Funktion haben hier die fachlichen Inhalte, um die aus dem Kontext erwachsenen Frage- und Problemstellungen zu beantworten. Für das Vor-

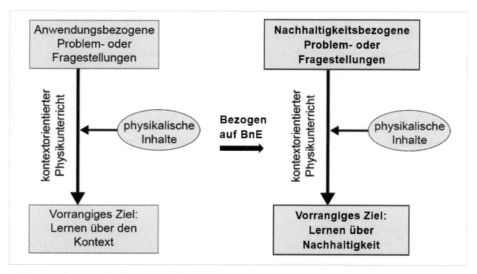

Abb. 2:   Adaption des kontextstrukturierten Vorgehens für BNE-Zwecke

haben, Problem- und Fragestellungen einer nachhaltigen Entwicklung in das Modul zu integrieren, stellt das kontextstrukturierte Vorgehen die bessere Passung dar. Es wurde in Anlehnung an Nawrath (2010) adaptiert, wie in Abbildung 2 dargestellt.

Für die Strukturierung der Lehr-Lern-Angebote müssen die Studierenden einen Kontext in der Untermenge aller denkbaren Kontexte identifizieren, aus dem sich eine nachhaltigkeitsbezogene Frage- oder Problemstellung ableiten lässt. Entlang solcher Kontexte soll die Fachperspektive der Physik entwickelt sowie ihre Bedeutung und Grenzen für die nachhaltige Entwicklung erschlossen werden.

Geeignete Kontexte lassen sich durch Ausdifferenzierung der Sustainable Development Goals (United Nations, 2015) identifizieren. Für die Physik wurde von Studierenden beispielsweise über das Sustainable Development Goal Nr. 7 (bezahlbare und saubere Energie) ein geeigneter Kontext identifiziert, der die Kontroversität von Windkraftanlagen aufgreift. Denn einerseits gelten solche Anlagen als zukunftsweisende Technologie, um sauber elektrische Energie zu erhalten, andererseits werden sie von Teilen der Bevölkerung wegen befürchteter Infraschallemissionen abgelehnt.

2.1.2   Didaktische Rekonstruktion

Geeignete Kontexte müssen von den Studierenden nicht nur identifiziert, sondern auch fachdidaktisch aufbereitet werden. Hierbei setzen sie das Modell der Didaktischen Rekonstruktion (Duit et al., 2012; Komorek et al., 2023) ein. Das Modell wird in diesem Fall jedoch nicht nur auf einen kanonischen fachlichen Inhalt (z.B. Induktion), sondern auf einen nachhaltigkeitsrelevanten Kontext (z.B. Infraschall von Windkraftanlagen) angewendet: Kontext und Fachinhalt werden beide ins Auge gefasst. Das verändert die zu leistenden Aufgaben: Es geht bei der fachlichen Klärung nun sowohl um die dem Kontext zugrunde liegenden fachlichen Inhalte als auch um den Kontext selbst, indem z. B. sein Bezug zu einer nachhaltigen Entwicklung analysiert wird. Das Gleiche gilt für die Erfassung von Lernendenperspektiven, wo nicht nur fachbezogene Vorstellungen von Laien beforscht werden, sondern auch Laienvorstellungen vom Kontext, z. B. dessen Bedeutung für nachhaltige Entwicklung, Alltagsrelevanz etc. Werden die fachliche Klärung und die Erfassung von Lernendenperspektiven im Rahmen der didaktischen Strukturierung aufeinander bezogen, muss dies als eine ‚didaktische Kontextstrukturierung' verstanden werden, denn es wird im Sinne von Abbildung 2 ein kontextstrukturierter Ansatz verfolgt, um eine Verbindung zwischen Fachperspektive und nachhaltiger Entwicklung herzustellen.

2.2 Ablauf des Moduls

Das Modul besteht aus einer Vorlesung und einer Übung. Der Vorlesungsteil findet im Plenum statt. Hier werden die beschriebene theoretische Fundierung vorgestellt, die Ziele diskutiert und Kleingruppen zu je vier Studierenden gebildet, die entlang der Didaktischen Rekonstruktion ein kontextstrukturiertes Lehr-Lern-Angebot entwickeln. Der gewählte Kontext muss hierbei die Bedingung erfüllen, dass er sowohl einen Bezug zur nachhaltigen Entwicklung als auch zur Physik ermöglicht. Im Vorlesungsteil erklärt der bzw. die Dozierende, welche Aufgaben im Rahmen der Didaktischen Rekonstruktion zu bewältigen sind und welcher Zeitplan einzuhalten ist. Außerdem stellen die Studierenden im Vorlesungsteil ihre Zwischenergebnisse in Kurzvorträgen regelmäßig zur Diskussion. Im Gegensatz hierzu dient der Übungsteil der individuellen Betreuung der Kleingruppen, indem jede Woche Sprechstunden angeboten werden, die von den Gruppen bedarfsorientiert gebucht werden können. In das Zeitkontigent des Übungsteils fließt auch die Entwicklung und Erprobung des Lehr-Lern-Angebots im Lehr-Lern-Labor physiXS ein. Insgesamt gilt der folgende Ablauf- und Zeitplan, der durch die Struktur des Modells der Didaktischen Rekonstruktion vorgegeben wird. Zur besseren Verständlichkeit ist als Beispiel der Kontext ‚Infraschall bei Windkraftanlagen' aufgeführt:

1. *Phase – fachliche Klärung (Monate 1 und 2)*
   Die Studierenden analysieren den Kontext: Sie arbeiten mit Blick auf das Nachhaltigkeitsdreick von Serageldin und Steer (1996) den Bezug des Kontexts zur nachhaltigen Entwicklung heraus (z. B. Rolle von Windkraftanlagen für die nachhaltige Entwicklung) und elementarisieren (Duit et al., 2012) die dem Kontext zugrunde liegenden physikalischen Fachinhalte (z. B. zu Schall und Infraschall).
2. *Phase – Erfassung von Lernendenperspektiven (Monate 2 und 3)*
   Die Studierenden recherchieren fachbezogene Laienvorstellungen aus ihnen bekannten Quellen (z. B. Schecker et al., 2018) und führen auch selbst Befragungen durch; insbesondere dazu, inwiefern Laien den gewählten Kontext (hier: Infraschall bei Windkraftanlagen) als nachhaltigkeitsrelevant und fragwürdig auffassen.

3. *Phase – didaktische Kontextstrukturierung (Monate 3 und 4)*

   Die Studierenden entwerfen auf Basis der Ergebnisse aus beiden vorigen Phasen eine didaktische Strukturierung für ein Lehr-Lern-Angebot. Gesetzt ist, dass das Angebot stets vom Kontext (hier: Infraschall bei Windkraftanlagen) ausgeht und dieser Kontext bis zum Ende durchgehalten wird. Daher wird aus der didaktischen Strukturierung im Sinne von Abbildung 2 eine sog. ‚didaktische Kontextstrukturierung‘.

4. *Phase – Durchführung des Lehr-Lern-Angebots (Monat 4)*

   Kinder, Jugendliche oder interessierte Erwachsene (je nach Zielgruppe) werden in die Universität eingeladen und das Lehr-Lern-Angebot wird erprobt. Die Kleingruppe, die das Angebot entworfen hat, teilt sich auf: Einige Mitglieder führen das Angebot durch, die anderen betreiben währenddessen qualitative Begleitforschung (Vogt, 2020), um später Verbesserungsvorschläge für ihr Angebot unterbreiten zu können.

5. *Phase – Anfertigung des Berichts (bis Semesterende)*

   Als Prüfungsleistung fertigen die Studierenden einen Abschlussbericht an, in dem sie die Entwicklung ihres Angebots entlang des Modells der Didaktischen Rekonstruktion reflektieren, die Ergebnisse ihrer Begleitforschung vorstellen und daran Verbesserungsvorschläge für ihr Angebot begründen.

2.3 Erfahrungen

Als wichtig für die Projektarbeit haben sich der Zeitplan samt Meilensteinen sowie die engmaschige Begleitung der Studierenden in der individuellen Beratung (Übung) und in der regelmäßigen Präsentation im Plenum (Vorlesung) erwiesen. Insgesamt zeigt sich, dass das Modul die Studierenden vor allem hinsichtlich ihrer Fähigkeit zur Selbstorganisation stark fordert, dabei aber mitunter beeindruckend kreative Outputs zur Verbindung von Fachperspektive mit BNE entstehen. Als durchgängiges Muster in den Angeboten hat sich herausgestellt, dass die Studierenden als Kontext für eine konkrete Problemstellung der nachhaltigen Entwicklung von Konflikten zwischen ökonomischer, sozialer und ökologischer Perspektive ausgehen. An diesen Konflikten wird dann beleuchtet, inwiefern die physikalische Sicht, mitsamt Möglichkeiten und Grenzen, neue Einsichten in den jeweiligen Konflikt bietet. Das Gelingen der Verbindung zwischen der Fachperspektive und BNE hängt dann entscheidend davon ab, ob tatsächlich das kontextstrukturierte Vorgehen durchgehalten wird; denn es besteht durchgängig das Risiko, dass die Studierenden die Kontexte lediglich als Aufhänger für die Auseinandersetzung mit Physik nutzen und den Kontext später nicht wieder aufgreifen. Das wäre ein Kapitalfehler, auf den die Dozierenden unbedingt achten müssen. Die Studierenden müssen dazu bewegt werden, den Kontext ins Zentrum zu stellen und ihn durchzuhalten.

3.   Fazit

Die Ansätze zeigen, dass man sich unter Nutzung vorhandener Veranstaltungsformate und Module der Bildung für nachhaltige Entwicklung nähern kann. Solche Ansätze können somit die nötige Schaffung neuer Studienmodule und Veranstaltungsformate ergänzen, um das Bestreben, BNE in die universitäre Lehre zu integrieren, bestmöglich zu flankieren. Zum einen können Ringveranstaltungen, Kolloquien etc., die bislang additiv disziplinbezogene Beiträge vereinten, unter ein BNE-Motto gestellt werden; dieses kann sich aus den 17 SDGs speisen. Im Effekt kann dann aus einer Multidisziplinarität am Ende eine Interdisziplinarität entstehen, wenn sowohl die Dozierenden als auch die Studierenden in den inhaltlichen Austausch kommen und zur Perspektivübernahme bereit sind. Zum anderen können disziplinäre Veranstaltungen mit einer geeigneten Kontextualisierung ‚über ihren Tellerrand' hinaussehen sowie hinausgehen und dabei eine BNE anbahnen.

Literatur

Bloemen, A. & Porath, J. (Hrsg.) (2012). *Dimensionen und Referenzpunkt von Energiebildung in der Berufs- und Wirtschaftspädagogik*. Hampp.

Duit, R., Gropengießer, H., Kattmann U., Komorek, M. & Parchmann, I. (2012). The Model of Educational Reconstruction – a Framework for improving Teaching and Learning Science. In D. Jorde & J. Dillon (Hrsg.), *Science Education Research and Practice in Europe. Retrospective and Prospective* (S. 13–37). Sense Publishers.

Freckmann, J., Niesel, V. & Komorek, M. (2016). Modul ‚Energie interdisziplinär'. In J. Menthe, D. Höttecke, T. Zabka, M. Hammann & M. Rothgangel (Hrsg.), *Befähigung zur gesellschaftlichen Teilhabe. Beiträge der fachdidaktischen Forschung* (S. 317–322). Waxmann.

Gallego Carrera, D., Ruddat, M. & Rothmund, S. (2013). *Gesellschaftliche Einflussfaktoren im Energiesektor – Empirische Befunde aus 45 Szenarioanalysen*. Universität Stuttgart.

Haan, G. de (2008). Gestaltungskompetenz als Kompetenzkonzept der Bildung für nachhaltige Entwicklung. In I. Bormann & G. de Haan (2008). *Kompetenzen der Bildung für nachhaltige Entwicklung* (S. 23–43). VS Verlag für Sozialwissenschaften.

Hattingh, J. (2004). Speaking of Sustainable Development and Values … a Response to Alistair Chadwick's Viewpoint Responding to Destructive Interpersonal Interactions: A way forward for school-based environmental educators. *Southern African Journal of Environmental Education, 21*, 157–165.

Komorek, M., Bliesmer, K., Richter, C. & Sajons, C. (2023). Modell adaptiv-zyklischen Forschenden Lernens für die Professionalisierung angehender Physiklehrkräfte. In H. Rautenstrauch (Hrsg.), *Forschendes Lernen in der Universität – Ein fach- und fachrichtungsbezogener Blick auf die Lehrkräftebildung* (S. 198–207). wbg.

Komorek, M., Freckmann, J., Hofmann, J., Niesel, V. & Richter C. (2018). Moderne Physik und Energiebildung als Beispiele für die Vernetzung von Fach und Fachdidaktik. In I. Glowinski, A. Borowski, J. Gillen, S. Schanze & J. von Meien (Hrsg.), *Kohärenz in der universitären Lehrerbildung – Vernetzung von Fachwissenschaft, Fachdidaktik und Bildungswissenschaften* (S. 53–75). Universitätsverlag Potsdam.

Komorek, M., Niesel, V. & Rebmann, K. (Hrsg.) (2011). *Energiebildung für eine gestaltbare Zukunft*. BIS-Verlag.

Labudde, P. (2003). Fächer übergreifender Unterricht in und mit Physik: eine zu wenig genutzte Chance. *Physik und Didaktik in Schule und Hochschule, 1*(2), 48–66.

Labudde, P. (2014). Fächerübergreifender naturwissenschaftlicher Unterricht – Mythen, Definitionen, Fakten. *Zeitschrift für Didaktik der Naturwissenschaften, 20*(1), 11–19.

Nawrath, D. (2010). *Kontextorientierung. Rekonstruktion einer fachdidaktischen Konzeption für den Physikunterricht*. BIS-Verlag.

Nentwig, P. & Waddington, D. (2005). *Making it relevant. Context based learning of science*. Waxmann.

Pufé, I. (2012). *Nachhaltigkeit*. UTB.

Raworth, K. (2012). *A Safe and Just Space for Humanity: Can we live within the doughnut?* Oxfam.

Schecker, H., Wilhelm, T., Hopf, M. & Duit, R. (2018). *Schülervorstellungen und Physikunterricht. Ein Lehrbuch für Studium, Referendariat und Unterrichtspraxis*. Springer.

Serageldin, I. & Steer, A. (1994). *Making Development Sustainable. From Concepts to Actions*. World Bank.

United Nations (2015). *Transforming our world: the 2030 Agenda for Sustainable Development* (A/RES/70/1). Verfügbar unter: https://www.un.org/en/development/desa/population/migration/generalassembly/docs/globalcompact/A_RES_70_1_E.pdf

Vogt, M. (2020). Qualitative Forschung in den naturwissenschaftlichen Fachdidaktiken. In E. Kircher, R. Girwidz & H. E. Fischer (Hrsg.), *Physikdidaktik. Methoden und Inhalte* (S. 37–65). Springer.

Wilhelm, M., Amacker, V. & Rehm, M. (2022). Das Viabilitätsmodell: vom Konzept der «sensitiven Nachhaltigkeit» in Hinblick auf die digitale Transformation lernen. In J. Weselek, F. Kohler & A. Siegmund (Hrsg.), *Digitale Bildung für nachhaltige Entwicklung* (S. 9–21). Springer.

 Onlinematerial

Kai Bliesmer, Carl von Ossietzky Universität Oldenburg, Carl-v.-Ossietzky-Str. 9-11, 26129 Oldenburg
kai.bliesmer@uni-oldenburg.de

Michael Komorek, Carl von Ossietzky Universität Oldenburg, Carl-v.-Ossietzky-Str. 9-11, 26129 Oldenburg
michael.komorek@uni-oldenburg.de

Jonas Tischer, Carl von Ossietzky Universität Oldenburg, Carl-v.-Ossietzky-Str. 9-11, 26129 Oldenburg
jonas.tischer@uni-oldenburg.de

https://doi.org/10.31244/9783830997962.08

Bildung für nachhaltige Entwicklung in der Lehrkräftebildung durch digitale Lerneinheiten vermitteln

Alexandra Budke & Dina Vasiljuk

Nicht nachhaltige Entwicklungen wie der anthropogene Klimawandel, das Artensterben und die Ressourcenverschwendung führen zu den wichtigsten Zukunftsproblemen, vor denen unsere Gesellschaft steht. Daher haben die Vereinten Nationen 17 Ziele für die nachhaltige Entwicklung definiert (SDGs, https://sdgs.un.org/goals). Ein wichtiger Baustein, um diese Ziele zu erreichen, ist die Bildung für nachhaltige Entwicklung (BNE), welche fächerübergreifend sowohl an Schulen als auch an Hochschulen etabliert werden sollte.

In diesem Kontext werden aktuell 31 digitale Lerneinheiten im Artikel vorgestellt, welche als Open Educational Resources (OER) für die Hochschulbildung entwickelt wurden. Die Lerneinheiten thematisieren zentrale inhaltliche Themen der nachhaltigen Entwicklung, stellen das Bildungskonzept BNE und diesbezügliche kritische Auseinandersetzungen vor oder beschäftigen sich mit der didaktischen Vermittlung von BNE. Jede Lerneinheit hat eine Bearbeitungslänge von ca. 90 min und besteht aus einem Selbstlernteil und einer komplexen Anwendungsaufgabe. Die Lerneinheiten können als inhaltliche Vorbereitung auf Lehrveranstaltungen an der Hochschule genutzt werden, in denen dann die Anwendungsaufgabe besprochen werden kann. Alle Lerneinheiten wurden umfangreich evaluiert, auf dieser Grundlage überarbeitet und werden im Laufe des Jahre 2023 veröffentlicht. Im Folgenden werden zunächst die Kompetenzen vorgestellt, welche durch die Lerneinheiten bei den Studierenden gefördert werden können und im Anschluss wird das didaktische Konzept der OER anhand einiger Beispiele erläutert.

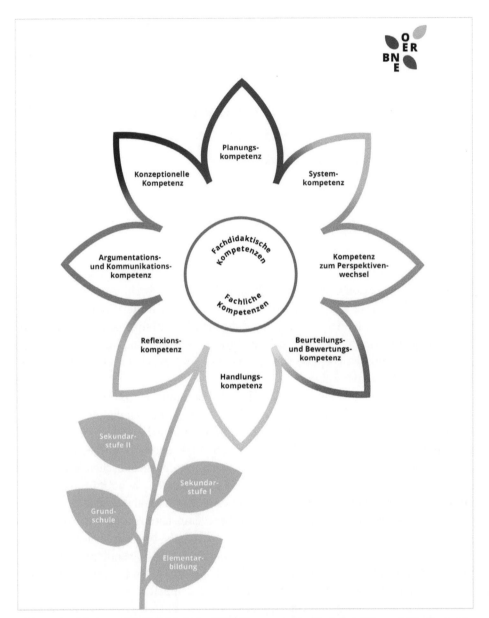

Abb. 1: Fachliche und fachdidaktische BNE-Kompetenzen für Lehrkräfte und Kindheitspä-
dagog/innen (eigener Entwurf von Budke, Vasiljuk; Grafik: Julia Heinrich)

1.   BNE-Kompetenzen, die durch die Lerneinheiten vermittelt werden können

Bildung für nachhaltige Entwicklung ist ein komplexes Bildungskonstrukt, mit dem
das übergeordnete Ziel verfolgt wird, Schüler/innen zu zukunftsfähigem Denken
und Handeln zu befähigen. Um dieses Ziel erreichen zu können, werden von Päd-

agoginnen und Pädagogen auf fachlicher sowie fachdidaktischer Ebene verschiedene Kompetenzen gefordert. Basierend auf bestehenden Modellen, Konzepten und empirischen Studien wurde daher ein Kompetenzstrukturmodell entwickelt, das für Studierende mit dem Studienziel Elementarbildung genauso nutzbar ist wie für angehende Lehrkräfte der Primar- sowie Sekundarstufe I und II. Das Kompetenzmodell beinhaltet insgesamt acht Kompetenzen (siehe Abbildung 1), welche sich jeweils sowohl in eine fachliche als auch eine fachdidaktische Kompetenz gliedern.

Diese acht Kompetenzen werden im Folgenden kurz zusammengefasst und können auf der Projektwebsite genauer nachgelesen werden: http://bne-oer.de/

Die *konzeptionelle Kompetenz* stellt die Basis des Modells dar und bildet das Grundverständnis der bestehenden BNE-Konzepte um nachhaltige bzw. nicht nachhaltige Entwicklung ab. Damit BNE-Konzepte in der Praxis umgesetzt werden können, ist zudem die *Planungskompetenz* erforderlich (Rauch & Steiner, 2013). Darüber hinaus fordert BNE von Pädagoginnen und Pädagogen die Auseinandersetzung mit komplexen gesellschaftlichen Herausforderungen, für deren Verständnis und Vermittlung die *Systemkompetenz* notwendig ist (Hilger et al., 2020, S. 60 ff.; Rieckmann, 2018; Baumann & Niebert, 2020, S. 239 ff.; Rost, 2005, S. 14 ff.). Insbesondere im Rahmen von BNE werden Themen behandelt, bei denen verschiedene Perspektiven im Unterricht berücksichtigt und verstanden werden müssen, weswegen die *Kompetenz zum Perspektivenwechsel* erforderlich ist (Baumann & Niebert, 2020, S. 239 ff.; Rieckmann, 2012). Die *Argumentations- und Kommunikationskompetenz* ist ein weiterer wichtiger Bestandteil im Kontext von BNE, um gesellschaftliche Diskurse und Aushandlungsprozesse zu verstehen und diese im Unterricht zu bearbeiten (Hilger et al., 2020, S. 60 ff.; Kuckuck & Lindau, 2020, S. 149 ff.; Gryl & Budke, 2016, S. 70 f.). Daneben ist die *Beurteilung- und Bewertungskompetenz* eine weitere wichtige Fähigkeit, um eine Auseinandersetzung mit BNE-Fragestellungen zu erzielen (Rost, 2005, S. 14 ff.; Hilger et al., 2020, S. 60 ff.; Rieckmann, 2012; Baumann & Niebert, 2020, S. 239 ff.). Aufgrund der Komplexität der BNE-Themen ist außerdem die *Reflexionskompetenz* relevant, bei der Konzepte, Meinungen, Werte und Rollen hinterfragt werden (Baumann & Niebert, 2020, S. 239 ff.; Hilger et al., 2020, S. 60 ff.). Schließlich stellt die *Handlungskompetenz* eine essentielle Fähigkeit dar, um die von BNE geforderte gesellschaftliche Transformation auf verschiedenen Ebenen zu erreichen (Baumann & Niebert, 2020, S. 239 ff.; De Haan, 2008; Hilger et al., 2020, S. 60 ff.; Gryl & Budke, 2016, S. 72).

2.   Vorstellung der BNE-Lerneinheiten

Zur Förderung der beschriebenen BNE-Kompetenzen wurden digitale Lerneinheiten für die Hochschulbildung im Kontext des durch das Land Nordrhein-Westfalen (NRW) geförderten Verbundprojekts BNE-OER entwickelt (http://bne-oer.de/) und als Open Educational Resources (OER) veröffentlicht.

Die Bedeutung von frei zugänglichen digitalen Bildungsmaterialien in der Hochschulbildung, die als Open Educational Resources (OER) je nach Lizenzierung beliebig weiterverarbeitet und verbreitet werden können, wird schon seit einigen Jahren diskutiert (u. a. Deinmann et al., 2015; Herbstreit, 2019). OER werden in diesem Zusammenhang u. a. von der Kultusministerkonferenz, UNESCO und der Europäischen Union als große Chance gesehen, da sie einfach zu bearbeiten und unabhängig von etablierten Verlagen und ohne Einsatz finanzieller Mittel digital zu verbreiten sind (Inamorato Dos Santos et al., 2016; Kultusministerkonferenz, 2015, 2017; Deutsche UNESCO-Kommission, 2015). Sie können zur Individualisierung des Lernens führen und ermöglichen zeit- und ortsunabhängige Weiterbearbeitungen. Daher können sie dazu beitragen, dass neue didaktische Konzeptionen unter den Hochschulen ausgetauscht, erprobt und weiterentwickelt werden. Die Hoffnung besteht, dass die Qualität der Lehre durch diese digitalen Lernmodule und ihre stetige Weiterentwicklung flächendeckend gesteigert wird (Deutsche UNESCO-Kommission, 2015, S. 7).

Um diese Potentiale zu realisieren, wurden für die Bildungskontexte Elementarbereich, Sachunterricht und Geographieunterricht OER erstellt, mit deren Hilfe angehende Pädagoginnen und Pädagogen ihre BNE-Kompetenzen vertiefen können und ihre Fähigkeiten zur adressatenbezogenen Vermittlung von BNE-Themen ausbauen können. In den fachwissenschaftlichen BNE-Lerneinheiten des Standorts Köln werden z. B. die Themen nachhaltige Stadtentwicklung, natürliche und anthropogene Klimaveränderungen, Pollenflug und Klimawandel, nachhaltiger Tourismus und nachhaltiger Konsum behandelt. Die didaktischen Lerneinheiten thematisieren z. B. die Entwicklung von guten Aufgabenstellungen zu BNE, Internetrecherchen als Vorbereitung auf BNE-Unterricht, die kritische wissenschaftliche Diskussion zu BNE oder die Förderung von BNE-Handlungskompetenzen.

Die von uns erstellten OER-Lerneinheiten haben alle die gleiche Struktur, die sich bereits im Vorgängerprojekt Digeo und den Lerneinheiten zum Thema „Argumentation und Kommunikation" bewährt hat https://www.ilias.uni-koeln.de/ilias/goto_uk_cat_3758292.html).

Jede einzelne Lerneinheit gliedert sich in eine Startseite, einen thematischen Einstieg, eine Selbstlerneinheit, eine Anwendungseinheit, Reflexionsaufgaben und Literatur. Diese einheitliche Struktur wurde durch standardisierte „Drehbücher" und durch vom MediaLab der Bergischen Universität Wuppertal erarbeite Designvorlagen umgesetzt.

In den Selbstlerneinheiten werden interaktive Medien zur Wissensvermittlung verwendet (z. B. Erklärvideos, Präsentationen, Bilder, Karten), die größtenteils von uns entwickelt wurden. In der Lerneinheit „Pollenflug und Klimawandel" sieht man z. B. ein Bild, das eine Arztpraxis schematisch darstellt. Wenn man auf die blauen Kreuze klickt, erhält man weitere Informationen zum Thema „Allergien und Pollenflug".

Die interaktiven Medien sind in den Selbstlerneinheiten mit Übungsaufgaben verknüpft, damit das neu erworbene Wissen direkt wiederholt werden kann und die Lernenden eine automatisierte Rückmeldung zu ihrem Lernerfolg bekommen. Die Übungsaufgaben werden mit H5P-Elementen (z. B. Lückentexte, Multiple-Choiceaufgaben, Quiz-Aufgaben, Memory-Spiele) umgesetzt.

In der Lerneinheit zur „Internetrecherche zur Vorbereitung auf BNE-Unterricht" müssen die Studierenden z. B. ausgewählte SDGs den Inhaltsfeldern des Lehrplans aus Nordrhein-Westfalen durch Hineinziehen (Drag and Drop) zuordnen. Die Lerneinheiten sind auf den Lernplattformen der beteiligten Hochschulen moodle oder ILIAS so konzipiert, dass sie in Verbindung mit Präsenzlerne eingesetzt werden können. Im Sinne des flipped classrooms können neue Inhalte von den Studierenden als Vorbereitung auf Präsenzlehrveranstaltungen selbstständig erworben (Selbstlerneinheit) und angewendet werden (Anwendungseinheit). Die Ergebnisse der offenen und komplexen Anwendungseinheit sollten in Lehrveranstaltungen diskutiert und die Reflexion vertieft werden.

3.   Fazit

Die Erstellung von Lerneinheiten für die Hochschulbildung, die als OER veröffentlicht werden sollen, ist ein sehr aufwändiger Prozess, bei dem idealerweise nicht nur Dozent/innen, Designer/innen und technische Mitarbeiter/innen eingebunden werden, sondern auch Studierende. In Bezug auf die Lehrkräftebildung ergibt sich daraus der Vorteil, dass durch die Entwicklung und den Einsatz von OER im Studium das Bewusstsein der angehenden Lehrkräfte für deren Vorteile geschärft wird und Medienkompetenz vermittelt wird, sodass OER zukünftig auch verstärkt in den Klassenzimmern eingesetzt werden (Otto & Daniel, 2019, S. 221–226).

Die von uns entwickelten digitalen BNE-Lerneinheiten sind modular aufgebaut, so dass Lehrende und Studierende je nach spezifischem Kontext auch nur einzelne Teile bearbeiten können. Die von uns entwickelten OER richten sich an Kindheitspädagoginnen und -pädagogen sowie Lehramtsstudierende, die Sachunterricht oder Geographie studieren. Es ist denkbar, die Lerneinheiten auch in anderen Fächern des Lehramtsstudiums einzusetzen, wobei dann allerdings einige Anpassungen notwendig sind. Es ist z. B. denkbar, dass die Selbstlerneinheiten wie vorgesehen bearbeitet werden und die Dozent/innen die Anwendungsaufgaben so modifizieren, dass sie auf den eigenen Studiengang und die eigene Gruppe genau passen. Um die Bearbeitung zu erleichtern, werden die Anwendungsaufgaben und das zugehörige didaktische Material zur Unterstützung von uns auch im Wordformat angeboten. Zudem ist es natürlich möglich, auch nur einzelne Medien aus den Lerneinheiten zu nutzen.

Literatur

Baumann, S. & Niebert, K. (2020). Vorstellungen von Studierenden zur Bedeutung von Nachhaltigkeit im Geographieunterricht. Zur Analyse von Präkonzepten als Ausgangspunkt für die Konzeption einer auf Nachhaltigkeit ausgerichteten Didaktikveranstaltung. In A. Keil, M. Kuckuck & M. Faßbender (Hrsg.), BNE-Strukturen gemeinsam gestalten. *Fachdidaktische Perspektiven und Forschungen zu Bildung für nachhaltige Entwicklung in der Lehrkräftebildung* (S. 235–261). Waxmann.

De Haan, G. (2008). Gestaltungskompetenz als Kompetenzkonzept der Bildung für nachhaltige Entwicklung. In I. Bormann & G. de Haan (Hrsg.), Kompetenzen der Bildung für nachhaltige Entwicklung. *Operationalisierung, Messung, Rahmenbedingungen, Befunde* (S. 23–43). Verlag für Sozialwissenschaften.

Deinmann, M., Neumann, J., & Muuß-Merholz, J. (2015). *Whitepaper. Open Educational Resources (OER) an Hochschulen in Deutschland – Bestandsaufnahme und Potenziale 2015.* https://open-educational-resources.de/wp-content/uploads/Whitepaper-OER-Hochschule-2015.pdf

Deutsche UNESCO-Kommission e. V. (2015). *Leitfaden zu open educational resources in der Hochschulbildung. Empfehlung für Politik, Hochschule, Lehrende und Studierende.* https://www.unesco.de/sites/default/files/2018-01/DUK_Leitfaden_OER_in_der_Hochschulbildung_2015_barrierefrei-1.pdf

Gryl, I. & Budke, A. (2016). Bildung für nachhaltige Entwicklung – zwischen Utopie und Leerformel? Potentiale für die politische Bildung im Geographieunterricht. In A. Budke & M. Kuckuck (Hrsg.), *Politische Bildung im Geographieunterricht* (S. 57–75). Franz Steiner Verlag.

Herbstreit, M. (2019). Open Educational Resources (OER). Möglichkeiten und Grenzen des Einsatzes in Hochschulen. In S. Robra-Bissantz, O. J. Bott, N. Kleinefeld, K. Neu & K. Zickwolf (Hrsg.), *Teaching Trends 2018. Die Präsenzhochschule und die digitale Transformation* (S. 166–174). Waxmann.

Hilger, A., Steffen, U., Faßbender, M., Meintz, N., Schaarwächter, M. & Keil, A. (2020). „Lehrkräfte gestalten Zukunft" – Auf dem Weg zu einer kohärenten Lehrkräftebildung im Geographiestudium. In A. Keil, M. Kuckuck & M. Faßbender (Hrsg.), *BNE-Strukturen gemeinsam gestalten. Fachdidaktische Perspektiven und Forschungen zu Bildung für nachhaltige Entwicklung in der Lehrkräftebildung* (S. 53–69). Waxmann.

Inamorato Dos Santos, A., Punie, Y. & Castaño Muñoz, J. (2016). *Opening up Education. A Support Framework for Higher Education Institutions.* EUR 27938. Publications Office of the European Union. Verfügbar unter: https://publications.jrc.ec.europa.eu/repository/handle/JRC101436

Kuckuck, M. & Lindau, A.-K. (2020). Wirklichkeit oder Wunschdenken? BNE im Geographieunterricht – Studierende forschen in der Schulpraxis. In A. Keil, M. Kuckuck & M. Faßbender (Hrsg.), *BNE-Strukturen gemeinsam gestalten. Fachdidaktische Perspektiven und Forschungen zu Bildung für nachhaltige Entwicklung in der Lehrkräftebildung* (S. 149–166). Waxmann.

Kultusministerkonferenz (2015). *Bericht der Arbeitsgruppe aus Vertreterinnen und Vertretern der Länder und des Bundes zu Open Educational Resources (OER).* https://hochschulforumdigitalisierung.de/sites/default/files/dateien/BMBF-KMK-Bericht-zu-OER.pdf

Kultusministerkonferenz (2017). *Bildung in der digitalen Welt. Strategie der Kultusministerkonferenz.* https://www.kmk.org/fileadmin/Dateien/pdf/PresseUndAktuelles/2018/Digitalstrategie_2017_mit_Weiterbildung.pdf

Otto, D. (2019). Offene Bildungsressourcen (OER) in der Lehrerausbildung. Die Bedeutung von Einstellungen und Kontextfaktoren. In J. Hafer, M. Mauch & M. Schumann (Hrsg.), *Teilhabe in der digitalen Bildungswelt* (S. 221–226). Waxmann.

Rauch, F. & Steiner, R. (2013). Competences for education for sustainable development in teacher education. *Center for Educational Policy Studies Journal, 3, 1,* 9–24. https://doi.org/10.25656/01:7663

Rieckmann, M. (2012). Future-oriented higher education: which key competencies should be fostered through university teaching and learning?. *Futures, 44*, 2, 127–135. https://doi.org/10.1016/j.futures.2011.09.005

Rieckmann, M. (2018). Die Bedeutung von Bildung für nachhaltige Entwicklung für das Erreichen der Sustainable Development Goals (SDGs). *Zeitschrift für internationale Bildungsforschung und Entwicklungspädagogik, 41*(2), 4–10. https://doi.org/10.31244/zep.2018.02.02

Rost, J. (2005). Messung von Kompetenzen Globalen Lernens. *Zeitschrift für internationale Bildungsforschung und Entwicklungspädagogik, 28*(2), 14–18. https://doi.org/10.25656/01:6119

Förderhinweis

Das Projekt „BNE-OER" wird vom Land NRW in der Förderlinie OERContent.NRW unterstützt. Die Projektpartner sind die Fachhochschule Südwestfalen (Arbeitsgruppe Henrichwark), die Bergische Universität Wuppertal (Arbeitsgruppen Kuckuck und Seehagen-Marx vom MediaLab) und die Universität zu Köln (Arbeitsgruppe Budke).

  Onlinematerial

links: BNE-Lerneinheiten für Studierende auf Lehramt der weiterführenden Schulen
rechts: Projektwebseite

Alexandra Budke, Institut für Geographiedidaktik, Universität zu Köln
alexandra.budke@uni-koeln.de
https://orcid.org/0000-0003-1063-8991

Dina Vasiljuk, Institut für Geographiedidaktik, Universität zu Köln
d.vasiljuk@uni-koeln.de

https://doi.org/10.31244/9783830997962.09

UTOPIA

Ein interdisziplinäres Lehrprojekt zur Entwicklung einer digital gestützten und inklusiven Lernumgebung im Kontext der Bildung für nachhaltige Entwicklung

Sebastian Becker-Genschow, Silvia Fränkel & Kirsten Schlüter

Die vergangenen Jahre haben die Auswirkungen des Klimawandels besonders eindrücklich zum Vorschein gebracht. So heizen sich insbesondere die Städte immer weiter auf, was ein großes Gesundheitsrisiko für die Bürgerinnen und Bürger darstellt. Die Gestaltung zukunftsfähiger Städte ist damit eine hochaktuelle gesamtgesellschaftliche Herausforderung, in die Fragen der Zukunftsfähigkeit, des Ökosystems- und Biodiversitätserhalts, des Klimas, der Lebensqualität und der Gesundheit einfließen.

In dem im Folgenden dargestellten Lehrprojekt sollen Lehramtsstudierende der Naturwissenschaften in interdisziplinären Teams eine Lernumgebung für „UTOPIA – die Stadt der Zukunft für mehr Nachhaltigkeit" nach dem Design-Based-Research-Ansatz (Design-Based Research Collective, 2003; McKenney & Reeves, 2019) kollaborativ entwickeln. Schülerinnen und Schüler sollen sich diese Lernumgebung forschend erschließen und auf Basis ihrer Lernprodukte mitgestalten können. Die zu entwickelnde Lernumgebung soll auch digitale Bestandteile enthalten und für inklusive Lerngruppen geeignet sein. Dazu sollen Prinzipien des Universal Design for Learnings (CAST, 2011) berücksichtigt werden, welche Lernumgebungen ermöglichen, die allen Lernenden einen Zugang bieten.

Im Sinne einer Bildung für nachhaltige Entwicklung (BNE) (KMK, 2007, 2016) werden verschiedene Perspektiven (fachspezifische, ökologische, ökonomische und soziale) in die Entwicklung der Lernumgebung integriert. Entsprechend dem Design-Based-Research-Ansatz durchläuft die von den Studierenden zu entwickelnde Lernumgebung verschiedene Zyklen, in welchen die Lernumgebung schrittweise auf Basis von Peer- und Expertenfeedback weiterentwickelt bzw. optimiert wird.

Didaktischer Hintergrund

Für die Entwicklung der Lernumgebung sind vier unterschiedliche didaktische Herausforderungen zu beachten: (a) das globale, gesellschaftliche Problem des Klimawandels (IPCC, 2022), (b) das Problem der unzureichenden Umsetzung Forschenden Lernens in der Unterrichtspraxis (Capps & Crawford, 2013; Hofer et al., 2018; Schlüter, 2019), (c) das Problem der Überforderung von Lehrkräften bei Mehrfachdifferenzierungen (Schroeder, 2020) und (d) das spezifische Genderproblem der geringeren Selbstwirksamkeit von Mädchen im Vergleich zu Jungen, wenn es um die Einschätzung ihrer Fähigkeiten in technischen Belangen und beim experimentellen Arbeiten geht (Sultan et al., 2020; Damerau et al., 2021). Während der erste Problempunkt fachinhaltlicher Natur ist und auf die Dringlichkeit der Entwicklung von Lösungsstrategien zur Verlangsamung des Klimawandels verweist, so sind die anderen drei Problempunkte fachdidaktischer Natur und hängen eng miteinander zusammen. Forschendes Lernen ist als Unterrichtskonzeption bedeutsam, da es dem Erwerb von Kompetenzen im Bereich Erkenntnisgewinnung dient, welcher in allen drei naturwissenschaftlichen Fächern relevant ist (KMK, 2005a; KMK, 2005b; KMK, 2005c; Wellnitz et al., 2012). Die Praxis zeigt jedoch, dass ein möglichst selbstständiger Forschungsprozess seitens der Lernenden häufig nicht stattfindet (z. B. Capps & Crawford, 2013). Um diesen zu befördern, werden gestufte Hilfestellungen als eine geeignete Unterstützungsmaßnahme angesehen (Bruckermann & Schlüter, 2017; Schmidt-Borcherding et al., 2013). Sie sollten somit von (zukünftigen) Lehrkräften entwickelt und zielführend eingesetzt werden können.

Dass Forschendes Lernen auch für heterogene Lerngruppen als geeignet angesehen werden kann, ergibt sich daraus, dass es als anregende Lernkonzeption nicht nur kognitive, sondern insbesondere auch praktische Arbeiten erlaubt und verschiedene Offenheitsgrade zulässt, sodass sich die Schülerinnen und Schüler entsprechend ihrer Fähigkeiten in den gemeinsamen Erkenntnis- und Forschungsprozess einbringen können (Brauns & Abels, 2021; Fränkel, 2021). Allerdings bedürfen sie dabei einer angemessenen, nach Fähigkeitsprofil der Lernenden durchaus unterschiedlichen Unterstützung, um den Forschungsprozess mitgestalten zu können und einen Erkenntniszuwachs zu erfahren (Rizzo & Taylor, 2016).

Die Verknüpfung von Forschendem Lernen mit der Genderproblematik ergibt sich daraus, dass Forschendes Lernen in der Schule häufig experimentbasiert und unter Nutzung technischer Geräte stattfindet. Untersuchungen zeigen, dass Mädchen auch heute noch eine geringere Selbstwirksamkeit in den Bereichen Technik und Experimentieren aufweisen und die ‚männlichen Normen‘, die mit Technik verbunden sind, bestätigen (Sultan et al., 2020; Damerau et al., 2021). Eine Möglichkeit, dem entgegenzuwirken, sind Hilfestellungen, welche das Gefühl der Sicherheit beim experimentellen und technischen Vorgehen erhöhen.

Digitalisierungsbezug

Eine Lernumgebung wie UTOPIA bietet auch verschiedene Möglichkeiten, Digitalisierungsaspekte einzubinden. So ließen sich verschiedene Parameter der Stadtgestaltung, wie z. B. Baumaterialien, Lufttemperatur, Feuchtigkeit etc. in einem Stadt(teil)plan ein- und ausblenden. Zudem ließen sich Handlungsoptionen, wie etwa Gebäude zu verschieben, Straßen zu verändern, den Bebauungsgrad zu modifizieren oder Dachstrukturen abzuwandeln (z. B. durch weißen Farbanstrich zur Erhöhung der Reflexion, durch Solarplatten, durch Begrünung), in die Lernumgebung digital integrieren. Zudem könnten auch digitale Messinstrumente eingesetzt werden, welche eine digitale Erfassung und Visualisierung von Messdaten ermöglichen. Der Vorteil von digitalen Gestaltungselementen in der Lernumgebung liegt insbesondere darin, dass sie an die Lern- und Bedienvoraussetzungen der Lernenden adaptiert werden kann (Fränkel & Schroeder, 2023). Damit Studierende Lerngelegenheiten für UTOPIA entwickeln können, müssen sie Professionswissen in Form von fachlichem, fachdidaktischem, inklusionspädagogischem und technologischem bzw. medienpädagogischem Wissen erlangen. Als theoretischer Rahmen für die Professionalisierung der Studierenden bietet sich somit das ITPACK-NW-Modell an (Schroeder & Fränkel, 2023). Die verschiedenen Wissensbereiche können in der Lehrkräftebildung in Form konkreter Anwendungsbeispiele miteinander vernetzt werden, z. B. durch den Einsatz digitaler Hilfekarten beim Forschenden Lernen und der Orientierung an den Prinzipien des Universal Design for Learning bei der Ausgestaltung der Lernumgebung.

Methodische Umsetzung

Grundlagen für die Gestaltung des Lehrprojekts sind zum einen der fächerübergreifende Ansatz, bei dem Studierende der Naturwissenschaften kollaborativ in interdisziplinären Teams an und mit der Lernumgebung UTOPIA arbeiten, zum anderen der Design-Based-Research-Ansatz, bei welchem die Lernumgebung von den Studierenden basierend auf Erprobungserfahrungen sowie auf Experten- und Peerfeedback zyklisch weiterentwickelt wird. Die Weiterentwicklung erfolgt jahrgangsübergreifend, indem eine erste Studierendengruppe Gestaltungsvorschläge für die Lernumgebung entwickelt, diese im Rahmen von Projekttagen mit Schulklassen erprobt und darauf basierend Optimierungsvorschläge erarbeitet. Letztere werden dann durch eine weitere Studierendengruppe des nachfolgenden Jahrgangs für die Praxis umgesetzt und wiederum an Projekttagen erprobt, um darauf aufbauend neue Optimierungsvorschläge und Ergänzungen für die nachfolgende Studierendengruppe zu entwickeln usw. Auf diese Weise wird die Lernumgebung im Rahmen der Lehrkräfteausbildung schrittweise immer weiter optimiert und sowohl auf inhaltlicher, inklusiver als auch digitaler Ebene weiter ausgebaut.

Unterrichtsmethodisch ist für die Entwicklung der Lernumgebung eine Kombination von Projektbasiertem (Haatainen & Aksela, 2021) und Forschendem Lernen angedacht. Durch den gesellschaftlich hoch relevanten Kontext (Gestaltung der Stadt der Zukunft in Zeiten des Klimawandels) verbunden mit dem Ziel, Lösungsansätze für ein real existierendes Problem zu erarbeiten (Alltagsebene), wird projektbasiertes Lernen realisiert. Dadurch, dass die Projektarbeit anfangs auf einer fiktiven Ebene angesiedelt ist (UTOPIA ist keine reale Stadt), kann eine Situation konstruiert werden, die (a) in vielerlei Hinsicht stark verbesserungswürdig ist und die (b) sich zumindest auf dem Reißbrett in vielerlei Hinsicht auch verändern lässt. An diese kreative Anfangsphase zur Umgestaltung von UTOPIA schließt sich die Phase Forschenden Lernens an, indem verschiedene Lösungsansätze durch kleine Experimente auf ihre Wirksamkeit überprüft werden (Modellebene). Wenn ein Vorschlag bspw. ist, die Menge des Stadtgrüns zu erhöhen, dann sind Untersuchungen zur Luftqualität in einem Modellsystem möglich. Hierbei können die Lernenden ein (geschlossenes) Gefäß mit verschiedenen Sensoren versehen sowie mit und ohne Pflanzen ausstatten. Aus dem klassischen Forschenden Lernen, welches sich oftmals der Klärung grundlegender naturwissenschaftlicher Phänomene bzw. Fragestellungen und nicht der Lösung aktueller Gesellschaftsprobleme widmet (s. z. B. Bruckermann & Schlüter, 2017), wird somit ein anwendungsbezogenes Forschendes Lernen, mit dem Ziel, eine Wirkung hinein in die Gesellschaft zu entfalten. Abbildung 1 zeigt, wie Projektbasiertes Lernen (Phase I und III) und Forschendes Lernen (Phase II) ineinandergreifen.

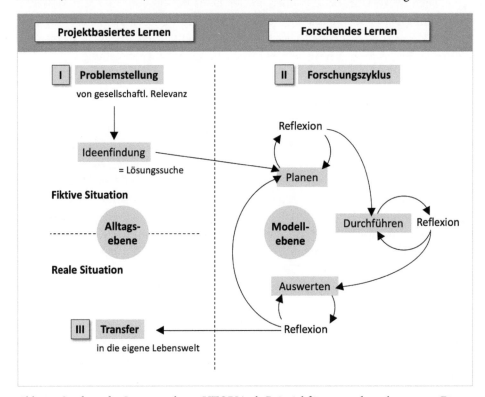

Abb. 1: Struktur der Lernumgebung UTOPIA als Beispiel für anwendungsbezogenes Forschendes Lernen

Fazit

Zusammenfassend zeichnet sich das Lehrprojekt dadurch aus, dass Lehramtsstudierende der Naturwissenschaften in interdisziplinären Teams eine Lernumgebung nach dem Design-Based-Research-Ansatz entwickeln, in welcher Projektbasiertes und Forschendes Lernen in einem gesellschaftlich hoch relevanten Kontext des Klimawandels und dessen Folgen miteinander kombiniert werden. Die Studierenden sollen dabei insbesondere lernen, mit Lehramtsstudierenden anderer Fachrichtungen kollaborativ und zielführend eine Lernumgebung zu entwickeln und diese sukzessive durch Experten- und Peer-Feedback zu optimieren. Bei der Entwicklung sollen zudem Aspekte der Digitalisierung und Inklusion von Beginn an berücksichtigt werden, um die Studierenden adäquat auf ein zeitgemäßes Unterrichten von Naturwissenschaften in einer Kultur der Digitalität und gemeinschaftlichen Teilhabe vorzubereiten.

Literatur

Brauns, S. & Abels, S. (2021). Die Anwendung naturwissenschaftlicher Untersuchungsmethoden inklusiv gestalten – Naturwissenschaftsdidaktische Theorie und Empirie erweitern mit dem Kategoriensystem inklusiver naturwissenschaftlicher Unterricht (KinU). *Zeitschrift für Didaktik der Naturwissenschaften, 27*(1), 231–249. https://doi.org/10.1007/s40573-021-00135-0

Bruckermann, T. & Schlüter, K. (Hrsg.). (2017). *Forschendes Lernen im Experimentalpraktikum Biologie. Eine praktische Anleitung für die Lehramtsausbildung.* Springer Spektrum.

Capps, D. K. & Crawford, B. A. (2013). Inquiry-based instruction and teaching about nature of science: Are they happening? *Journal of Science Teacher Education, 24,* 497–526.

CAST. (2011). *Universal Design for Learning (UDL) Guidelines version 2.0.* Author.

Damerau, K., Atzert, R., Peter, A. & Preisfeld, A. (2021). Experimentation-related causal attributions of German secondary school students. *Cogent Education, 8*(1), 1974215. https://doi.org/10.1080/2331186X.2021.1974215

Design-Based Research Collective. (2003). Design-based research: An emerging paradigm for educational inquiry. *Educational Researcher, 32*(1), 5–8.

Fränkel, S. (2021). Wie kann inklusive Begabungsförderung im Biologieunterricht gelingen? Möglichkeiten und Herausforderungen aus Perspektive von Biologielehrkräften. In C. Kiso & S. Fränkel (Hrsg.), *Inklusive Begabungsförderung in den Fachdidaktiken – Diskurse, Forschungslinien und Praxisbeispiele* (S. 172–187). Bad Heilbrunn: Klinkhardt.

Fränkel, S. & Schroeder, R. (2023). Digitale Medien im inklusiven naturwissenschaftlichen Unterricht – Ergebnisse eines systematischen Literaturreviews. In D. Ferencik-Lehmkuhl, I. Huynh, C. Laubmeister, C. Lee, C. Melzer, I. Schwank, H. Weck et al. (Hrsg.), *Inklusion digital!: Chancen und Herausforderungen inklusiver Bildung im Kontext von Digitalisierung* (S. 51–65). Klinkhardt. https://doi.org/10.35468/5990-04

Haatainen, O. & Aksela, M. (2021). Project-based learning in integrated science education: Active teachers' perceptions and practices. *LUMAT: International Journal on Math, Science and Technology Education, 9*(1), 149–173. https://doi.org/10.31129/LUMAT.9.1.1392

Hofer, E., Abels, S. & Lembens, A. (2018). Inquiry-based learning and secondary chemistry education – a contradiction? *RISTAL, 1,* 51–65.

IPCC (2022). *Climate Change 2022: Impacts, Adaptation, and Vulnerability. Contribution of Working Group II to the Sixth Assessment Report of the Intergovernmental Panel on Climate Change.* Cambridge University Press.

KMK (2005a). *Bildungsstandards im Fach Biologie für den Mittleren Schulabschluss.* Beschluss vom 16.12.2004. München: Luchterhand.

KMK (2005b). *Bildungsstandards im Fach Chemie für den Mittleren Schulabschluss.* Beschluss vom 16.12.2004. München: Luchterhand.

KMK (2005c). *Bildungsstandards im Fach Physik für den Mittleren Schulabschluss.* Beschluss vom 16.12.2004. München: Luchterhand.

KMK (2007). *Bildung für nachhaltige Entwicklung in der Schule.* Elektronisch. https://www.kmk.org/fileadmin/veroeffentlichungen_beschluesse/2007/2007_06_15_Bildung_f_nachh_Entwicklung.pdf [20.07.2023].

KMK (2016). *Orientierungsrahmen für den Lernbereich Globale Entwicklung.* Elektronisch. https://www.kmk.org/fileadmin/veroeffentlichungen_beschluesse/2015/2015_06_00-Orientierungsrahmen-Globale-Entwicklung.pdf [20.07.2023].

McKenney, S. & Reeves, T.C. (2019). *Conducting Educational Design Research* (2. Aufl.). Routledge.

Rizzo, K.L. & Taylor, J.C. (2016). Effects of inquiry-based instruction on science achievement for students with disabilities: An analysis of the literature. *Journal of Science Education for Students with Disabilities, 19*(1), 2.

Schlüter, K. (2019). Forschendes Lernen – Weshalb es wichtig ist und wie es sich in der Lehramtsaus- und -fortbildung umsetzen lässt. In J. Groß, Hammann, M., Schmiemann, P. & Zabel, J. (Hrsg.), *Biologiedidaktische Forschung: Erträge für die Praxis* (S. 289–306). Springer Spektrum.

Schmidt-Borcherding, F., Hänze, M., Wodzinski, R. et al. (2013). Inquiring scaffolds in laboratory tasks: an instance of a "worked laboratory guide effect"?. *Eur J Psychol Educ 28,* 1381–1395. https://doi.org/10.1007/s10212-013-0171-8.

Schroeder, R. (2020). Inklusiver Sachunterricht zwischen Kind- und Materialorientierung – Mediennutzung und Motive der Medienauswahl im Fokus einer explorativen Lehrkräftebefragung. *Zeitschrift für Grundschulforschung, 13*(7), 81–97.

Schroeder, R. & Fränkel, S. (2023). Das Kompetenzmodell ITPACK-NW für die diklusive Lehrkräftebildung in den Naturwissenschaftsdidaktiken. *QfI – Qualifizierung für Inklusion. Online-Zeitschrift zur Forschung über Aus-, Fort- und Weiterbildung pädagogischer Fachkräfte, 5*(2). https://doi.org/10.21248/qfi.121

Sultan, U.N., Axell, C. Hallström, J. (2020). Technical or Not? Investigating the Self-Image of Girls Aged 9 to 12 When Participating in Primary Technology Education. *Design and Technology Education, 25*(2), 175–191.

Wellnitz, N., Fischer, H.E., Kauertz, A., Mayer, J. Neumann, I., Pant, H.A., Sumfleth, E. & Walpuski, M. (2012). Evaluation der Bildungsstandards – eine fächerübergreifende Testkonzeption für den Kompetenzbereich Erkenntnisgewinnung. *Zeitschrift für Didaktik der Naturwissenschaften, 18,* 261–291.

Sebastian Becker-Genschow , Digitale Bildung mit Schwerpunkt Künstliche Intelligenz, Universität zu Köln, Herbert-Lewin-Str. 10, 50931 Köln
sebastian.becker-genschow@uni-koeln.de
https://orcid.org/0000-0002-2461-0992

Silvia Fränkel, Didaktik der Naturwissenschaften mit Schwerpunkt Sonderpädagogik, Universität zu Köln, Classen-Kappelmann-Str. 24, 50931 Köln
silvia.fraenkel@uni-koeln.de
https://orcid.org/0000-0002-9250-8172

Kirsten Schlüter, Universität zu Köln, Institut für Biologiedidaktik, Herbert-Lewin-Str. 2, 50931 Köln
kirsten.schlueter@uni-koeln.de
https://orcid.org/0000-0001-9614-8824

https://doi.org/10.31244/9783830997962.10

Kreativitätsförderung von Chemie-Lehramtsstudierenden

Ein Seminarkonzept zur Gestaltung kreativer Unterrichtseinheiten im Kontext Bildung nachhaltiger Entwicklung

Swantje Müller

Kreativität ist eine Fähigkeit, die im 21. Jahrhundert von hoher Relevanz ist und als 21st Century Skill beschrieben wird (OECD, 2020; Shu et al., 2020). Insbesondere im beruflichen Kontext werden kreative Fähigkeiten benötigt, die schon heute in vielen Stellenausschreibungen zu finden sind. In dem ‚Future of Jobs Report 2023' des Weltwirtschaftsforums wird kreatives Denken auf Platz 2 der wichtigsten Fähigkeiten gelistet, die Arbeitnehmerinnen und Arbeitnehmer im Jahr 2023 auf dem Arbeitsmarkt benötigen (World Economic Forum, 2023). Um zukünftige Arbeitnehmerinnen und Arbeitnehmer auf die rasante und globalisierte Arbeitswelt vorzubereiten, ist die Förderung von Kreativität in Schulen besonders wichtig (Malik, 2018).

Im Kontext Schule stehen häufig die musisch-künstlerischen Fächer im Vordergrund, um Kreativität zu fördern. Dabei gilt es, auch die Kreativität in naturwissenschaftlichen Fächern zu stärken. Denn Kreativität wird in Zukunft notwendig sein, um globalen Herausforderungen wie dem Klimawandel oder der Entwicklung erneuerbarer Energien begegnen zu können. Schülerinnen und Schüler müssen daher lernen, Kreativität mit Nachhaltigkeit zu verknüpfen, indem sie die Bedeutung von der Bildung nachhaltiger Entwicklung (BNE) verstehen und mit den Zielen eben dieser vertraut gemacht werden (Mróz & Ocetkiewicz, 2021; OECD, 2020). Auch Lehrkräfte sind hier in der Verantwortung, um ihren Unterricht entsprechend zu gestalten und die Schülerinnen und Schüler auf die zukünftigen Herausforderungen vorzubereiten. Die Ergebnisse einer internationalen Studie, die im Rahmen des OECD-CERI Projekts „Forstering und Assessing Creativity and Critical thinking in Education" entstanden ist, zeigen, dass 86 % der Lehrkräfte zustimmten, dass Kreativität den Schülerinnen und Schülern beigebracht werden kann (Vincent-Lancrin et al., 2019, S. 196). Jedoch zeigt die Studie noch Unwägbarkeiten für die schulische Praxis. So gaben 68 % der Lehrkräfte an, dass sie nicht wissen, wie Kreativität im Unterricht implementiert werden kann (Vincent-Lancrin et al., 2019). Daher gilt es, Lehr- und Fortbildungsangebote zu entwickeln, um Lehrkräfte entlang der Lehrerbildungskette auf das 21st

Century Skill vorzubereiten. In diesem Kapitel wird ein entsprechendes Seminarkonzept vorgestellt, das im Rahmen einer Fallstudie begleitet wurde. Die Ergebnisse der Studie werden ebenfalls in diesem Kapitel vorgestellt.

1. Kreativität – theoretischer Hintergrund

In der Literatur gibt es keine einheitliche Definition zur Kreativität. Klaus Urban (2004) definiert Kreativität als eine Fähigkeit, die ein ungewöhnliches Produkt erschafft, als Lösung auf ein sensibel wahrgenommenes Problem. Dabei besteht Kreativität aus mehr als dem kreativen Denkprozess und wird vielmehr als ein Interaktionsprozess verstanden, den Urban (2004) in seinem 4-P-U-Modell beschreibt. Die vier Ps stehen für ein Problem, das sensibel von einer Person wahrgenommen und in einem Prozess gelöst wird und in ein kreatives Produkt mündet. Diese vier Ps werden von der Umwelt beeinflusst, die auch eine Freiheit voraussetzt, kreative Probleme überhaupt zu entdecken und anschließend lösen zu können. Die Grundlage für den gesamten Interaktionsprozess bildet das Problem, das zu Beginn identifiziert wird (Urban, 2004). Die Problementdeckung stellt einen besonders wichtigen Bestandteil dar, da das Problem nicht nur die Grundlage, sondern auch die Qualität der Lösungen bildet (Runco & Okuda, 1988).

2. Das Seminarkonzept

Chemie-Lehramtsstudierende der Martin-Luther-Universität Halle-Wittenberg müssen im Rahmen des Aufbaumoduls „Chemiedidaktik II: Vertiefende Spezialthemen der Chemiedidaktik" eine wahlobligatorische Veranstaltung (WOA) besuchen. Diese WOA deckt aktuelle Themen der Chemiedidaktik ab. Seit dem Sommersemester 2022 wird eine WOA zum Thema „Kreativität im Chemieunterricht und an außerschulischen Lernorten" angeboten.

In Bezug auf Kreativität im Unterricht wird in „Teaching Creatively" und „Teaching for Creativity" unterschieden. Beim „Teaching Creatively" steht der Einsatz von Unterrichtsmethoden im Fokus, um Lernen effektiver und interessanter zu gestalten, sowie die Motivation der Schülerinnen und Schüler zu erhöhen. „Teaching for Creativity" fokussiert sich auf Rahmenbedingungen und Fähigkeiten der Lehrkräfte, um kreative Schülerinnen und Schüler zu ermutigen, zu identifizieren und zu fördern (Jeffrey & Craft, 2004; National Advisory Committee on Creative and Cultural Education, 1999, S. 103 f.). Im Seminar wurden beide Ansätze des „Teaching Creatively" und „Teaching for Creativity", wie in der Literatur empfohlen (Jeffrey & Craft, 2004), miteinander verknüpft. Im Sinne des „Teaching Creatively" haben die Chemie-Lehramtsstudierenden im Seminar Unterrichtsmaterial im Kontext BNE mithilfe kreativer Methoden entwickelt und erprobt, mit dem Ziel, die Kompetenzen, das Interesse und die Motivation der Schülerinnen und Schüler für BNE-Themen zu steigern. Das „Teaching for Creativity" erfolgte parallel im Seminar, indem die Studierenden ermutigt wurden, ihre kreativen Fähigkeiten auszuleben und ihrer Neugierde für ein BNE-Thema nachzugehen. Zudem wurde eine kreativitätsfördernde Denk- und Handlungsatmosphäre in Anlehnung an Gärtner (1997) geschaffen:

- Angstfreie und entspannte Atmosphäre
- Entwicklung und Verwirklichung eigener und eigenwilliger Ideen mit flexibler Zeiteinteilung
- Offenheit gegenüber neuen kreativen Methoden
- Offene Diskussionskultur und respektvoller Umgang mit eigenwilligen Ideen anderer
- Selbstständiges Bewältigen von unbekannten Herausforderungen
- Offenheit und Flexibilität im Umgang mit neuen und unbekannten Herausforderungen
- Möglichkeit, ungewohnten Betrachtungsweisen und neuen Lösungswegen nachzugehen

2.1 Struktur und Inhalte des Seminars

Die ersten Veranstaltungen beinhalten einen theoretischen Einblick in die Literatur zum Thema Kreativität und Kreativitätsforschung im Kontext formaler und non-formaler Lernorte. In den darauffolgenden Veranstaltungen erproben Studierende im Labor analoge Methoden wie EggRaces und Mysteries. Dabei werden freie Experimentierphasen geschaffen, in denen die Schülerinnen und Schüler ohne detaillierte Schritt-für-Schritt-Anleitungen selbstständig und offen ihren Ideen nachgehen dürfen. Dies steht im Gegensatz zum Frontalunterricht, der von vielen Lehrkräften bevorzugt wird (Semmler & Pietzner, 2017) und durch seine strengen Rahmenbedingungen die kreativen Prozesse im Chemieunterricht hemmt (Gärtner, 1997).

Eine weitere Methode, mit der selbstständig und offen eigenen Ideen nachgegangen werden kann, stellt die digitale Methode zur Erstellung von StopMotion-Videos dar. Im Seminar wurde dazu ein StopMotion-Video zur Benennung von Alkanen (Krause & Eilks, 2017) mithilfe der App Stop Motion Studio erstellt. Dabei sind der Kreativität keine Grenzen gesetzt. Es können eigene Elemente verwendet werden, die beispielsweise im Vorfeld gezeichnet oder aus dem Internet herausgesucht wurden. Diese können dann individuell und auf originelle Weise von den unterschiedlichen Gruppen angeordnet werden. Des Weiteren können die Gruppen unterschiedliche Tempi, Filter oder weitere technische Einstellungen innerhalb der App nutzen.

Dadurch haben die Studierenden einen Fundus an Methoden erhalten, die sie in einer Unterrichtseinheit integrieren sollen. Als Grundlage für eine differenzierte Unterrichtseinheit wurde das Fundamentum/Additum intensiver behandelt, das eine Differenzierung nach Qualität darstellt (Ahlring, 2002). Das Fundamentum bildet dabei die grundlegenden sachlichen und didaktischen Elemente des Unterrichtsstoffes. Das Additum bildet das zusätzliche Wissen oder „Spezialwissen" und stellt dabei eine themen-, niveau- oder lernwegsdifferenzierte Aufgabenauswahl dar (Eßletzbichler,

2015). Durch das Additum entsteht eine vielfältige Lernumgebung, bei der die Studierenden im Vorfeld unterschiedliche Probleme durchdenken und integrieren müssen, die für die Schülerinnen und Schüler motivierend wirken und kreativ gelöst werden sollen. Diese Probleme sind der Grundstein für den kreativen Interaktionsprozess (vgl. 4-P-U-Modell). Die Grundaufgaben der digitalen Einheit sind für alle Schülerinnen und Schüler gleich (Fundamentum), lediglich die Sternchenaufgaben sind von den Schülerinnen und Schülern frei wählbar (Additum).

Bei der Erstellung der digitalen Lernumgebung in Form des Fundamentum/Additums konnten die Studierenden ein Medium (PowerPoint, Keynote) ihrer Wahl nutzen, in der kreative Methoden aus der Veranstaltung eingearbeitet wurden. Diese Medien schränken, durch die Linearität ihrer Strukturvorgabe, die geplante, vielfältige Einheit in der Visualisierung und Darstellungsform ein. Die Abzweigungen des Additums werden dadurch grafisch nicht sofort ersichtlich. Aus diesem Grund wurde bei der Erstellung des Unterrichtsmaterials ein Leitsystem geschaffen. Das Leitsystem besitzt u. a. Sternchen-Emojis, die Abzweigungen der Einheit kennzeichnen und auf die entsprechenden Sternchenaufgaben im Anhang verweisen.

Die Unterrichtseinheit beinhaltet chemische Sachverhalte zur Bildung nachhaltiger Entwicklung (BNE) wie den ökologischen Fußabdruck, Treibhauseffekt oder Energiegewinnung. Sie sollen die Schülerinnen und Schüler gemäß Fachlehrplan für Gymnasien in Sachsen-Anhalt dazu befähigen, kompetent an gesellschaftsrelevanten Themen im Kontext der Bildung nachhaltiger Entwicklung teilhaben zu können (Landesschulportal Sachsen-Anhalt, 2022). Lernende werden durch die BNE befähigt, „Antworten und Lösungsstrategien auf die vielzähligen ökologischen und sozialen Probleme der Weltgesellschaft zu entwickeln" (Hößle & Menthe, 2013, S. 44).

Im Rahmen der Unterrichtseinheit sollen BNE-Bewertungskompetenzen angebahnt werden, die einen Perspektivwechsel, eine kritische Reflexion oder eine Beurteilung des Themas ermöglichen.

Die kreative Unterrichtseinheit berücksichtigt in Anlehnung an Schreiber (2016, S. 98) Kriterien wie den Perspektivwechsel, den Lebensweltbezug für die Schülerinnen und Schüler, selbstorganisiertes Lernen, Interdisziplinarität und Anschlussfähigkeit an andere Fächer, sowie eine gute organisatorische Umsetzungsmöglichkeit.

Den Abschluss des Seminars bildete die Erprobung des kreativen Unterrichtsmaterials der Studierenden im Plenum sowie eine anschließende Durchführung des Fragebogens zur Problemdeckungsfähigkeit.

2.2   Beispiel einer Unterrichtseinheit zum Thema ‚ökologischer Fußabdruck'

Im Folgenden wird eine Unterrichtseinheit zum Thema ‚ökologischer Fußabdruck' vorgestellt, die im Anhang abrufbar ist. Auf den ersten Seiten der Einheit werden Hinweise zur Sicherung und Präsentation der Ergebnisse und das dazugehörige Leitsystem mit Emojis erklärt. Auf den weiteren Seiten befindet sich das Material des Fundamentums in fünf Abschnitten (Situation aus dem Alltag als Einstieg, Experiment zum Treibhauseffekt, Treibhauseffekt und Treibhausgas, Ursache & Folgen, Sicherung

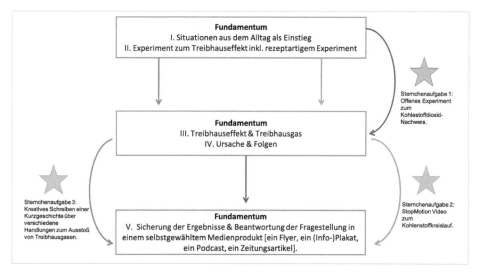

Abb. 1: Aufbau der Unterrichtseinheit zum Thema „ökologischen Fußabdruck" (eigene
Darstellung)

der Ergebnisse und Beantwortung der Fragestellung) und am Ende die Sternchenaufgaben sowie die Tippkarten (s. Abb. 1). Diese fünf Abschnitte sollen von allen bearbeitet werden sowie mindestens eine Sternchenaufgabe. Bei der ersten Sternchenaufgabe
soll Kohlenstoffdioxid ohne rezeptartige Anleitung nachgewiesen werden. Hier müssen sich die Schülerinnen und Schüler selbst einen Versuchsaufbau überlegen, für
den es unterschiedliche Möglichkeiten gibt. Bei der zweiten Sternchenaufgabe soll
ein StopMotion-Video zum Kohlenstoffkreislauf erstellt werden. In der dritten Sternchenaufgabe verfassen die Schülerinnen und Schüler eine kreative Kurzgeschichte,
in der sie verschiedene Handlungen zum Ausstoß von Treibhausgasen beschreiben.

3.   Fallstudie zur Stärkung der Problementdeckungsfähigkeit

Parallel zur Durchführung des Seminarkonzepts wurde eine Fallstudie durchgeführt,
um zu überprüfen, ob sich die Problementdeckungsfähigkeit und somit der Grundstein für den kreativen Interaktionsprozesses der angehenden Chemielehrkräfte
durch die Seminargestaltung verändert. Die Daten wurden zu Beginn und am Ende
der Veranstaltung erhoben. Dabei wurden insgesamt sieben Studierende befragt. Für
die Datenerhebung wurde die App Actionbound genutzt, in dem der Fragebogen
von Wakefield (1985) zur Problementdeckungsfähigkeit eingepflegt wurde. Die Studierenden haben zu Beginn der Befragung einen Brief erhalten, auf dem sie einen
anonymisierten Code erstellen sollten. Am Ende des Briefs befand sich der QR-Code,
der die Studierenden zum Bound (Fragebogen in der App) führte. Diesen anonymisierten Code gaben sie zu Beginn ein, damit die Prä- und Postdaten zur Problementdeckungsfähigkeit der jeweiligen Person zugeordnet werden konnten.

Der Fragebogen von Wakefield (1985) ist ein standardisierter Test. Dieser genügt dem Gütekriterium der Reliabilität (Acar & Runco, 2012; Cropley & Maslany, 1969; Runco & Okuda, 1988) und beinhaltet drei Aufgaben, bei denen die Studierenden zuerst selbst ein Problem benennen und anschließend Lösungen zu dem genannten Problem entwickeln:

1. „Überlegen Sie sich ein Merkmal von Gegenständen (z. B. alle Gegenstände, die quadratisch sind) und nennen Sie danach Beispiele dafür."
2. „Überlegen Sie sich einen Gegenstand (z. B. einen Schuh) und nennen Sie danach alternative Verwendungsmöglichkeiten."
3. „Überlegen Sie sich zwei Gegenstände (z. B. Auto und Zug) und nennen Sie danach die Aspekte, in denen die beiden Gegenstände übereinstimmen."

Die Antworten wurden mithilfe von zwei Kriterien ausgewertet: Flüssigkeit und Flexibilität. Bei der Flüssigkeit handelt es sich um die Anzahl der genannten Lösungen. Die Flexibilität beschreibt die Anzahl der gedachten Kategorien. Jede Antwort wurde einer Kategorie aus der Kategorienliste von Torrance (1966) zugeordnet. Für die statistische Berechnung mit SPSS wurden Mittelwerte für die Kriterien Flüssigkeit und Flexibilität gebildet. Die Entwicklung der beiden Kriterien wurde mithilfe eines Wilcoxon-Tests gemessen. Aufgrund der kleinen Stichprobengröße von sieben Teilnehmenden wurde die exakte Signifikanz verwendet, um auch bei kleinen Stichprobengrößen valide Ergebnisse zu erhalten (Schwarz, 2020). Das Signifikanzniveau befindet sich bei weniger als 5 %. Die Effektstärke wird nach Cohen (1992) berechnet. Ein schwacher Effekt liegt bei $r = .10$; ein mittlerer Effekt bei $r = .25$ und ein starker Effekt bei $r = .40$ vor.

Tab. 1: Entwicklung der Problemdeckungsfähigkeit

Kriterium	Mittelwert erste Erhebung (Prä)	Mittelwert zweite Erhebung (Post)	Z	p	r
Flüssigkeit	4.14	9.62	-2.201	.31	.31
Flexibilität	3.29	4.90	-1.682	.125	-

Die Ergebnisse zeigen, dass sechs Studierende ihre Flüssigkeit im Problemdeckungsfähigkeitstest über den Veranstaltungszeitraum signifikant verbessern konnten; ein Studierender zeigt eine negative Entwicklung. Hinsichtlich der Flexibilität kann keine signifikante Entwicklung gemessen werden (s. Tab. 1).

4. Ausblick

Das Seminarkonzept konnte die Problemlösefähigkeit der Studierenden in Teilen signifikant verbessern. Damit wurde nicht nur der Grundstein für den kreativen Interaktionsprozess, sondern auch der Grundstein zur Stärkung kreativer Fähigkeiten von Chemie-Lehramtsstudierenden gelegt. Es sollten mehr Veranstaltungskonzepte für angehende Lehrkräfte geschaffen werden, indem die Problemlösefähigkeit gefördert und gestärkt werden, um kreativen Chemieunterricht in Zukunft sicherzustellen. Dabei gilt es, nicht nur Studierende dahingehend zu fördern, sondern auch Referendarinnen und Referendare sowie Lehrkräfte, die im Schuldienst aktiv sind. Die im Seminar erstellten Unterrichtseinheiten gilt es, in der Schule zu erproben, um eine mögliche Kreativitätsentwicklung bei den Schülerinnen und Schülern durch die Unterrichtseinheit sichtbar zu machen.

Literatur

Acar, S. & Runco, M. A. (2012). Chapter 6 - Creative Abilities: Divergent Thinking. In M. D. Mumford (Hrsg.), *Handbook of Organizational Creativity* (S. 115–139). Academic Press. https://doi.org/https://doi.org/10.1016/B978-0-12-374714-3.00006-9

Ahlring, I. (2002). Es führen viele Wege nach Rom … Muster und Module binnendifferenzierenden Unterrichts. *Praxis Schule 5–10 Extra: Differenzieren und Individualisieren*, 22–27.

Cohen, J. (1992). A power primer. *Psychological bulletin*, *112*(1), 155. https://doi.org/10.1037/0033-2909.112.1.155

Cropley, A. J. & Maslany, G. W. (1969). Reliability and factorial validity of the Wallach-Kogan creativity tests. *British Journal of psychology*, *60*(3), 395–398.

Eßletzbichler, B. (2015). *Stationenarbeit und das Thema Funktionen in der Sekundarstufe II*. Universität Wien.

Gärtner, H. J. (1997). Kreativität im Chemieunterricht [Creativity in chemistry lesson]. *Naturwissenschaften im Unterricht*, *8*, 12–20.

Hößle, C. & Menthe, J. (2013). Urteilen und Entscheiden im Kontext Bildung für nachhaltige Entwicklung. In J. Menthe, D. Höttecke, I. Eilks, C. Hößle (Hrsg.), *Handeln in Zeiten des Klimawandels* (S. 35–63). Waxmann.

Jeffrey, B. & Craft, A. (2004). Teaching creatively and teaching for creativity: distinctions and relationships. *Educational Studies*, *30*(1), 77–87. https://doi.org/https://doi.org/10.1080/0305569032000159750

Krause, M. & Eilks, I. (2017). Über Nomenklatur organischer Verbindungen mit StopMotion-Videos lernen. *Chemie & Schule*, *32*(4), 17–19.

Landesschulportal Sachsen-Anhalt. (2022). *Fachlehrplan Gymnasium*. https://lisa.sachsen-anhalt.de/fileadmin/Bibliothek/Politik_und_Verwaltung/MK/LISA/Unterricht/Lehrplaene/Gym/Anpassung_2022/FLP_Chemie_Gym_01082022_swd.pdf

Malik, R. (2018). Educational Challenger in 21th Century and Sustainable Development. *Journal of Development Education and Research*, *2*(1).

Mróz, A. & Ocetkiewicz, I. (2021). Creativity for Sustainability: How Do Polish Teachers Develop Students' Creativity Competence? Analysis of Research Results. *Sustainability*, *13*(2), 571. https://doi.org/https://doi.org/10.3390/su13020571

National Advisory Committee on Creative and Cultural Education. (1999). *All our futures: Creativity, culture and education* (Department for Education & Employment, Issue).

OECD. (2020). *OECD Lernkompass 2030 – OECD-Projekt Future Educaion and Skills 2030. Rahmenkonzept des Lernens*. https://www.bertelsmann-stiftung.de/de/publikationen/publikation/did/oecd-lernkompass-2030-all

Runco, M. A. & Okuda, S. M. (1988). Problem discovery, divergent thinking, and the creative process. *Journal of youth and adolescence, 17*(3), 211–220. https://doi.org/10.1007/BF01538162

Schreiber, J.-R. (2016). Kompetenzen, Themen, Anforderungen, Unterrichtsgestaltung und Curricula. In H. Siege & J. R. Schreiber (Hrsg.), *Orientierungsrahmen für den Lernbereich Globale Entwicklung* (S. 84–110). Cornelsen.

Schwarz, J. (2020). *Wilcoxon-Test. Methodenberatung der Universität Zürich*.

Semmler, L. & Pietzner, V. (2017). Creativity in chemistry class and in general–German student teachers' views. *Chemistry Education Research and Practice, 18*(2), 310–328.

Shu, Y., Ho, S.-J. & Huang, T.-C. (2020). The Development of a Sustainability-Oriented Creativity, Innovation, and Entrepreneurship Education Framework: A Perspective Study [Perspective]. *Frontiers in Psychology, 11*. https://doi.org/10.3389/fpsyg.2020.01878

Torrance, E. P. (1966). *Torrance tests of creative thinking: Norms-technical manual: Verbal tests, forms a and b: Figural tests, forms a and b*. Personal Press, Incorporated.

Urban, K. K. (2004). *Kreativität: Herausforderung für Schule, Wissenschaft und Gesellschaft. [Creativity. Challange for school, science and society.]*. LIT.

Vincent-Lancrin, S., González-Sancho, C., Bouckaert, M., Luca, F. d., Fernández-Barrerra, M., Jacotin, G., . . . Vidal, Q. (2019). *Fostering Students' Creativity and Critical Thinking*. https://doi.org/doi:https://doi.org/10.1787/62212c37-en

Wakefield, J. F. (1985). Towards creativity: Problem finding in a divergent-thinking exercise. *Child Study Journal*.

World Economic Forum. (2023). *Future of Jobs Report 2023*. https://www3.weforum.org/docs/WEF_Future_of_Jobs_2023.pdf

Onlinematerial
Die Unterrichtseinheit wurde erstellt von:
Anna-Lena John, Anton Apelt, Marc Faustmann.

Swantje Müller, Ludwig-Maximilians-Universität München, Butenandtstr. 5–9, 81377 München
swantje.mueller@lmu.de
https://orcid.org/0000-0002-0273-5348

https://doi.org/10.31244/9783830997962.11

BNE-Lehrkräftefortbildung durchgeführt von Lehramtsstudierenden

Facetten eines experimentellen Moduls in der Chemiedidaktik

Krenare Ibraj, Yannick L. Legscha & Markus Prechtl

Angeregt durch verschiedene Socioscientific Issues (SSI), wie Klimawandel und Ressourcenknappheit, gewinnt das Thema Nachhaltigkeit zunehmend an Bedeutung in unserem Alltag. Angesichts deren hoher gesellschaftlicher Relevanz wird verstärkt über bildungspolitische Maßnahmen nachgedacht – auch im schulischen Bereich. Dies zeigt sich unter anderem im Weltaktionsprogramm „Bildung für Nachhaltige Entwicklung", das eine umfassende Integration von Nachhaltigkeit in allen Bildungsbereichen fordert (Bundesministerium für Bildung und Forschung, 2013). In diesem Zusammenhang spielen Lehrkräfte eine wichtige Rolle bei der Umsetzung von Bildung für nachhaltige Entwicklung (BNE) in Schulen, da sie als sogenannte Change Agents aktiv zur Förderung von BNE durch ihren Unterricht beitragen. Folglich ist eine BNE-bezogene Lehrkräftebildung unerlässlich (Rieckmann & Holz, 2017). Sie sollte nachhaltig verankert werden (Keil et al., 2020). An diesem Punkt setzt unser experimentelles Modul, das in diesem Beitrag facettenartig vorgestellt wird, an. In diesem Modul konzipieren und leiten Lehramtsstudierende des Fachs Chemie eine Fortbildung für Lehrkräfte, wodurch Perspektivwechsel für die Studierenden möglich werden. Dies wird durch Struktur und Inhalte ermöglicht, die Theorie und Praxis verbinden. So erhalten die Studierenden die Möglichkeit, einerseits chemische Fachkenntnisse im Zusammenhang mit BNE zu vertiefen und andererseits die didaktische Aufbereitung und zielgerichtete Umsetzung dieser chemiebezogenen Fachinhalte zu erlernen und anzuwenden.

Im Folgenden werden das zugrundeliegende Thema BNE, die Leitideen und die Konzeption des Moduls erläutert. Zur Veranschaulichung werden Praxisbeispiele im Detail betrachtet.

1. BNE als Aufgabe für den Chemieunterricht von morgen

Die globalen Herausforderungen, vor denen die Menschheit steht, bedürfen nachhaltiger Lösungsstrategien. Eine solche stellt die Agenda 2030 für nachhaltige Entwicklung dar, welche 2015 von den Vereinten Nationen verabschiedet wurde (UNESCO, 2020). Im Kern intendiert die Agenda 2030 ein Leben auf der Welt, das sowohl für die jetzige als auch für kommende Generationen lebenswert bleibt. Dafür wurden 17 Ziele für nachhaltige Entwicklung (Sustainable Development Goals, SDG) formuliert, die eine Reihe an globalen Herausforderungen adressieren. Diese Ziele umfassen soziale Bedürfnisse der Menschheit, wie Bildung und Gesundheit, sowie systematische Hindernisse, wie Ungleichheit und nicht nachhaltiger Konsum (UNESCO, 2020). Qualitativ hochwertige Bildung ist im Kontext der Förderung nachhaltiger Entwicklung von großer Bedeutung. Bildung für nachhaltige Entwicklung (BNE) beabsichtigt, Lernende zu befähigen, globale Zusammenhänge zu interpretieren, um eine aktive Teilnahme an einer nachhaltigen Entwicklung zu fördern (Rieckmann, 2021; UNESCO, 2020).

Im erziehungswissenschaftlichen Diskurs existieren zurzeit zwei Auffassungen von Bildung für nachhaltige Entwicklung: BNE 1 und BNE 2. Bei BNE 1 steht die Erziehung im Vordergrund, insbesondere die Vermittlung grundlegender Werte und Verhaltensweisen, von denen angenommen wird, dass sie zu einer nachhaltigen Entwicklung dazugehören, wie z. B. die Mülltrennung. Im Gegensatz dazu steht bei BNE 2 die Bildung im Vordergrund. Individuen sollen befähigt werden, sich mit nachhaltiger Entwicklung und ihrer Komplexität kritisch auseinanderzusetzen, um schließlich für sich selbst entscheiden zu können, was es zur Förderung einer nachhaltigen Entwicklung bedarf. BNE wird in diesem Zusammenhang als kompetenzorientierter Lernprozess verstanden. Die beiden aufgeführten Auffassungen von BNE schließen einander nicht aus, sie sind vielmehr als komplementär zu betrachten. Die Auslegung von BNE als Erziehung oder als Bildung hängt davon ab, welche Lerngruppe adressiert und welche Ziele verfolgt werden (Rieckmann, 2020, 2021). Im Kontext der Hochschulbildung, wie auch in der Schule, liegt der Fokus auf BNE 2, und damit dezidiert auf Bildung, was sich an formulierten Kompetenzen ablesen lässt. Zu den in Deutschland favorisierten Kompetenzkonzepten zählen zum einen die von der KMK formulierten Kernkompetenzen und zum anderen die Gestaltungskompetenz nach de Haan (Rieckmann, 2021). Die Kernkompetenzen der KMK beziehen sich auf das Erkennen, Bewerten und Handeln; darunter fallen Aspekte, wie „Erkennen von Vielfalt" und „kritische Reflexion" (KMK, 2016). Bei der Gestaltungskompetenz nach de Haan erkennen die Lernenden nicht nachhaltige Entwicklungen und sind in der Lage, ihr Wissen über nachhaltige Entwicklung aktiv auf Entscheidungsprozesse und Handlungen anzuwenden (de Haan et al., 2008). Beide Kompetenzkonzepte zeigen auf, dass Kompetenzen, die im Rahmen einer BNE zu erwerben sind „[…] – ganz im Sinne Klafkis – die Emanzipation, Mündigkeit und Verantwortung des Menschen [fördern]" (Rieckmann, 2021, S. 10). Nach eingehender Begriffsklärung stellt sich nun die Frage der Umsetzung von BNE. Sie bedarf der dezidierten Professionalisierung der Lehrkräfte (Hellberg-Rode & Schrüfer, 2016). Wie bereits erwähnt, wirken diese als Change Agents in Bildungsprozessen (Rieckmann & Holz, 2017). Hierauf sollte die Lehrkräftebildung adäquat reagieren, unter anderem verbunden mit der Zielsetzung, dass Lehrkräfte „[…] bereits in ihrer Erstausbildung diejenigen Kompetenzen entwickeln, die sie in die Lage versetzen, Fragen einer nachhaltigen Entwicklung inhaltlich und methodisch angemessen sowie didaktisch professionell zu bearbeiten" (Programm Transfer-21, 2007). Dementsprechend sollte die Handlungskompetenz sowohl fachinhaltliches als auch fachdidaktisches Wissen umfassen (Hellberg-Rode & Schrüfer, 2016). Beide erhalten im Modulkonzept gleichwertig Raum.

2. Modulkonzept

Das Modul wird im Rahmen der chemiedidaktischen Ausbildung an der Technischen Universität Darmstadt angeboten. Lehramtsstudierende haben als Teilnahmevorrausetzung bereits Vorlesungen und Praktika in der Fachwissenschaft erfolgreich absolviert, sodass die Studierenden über Fachwissen und Experimentiererfahrung verfügen. Angestrebt wird eine Lehrkräftefortbildung am Ende der Veranstaltung, die es zu gestalten gilt. Den Studierenden wird zu Beginn ein Pool an Schulversuchen mit Bezug zur Nachhaltigkeit vorgestellt, aus dem sie sich einen Schulversuch frei aussuchen. Die komplexe Aufgabe, der sich die Studierenden widmen, besteht darin, den Schulversuch im Laufe des Seminars zu erproben und zu optimieren, um ihn schließlich selbstsicher im Rahmen der Fortbildung den Lehrkräften präsentieren zu können. Hierfür recherchieren die Studierenden Hintergrundinformationen zu ihrem Schulversuch und zum Kontext. Sie befassen sich mit Versuchsvariationen, unter Berücksichtigung von Sicherheitsaspekten und Maßgaben einer nachhaltigen Chemie. Sie stellen ihre optimierten Schulversuche zunächst ihren Mitstudierenden vor und setzen deren kritisch-konstruktives Feedback entsprechend um. Schließlich bereiten sie eine Präsentation vor, in der sie die didaktische Rahmung des Schulversuchs erläutern. So vorbereitet wenden sie sich der Lehrkräftefortbildung zu.

Die formale Organisation, zu der die Teilnehmenden-Akquise sowie die Termin- und Raumfindung zählen, übernehmen Dozierende. Diese erstellen im Vorfeld eine Einladung in Form eines Flyers mit organisatorischen und inhaltlichen Informationen, der elektronisch an Schulen aus der Region versendet wird. Die Teilnahme der Lehrkräfte erfolgt auf freiwilliger Basis.

Die grundlegende Idee eines Potlucks wird auf die Lehrkräftefortbildung übertragen. Im Allgemeinen bezeichnet ein Potluck ein Treffen, bei dem alle Gäste Speisen mitbringen, die gemeinschaftlich geteilt werden. Dieser Aspekt des Teilens bildet das Leitmotiv der Lehrkräftefortbildung. Es werden innovative Lernsettings, Materialien, didaktische Hinweise und Feedback ausgetauscht. In der Pause zwischen den Schulversuchen wird die Potluck-Idee wortwörtlich umgesetzt. Am Tag der Fortbildung bringen die Lehrkräfte Speisen mit, als Gegenleistung für die innovativen Lernsettings. Beim gemeinsamen Essen werden Netzwerke ausgebildet und Lehrkräfte als BNE-Multiplikator/innen gewonnen.

2.1 Leitidee und Ziele des Moduls

BNE ist ein junges Thema in Fachdidaktik und Schule; entsprechend wenige Lernsettings und Materialien sind derzeit verfügbar (Hellberg-Rode & Schrüfer, 2016; Keil et al., 2020). Deshalb legt das Modul bewusst einen klaren Schwerpunkt auf nachhaltige Chemie, wobei Perspektiven der Nachhaltigkeit gewählt werden, die sowohl Probleme als auch Lösungen thematisieren (Prechtl et al., 2023). Das Modul umfasst fachinhaltliches und fachdidaktisches Wissen. Die Fortbildung versorgt die Lehrkräfte mit Präsentationen, Schulversuchen – inklusive Vorschriften und Gefährdungsbeurteilungen – sowie Begleitmaterial rund um BNE, damit sie zu BNE-Multiplikator/innen werden können.

2.2 Umsetzung des Moduls

Der Aufbau jeder Sitzung besteht aus einem theoretischen und einem praktischen Teil. Zu Beginn einer Sitzung wird ein Impulsvortrag gehalten, der fachinhaltliche oder fachdidaktische Themen behandelt. Er stellt den theoretischen Teil der Sitzung dar. Der praktische Teil der Sitzung umfasst die anschließende Durchführung des Schulversuchs. Die Struktur als Ganzes (Abb. 1) zeigt, dass der Kompetenzerwerb der Studierenden gestuft organisiert ist. Die Kompetenzanbahnung und -ausdifferenzierung erfolgen über die folgenden Schritte: Kennenlernen und Erproben des ausgewählten Schulversuchs, Optimierung des Schulversuchs, Tauschrunde mit Peer-Evaluation und -Feedback in Tandems, Präsentation vor dem Plenum und finale Vorbereitung auf die Lehrkräftefortbildung. Die Lehrkräftefortbildung selbst findet als Kompaktveranstaltung an einem Samstag statt. Im Rahmen dieser Veranstaltung ergeben sich Räume, in denen sich Studierende und Lehrkräfte generationsübergreifend auf Augenhöhe miteinander austauschen. Somit wenden die Studierenden ihre Kompetenzen in einer authentischen Situation an. Darüber hinaus festigen sich Netzwerke von BNE-Multiplikator/innen.

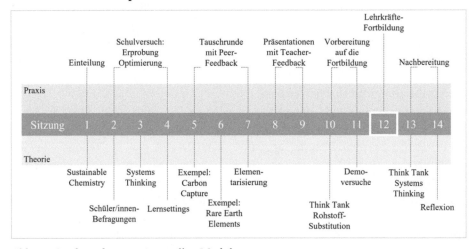

Abb. 1: Struktur des experimentellen Moduls.

Die oben genannten Schwerpunkte Fachinhalt und Fachdidaktik werden im Folgenden näher betrachtet.

Der erste Schwerpunkt *Fachinhalt* bezieht sich, wie zuvor angesprochen, auf die Festigung chemiebezogenen Fachwissens im Rahmen einer nachhaltigen Chemie. Dies geschieht zum einen durch Impulsvorträge, die fachinhaltliche Themen behandeln, u. a. grüne und nachhaltige chemisch-technische Verfahren, Zukunftsvisionen wie Carbon Capture sowie Substitutions- und Recyclingmöglichkeiten für kritische Rohstoffe (z. B. Rare Earth Elements). Dabei werden alle Skalierungen von der globalen Ebene bis hin zur innovativen Technologie auf molekularer Ebene beleuchtet. Auf diese Weise soll den Studierenden die Möglichkeit geboten werden, neu erlerntes Wissen über nachhaltige Entwicklung und deren chemische Grundlagen mit bereits vorhandenem Fachwissen zu verknüpfen.

Der zweite Schwerpunkt *Fachdidaktik* umfasst die Förderung didaktischer Aufbereitung und Anwendung von Fachinhalten im Kontext einer BNE. Hierzu zählen Aspekte der Elementarisierung, Systems Thinking im Chemieunterricht und die methodische Gestaltung von Lernsettings. Die Impulse aus dem theoretischen Teil des Moduls werden von den Studierenden bei der didaktischen Aufbereitung ihrer Schulversuche genutzt. Die angestrebte Optimierung der Schulversuche ermöglicht es den Studierenden, ihr fachdidaktisches Wissen praktisch einzusetzen. Darüber hinaus können Methoden der Fachdidaktik, wie z. B. die Visualisierung eines Schulversuchs oder Storytelling, gefestigt werden.

Zusammenfassend lässt sich sagen, dass das Modulkonzept, mit seinen vernetzten Schwerpunkten, die Studierenden dazu befähigt, Inhalte und Kontexte bezüglich nachhaltiger Chemie im Rahmen einer BNE selbst zu erlernen und zukünftig lehren zu können. Regelmäßige Feedbackschleifen in Form von Peer-Feedback (während der Tauschrunden) und Teacher-Feedback (während der Präsentationen) begleiten diesen Lernprozess. Beim Feedback-Geben und -Erhalten können die Studierenden ihren fachinhaltlichen und fachdidaktischen Kompetenzzuwachs reflektieren lernen.

3. Theorie und Praxis im Fokus

Wie bereits in Kapitel 2 erläutert, ist das Modul dichotom in Theorie und Praxis aufgeteilt. Zur weiteren Veranschaulichung des Moduls wird die inhaltliche Ebene der beiden Teile dargestellt. Der Theorieteil wird beispielhaft am Systems Thinking im Chemieunterricht erläutert. Zur Konkretisierung des Praxisteils wird ein Überblick zu den Schulversuchen dargelegt.

3.1 Systems Thinking im Chemieunterricht

Im Modul lernen die Studierenden, dass Systeme im Allgemeinen aus verschiedenen Komponenten bestehen, die zusammenwirken und ein komplexes Ganzes bilden, welches eine bestimmte Funktion hat. Diese allgemeine Definition zeigt die drei

Hauptcharakteristika eines Systems auf: die *Komponenten*, die *Beziehung* zwischen den Komponenten und die *Funktion* (Orgill et al., 2019).

Im Weiteren konkretisieren die Studierenden Systems Thinking als die Fähigkeit, komplexe Systeme zu verstehen und zu interpretieren. Dabei umfasst diese Fähigkeit die Visualisierung von Beziehungen zwischen den einzelnen Komponenten, die Untersuchung des dynamischen Systemverhaltens, das Erkennen und Verstehen von Emergenz und die Untersuchung der Interaktion eines Systems mit seiner Umgebung (Orgill et al., 2019). Ferner lernen die Studierenden weitere Definitionsansätze von Systems Thinking kennen. Die gängigsten Ansätze liefert zum einen Barry Richmond mit seinen postulierten sieben Systems-Thinking-Fähigkeiten; darunter finden sich dynamisches Denken und operationales Denken (Richmond, 1993). Zum anderen beschreiben Assaraf und Orion auf Grundlage einer Mixed-Method-Erhebung ein hierarchisches Modell der Systems-Thinking-Fähigkeiten, welches mit der Fähigkeit beginnt, Komponenten und Prozesse innerhalb eines Systems zu identifizieren, und mit der Fähigkeit endet, basierend auf Rückschlüssen aus dem System, zukünftige Prognosen zu erstellen (Assaraf & Orion, 2005).

Die Anwendung von Ansätzen des Systems Thinking im Chemieunterricht bietet die Möglichkeit im Kontext einer BNE, über den reduktionistischen Ansatz hinausgehend, eine ganzheitliche Perspektive auf den Chemieunterricht zu entwickeln. Zudem schafft Systems Thinking ein holistisches Verständnis davon, wie chemisches Wissen mit den dynamischen, technologischen, wirtschaftlichen und ökologischen Systemen in unserer Welt zusammenhängt. Abschließend wird den Studierenden unterbreitet, Systems Thinking über Visualisierungen in den Chemieunterricht zu integrieren. Denn Visualisierungen, wie Systemigramme und Systems-Oriented Concept Map Extensions (SOCME), haben das Potenzial, komplexe Zusammenhänge in Systemen zu veranschaulichen (Aubrecht et al., 2019).

3.2 Schulversuche zu nachhaltiger Chemie

Bei der Auswahl der Schulversuche wurde auf deren curriculare Anbindung an den Unterricht an Schulen und den exemplarischen Charakter hinsichtlich nachhaltiger Chemie geachtet. Die Aspekte Energieerzeugung, -wandlung und -speicherung sowie Life-Cycle-Assessment von Werkstoffen waren dabei von besonderer Relevanz (vgl. Tab. 1). Literaturangaben zu den Schulversuchen finden sich im Online-Material.

Beispielhaft für einen Schulversuch aus dem Modul wird nachfolgend auf die industrielle Stahlerzeugung fokussiert. Es gibt hierzu bereits Modellversuche (Rossow & Flint, 2006), zuletzt mit Fokus auf klimafreundlichen Verfahren (Neff et al., 2021). Im Modul wird ein Modellversuch zur Darstellung von Eisen aus Eisenoxid durch Reduktion mit Wasserstoffgas aus dem Metallhydrid-Stik durchgeführt. Der Modellversuch ist inspiriert vom Konzept der Direktreduktionsanlage (Jaroni, 2021), mit der die enorme CO_2-Emission der Stahlbranche reduziert werden soll. Der Modellversuch veranlasste die Studierenden zu fachlichen und fachdidaktischen Reflexionen. Von Relevanz waren Sicherheitsaspekte (Metallhydrid-Stik versus Wasserstoffgas-

Tab. 1: Übersicht und Cluster der Schulversuche.

Energie	Recycling
Klimaneutrale Stahlproduktion • Reduktion von Eisenoxid im Wasserstoffgas-strom aus dem Hydrid-Speicher-Stik	Recycling von Leuchtstofflampenpulver • mit dem Mikroglasbaukasten
Digitale Messung der Verbrennungsenthalpie • nachwachsender Rohstoffe mit dem Melle-Ka-lorimeter	Recycling von Gold und Kupfer • aus alten PC-Platinen
Redox-Flow-Akku • auf Basis von Eisenionen im Luer-Lock-Style	Recycling von Neodymsulfat • aus Festplattenmagneten
Lithium-Ionen-Akku • ein Hoffnungsträger?	Bio-Kunststoff: • Von der Banane zur Schale (Stärkefolie opti-miert)
	Kunststoff-Downcycling: • Wiederverwertung von Joghurtbechern
	Papier hat Zukunft • intumeszentes Papier

flasche), zudem wurden Energie- und CO_2-Bilanzen diskutiert, da Stahlerzeugung mit Wasserstoffgas aus Elektrolyse Strom erfordert, wobei dieser zunächst umweltfreundlich produziert werden müsste. Darüber hinaus ergaben sich Fragen bezüglich der Potenziale und Grenzen von Modellversuchen. So lässt sich beispielsweise im vorliegenden Modellversuch nicht allein mithilfe eines Magneten unterscheiden, ob magnetischer Magnetit und/oder elementares Eisen entstanden ist (Streller et al., 2019). Resümierend boten sich den Studierenden Reflexionsanlässe für eine fachinhaltlich und fachdidaktisch fundierte BNE, die im Rahmen der Fortbildung mit den Lehrkräften diskutiert werden konnten.

4. Fazit

Der Beitrag hat Facetten unseres experimentellen BNE-Moduls vorgestellt. Dieses zielte darauf ab, Studierenden fachinhaltliches und fachdidaktisches Wissen bezüglich BNE näherzubringen. Die Studierenden erhielten die Möglichkeit, theoretisches Wissen zu festigen und dieses unmittelbar, durch Aufbereitung von Schulversuchen, in die Praxis umzusetzen. Ein weiterer Fokus lag darauf, Lehrkräfte mit Unterrichtsmaterialien zu versorgen, um die Integration von BNE in deren Chemieunterricht voranbringen zu können. Am Tag der Lehrkräftefortbildung entwickelte sich ein produktiver Austausch – ganz im Sinne eines Potlucks – zwischen den Multiplikator/innen im Bereich nachhaltige Chemie und BNE.

Literatur

Assaraf, O. B.-Z. & Orion, N. (2005). Development of system thinking skills in the context of earth system education. *Journal of Research in Science Teaching, 42*(5), 518–560. https://doi.org/10.1002/tea.20061

Aubrecht, K. B., Dori, Y. J., Holme, T. A., Lavi, R., Matlin, S. A., Orgill, M. & Skaza-Acosta, H. (2019). Graphical Tools for Conceptualizing Systems Thinking in Chemistry Education. *Journal of Chemical Education, 96*(12), 2888–2900. https://doi.org/10.1021/acs.jchemed.9b00314

Bundesministerium für Bildung und Forschung. (2013). *Positionspapier „Zukunftsstrategie BNE 2015+".* https://www.bne-portal.de/bne/shareddocs/downloads/files/bne-positionspapier-2015plus_deutsch.pdf?__blob=publicationFile

Haan, G. de, Kamp, G. & Lerch, A. (2008). *Nachhaltigkeit und Gerechtigkeit* (Bd. 33). Springer. https://doi.org/10.1007/978-3-540-85492-0

Hellberg-Rode, G. & Schrüfer, G. (2016). *Welche spezifischen professionellen Handlungskompetenzen benötigen Lehrkräfte für die Umsetzung von Bildung für Nachhaltige Entwicklung (BNE)?* Vorab-Onlinepublikation. https://doi.org/10.4119/UNIBI/ZDB-V20-I1-330

Jaroni, M. S. (2021). Mit Wasserstoff zur klimaneutralen Stahlproduktion. *Unterricht Chemie, 32*(186), 6–9.

Keil, A., Kuckuck, M. & Faßbender, M. (2020). *BNE-Strukturen gemeinsam gestalten.* Vorab-Onlinepublikation. https://doi.org/10.31244/9783830991588

KMK. (2016). *Orientierungsrahmen für den Lernbereich globale Entwicklung im Rahmen einer Bildung für nachhaltige Entwicklung* (2. aktualisierte und erweiterte Auflage). Cornelsen. https://www.kmk.org/fileadmin/veroeffentlichungen_beschluesse/2015/2015_06_00-Orientierungsrahmen-Globale-Entwicklung.pdf

Neff, S., Engl, A. & Risch, B. (2021). Klimafreundliche Stahlproduktion im 21. Jahrhundert. *Unterricht Chemie, 32*(186), 31–33.

Orgill, M., York, S. & MacKellar, J. (2019). Introduction to Systems Thinking for the Chemistry Education Community. *Journal of Chemical Education, 96*(12), 2720–2729. https://doi.org/10.1021/acs.jchemed.9b00169

Prechtl, M., Ibraj, K. & Legscha, Y. L. (2023). Nachhaltigkeit frühzeitig im Sprialcurriculum des Chemieunterrichts verankern: Ein Appell für die Stärkung des Kontextes kritische Metalle. *MNU-Journal* (im Druck).

Programm Transfer-21 (Hrsg.). (2007). *Bildung für eine nachhaltige Entwicklung in der Lehrerbildung – Kompetenzerwerb für zukunftsorientiertes Lehren und Lernen.* http://www.transfer-21.de/daten/lehrerbildung/AGL_Strategiepapier.pdf

Richmond, B. (1993). Systems thinking: Critical thinking skills for the 1990s and beyond. *System Dynamics Review, 9*(2), 113–133. https://doi.org/10.1002/sdr.4260090203

Rieckmann, M. (2020). Bildung für nachhaltige Entwicklung – Von Projekten zum Whole-Institution Approach. In S. Kapelari (Hrsg.), *Vierte Tagung der Fachdidaktikz 2019* (S. 11–44). innsbruck university press. https://doi.org/10.15203/99106-019-2-03

Rieckmann, M. (2021). Reflexion einer Bildung für nachhaltige Entwicklung aus bildungstheoretischer Perspektive. *Religionspädagogische Beiträge, 44*(2), 5–16. https://doi.org/10.20377/rpb-153

Rieckmann, M. & Holz, V. (2017). *Verankerung von Bildung für nachhaltige Entwicklung in der Lehrerbildung in Deutschland.* Vorab-Onlinepublikation. https://doi.org/10.25656/01:16966

Rossow, M. & Flint, A. (2006). Sauerstoff aus Oxi-Reinigern – der Hochofen im Reagenzglas. *Chemie Konkret*, *13*(1), 31–32.

Streller, S., Bolte, C., Dietz, D. & La Noto Diega, R. (2019). *Chemiedidaktik an Fallbeispielen.* Springer. https://doi.org/10.1007/978-3-662-58645-7

UNESCO. (2020). *Education for sustainable development: a roadmap.* UNESCO. https://doi.org/10.54675/YFRE1448

 Onlinematerial

Krenare Ibraj, Technische Universität Darmstadt, Peter-Grünberg-Str.4, 64287 Darmstadt
krenare.ibraj@tu-darmstadt.de
https://orcid.org/0000-0002-3904-011X

Yannick L. Legscha, Technische Universität Darmstadt, Peter-Grünberg-Str. 4, 64287 Darmstadt
yannick_lucas.legascha@tu-darmstadt.de
https://orcid.org/0009-0005-2820-5360

Markus Prechtl, Technische Universität Darmstadt, Peter-Grünberg-Str.4, 64287 Darmstadt
markus.prechtl@tu-darmstadt.de
https://orcid.org/0000-0002-5870-6570

https://doi.org/10.31244/9783830997962.12

BNE in der interdisziplinären Lehre

Ein kooperatives Projektseminar der Biologiedidaktik und
Kunstpädagogik

Elvira Schmidt & Jeannette Schnüttgen

Eine interdisziplinäre Auseinandersetzung mit Fragen der Nachhaltigkeit im Rahmen
der Lehrkräftebildung ist eine wichtige Voraussetzung für die Bildung für Nachhaltige Entwicklung (BNE) (vgl. Di Guilio et al., 2008). Die multiperspektivische Sicht
auf BNE-Perspektiven fördert vernetztes Denken und Lernen, welches eine wesentliche Grundlage für einen angemessenen Umgang mit heutigen Herausforderungen
(z. B. Klimawandel, Pandemien) darstellt (vgl. Homann et al., 2011). Trotz der hohen
Bedeutung wurde BNE in der Lehrkräftebildung bislang meist ausschließlich fach-
bezogen umgesetzt (vgl. Jolly et al., 2017). Um diesem Desiderat zu begegnen, wurde
ein kooperatives Projektseminar der Kunstpädagogik und Biologiedidaktik für Lehramtsstudierende an der Justus-Liebig-Universität in Gießen angeboten. Im Beitrag
werden wesentliche Schritte des Seminarkonzepts (s. Anhang) vorgestellt und ausgewählte Ergebnisse von Studierenden in Form interdisziplinärer Projektkonzeptionen
präsentiert. Ferner werden Chancen, Herausforderungen und Gelingensbedingungen des interdisziplinären Projektseminars unter Berücksichtigung fachspezifischer
Arbeitsweisen diskutiert.

1. Interdisziplinäres Arbeiten zwischen Kunst und Biologie im Kontext BNE

Das 21. Jahrhundert ist geprägt durch große Herausforderungen, die u. a. die Bereiche
Gesundheit, Wirtschaft und Klima betreffen (Fensham, 2012). Um diesen vielschichtigen Frage- und Problemstellungen im Kontext BNE in der Lehrkräftebildung angemessen begegnen zu können, ist eine interdisziplinäre Arbeitsweise erforderlich – die
Fächer Biologie und Kunst weisen hierfür ein hohes Potential auf. Phänomene aus
der Natur und damit verbundene Fragen der Nachhaltigkeit sind Gegenstand beider
Disziplinen (Jacobson et al., 2016). Neben inhaltlichen Schnittmengen lassen sich biologische und künstlerische Arbeitsmethoden im Kontext der BNE interdisziplinär in-

tegrieren. Von einer historischen Betrachtung ausgehend nutzten sowohl Künstlerinnen und Künstler als auch Biologinnen und Biologen bzw. Naturwissenschaftlerinnen und Naturwissenschaftler (u. a. Ernst Haeckel, Leonardo da Vinci) die Methoden des genauen Betrachtens und Zeichnens zur Untersuchung natürlicher Phänomene (Sitte, 1997). Ferner lassen sich disziplinäre Arbeitsmethoden und Darstellungsformen im interdisziplinären Kontext BNE als gewinnbringende Ergänzung mit wechselseitigen Synergien umsetzen. So können etwa abstrakte Daten zur Klimaveränderung, die durch biologische Messungen erhoben wurden, durch künstlerische Arbeiten dahingehend visualisiert werden, dass ästhetische, persönliche und emotionale Zugänge in komplexe Zusammenhänge eröffnet werden. Lernumgebungen, die biologische und künstlerische Perspektiven auf nachhaltigkeitsbezogene Fragestellungen aufgreifen, fördern somit vernetztes Denken und tragen dadurch zu einem fächerübergreifenden Dialog bei, aus welchem kreative Strategien zur Kommunikation und Lösungsfindung entstehen können (Jolly et al., 2017).

2. Das Seminarkonzept

2.1 Meeting the other Discipline: Annäherung an die Kunst und Biologie

In der ersten Sitzung wurde das Konzept des Seminars vorgestellt und durch die systemische Methode „Tratschen in Anwesenheit" (von Schlippe & Schweizer, 2016) das gegenseitige Kennenlernen der Studierenden der unterschiedlichen Fachrichtungen initiiert. Zur Förderung der Annäherung an die Disziplinen Kunst und Biologie durch den Austausch über Gemeinsamkeiten und Unterschiede der Arbeitsmethoden wurden folgende Arbeitsschritte gewählt: Zunächst formulierten die Studierenden in disziplinären Kleingruppen ihre Vorstellungen über die Arbeitsmethoden der jeweils anderen Fachrichtung und verschriftlichten diese auf einem Plakat. Die Biologielehramtsstudierenden beschrieben künstlerische Arbeitsmethoden u. a. wie folgt: *spontan, kreativ, praktisch, frei, zeichnen viel* und *keiner festen Systematik/Struktur folgend*. Hingegen stellten sich Kunstlehramtsstudierenden die Arbeitsmethoden der Biologie etwa folgendermaßen vor: *sehr theoretisch, beobachten genau, feste Struktur, viele Experimente, arbeiten im Labor* und *beschäftigen sich mit Natur*. In einer anschließenden interdisziplinären Arbeitsphase wurden die jeweiligen Vorstellungen präsentiert und gegenübergestellt. Dabei wurden Unterschiede und Gemeinsamkeiten thematisiert. So wurde etwa herausgearbeitet, dass beide Disziplinen theoriebasierte und praktische Arbeitsmethoden aufweisen, sich mit Natur beschäftigen, Zeichnungen anfertigen sowie Beobachtungen und Versuche durchführen. Des Weiteren wurde von Studierenden eine Arbeitsdefinition von Interdisziplinarität formuliert. Abschließend wurden im Plenum die wichtigsten Ergebnisse der interdisziplinären Diskussionen zusammengefasst. Unter Interdisziplinarität fassten die Studierenden die Verknüpfung verschiedener disziplinärer Auseinandersetzungen zu übergeordneten Frage- und Problemstellungen, die durch die Zusammenführung zu einem Mehrwert führen. Dabei wurde deutlich, dass durch den fächerübergreifenden Austausch Vor-

urteile benannt und wichtige methodische Schnittmengen zwischen beiden Disziplinen erarbeitet werden konnten. Die Schnittmengen wurden im weiteren Verlauf des
Seminars vertieft (vgl. Kapitel 2.3). Um ferner gezielt auf die Bedarfe, Erfahrungen
und das Interesse in Bezug auf BNE und das interdisziplinäre Arbeiten der Studierenden eingehen zu können, wurden diese in einer kurzen informellen Befragung erhoben. Ausgewählte Ergebnisse werden im Folgenden beschrieben: An der Erhebung
nahmen insgesamt 42 Studierende teil, davon studierten sieben Personen sowohl das
Lehramt für Biologie als auch für Kunst. Die Mehrheit der Studierenden gab ein sehr
großes Interesse an BNE und dem fächerübergreifenden Austausch als Beweggründe
für die Teilnahme am Seminar an. Gleichzeitig führten alle Befragten an, keine Erfahrungen im interdisziplinären Arbeiten zwischen den Bereichen Biologie und Kunst zu
haben. In Bezug auf Nachhaltigkeit im Alltag schätzten ca. zwei Drittel der Studierenden ihr Wissen als gut bis sehr gut ein. Im Bildungskontext beschrieb ein Drittel der
Befragten sein Wissen als gut bis sehr gut, wobei die überwiegende Mehrheit BNE als
relevant für den eigenen Unterricht einstufte.

2.2 Meeting the Content: BNE, Nachhaltigkeitsziele und Wasserkreislauf

Ziel dieser Sequenz war die Vermittlung von Inhalten, die für die weitere Seminar-
arbeit zentral sind. Daher wurden im Rahmen eines kurzen Vortrags von den Dozentinnen die Kernidee und historische Meilensteine der BNE mit Bezug auf die
Definitionsproblematik vorgestellt (BNE-Kompetenzzentrum, 2021). Anschließend
sollten sich die Studierenden mit jeweils einem der 17 Nachhaltigkeitsziele (Sustainable Development Goals, SDG, United Nations, 2023) vertraut machen und dieses
nach einer kurzen Bearbeitungszeit den anderen Seminarteilnehmenden mit der Ku-
gellager-Methode vorstellen. Auf Grundlage der Annäherung an die SDGs arbeiteten
die Studierenden mögliche Inhalte heraus, die im weiteren Verlauf des Seminars als
thematische Schwerpunkte dienen sollten. Im Plenumsgespräch wurde deutlich, dass
Wasser einerseits eine wichtige Bedeutung für BNE aufweist und andererseits ein hohes Interesse der Studierenden besteht, sich mit diesem interdisziplinär zu beschäftigen. Zur Konkretisierung des Themenspektrums einigten sich die Studierenden in
einer Abstimmung auf den Wasserkreislauf als inhaltlichen Schwerpunktbereich des
Seminars. Ein kurzes Informationsvideo über den Wasserkreislauf stimmte die Seminarteilnehmenden anschließend thematisch ein.

2.3 Meeting the Methods: künstlerische und biologische Arbeitsweisen

Um die Arbeits- und Forschungsmethoden zum Wasserkreislauf aus der Biologie und
Kunst kennenzulernen, bereiteten die Studierenden dazu innerhalb ihrer Fachdiszi-
plinen Kurzreferate vor. So wurden etwa biologische Arbeitsmethoden anhand eines
Modells (Wasserkreislauf im Einmachglas) präsentiert. Ferner wurden Versuche zum
Nachweis der pflanzlichen Wassertranspiration und die dazugehörigen Messtech-
niken erklärt. Kunststudierende stellten das Konzept der Künstlerischen Forschung

(Klein, 2010) vor und zeigten dabei u. a. Werke von Berndnaut Smilde z. B. „Nimbus Atlas" (2015–2016) und Wilson Bentley „Eiskristalle" (1910) (Hemkendreis, 2021). Als künstlerischer Arbeitsansatz wurde das Konzept der Land Art (Baker, 2005) präsentiert. Dabei wurde Robert Smithson als wichtiger Vertreter dieser Kunstrichtung vorgestellt. Von Letzterem wurde u. a. das Werk „Spiral Jetty" (1970) ausgewählt, da dieses die Folgen es Klimawandels sehr deutlich darstellt. Nach den Referaten wurden in Anlehnung an die erste Annäherung beider Disziplinen (vgl. Kapitel 2.1) mit den Studierenden weitere interdisziplinäre Schnittmengen und Anknüpfungspunkte – wie etwa eine klar definierte Arbeitsabfolge bei den Schritten der naturwissenschaftlichen Erkenntnisgewinnung der Biologie und dem Ansatz der Künstlerischen Forschung in der Kunst – herausgearbeitet.

2.4 Meeting the Experts: Exkursionen

Zur Vertiefung der inhaltlichen und methodischen Auseinandersetzung mit der BNE und dem Wasserkreislauf wurden im Rahmen des Seminars zwei Exkursionen durchgeführt. Durch den Austausch mit Experten vor Ort erhielten die Studierenden zudem Einblicke in transdisziplinäre Arbeitsfelder im Kontext BNE und Wasserkreislauf. Eine Exkursion führte in das städtische Klärwerk. In der dortigen Führung bekamen die Studierenden etwa einen Einblick in den Aufbau der Kläranlage, deren Reinigungsprozesse sowie Chancen und Grenzen einer nachhaltigen Aufbereitung und Nutzung von Klärwasser. Dabei wurde den Studierenden verdeutlicht, dass die Verwendung von Klärwasser zwar ein hohes Potential für eine nachhaltige Wassernutzung bietet, jedoch mangelt es an der gesellschaftlichen Akzeptanz dieser Nutzung (z. B. als Trinkwasser). Durch den Austausch mit dem Experten vor Ort erarbeiteten die Studierenden erste mögliche Strategien zur Förderung der Akzeptanz der Nutzung von Klärwasser. Eine weitere Exkursion führte in die Ausstellung „Wolken – Von Gerhard Richter bis zur Cloud" (Museum Sinclair-Haus in Bad Homburg), in welcher den Studierenden – u. a. auch durch die Teilnahme an Workshops und Expertengesprächen – Möglichkeiten künstlerischer Umsetzungen eines Teils des Wasserkreislaufs aufgezeigt wurden.

2.5 Working on Interdisciplinary Projects: Konzeption, Präsentation, Diskussion

In Anlehnung an die inhaltliche und methodische Auseinandersetzung mit dem Wasserkreislauf im Kontext BNE folgte eine mehrwöchige intensive Arbeitsphase in interdisziplinären Kleingruppen, in welcher die Studierenden dazu ein schulisches Projektkonzept entwickelten. Die Anforderungen an die Projekte wurden von den Dozentinnen dahingehend formuliert, dass trotz einer verbindlich vorgegebenen Grundlage für die Konzeption (Wasserkreislauf im Kontext BNE als Gegenstand, Interdisziplinarität) ausreichend Freiräume für Innovationen und individuelle Schwerpunkte geöffnet wurden. Die Ausarbeitung der Projektkonzepte erfolgte sowohl während des Seminars als auch asynchron zur Seminarzeit und inkludierte die Nutzung von Fachräumen zur Erprobung der Lehrkonzepte. Nach einer ersten Arbeitsphase präsentierten alle Kleingruppen ihre interdisziplinären Projektideen in Form eines Gallery Walk. Dadurch bekamen die Studierenden erste Rückmeldungen zum Projektkonzept von den anderen Gruppen und den Dozentinnen, welche sie als Impulse für die weitere Konzeption nutzen konnten. Am Ende dieser Planungsphase wurden die Projektkonzepte in Form von Referaten präsentiert und diskutiert. Insgesamt entwickelten die Studierenden sechs Projektkonzepte. Zwei Projekte beschäftigen sich mit Gewässerverschmutzung durch Müll, während eine Arbeitsgruppe ein Projekt zur Bedeutsamkeit des Regens für die Erde präsentierte. Zwei weitere Projektkonzepte nutzten biologische Experimente und Modelle zur Gewinnung von Daten (Einflussfaktoren auf den Wasserkreislauf im Marmeladenglas) und künstlerische Darstellungsvorformen (Grafiken) für ihre Visualisierung. Zudem wurde ein Projekt zur Gefährdung des Wasserkreislaufs durch zunehmende Flächenversiegelung von einer Arbeitsgruppe vorgestellt. Im Anschluss an die Präsentationen der Projektkonzepte wurden die Ergebnisse von den Studierenden diskutiert und nach selbst gewählten Methoden evaluiert. Dabei wurde deutlich, dass sich der Wasserkreislauf und BNE-Kontexte für zahlreiche interdisziplinäre Projekte anbieten. Im Rahmen der Projektkonzepte wurden vor allem biologische Inhalte (z. B. Boden, Gewässer) als Kontext genutzt, wobei künstlerische Methoden vor allem für die Darstellung der Inhalte angedacht wurden. Die Studierenden sahen darin ein großes Potential einer fächerübergreifenden Ergänzung: Die Biologie liefert Fachwissen und Daten auf einer rationalen Ebene, während die Kunst subjektive Interpretationen und emotionale Zugänge ermöglicht. Einige Kunststudierende wiesen allerdings darauf hin, dass sich in den konzipierten Projekten künstlerische Arbeitsweisen vermehrt nur in der Visualisierung biologischer Kontexte finden – dies könnte dazu führen, dass sich die Grenzen zwischen den Disziplinen auflösen. In der Diskussion gaben die Studierenden eine große Bereitschaft einer praktischen Umsetzung der Projekte in Schulen an.

3. Fazit und Ausblick

Das Seminar diente als Pilotprojekt für die Initiierung und Förderung des interdisziplinären Arbeitens zwischen Lehramtsstudierenden der Fächer Kunst und Biologie. Zu den wesentlichen Gelingensbedingungen zählen – neben organisatorischen Absprachen – u. a. die gegenseitige Offenheit und das Interesse für das andere Fach. Als Herausforderung kann – neben der organisatorischen Seminarvorbereitung aus unterschiedlichen Fachbereichen (Räume, Zeiten, Leistungsnachweise) – die Erarbeitung inhaltlicher und methodischer Schnittmengen zwischen Biologie und Kunst genannt werden. Als Empfehlung kann angeführt werden, diese im Seminar explizit mit den Studierenden herauszuarbeiten. Die Orientierung an den SDGs und eine Gegenüberstellung der fachbezogenen Methoden (s. Kapitel 2.3 und 2.4) erwiesen sich in diesem Seminar als zielführend. Für die Verstetigung des interdisziplinären Seminars bieten sich zahlreiche Möglichkeiten an. In weiteren Lehrveranstaltungen können etwa die Projektkonzepte der Studierenden praktisch erprobt, weitere Projektkonzepte entwickelt und auf andere Themenbereiche (z. B. das Material Plastik) übertragen werden. Die Erweiterung der Kooperationen auf andere Fachdisziplinen sowie die praktische Erprobung der Projektkonzeptionen an Schulen ist zielführend und zukunftsweisend.

Seminarplan

BNE in der interdisziplinären Lehre

Ein kooperatives Projektseminar der Biologiedidaktik und Kunstpädagogik Elvira Schmidt & Jeannette Schnüttgen

Meeting the other Discipline: Annäherung an die Kunst und Biologie	
Sitzung 1	Einführung, Organisation, Leistungsnachweise, gegenseitiges Kennenlernen der Studierenden, Gemeinsamkeiten und Unterschiede
Meeting the Content: BNE, Nachhaltigkeitsziele und Wasserkreislauf	
Sitzung 2	Was ist BNE? Klimaziele der UN
Sitzung 3	Thematischer Einstieg: Wasser – Wasserkreislauf – Wolken
Meeting the Methods: Künstlerische und Biologische Arbeitsweisen	
Sitzungen 4-5	Künstlerische Methoden/Herangehensweisen: Ästhetische Forschung, Künstlerische Forschung und Land Art Biologische Arbeitsweisen: Modelle und Experimente z.B. Wasserkreislauf im Glas
Meeting the Experts: Exkursionen	
Sitzungen 6-7	Exkursionen in das Klärwerk und das Museum Sinclair-Haus/Bad Homburg
Working on Interdisciplinary Projects: Konzeption, Präsentation, Diskussion	
Sitzung 8	Tandemfindung, Themenfindung, Start Projektplanung
Sitzungen 9-10	Arbeitsphase Projektplanung
Sitzungen 11-13	Konzeptpräsentationen und Reflexionen
Sitzung 14	Abschluss und Evaluation des Seminars

Literatur

Baker, G. (2005). *Robert Smithsons – Spiral Jetty: true fictions, false realities*. University of California Press.

BNE-Kompetenzzentrum (2021). *Strukturelle Verankerung von Bildung für nachhaltige Entwicklung in kommunale Bildungslandschaften*. https://www.bne-portal.de/SharedDocs/Publikationen/de/bne/kompetenzzentrum_diskussuinspapier.pdf?__blob=publication-File&v=2

Di Giulio, A., David, Ch. & Defila, R. (2008). Bildung für nachhaltige Entwicklung und interdisziplinäre Kompetenzen – Zum Profil von Lehrkräften. In. I. Bormann & G. de Haan (Hrsg.), *Kompetenzen der Bildung für nachhaltige Entwicklung* (S. 179–197). Verlag für Sozialwissenschaften.

Fensham, P. J. (2012). Preparing citizens for a complex world: The grand challenge of teaching socio-scientific issues in science education. In A. Zeyer & R. Kyburz-Graber (Hrsg.), *Science|Environment|Health. Towards a Renewed Pedagogy for Science Education* (S. 7–30). Springer.

Hemkendreis, A. (2021). *Eisige Hieroglyphen: Wilson Bentleys Schneekristalle*. https://wissenschaft-kunst.de/eisige-hieroglyphen-wilson-bentleys-schneekristalle/

Homann, W., Haubold, R. & Grotjohann, N. (2011). Biologie und Kunst als fächerübergreifender Unterricht – Planung einer fächerübergreifenden Projektwoche. *Journal für Didaktik der Biowissenschaften, 1*, 14–22.

Jacobson, S. K., Seavey, J. R. & Mueller, R. C. (2016). Integrated science and art education for creative climate change communication. *Ecology and Society, 21*, 1–6.

Jolly, L., Slåttli, S. & van Boeckel, J. (2017). Biology, Art and Sustainability. *Arts & Teaching Journal, 2*, 1–19.

Klein, J. (2010). Was ist künstlerische Forschung? In G. Stock (Hrsg.), *Gegenworte 23, Wissenschaft trifft Kunst* (S. 25–28). Akademie Verlag.

Schick, U. (2021). *Berndnaut Smilde. Traumbild senden*. Museum Gegenstandsfreier Kunst.

Sitte, P. (1997). Biologie und Kunst. Die besondere Ästhetik des Lebendigen. *Biologie in unserer Zeit, 27*, 151–160.

United Nations (2023). *The 17 Goals. Sustainable Development*. https://sdgs.un.org/goals

Von Schlippe, A. & Schweitzer, J. (2016). *Lehrbuch der systemischen Therapie und Beratung I*. Vanderhoeck & Ruprecht.

Elvira Schmidt, Institut für Biologiedidaktik, Justus-Liebig-Universität Gießen, Karl-Glöckner-Straße 21C, 35394 Gießen
elvira.schmidt@db.jlug.de
https://orcid.org/0009-0008-8273-7028

Jeannette Schnüttgen, Institut für Kunstpädagogik, Justus-Liebig-Universität Gießen, Karl-Glöckner-Str. 21 H
35394 Gießen
jeannette.schnuettgen@kunst.uni-giessen.de

Summerschool

„Nachhaltigkeit in Wissenschaft, Gesellschaft und Technik"

Fächerübergreifende Projekte angehender Lehrkräfte zum
Thema Nachhaltigkeit

Daniel Römer, Jan Winkelmann, Lutz Kasper & Daniel Schropp

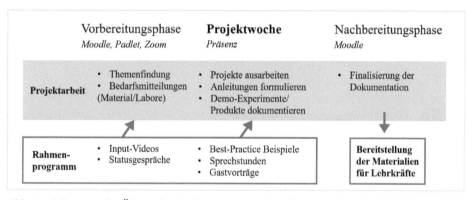

Abb. 1:   Schematische Übersicht der Kernaspekte jeder Phase der Summerschool 2022

Die in diesem Beitrag vorgestellte interdisziplinäre Summerschool ‚Nachhaltigkeit in Wissenschaft, Gesellschaft und Technik' stellt ein Format dar, mit dem das Thema Nachhaltigkeit in der Lehrkräftebildung ressourcenökonomisch an Hochschulen integriert werden kann. Ziel der Veranstaltung ist die fächerübergreifende Auseinandersetzung mit dem Thema Nachhaltigkeit in der Lehrkräftebildung. Im Austausch mit Studierenden und Lehrenden verschiedener Fachdisziplinen sollen eigene Projekte erarbeitet werden, die am Ende öffentlich für praktizierende Lehrkräfte zugänglich gemacht werden. Parallel dazu erhalten die Studierenden theoretischen Input und lernen Best-Practice-Bespiele aus der Region kennen (für den schematischen Ablauf siehe Abb. 1).

Das gewählte Blended-Learning-Design eignet sich dafür, Kooperationen mit Hochschulen zu realisieren, deren Standorte für regelmäßige gemeinsame Präsenzveranstaltungen zu weit voneinander entfernt sind, deren Expertise gleichwohl dazu auffordert, miteinander zu kooperieren (etwa Fachhochschulen oder Technische Universitäten). Damit können die Studierenden von der jeweiligen fachwissenschaftlichen bzw. fachdidaktischen Expertise der Lehrenden beider Standorte in jeder Phase der Summerschool profitieren. In dem beschriebenen Fall lag der inhaltliche Schwerpunkt der Lehrveranstaltung im MINT-Bereich. Sie fand im Rahmen einer hochschulübergreifenden Kooperation zwischen der Pädagogischen Hochschule Schwäbisch Gmünd und der Universität Ulm statt. Die Kooperation verschiedener Lehramtsstudiengänge ermöglicht einen Austausch über die unterschiedlichen Schwerpunkte des jeweiligen Studiums bis hin zum Kennenlernen neuer Fächer.

1.   Motivation

Hochschulen nehmen bei der Bildung für Nachhaltige Entwicklung (BNE) eine zentrale Rolle ein (Bund, 2019). Neben der dominanten Medienpräsenz wird das Thema seit längerer Zeit auch im bildungswissenschaftlichen Kontext adressiert (de Haan, 1999; Gräsel, 2018). Mit der Weltdekade der Vereinten Nationen von 2005 bis 2014 rückte BNE auch in den bildungspolitischen Fokus. In diesem Kontext wird betont, dass sich die Forderungen zum nachhaltigen Handeln erkennbar in der Lehrkräftebildung widerspiegeln sollen. Dafür ist eine umfassende fachwissenschaftliche sowie fachdidaktische Bildung angehender Lehrkräfte notwendig. Konkrete Pläne, das Thema Nachhaltigkeit stärker an Hochschulen zu verankern, finden sich in den jeweiligen Bundesländern nur selten (KMK, 2017).

Im Rahmen des Programms *BNE 2030* der Vereinten Nationen wird der Handlungsbedarf im Bildungssektor (sowohl für die Schule, als auch für die Hochschule) stark betont (UNESCO, 2020). Bei komplexen Sachverhalten reicht eine isolierte Betrachtung im Rahmen einzelner Schulfächer nicht aus. Vielmehr sollten verschiedene Fachdisziplinen dafür genutzt werden, komplexe Themen mehrperspektivisch zu beleuchten. Neben der Berücksichtigung von verschiedenen fachwissenschaftlichen Perspektiven müssen Lehrkräfte auch offen und sensibel mit den gesellschaftlichen und individuellen Problemstellungen umgehen, welche mit komplexen Themen einhergehen. Um angehende Lehrkräfte ausreichend auf die sinnvolle Vermittlung von Nachhaltigkeitsthemen in der Schule vorzubereiten, bedarf es demnach einer Vielfalt von Kompetenzen, welche über das einzelne Unterrichtsfach hinausgehen (Hellberg-Rode & Schrüfer, 2020) und eine fächerübergreifende Auseinandersetzung erfordern (Labudde, 2014). Zudem ist die Arbeit in und das Kennenlernen von konkreten Projekten zur Nachhaltigkeit für die Lehramtsausbildung gut geeignet (Faßbender, 2020). Neben der Realisierung eigener Projekte sollen die gebotenen Lerngelegenheiten im Rahmen der Summerschool den Studierenden einen weiten Blick auf das Thema Nachhaltigkeit (Vorträge, Input-Videos) und bestehende Projekte dazu geben (Best-Practice-Beispiele). Der konkrete Aufbau der Veranstaltung ist im folgenden Kapitel genauer erläutert.

2. Aufbau der Summerschool als Lehrveranstaltung

Die Organisation der Veranstaltung im gewählten Blended-Learning-Design lässt sich flexibel in ein bestehendes Lehrangebot einbinden und zeichnet sich durch ein breites Spektrum von Lerngelegenheiten aus. Die Ausrichtung sowie die übergeordneten Ziele der Lehrveranstaltung sind folgende:

- Sensibilisierung von Studierenden für mögliche Schnittstellen zwischen den verschiedenen Fachdisziplinen in der Auseinandersetzung mit dem Thema Nachhaltigkeit in der Schule
- Umsetzung konkreter Projektideen, um das Verantwortungsbewusstsein für ein nachhaltiges Handeln in der Schulgemeinschaft als angehende Lehrperson zu steigern
- Unterstützung von praktizierenden Lehrkräften durch die Konzeption und Bereitstellung von Unterrichtsmaterialien.

Im Allgemeinen müssen strukturelle Aspekte wie die Verankerung im Modulhandbuch sowie die Beteiligung von Fachbereichen individuell an den Standorten geklärt werden. Hierbei kann es hilfreich sein, fachspezifische Zusatzleistungen (Lern-/Experimentiervideo, didaktische Einordnung etc.) für die Anrechnung in bestimmten Modulen im Austausch mit Prüferinnen und Prüfern in Aussicht zu stellen. In der vorgestellten Summerschool waren insgesamt zehn Lehrende der Fächer Physik, Chemie, Biologie, Technik und Informatik zweier Hochschulen in unterschiedlicher Form beteiligt. Darunter fällt die Produktion von Inputvideos, die Betreuung vor Ort oder das Angebot einer Online-Sprechstunde während der Projektwoche. Den Lehrenden wurden bei der Produktion der Videos für die beschriebene Summerschool keine konkreten Vorgaben zu der Form und Länge der Videos gemacht (kommunizierte Orientierungshilfe: 10–15 Minuten Videolänge). Die Lehrveranstaltung ist in drei Phasen aufgeteilt, welche im Folgenden näher erläutert werden.

2.1 Vorbereitungsphase

Die Vorbereitungsphase beginnt mit einer Auftaktsitzung (online), gefolgt von drei bis vier Wochen, in denen die Studierendengruppen zunächst ihre Projektideen erarbeiten und anschließend konkreter ausgestalten. Damit verschiedene Perspektiven in die Gruppenarbeit mit einfließen können, wurde bei der Gruppeneinteilung eine größtmögliche Heterogenität in der Fach- und Hochschulzugehörigkeit angestrebt. Die Studierenden haben in einem „Learning Management System" (LMS), beispielsweise in Moodle, Zugang zu Input-Videos, welche das Thema Nachhaltigkeit breit abdecken. Die Videos werden von Lehrenden verschiedener Fachdisziplinen produziert (Physik, Chemie, Biologie, Informatik und Technik). Sie umfassen fachspezifische und -wissenschaftliche Perspektiven auf den Nachhaltigkeitsbegriff sowie fachdidaktischen Input zu sinnvollen Konzepten für die Schule (z. B. Makerspaces in der Schule oder Nachhaltigkeit beim Experimentieren). In diesem Fall wurden keine thematischen Vorgaben für die Konzeption der Projektideen gemacht. Hierdurch wurde der Kreativität der Studierenden freier Raum gelassen. Die inhaltliche Ausrichtung der Projekte kann aber je nach Zielsetzung und Expertise der Hochschule enger gefasst werden (z. B. Energiewende). In der Vorbereitungsphase kann von Seiten der Lehrenden regelmäßiges Feedback gegeben werden. Eine eingeforderte Dokumentation des Fortschrittes (z. B. in einem Padlet) ermöglicht die niederschwellige Steuerung des Umfangs sowie der thematischen Ausrichtung der geplanten Projekte durch Feedback und (falls nötig) Statusgespräche. Am Ende der Vorbereitungsphase werden von den Studierendengruppen Bedarfsmitteilungen formuliert, zu welchen Laboren, Werkstätten oder Sammlungen die Gruppen Zugang benötigen oder welche Anschaffungen im Vorfeld der Projektwoche notwendig sind. Die eingeforderte Dokumentation der Entstehungsprozesse in Kombination mit dem Maß an Eigenständigkeit bei der Projektwahl soll die Studierenden in dieser (online) stattfindenden Phase gut auf die Projektwoche vorbereiten (Gräsel, 2018; McGee & Reis, 2012).

Beispiel Summerschool 2022: Eine Gruppe hat sich vorgenommen, das ressourcenschonende Verfahren Aquaponik zu erarbeiten. Ein Ziel der Gruppe war dafür der Bau einer funktionsfähigen (Miniatur-)Aquaponikanlage. Dafür wurden im Vorfeld Materialien recherchiert und bestellt (Kosten: 50–70€) sowie der Zugang zu einer Werkstatt (Abteilung Technik) für die Projektwoche organisiert.

2.2 Projektwoche

In der zweiten Phase, der gemeinsamen *Projektwoche,* arbeiten die Studierenden ihre Konzepte weiter aus. Für den Einsatz in der Schulpraxis werden Handreichungen für Lehrkräfte ausgearbeitet. Außerdem können die in den Konzepten enthaltenen Produkte exemplarisch gefertigt und dokumentiert werden. Während der vorgestellten Summerschool standen den Studierenden (Online-)Sprechstunden von Dozierenden beider Standorte offen. Die Sprechstunden dienen dazu, auftretende Fragen zur Ausgestaltung der Projekte mit Lehrenden verschiedener Disziplinen zu beraten.

Beispiel Summerschool 2022: Neben dem Aquaponik-System werden auch Schulprojekte mit dem Ziel einer Textil-Upcycling-Börse oder jahrgangsübergreifenden Projekttagen zum Thema Nachhaltigkeit konzipiert. Exemplarisch werden hierfür Bienenwachstücher oder neue Kleidungsstücke aus Stoffresten angefertigt und dokumentiert. Im Rahmen der erstmalig von uns durchgeführten Summerschool wurden inhaltliche und methodische Schwerpunkte für die Projektwoche festgelegt. Diese werden im Folgenden erläutert.

2.2.1 Projektarbeit

BNE wird in der Ausbildung angehender Lehrkräfte als fächerübergreifende Querschnittsaufgabe verstanden, welche jedoch noch nicht ausreichend in den Lehrkonzepten der Länder für Hochschulen verankert ist (Bund, 2019). Bei der Planung der fächerübergreifenden Unterrichtseinheiten werden die besonderen Ressourcen der

Hochschulen (z. B. die Ausstattung in Laboren) von den Studierenden bewusst für die Aufbereitung der Inhalte genutzt, um die Materialien qualitativ hochwertig gestalten zu können. Um einen motivierenden Rahmen zu schaffen, ist es wichtig, dass die Projektarbeiten über den Selbstzweck hinausgehen (Persike, 2019). Das Ziel bei der Konzeption der Projekte im Rahmen der Summerschool ist immer die Bereitstellung konkreter Unterrichtsmaterialien als „Open Educational Ressource" (OER) als Unterstützung für schon praktizierende Lehrkräfte. Eine Anleitung für Lehrkräfte sowie der Bezug zum Bildungsplan waren obligatorisch – wie genau die Studierenden ihre Projekte aufbereiten, wurde bei der Summerschool 2022 nicht vorgeschrieben.

Beispiel Summerschool 2022: Das Projekt „Aquaponik" setzt sich damit auseinander, wie die Synergien aus der Kombination von Land- und Wasserwirtschaft für eine ressourcenschonende Produktion von Rohstoffen genutzt werden können. Neben einer detaillierten Anleitung für den Bau eines funktionierenden Aquaponik-Systems in der Schule werden Entwürfe für die Durchführung in verschiedenen Schulfächern entwickelt. Mit dieser Projektarbeit konnte ein Transfer aus der Lehrveranstaltung heraus in die Schule realisiert werden. Das erarbeitete Projekt wurde bereits in einer Unterrichtseinheit an einer Schule und anschließend im Rahmen einer AG erfolgreich durchgeführt. Die Ausarbeitung sowie Materialien zum Projekt sind in den Zusatzmaterialien zu finden. Eine Anleitung zum Bau ist in Blumer (2023) veröffentlicht.

2.2.2 Öffentliche Vorträge

Damit die Studierenden von dieser Präsenzphase auch über die eigene Projektarbeit hinaus profitieren können, finden im Rahmen des Begleitprogrammes (öffentliche) Gastvorträge statt. Aktuelle Erkenntnisse aus der Wissenschaft verständlich und für eine möglichst breite Zielgruppe aufzubereiten, ist – insbesondere bei so breiten Themen wie ‚Nachhaltigkeit in Wissenschaft, Gesellschaft und Technik' – von großer Bedeutung. Durch Gastbeiträge von Wissenschaftlerinnen und Wissenschaftlern, die auf Themenfeldern im Bereich BNE ausgewiesen sind, können Studierende inhaltlich und methodisch profitieren. In der hier vorgestellten Summerschool hatten wir uns auf die Themenbereiche „Klimaforschung" und „Wissenschaftskommunikation" konzentriert und diese miteinander kombiniert. Dabei bestand der Input aus zwei Gastvorträgen von Forschenden, die sowohl ihre wissenschaftliche Arbeit als auch Inhalte ihres Engagements in der Wissenschaftskommunikation präsentierten (Bsp.: Science-Slam-Sieger). Die Darstellung und Vermittlung der Projekte wurden außerdem im Rahmen eines Präsentationscoachings vertieft.

2.2.3 Best-Practice-Beispiele

Das Kennenlernen von bereits existierenden Projekten in der Schule hilft den Studierenden bei der Identifikation von Gelingensbedingungen für die Konzeption und Durchführung von Projekten für die Schule. Die daraus gewonnenen Erkenntnisse können einerseits kurzfristig in die eigene Arbeit einfließen, indem zum Beispiel methodische Anpassungen in den eigenen Konzepten vorgenommen werden. Andererseits sind die Studierenden auch langfristig für die Konzeption und Durchführung verschiedener Projekte besser vorbereitet. Der Austausch mit den Akteurinnen und Akteuren erfolgreicher Projekte aus der Region wird von den Studierenden als sehr gewinnbringend wahrgenommen. Für dieses Format eignen sich Beispiele, die entweder an Schulen stattfinden oder gar von Schülerinnen und Schülern initiiert und durchgeführt werden. Ein konkretes Beispiel der beschriebenen Summerschool: Die Studierenden lernten im Austausch mit einem Schüler und *Jugend-Forscht*-Gewinner ein Projekt für eine nachhaltige Abfallentsorgung in der Region kennen. Gleichzeitig konnten sie im Dialog mit ihm die Förderungsmöglichkeiten und -bedarfe aus der Perspektive eines Lernenden erfahren. Im Rahmen der vorgestellten Veranstaltung wurden kurze Vorträge jeweils am Anfang der Präsenztage organisiert. Vorstellungen in Form von Input-Videos oder Podiumsdiskussionen mit mehreren Akteurinnen und Akteuren sind ebenso denkbar. Auch die Vorstellung von Best-Practice-Beispielen abseits des Bildungsbereiches (Industrie etc.) kann hier integriert werden.

2.2.4 Außerschulische Lernorte

In außerschulischen Lernorten der eigenen Region lernen Studierende Anlaufstellen kennen, die abseits von der Ausstattung der Schule in den späteren Unterricht eingebaut werden können. Dabei können Lernorte mit oder ohne didaktische Aufbereitung besucht werden (z. B. ökologische Gärten bzw. aktive Forschungseinrichtungen oder Labore). Neben regional bekannten Orten kann für die Suche auch auf Online-Datenbanken (Bsp.: https://www.lernortlabor.de/, https://www.komm-mach-mint. de/schuelerinnen/mint-karte) zurückgegriffen werden. Dabei ist darauf zu achten, dass die Teilnehmenden lernen, wie diese Lerngelegenheiten sinnvoll in die Unterrichtspraxis zu integrieren sind (Eshach, 2007). Die Lernorte mit didaktischem Angebot wurden von den Studierenden als besonders wertvoll wahrgenommen.

2.3   Nachbereitungsphase

Im Fokus der *Nachbereitungsphase* steht die Verschriftlichung der bereits in der Projektwoche erstellten Konzepte sowie die Finalisierung der Arbeitsmaterialien und Anleitungen für Lehrkräfte. Der Upload aller Endprodukte im LMS, das bereits in der Vorbereitungsphase genutzt wurde, ermöglicht allen Teilnehmenden den Zugang zu der Dokumentation sowie zu den Materialien aller Projekte.

3.   Fazit

Der initiale Arbeitsaufwand für die Organisation der Summerschool (z. B.: Absprachen mit den Lehrenden, Bereitstellung der Materialien) war im Vergleich zu einem klassischen Seminar hoch. Der Aufwand reduziert sich jedoch bei der wiederholten Durchführung der Veranstaltung deutlich. Die Erfahrungen zeigen auch, dass der

Aufwand von den kooperierenden Lehrenden mit Blick auf das wichtige Thema wohlwollend investiert wird. In der Abschlussevaluation (Fragebögen, offen und geschlossen) sowie einzelnen Interviews wurde die Summerschool auch von den Studierenden sehr positiv bewertet. Besonders die neuartige Zusammenarbeit verschiedener Studiengänge und Fachdisziplinen sowie die Einblicke in schon existierende Projekte im Rahmen der Projektwoche wurden hervorgehoben. Am Beispiel des Projektes zur Aquaponik wird die Möglichkeit zum erfolgreichen Transfer der Projekte an die Schule deutlich. Die fächerübergreifende Ausbildung angehender Lehrkräfte im Bereich der Nachhaltigkeit lässt sich also damit kombinieren, geforderte Entwicklungen in der Schulpraxis (im Unterricht sowie im Schulleben) zu unterstützen.

Literatur

Blumer, J.-T. (2023). Eine Aquaponikanlage. Fertigungsanleitung für den technikbezogenen Unterricht. *technik-education (tedu). Fachzeitschrift für Unterrichtspraxis und Unterrichtsforschung im allgemeinbildenden Technikunterricht*, 3(1), 51–57.

[Bund] Bericht der Bundesregierung zur Bildung für nachhaltige Entwicklung – 19. Legislaturperiode (2019). https://www.bne-portal.de/SiteGlobals/Forms/bne/berichtsuche/berichtsuche_Formular.html?-nn=140106

Eshach, H. (2007). Bridging in-school and out of school learning: Formal, non-formal, and informal education. *Journal of Science Education and Technology*, 16(2), 171–190. https://doi.org/10.1007/s10956-006-9027-1

Faßbender, M. (2020). Lehramtsstudierende BNE erleben lassen. In A. Keil, M. Kuckuck & M. Faßbender (Hrsg.), *BNE-Strukturen gemeinsam gestalten* (S. 263–282). Waxmann.

Gräsel, C. (2018). Umweltbildung. In R. Tippelt & B. Schmidt, *Handbuch Bildungsforschung* (S. 1093–1109). Springer Fachmedien.

de Haan, G. (1999). Zu den Grundlagen der „Bildung für nachhaltige Entwicklung" in der Schule. *Unterrichtswissenschaft*, 27(3), 252–280. https://doi.org/10.25656/01:7735

Hellberg-Rode, G. & Schrüfer, G. (2020). Professionalisierung für BNE in der Lehrkräftebildung. In A. Keil, M. Kuckuck & M. Faßbender (Hrsg.), *BNE-Strukturen gemeinsam gestalten* (S. 263–282). Waxmann.

[KMK] Ständige Konferenz der Kultusminister in der Bundesrepublik Deutschland. (2017). *Zur Situation und zu Perspektiven der Bildung für nachhaltige Entwicklung*. Bericht der Kultusministerkonferenz vom 17.03.2017.

Labudde, P. (2014). Fächerübergreifender naturwissenschaftlicher Unterricht: Mythen, Definitionen, Fakten. *Zeitschrift für Didaktik der Naturwissenschaften*, 20(1), 11–19. https://doi.org/10.1007/s40573-014-0001-9

McGee, P. & Reis, A. (2012). Blended course design: A synthesis of best practices. *Online Learning*, 16(4), 7–22. https://doi.org/10.24059/olj.v16i4.239

Persike, M. (2019). Denn sie wissen, was sie tun: Blended Learning in Großveranstaltungen. In S. Kauffeld & J. Othmer (Hrsg.), *Handbuch Innovative Lehre* (S. 65–86). Springer Fachmedien Wiesbaden.

UNESCO. (2020). *Education for sustainable development: A roadmap*. UNESCO Publishing.

 Onlinematerial

Daniel Römer, Pädagogische Hochschule Schwäbisch Gmünd, Oberbettringer Straße 200, 73525 Schwäbisch Gmünd
daniel.roemer@ph-gmuend.de

Jan Winkelmann, Pädagogische Hochschule Schwäbisch Gmünd, Oberbettringer Straße 200, 73525 Schwäbisch Gmünd
jan.winkelmann@ph-gmuend.de
https://orcid.org/0000-0002-2207-7987

Lutz Kasper, Pädagogische Hochschule Schwäbisch Gmünd, Oberbettringer Straße 200, 73525 Schwäbisch Gmünd
https://orcid.org/0000-0003-3118-0422

Daniel Schropp, Universität Ulm, Albert-Einstein-Allee 11, 89081 Ulm
daniel.schropp@uni-ulm.de

https://doi.org/10.31244/9783830997962.14

Chemistry for Future

Planspiele zu grüner und nachhaltiger Chemie in
fachwissenschaftlichen Seminaren im Chemie-Lehramtsstudium

Pascal Liedtke, Leon Richter & Nastja Riemer

Die *Fridays-for-future*-Bewegung engagiert sich seit 2018 für schnelle Maßnahmen für einen effektiven Klimaschutz. Schülerinnen und Schüler sind diejenigen, die hauptsächlich regelmäßig dafür demonstrieren und inzwischen auch bei uns studieren. Es sind auch die Chemie-Lehramtsstudierenden, welche den hochaktuellen und extrem relevanten Themenkomplex rund um Klimaschutz und Nachhaltigkeit an die nächsten Schüler*innen-Generationen weitervermitteln werden (Linkwitz & Eilks, 2019).

Im aktuellen Curriculum des Lehramtsstudienganges Chemie an der Universität Potsdam wird das Thema Nachhaltigkeit allerdings erst spät und nicht sehr ausführlich behandelt. Gerade der *Fridays-for-future*-Generation fehlt es aber in den ersten vier Semestern ihres Studiums, welche primär den fachwissenschaftlichen Anteilen der Lehrkräftebildung Chemie gewidmet werden, an alltagsbezogener und nachhaltiger Chemie. Zudem erhalten Studierende im Lehramt Chemie bisher kaum Gelegenheiten, ihre Fachkenntnisse in Diskussionen oder Debatten anzuwenden. Durch ihre besondere Vorbildwirkung sollten gerade Lehrkräfte das Argumentieren rund um gesellschaftsrelevante Aspekte der Chemie beherrschen.

Mit Planspielen zu Nachhaltigkeit und Klimaschutz können in fachwissenschaftlichen Lehrveranstaltungen im Lehramtsstudiengang Chemie zielgruppenspezifische Lerngelegenheiten geschaffen werden, welche die Diskussion chemischer Fragestellungen ermöglichen und zudem überfachliche Kompetenzen fördern.

1. Die Relevanz von Nachhaltigkeit in der Lehrkräftebildung Chemie

In den letzten Jahrzehnten ist das Thema Nachhaltigkeit immer bedeutsamer geworden. Die Vereinten Nationen haben 2015 in ihrer Agenda 2030 17 Ziele für nachhaltige Entwicklung (Sustainable Development Goals, SDGs) formuliert (UN, 2015). Bildung für nachhaltige Entwicklung (BNE) soll dabei einen wichtigen Beitrag zur Erreichung der SDGs leisten. „Bildung für nachhaltige Entwicklung (BNE) umfasst alle Aktivitä-ten, die sich als transformative Bildung an dem Leitbild der nachhaltigen Entwicklung orientieren. Sie führt verschiedene Bildungstraditionen und unterschiedliche Hand-lungsschwerpunkte zusammen, wie Umweltbildung, Globales Lernen, Verbraucher-bildung etc." (KMK, 2016, S. 31) Die Kultusministerkonferenz (KMK, 2016) hat die BNE in der Neufassung des Orientierungsrahmens für den Lernbereich Globale Ent-wicklung verankert. Dieser stellt eine strukturelle Hilfestellung für die fachübergrei-fende bzw. fächerverbindende Integration von BNE in den schulischen Unterricht dar. Schließlich gehört BNE laut UNESCO MGIEP (2019) zum Kern eines jeden Faches. Es sollen also bestehende Inhalte aller Fächer in Kontexte nachhaltiger Entwicklung eingebettet werden. Lehrkräfte gehören zu den wichtigsten Multiplikatoren, um einen Bildungswandel und das Lernen für nachhaltige Entwicklung zu fördern (UNESCO, 2014). BNE im naturwissenschaftlichen Unterricht kann für Lehrkräfte eine Heraus-forderung darstellen. Zugleich sollte auch die Chance für das Verständnis der Fächer durch Kontextualisierung und Lebensweltbezug und für die Entwicklung der Schü-lerinnen und Schüler zu mündigen Bürger*innen gesehen werden. Um BNE in der Schule zu implementieren, zu fördern bzw. um darauf vorbereitet zu sein, benötigen Lehrkräfte spezifische Kompetenzen und Kenntnisse bzw. müssen diese entwickeln (UNESCO, 2017). Zur Unterstützung angehender Lehrkräfte bei der Bewältigung die-ser Herausforderung ist die Integration von BNE in das Lehramtsstudium nicht nur sinnvoll, sondern zwingend notwendig. Dadurch könnten auch die überfachlichen Kompetenzen der Lehramtsstudierenden verbessert werden.

BNE hat bereits Eingang in die Rahmenlehrpläne (RLP) der Länder gefunden (KMK, 2016). Der brandenburgische RLP Chemie bietet hierfür geeignete Kontexte, wie z. B. „Dicke Luft – Luftverschmutzung" (LISUM, 2015, S. 33) oder „Düngemittel und Sprengstoffe" (LISUM, 2021, S. 43). In der Chemie bieten sich viele Möglich-keiten, nachhaltige und globale Themen in den Unterricht einzuarbeiten, bspw. aus den relevanten Themenbereichen Grüne, Nachhaltige oder Kreislauf-Chemie. Diese beinhalten wichtige Konzepte für den modernen Lebensstil, aktuelle Forschungsrich-tungen und die globale Industrie (Mutlu & Barner, 2022) und sind daher auch für die Lehrerbildung im Fach Chemie von hoher Relevanz.

2. Planspiele in der Hochschullehre

Planspiele sind als Methoden vor allem aus den Sozial- und Wirtschaftswissenschaften bekannt, wenngleich sie eher zurückhaltend in der Bildung eingesetzt werden (Rap-penglück, 2017). Sie sind Simulations- und Entscheidungsverfahren (z. B. Verhand-lungsplanspiele, Computersimulationen etc.), die meist an Lebensrealitäten angelehnt sind und gesellschaftsrelevante Probleme darstellen und sich durch zugeschnittene Rollen mit jeweils interpretationsfreien Interessen von Rollenspielen unterscheiden (Gebhard et al., 2017; Rappenglück, 2017; Frech et al., 2022). Rappenglück (2017) iden-tifiziert in Planspielen wiederkehrende Elemente: den spielerischen Faktor, den Plan sowie die Regeln, Darstellen und Durchführen eines Szenarios und die Übernahme sowie Repräsentation einer Rolle. Ziel ist es, das vorhandene Problem aus den rollenspezifischen Interessen innerhalb des Spiels zu einem breit akzeptierten und gewinnbringenden Kompromiss zu bringen. Dazu bestehen Planspiele meist aus drei Phasen: der Einführungs-, der Durchführungs- und der Reflexions- bzw. Evaluationsphase.

Planspiele können fachübergreifende Verbindungen herstellen und Wechselwirkungen von Problemen untersuchen sowie darstellen (Gebhard et al., 2017). Die Komplexität des Themas wird auf den Kenntnisstand der Lernenden angepasst und durch eine Rollenverteilung angemessen reduziert. Im Mittelpunkt eines Planspiels steht die Entwicklung und die Repräsentanz von Argumenten und Lösungsvorschlägen in dem jeweiligen Kontext. In Bezug auf die Bildungsstandards im Fach Chemie für die Allgemeine Hochschulreife (KMK, 2020), bieten Planspiele eine Methode, die im besonderen Maß die chemische Sach-, Kommunikations- und Bewertungskompetenz fördern kann. Zudem werden durch Planspiele überfachliche Kompetenzen (Boer, 2014; Fitzke, 2019), wie z. B. die Sozialkompetenz (bspw. Kommunikationsfähigkeit) oder die personale Kompetenz (z. B. Ordentlichkeit, Verantwortungsfähigkeit) gefördert. Planspiele dienen der Praxisorientierung der Hochschullehre, die vor dem Hintergrund nachhaltiger Themen mit fachwissenschaftlichen Inhalten der Chemie stärker verknüpft werden kann (Ulrich, 2021).

3. Planspiele zu Nachhaltigkeit in der Chemie

Vor dem Hintergrund der BNE resp. der SDGs wurden Planspiele für die fachwissenschaftlichen Seminare für das Lehramt konzipiert und in Kontexte der Nachhaltigen Chemie eingebettet. Es wurden Themen gewählt, die im Diskurs der Nachhaltigkeit relevant sind und gleichzeitig in die jeweiligen Modulinhalte integriert werden können. Für die Seminare zur Allgemeinen, Anorganischen und Physikalischen Chemie für Lehramt wurden folgende Planspielthemen als geeignet identifiziert: *Zukunft der Energieversorgung*, *Gefahren der Stickstoffdüngung/Möglichkeiten zur klimafreundlichen Düngung* und *Synthese von Chemikalien aus CO_2*. Im Folgenden wird exemplarisch die Konzeption und Umsetzung des Planspiels zur Stickstoffproblematik ausführlicher dargestellt.

3.1 Planspielidee

Zu jedem der oben genannten Planspielthemen wurde eine Frage formuliert, die es im Planspielkontext multiperspektivisch zu diskutieren gilt. Im für die Anorganische Chemie konzipierten Planspiel, welches einen Fachdialog zwischen Expertinnen und Experten des Umweltministeriums darstellt, lautet diese: *Gefahren der Stickstoffdüngung für das Ökosystem – Wie gelingt uns die Transformation zu einer bedarfsgerechten und klimafreundlichen Düngung?*, denn eine übermäßige Stickstoffdüngung schadet Mensch, Tier und Natur. Ohne Reduzierung der Stickstoffeinträge können viele Ziele der SDGs nicht erreicht werden, wie z. B. SDG 3: Gesundheit und Wohlergehen (Kathrin et al., 2021). Im Dialog der verschiedenen Akteurinnen und Akteure werden die vielschichtigen Probleme hinsichtlich des Stickstoffkreislaufs dargestellt, analysiert und Handlungsempfehlungen gegeben.

3.2 Ablauf und Rollen

Die Erarbeitungsphase des Planspiels beginnt eine Woche vor dem Seminar und findet nicht in der 90-minütigen Seminarzeit statt. Die Studierenden erhalten Informationen zu Planspielen und deren Relevanz, eine Einladung zum Fachdialog und je eine Rollenkarte (je nach Gruppengröße nehmen auch mehrere Studierende dieselbe Rolle ein). Die selbstständige bzw. teamgestützte Bearbeitung der Aufgaben auf den Rollenkarten bereitet die Studierenden auf ihre Rolle vor, indem sie sich Hintergrundwissen anhand der vorgegebenen Materialien aneignen, und fördert die Personalkompetenz, z. B. in Bezug auf Selbstständigkeit. Die dozierende Person übernimmt die Moderation des Dialogs, da sie die differenzierten Argumente kennt und den Argumentationen aus dieser Position folgen kann.

Die Durchführungsphase ist durch eine geltende Tagesordnung fest geregelt und sieht eine Einführung durch die Moderationsleitung (vertreten durch die Lehrenden), ein kurzes prägnantes Statement der anwesenden Vertreter*innen, eine Erörterung der Folgen der derzeitigen Stickstoffdüngung und eine Erörterung sowie Abstimmung möglicher Handlungsempfehlungen durch die Vertreter*innen in Form einer Fachdiskussion vor. Die moderierende Person navigiert dabei die Studierenden durch das Planspiel. Sie führt sie in das Setting ein, lässt die Positionen ihr Eingangsstatement formulieren und ihre Kurzpräsentation halten. Die Moderation kann die Diskussion lenken und vorantreiben sowie Kompromisse und Handlungsempfehlungen anregen. Die Studierenden als Vertreter*innen kommunizieren und diskutieren ihre erworbenen Sachinhalte und trainieren somit ihre Kommunikationsfähigkeit, welche Ausdruck der Sozialkompetenz ist. Die einzunehmenden Rollen (Politiker*innen, Vertreter*innen des Umweltbundesamtes, Wirtschaftsvertreter*innen, Vertreter*innen aus der Landwirtschaft, Organiker*innen, Botaniker*innen, Lebensmittelchemiker*innen und Vertreter*innen von *Fridays for future*) bilden die Vielfalt der Problematik weitestgehend ab. Die Themen Luftschadstoffemissionen und Treibhausgase werden dabei aus zeitlichen Gründen weniger behandelt als die Themenkomplexe Nitrateinträge im Grundwasser und in Oberflächengewässer, Ernährungsverhalten und Ernährungssicherheit sowie Einflüsse auf das Landökosystem.

Um die Problematik des Nitrateintrages in das Grundwasser zu verdeutlichen, wird von den Lebensmittelchemiker*innen während der Durchführungsphase direkt im Seminarraum ein Veranschaulichungsexperiment durchgeführt. Das Experiment in Anlehnung an Lüsse et al. (2021) verdeutlicht, dass Nitrat-Ionen im Vergleich zu Ammonium-Ionen in einem Sandgemisch, welches verschiedene Bodenschichten simuliert, kaum adsorbiert werden. Die gewonnenen Erkenntnisse können vor dem Hintergrund des Stickstoffkreislaufes diskutiert werden. Die Lebensmittelchemiker*innen kennen zudem die Gefahren des Konsums nitrathaltiger Lebensmittel. Die Position Lebensmittelchemiker*in erhält auf der Rollenkarte den eindeutigen Auftrag, sich auf der Grundlage der zur Verfügung gestellten rollen- und fachspezifischen Informationen für Maßnahmen zur Verbesserung der Lebensmittelqualität einzusetzen. Weiterhin finden sich neben derartigen Aufträgen auf jeder Rollenkarte Aufgaben, durch deren Bearbeitung ein adäquates Hintergrundwissen erworben wird, damit die Diskussion untereinander kontrovers geführt werden kann. Jede Rolle erhält abschließend die Aufgabe ein Statement und wesentliche Aspekte bzgl. der Folgen der derzeitigen Stickstoffdüngung in einer kurzen digitalen Präsentation zusammenzufassen, welche dann zu Beginn der Diskussion gezeigt wird.

Am Ende der Diskussion, die den Erkenntnisgewinn ermöglicht, werden von den Akteurinnen und Akteuren Handlungsempfehlungen klar formuliert, indem sie auf die Diskussionsbeiträge eingehen und Kompromisse schließen. Abschließende Statements der Studierenden und ein digitales Quiz zu fachwissenschaftlichen Aspekten des Planspiels dienen der Ergebnissicherung. Ein erfolgreicher Abschluss des Planspiels erfordert zudem die Einhaltung der wiederkehrenden Elemente nach Rappenglück (2017) und das Engagement aller Beteiligten.

3.3 Rückmeldungen aus der Planspiel-Evaluation

In einer abschließenden Reflexionsphase bearbeiteten die Studierenden einen digitalen Feedbackfragebogen. Dieser besteht aus einer Selbsteinschätzung der Studierenden zu den Inhalten und einer Evaluation der Konzeption und Umsetzung des durchgeführten Planspiels. Es wurden die Vorbereitungs- und Durchführungsphase evaluiert und eine Selbsteinschätzung in Bezug auf die durch das Planspiel geförderten überfachlichen Kompetenzen erbeten. Mithilfe der Evaluation konnten bereits Abläufe und Rollen angepasst werden. Die Studierenden bewerteten es als äußerst positiv, dass im Rahmen von Planspielen nun vermehrt Aufgaben zum Thema Nachhaltigkeit im Lehramtsstudium Chemie bearbeitet werden und schätzten die gesellschaftliche Relevanz der Thematik als sehr hoch ein. Zudem verzeichneten sie einen hohen Lernzuwachs in den Bereichen Verantwortungsbereitschaft, Teamfähigkeit und Kommunikationsfähigkeit.

Zusätzlich konnten im Rahmen des Planspiels theoretische Kenntnisse, die in der zugehörigen Vorlesung erworben wurden, wie z. B. die Chemie der verschiedenen Verbindungen des Stickstoffs oder der Stickstoffkreislauf, angewendet und somit vertieft werden. Dadurch konnte auf das übliche Übungsblatt verzichtet werden, welches ansonsten stets in Vorbereitung auf eine Seminarsitzung im Vorfeld zu bearbeiten wäre. Die Substitution eines solchen Übungsblattes durch die Behandlung der Vorlesungsinhalte im Rahmen des Planspiels wurde von den Studierenden als äußerst gewinnbringend empfunden. Verpflichtende Mehrarbeit für die Studierenden gibt es damit nicht. Nicht alle Positionen behandeln in der Vorbereitungsphase alle vorlesungsrelevanten Inhalte in den Planspielaufgaben, weshalb das fachwissenschaftliche Quiz alle relevanten Inhalte umfasst. Zusätzliches Übungsmaterial zur Thematik inkl. Musterlösung wird über den Moodle-Kurs bereitgestellt.

Für das Planspiel eignet sich eine Raumgestaltung, die den Blickkontakt der Akteurinnen und Akteure untereinander ermöglicht und die Authentizität einer echten Diskussionsrunde herstellt. Aus den Erfahrungen der ersten Umsetzungen sollte eine stärkere zeitliche Strukturierung und Beschränkung der einzelnen Beiträge der Studierenden vorgenommen werden, um die Diskussionszeit am Ende zu maximieren und die Diskussionsqualität zu stärken.

4. Resümee

Insgesamt wurden bereits drei verschiedene Planspiele entwickelt und erprobt. Nach einer finalen Optimierung auf Grundlage der Studierendenrückmeldungen sollen diese Planspiele, welche unseren Studierenden als gute Anregung zur Auseinandersetzung mit der Thematik Nachhaltigkeit in der Schule dienen und zudem das Bewusstsein für die Relevanz des Faches Chemie stärken, dauerhaft in den entsprechenden Lehrveranstaltungen implementiert werden.

Mit dem Einsatz von Planspielen in fachwissenschaftlichen Seminaren im Lehramtsstudium Chemie ist es uns gelungen, gleich doppelt wertvolle Lernsituationen zu schaffen, denn zuvor erworbenes theoretisches Wissen aus den Vorlesungen lässt sich mit Themen rund um Nachhaltigkeit in einem Planspiel praktisch verknüpfen. Diese professionsorientierte Gestaltung von fachwissenschaftlichen Seminarsitzungen wurde als äußerst profitabel eingeschätzt und überfachliche Kompetenzen konnten mit den Planspielen nachweislich gefördert werden.

Danksagung: Die Planspiele wurden im Rahmen des Projekts CHEMISTRY FOR FUTURE entwickelt, das vom Zentrum für Qualitätsentwicklung in Lehre und Studium der Universität Potsdam im Rahmen der ‚Innovative Lehrprojekte' gefördert wurde. Wir sind für die Unterstützung sehr dankbar. Weiterhin bedanken wir uns bei Jonas Faust für seine Beteiligung an der Planspielentwicklung.

Literatur

Boer, H. de. (2014). Bildung sozialer, emotionaler und kommunikativer Kompetenzen – ein komplexer Prozess. In C. Rohlfs, M. Harring & C. Palentien (Hrsg.), *Kompetenz-Bildung* (S. 23–38). Springer Fachmedien Wiesbaden.

Fitzke, C. (2019). *Förderung überfachlicher Kompetenzen an Hochschulen: Neurowissenschaftliche Erkenntnisse in der Studienberatung nutzen.* Springer.

Frech, S., Kalb, J. & Templ, K. U. (Hrsg.). (2022). *Europa in der Schule: Perspektiven eines modernen Europaunterrichts.* Wochenschau Verlag.

Frank, K.A., Schmidt, L.-K. & Syrhe, J.-A. (2021). *Strategien zur Stickstoffreduktion im Rahmen der Ziele für nachhaltige Entwicklung.* Deutsche Umwelthilfe e. V. https://www.duh.de/fileadmin/user_upload/download/Projektinformation/Naturschutz/Stickstoff/DUH_Broschu%CC%88re_Strategien-zur-Stickstoffreduktion_RZdigital_12.05.21.pdf

Gebhard, U., Höttecke, D. & Rehm, M. (2017). *Pädagogik der Naturwissenschaften.* Springer VS.

KMK. (Hrsg.) (2016). *Orientierungsrahmen für den Lernbereich Globale Entwicklung im Rahmen einer Bildung für nachhaltige Entwicklung* (2. aktual. u. erw. Aufl.). Cornelsen.

KMK. (2020). *Bildungsstandards im Fach Chemie für die Allgemeine Hochschulreife: Beschluss der Kultusministerkonferenz vom 18.06.2020*. Carl Link Verlag.

Linkwitz, M. & Eilks, I. (2019). Green Chemistry in der Schule. *Chemie in unserer Zeit, 53*(6), 412–420.

LISUM. (2015). *Teil C Chemie Jahrgangsstufen 7–10*. SenBJF, MBJS.

LISUM. (2021). *Rahmenlehrplan für die gymnasiale Oberstufe Teil C Chemie*. SenBJF, MBJS.

Lüsse, M., Brockhage, F., Pietzner, V. & Beeken, M. (2021). Nachhaltige Unterrichtsvorschläge zur Stickstoffproblematik. *Chemie in unserer Zeit, 55*(3), 186–191.

Mutlu, H. & Barner, L. (2022). Getting the terms right: green, sustainable, or circular chemistry? *Macromolecular Chemistry and Physics, 223*(13), 2200111.

Rappenglück, S. (2017). Planspiele in der Praxis der politischen Bildung: Entwicklung, Durchführung, Varianten und Trends. In A. Petrik & S. Rappenglück (Hrsg.), *Politik und Bildung: Band 81. Handbuch Planspiele in der politischen Bildung* (S. 17–34). Wochenschau Verlag.

Ulrich, I. (2021). Hochschuldidaktik für praxisorientierte Hochschullehre. In C. Hattula, J. Hilgers-Sekowsky & G. Schuster (Hrsg.), *Praxisorientierte Hochschullehre* (S. 1–12). Springer Fachmedien Wiesbaden.

UN. (2015). *Transforming our World: The 2030 Agenda for Sustainable Development*. United Nations.

UNESCO. (2014). *Roadmap zur Umsetzung des Weltaktionsprogramms „Bildung für nachhaltige Entwicklung"*. Deutsche UNESCO-Kommission e. V.

UNESCO. (2017). *Education for Sustainable Development Goals: learning objectives*. https://unesdoc.unesco.org/ark:/48223/pf0000247444_eng

UNESCO MGIEP. (Hrsg.) (2019). *Schulbücher für nachhaltige Entwicklung. Handbuch für die Verankerung von Bildung für Nachhaltige Entwicklung*. https://www.globaleslernen.de/sites/default/files/files/pages/handbuch_verankerung_bne_schulbuechern_mgiep_bf.pdf

Onlinematerial

Pacal Liedtke, Universität Potsdam
pascal.liedtke@uni-potsdam.de

Leon Richter, Universität Potsdam
leon.richter@uni-potsdam.de

Nastja Riemer, Universität Potsdam, Karl-Liebknecht-Straße 24-25, 14476 Potsdam
nastja.riemer@uni-potsdam.de
https://orcid.org/0009-0006-9836-6546

(Transformative and Serious) Play for Future

Chancen der LEGO-SERIOUS-PLAY-Methode zur Anregung transformativer Bildungsprozesse

Wanda Möller, Johanna Beutin, Stefan Blumenthal & Nina Dunker

Der Aufgabe von Professionen, mit kulturellen, sozialen und technologischen Veränderungen der Gesamtgesellschaft zu interagieren (Schütze, 1996), kommt in unserer aktuellen Zeit der großen Transformationen (WBGU, 2011) eine entscheidende Bedeutung zu und spiegelt sich in der Lehrkräftebildung in den Debatten über die Implementierung von Future Skills von (angehenden) Lehrkräften wider (Ehlers, 2020; Stifterverband & McKinsey, 2021; OECD, 2019). Dabei ist ein Schwerpunkt die geforderte gesellschaftliche Transformation für eine nachhaltige Entwicklung. In Bezug auf die Lehrkräftebildung sind jedoch auch individuelle Transformationsprozesse von zentraler Bedeutung, die sich auf die (Weiter-)Entwicklung des eigenen Selbstverständnisses als Person und der zukünftigen Profession als Lehrkraft beziehen. In der Ausbildung angehender Lehrkräfte muss entsprechend eine veränderte Schwerpunktsetzung in der Kompetenzentwicklung etabliert werden (ebd.).

Der vorliegende Beitrag ergründet die Bedeutung transformativer Bildung im Kontext der ,Lehrkräftebildung von morgen'. Demnach liegt der Fokus auf Implikationen für die Lehramtsausbildung an Hochschulen. Der Aufsatz versucht zu klären, welche überfachlichen Kompetenzen im Fokus der Ausbildung angehender Lehrkräfte zu sehen und welche Methoden geeignet sind, den Prozess der Kompetenzentwicklung entsprechend umzusetzen. In den Ausführungen wird insbesondere auf die LEGO-SERIOUS-PLAY-Methode eingegangen. Zentrale Frage dabei ist, ob dieser Ansatz geeignet ist, transformative Bildungsprozesse zu initiieren.

1. (Gesellschaftliche) Transformationen im Kontext der Lehrkräfteausbildung

Transformative Bildung im ursprünglichen Verständnis nach Mezirow (1997) rückt das Individuum in den Mittelpunkt der Betrachtung und ergründet seine Bedeutungsperspektiven bezogen auf ein konkretes Problem. In neueren Ausführungen werden die individuellen Bedeutungsperspektiven im gesellschaftlichen und kulturellen Rahmen betrachtet (Brookfield, 2000) und die Bedeutung eines kollektiven bzw. globalen Bewusstwerdens über ökologische und soziale Krisen betont (O'Sullivan, 2002). Beide Ebenen sind für die Lehrkräftebildung von Bedeutung.

- *Gesellschaftliche Transformationen* gelten als ein langfristiger Prozess, der weitreichende Veränderungen in verschiedenen, sich gegenseitig beeinflussenden Teilsystemen der Gesellschaft umfasst. Die Veränderungen können auf systemischer Ebene bspw. Organisationsformen oder kulturelle Vorstellungen, Produktions- und Konsummuster sowie rechtliche Konzepte betreffen (bspw. Walz, 2016). Gesellschaftliche Transformationen sind häufig Resultat komplexer bzw. globaler Krisen, für deren Überwindung es gesellschaftlich umfassende bis hin zu globalen Lösungen bedarf. Gegenstände aktueller Debatten sind bspw. Fragen der Globalisierung, der Digitalisierung und der Nachhaltigkeit (OECD, 2021).
- *Individuelle Transformationen* beziehen sich auf Entwicklungsprozesse einzelner Personen. Auf individueller Ebene verändern sich bei gelungener Transformation die Bedeutungsperspektiven (wahrnehmungsleitende Vorannahmen) der Bildungsteilnehmenden, d. h., sie verfügen über alternative Denk- und Handlungsmuster, mit denen Sachverhalte neu wahrgenommen und interpretiert werden (Mezirow, 1997). Individuelle Transformationen basieren gemäß Mezirow (1997) ebenfalls auf krisenhaften Zuständen, die mit bekannten Wahrnehmungs-, Denk- und Handlungsmustern nicht sinnvoll aufgelöst werden können.

Transformationsprozesse spielen entsprechend in unterschiedlichen Bildungskontexten eine wichtige Rolle (González-Pérez & Ramírez-Montoya, 2022). In Hinblick auf die Lehrkräftebildung an Hochschulen lassen sich mehrere Bezugspunkte ausmachen, die eine Verankerung des Gedankens der transformativen Bildung rechtfertigen. So kommt der Hochschule eine „Hebelwirkung […] zur Vermittlung von Wissen, Kenntnissen, Kompetenzen und Werten" zu (Holst & von Seggern, 2020, S. 2), dies gilt insbesondere bezogen auf zukunftsgerichtete Kompetenzen (Hochschulrektorenkonferenz, 2018). D. h., im Rahmen der ersten Phase der Lehrkräftebildung sollten Transformationsprozesse sowohl auf individueller Ebene (bspw. Überzeugungen zur eigenen Person und der Rolle in der Gesellschaft sowie der zukünftigen Profession) als auch auf gesellschaftlicher Ebene (bspw. Befähigung von Kindern zur emanzipativen gesellschaftlichen Teilhabe in der beruflichen Zukunft) initiiert und begleitet werden.

Diese notwendigen Kompetenzen für unsere zukünftige Gesellschaft (auch 21st Century Skills oder Future Skills) formulieren sich in aktuellen Forschungsprozessen aus und betreffen, bezogen auf unterrichtliches Handeln, vor allem die Fokussierung von überfachlichen Kompetenzen in Ergänzung zu bisher fokussierten fachlichen Grundlagen (Ehlers, 2020; Stifterverband & McKinsey, 2021; OECD, 2019). Dies gilt auf der einen Seite für die Ausbildung der angehenden Lehrkräfte durch Hochschuldozierende (direkter Einfluss der Hochschule), auf der anderen Seite für die zukünftige Ausbildung der Schüler*innen durch die angehenden Lehrkräfte (moderierter Einfluss der Hochschule).

2. Die Rolle des Sachunterrichts im Zeitalter der großen Transformationen

Im Kontext der Primarbildung treffen diese Herausforderungen und Anforderungen vor allem auf die Sachunterrichtslehrkräfte, in deren Fach diese Themen auf der inhaltlichen und didaktischen Ebene verankert sind und einen besonderen Stellenwert einnehmen. Der Sachunterricht ist durch eine problemorientierte Didaktik und die Beschäftigung mit aktuellen und zukünftigen Krisen geprägt (Götz et al., 2022). Maßgeblich beeinflusst wurde die Sachunterrichtsdidaktik durch den Bildungsbegriff und die epochaltypischen Schlüsselprobleme von Klafki. Diese stellen Fragen nach gegenwartsbezogenen und zukünftigen Herausforderungen, wie bspw. die Umweltfrage oder die Frage nach Krieg und Frieden (Klafki, 2007). Ziel des Unterrichts im Allgemeinen liegt demnach in der Realisierung zukunftsfähiger Bildungsangebote, die durch die Lehrkraft entsprechend didaktisch aufbereitet und erarbeitet werden müssen (Götz et al., 2022). Der Sachunterricht verfolgt dabei explizit den Bildungsauftrag, die Schüler*innen in der Erschließung der Welt und der Herausbildung einer verantwortungsbewussten Haltung gegenüber Mensch und Natur zu unterstützen und zu begleiten (Marquardt-Mau & Schreier, 1998).

Daraus resultiert, dass Sachunterrichtslehrkräfte für diese Herausforderungen in besonderem Maß sensibilisiert werden müssen und Kompetenzen für die Auseinandersetzung mit zukünftigen Herausforderungen brauchen. Dazu gehören überfachliche Kompetenzen wie beispielsweise Handlungs- und Teamfähigkeit, Selbstorganisation, Reflexionsfähigkeit, Kreativität sowie kommunikative Fähigkeiten, eine sachunterrichtliche Fachidentität (Peschel & Mammes, 2022) und tiefes Verständnis transformativer Bildungsprozesse sowie transformationsbezogene Kompetenzen als inhaltliche Basis eines zukunftsfähigen Sachunterrichts.

3. Ableitungen für die Lehrkräfteausbildung an Hochschulen

Emanzipatorisch-transformatives Lernen ermöglicht einen umfassenden Reflexionsprozess über die Beziehungen, die Lernende zu ihrer natürlichen und sozialen Umwelt haben, und ihre eigene Entwicklung in Richtung einer aktiven, konstruktiven und nachhaltigen Teilhabe an der Gesellschaft (Sterling, 2001). Für die Lehramtsausbildung an der Hochschule ergeben sich hierbei verschiedene Fragen, die methodisch-didaktische Ableitungen betreffen:

Welche (weiteren) Ziele sollten im Rahmen der Hochschulausbildung verfolgt werden?

Neben den in Literatur zur Lehrkraftprofessionalisierung als notwendig benannten Wissensaspekten (Baumert & Kunter, 2006) sollten in der Lehrkräfteausbildung Aspekte des handlungsleitenden Wissens thematisiert werden. Dies umfasst nach Lys (1997) Wissen über den Ist-Zustand (Systemwissen), Wissen über wünschenswerte und nicht wünschenswerte Zustände (Orientierungswissen) sowie Wissen darüber, wie der Soll-Zustand erreicht werden kann (Transformationswissen).

In der transformativen Bildung werden darüber hinaus Prozesse beschrieben, die nicht auf einen reinen Wissenserwerb abzielen. Vielmehr verlangen transformative Bildungsprozesse die Entwicklung und Reflexion überfachlicher Kompetenzen. So ist es Aufgabe der Hochschule, geeignete Situationen herzustellen, bei denen die angehenden Lehrkräfte Perspektivenerweiterung und Perspektivenvernetzung erfahren können, um ihre Reflexionsfähigkeit als Ausgangspunkt für rationales Handeln zu stärken (Zeuner, 2012). Besonders hervorgehoben wird hier das Konzept der kritischen Reflexion, wobei auf der Inhalts-, Prozess- und Prämissenebene feste Überzeugungen und Referenzsysteme, also die Deutung der Welt, hinterfragt und neu bewertet werden. Dabei werden Veränderungsprozesse der handlungsleitenden Bedeutungsperspektiven (meaning perspectives) der Bildungsteilnehmenden fokussiert (Mezirow, 1997). Diese Bedeutungsperspektiven gelten aber als höchst individuell verankerte Strukturen, die sich aus einem Geflecht von Überzeugungen, Einstellungen und handlungsleitenden Wahrnehmungs- und Bewertungsprozessen ergeben. In diesem Bereich sollte eine Veränderung sensibel und überlegt angegangen werden. Konkret heißt dies, dass der Arbeit an persönlichen Beliefs im Rahmen der Lehrkräfteausbildung Raum gegeben werden muss: Raum im Sinne von eingeräumter Zeit, da das (Über-)Erarbeiten von eigenen Überzeugungen langwierig ausfallen kann. Raum aber auch im Sinne einer passenden Umgebung, da individuelle Überzeugungen sehr persönliche Elemente beinhalten können und damit eine Atmosphäre der Angenommenheit, des Respekts und der Sicherheit voraussetzen.

Welche Rolle haben die Lehrenden inne?

Die transformative Bildung geht davon aus, dass sich der Prozess auf der individuellen aber auch auf der kollektiven Ebene vollziehen muss (O'Sullivan, 2002), damit neue Perspektiven sichtbar werden können und sich individuelle Bedeutungsperspektiven vor allem in einem habermasschen herrschaftsfreien Diskurs ändern können (Habermas, 1995; Mezirow, 1997). Das heißt in einem synchronen, also gleichberechtigten und heterogenen Diskurs der Lernenden und Lehrenden. Die Grundannahmen der emanzipatorischen transformativen Bildung schließen damit ein direktives Vorgehen, wie es im Lehrkontext oft der Fall ist, aus, denn dies wäre eine Richtungsvorgabe sowie eine Wissensfokussierung und würde in einem so individuellen und interpersonellen Bereich, wie den Bedeutungsperspektiven, den Autonomieansprüchen der Bildungseilnehmenden nicht gerecht (Singer-Brodowski, 2016). Transformatorische

Bildungsprozesse sehen die persönliche Erschütterung und Verunsicherung durch Krisen als Ausgangspunkt an (Mezirow, 2000; Zeuner, 2007). Hier entsteht im Bildungskontext das Problem, dass nicht davon ausgegangen werden kann, dass alle Bildungsteilnehmenden zur gleichen Zeit von denselben Krisen erschüttert sind und entsprechenden Handlungsbedarf sehen. Die lehrende Person trägt daher die Verantwortung, Bildungsprozesse durch Erschütterungen zu initiieren, um dann in einen kontinuierlichen und dialogisch-fragenden Diskurs mit den Lernenden zu treten, gemäß der Idee der „problemformulierenden Bildungsarbeit" von Freire (1971, S. 67).

Welche Methoden sind geeignet, transformative Bildungsprozesse zu initiieren?

Transformative Bildung sieht transformierte Denk-, Bewertungs- und Handlungsperspektiven als Ergebnis erfolgreichen Lernens an (Mezirow, 1997). Im Kontext der Hochschullehre entspricht dies Projekten, die sich aus den Bedeutungsperspektiven der Teilnehmenden heraus ergeben sollten. Der Projektprozess sowie das Projektergebnis können sodann als Indikator über den Erfolg der Transformation herangezogen werden. Aber wie gelingt es, im Kontext der Lehrkräftebildung bzw. im späteren Unterricht der angehenden Lehrkräfte, solche Projekte zu initiieren, ohne normative Vorgaben zu machen und eine Auswahl zu treffen? Ein zentraler Ansatzpunkt ist in der verwendeten Methode zu sehen, mit der transformative Bildungsprozesse initiiert werden sollen. So wird auch in Positionspapieren betont, dass Globales Lernen und BNE ihre eigentliche Transformationswirkung erst dann entfalten, wenn nicht nur neue Inhalte integriert werden, sondern auch die didaktischen Methoden partizipatorischer, inklusiver und multiperspektivischer gestaltet sind (VENRO, 2014). Als geeignete Methoden gelten daher jene, die in hohem Maße einem Prinzip der Selbstorganisation folgen, da diese Lernprozesse als nicht direkt steuerbar gelten (Gremmler-Fuhr, 2006). Methoden, die konstruktivistischer Natur, partizipatorisch und aktivierend sind (Singer-Brodowski, 2016), auf der selbstständigen Planung und Durchführung von Projektprozessen basieren (Taylor, 2007), ein permanentes Wechselspiel zwischen konkreter Aktion und Reflexion der gemachten Erfahrungen ermöglichen (ebd.) und Gruppen von Lernenden darin unterstützen können, Alltagsideologien zu erkennen und herrschaftsfreie Diskurse zu führen (Mezirow, 1997). Konkret können dies kollaborative Projekte in Ernstsituationen (bspw. Service-Learning-Projekte), Methoden zur Entwicklung von Zukunftsentwürfen (bspw. Zukunftswerkstätten, Science-Fiction-Denken), Analysen komplexer Systeme (bspw. partizipative Forschungsprojekte, Akteur*innenanalysen) und Methoden zum kritischen und reflektierenden Denken (bspw. Fisch-Bowl-Diskussionen) sein (Rieckmann, 2018). In diesem Beitrag wird die Eignung der LEGO-SERIOUS-PLAY-Methode für die Initiierung emanzipatorischer transformativer Bildungsprozesse geprüft, denn diese Methode scheint Potenzial für die emanzipatorische Projektinitiierung zu haben und zudem für die Primarbildung sowie die Lehrkräftebildung geeignet zu sein.

4.   Die LEGO-SERIOUS-PLAY-Methode

Die LEGO-SERIOUS-PLAY-Methode (LSP) ist eine kreative und handlungsorientierte Herangehensweise, die darauf abzielt, die Zusammenarbeit, das Denken und das Lernen in Gruppen zu fördern. Sie nutzt LEGO-Steine als Werkzeuge, um komplexe Themen oder Probleme zu erkunden, Ideen zu generieren, Lösungen zu finden und ein gemeinsames Begriffs- oder Prozessverständnis zu entwickeln. Alle Teilnehmenden bauen mithilfe eines speziellen Repertoires an LEGO-Steinen in einem zeitlich begrenzten Rahmen eine symbolische Darstellung ihres Verständnisses der Aufgabe bzw. Fragestellung. Dabei wird auf das Explorieren und Visualisieren der eigenen Gedanken, individuellen Konzepte und subjektiven Vorstellungen fokussiert und nicht auf das (sonst übliche) Nachbauen der äußeren Welt (Hillmer, 2021). Die gebauten Modelle repräsentieren also bspw. Metaphern, Geschichten (Storytelling) oder abstrakte Konzepte. Der Prozess der Visualisierung kann dabei helfen, komplexe Sachverhalte oder innere Konzepte zu strukturieren, Zusammenhänge herzustellen bzw. zu verdeutlichen und Begriffe zu kategorisieren. Die Methode fördert eine Verbindung des intuitiven Handelns und des rationalen, abstrakten Denkens (Hand-Hirn-Prinzip). Sie nutzt die radikale Simplifizierung (ein einzelner grauer Stein kann ein Elefant sein), was die Teilnehmenden zur Metapherbildung und zum Storytelling anregt. Der Ansatz der Methode lebt von wertungsfreier Heterogenität, ermöglicht eine hundertprozentige Partizipation und macht die verschiedenen Perspektiven der Bildungsteilnehmenden sichtbar (Kristiansen et al., 2009; Kristiansen & Rasmussen, 2014).

Für diese Methode ist ein konkreter Prozess ausformuliert. Dieser unterteilt sich in das anfängliche Skill Building und die anschließenden Bauphasen (Hillmer, 2021). Ziel des Skill Buildings ist die Verwendung von Metaphern und des Storytellings zu den selbst gebauten Modellen. In den anschließenden Bauphasen wird das eigentliche Thema bearbeitet. Dies geschieht zuerst in der Erarbeitung von Einzelmodellen zu einem Schwerpunkt. Dem schließt sich die zweite Phase an, bei dem die Einzelmodelle zu einem Gruppenmodell auf einer großen Platte mittels eines interaktiven, partizipativen und kommunikativen Aushandlungsprozesses zusammengebaut werden. Dabei geht es um die Auslotung der verschiedenen Bedeutungsperspektiven, also, welche Aspekte der Einzelmodelle auf dem Gruppenmodell einen Platz finden. Durch anschließendes Reflektieren über den Prozess und das Ergebnis entsteht ein gemeinsames Verständnis von dem zu bearbeitenden Thema. Die letzte Phase des Prozesses beinhaltet das Systemmodell. Dabei liegt der Fokus auf äußeren Einflüssen, die auf das zu bearbeitende Thema wirken. Hier werden zuerst wieder Einzelmodelle gebaut, die in einem zweiten Schritt in einem Gruppenprozess diskutiert und anschließend an das Gruppenmodell angebaut werden und somit alles miteinander vernetzen. All diese Phasen unterliegen dem LSP-Zyklus, bei dem alle Bauphasen von einer verbalen Präsentation aller Teilnehmenden begleitet werden, um darüber dann gemeinsam zu reflektieren und in einen Diskurs zu gelangen. Das genutzte LEGO-Material ist also ein Mittel zur Darstellung eigener Bedeutungsperspektiven und bietet durch die kommunikativen Prozesse die Basis, um miteinander über diese in Kommunikation zu kommen. Der konkrete Ablauf im Rahmen des Projektes ‚Play for Future':

Skill Building mithilfe mehrerer kleiner Bauaufgaben mit begrenzter Bearbeitungszeit von zwei bis maximal vier Minuten.

1. Aufgabenstellung zum Bau von Einzelmodellen (unsere konkreten Bauaufgaben: 1. *Baue das Modell einer Brücke & nutze dabei einen Weg, wie du LEGO noch nie zusammengebaut hast. 2. Baue ein Modell eines besonderen Moments deiner Schulzeit.*)
2. Bauphase (ohne Gespräche innerhalb der Gruppe)
3. Präsentation der Einzelmodelle an einem Präsentationstisch (bspw. mit Hilfe des Storytellings oder Metaphern) aller Teilnehmenden

Baustufe 1: Bau von Einzelmodellen zu einem vorgegebenen Kontext
1. Aufgabenstellung zum Bau von Einzelmodellen zu einem Begriff oder einer konkreten Fragenstellung (in diesem Projekt: *Baue ein Modell der perfekten Lehrkraft in unserer aktuell durch Krisen geprägten Welt.*)
2. Bauphase (ohne Gespräche innerhalb der Gruppe)
3. Präsentation der Einzelmodelle an einem Präsentationstisch aller Teilnehmenden

Baustufe 2: Bau eines Gruppenmodells (*Baut aus den Einzelmodellen ein Großes!*)
1. Austausch zwischen allen Teilnehmenden über die verschiedenen Einzelmodelle
2. Erarbeitung eines Konsenses in Form eines Gruppenmodells über den/die konkrete/n Begriff/Fragestellung

Baustufe 3: Einflüsse von außen
1. Aufgabenstellung zum Bau von Einzelmodellen (*Baue ein Modell der Faktoren, die die perfekte Lehrkraft von außen beeinflussen.*)
2. Bauphase (ohne Gespräche innerhalb der Gruppe)
3. Präsentation der Einzelmodelle an einem Präsentationstisch aller Teilnehmenden

Baustufe 4: Erweiterung des Gruppenmodells (*Verbindet die Einflussfaktoren mit dem Gruppenmodell.*)
1. Austausch zwischen allen Teilnehmenden über die verschiedenen Einzelmodelle
2. Erarbeitung eines Konsenses in Form eines Gruppenmodells über den/die konkrete/n Begriff/Fragestellung
3. Präsentation des erarbeiteten Gruppenmodells in Form eines selbstgedrehten kurzen Videos

---

5. Fazit

Werden nun die Potenziale der LSP-Methode als perspektivenvernetzendes Konzept zur Förderung einer nachhaltigen, zukunftsfähigen Bildung im Kontext der Lehrkräfteprofessionalisierung von Sachunterrichtsstudierenden betrachtet, ergibt sich folgendes Bild:

Durch ihre Struktur kann die Methode zu selbstorganisierten, konstruktivistischen, partizipatorischen und aktivierenden Auseinandersetzungsprozessen der Teilnehmenden mit Themen führen, die in den Bedeutungsperspektiven dieser als krisenorientiert gelten können (Singer-Brodowski, 2016; Kristiansen et al., 2009; Kristiansen & Rasmussen, 2014). Dabei ist auch eine Offenheit für die erlebten Krisen gegeben, sodass ein emanzipatorischer transformativer Prozess angeregt werden kann (ebd.). Der LSP-Prozess selbst basiert auf einem Wechselspiel zwischen konkreter Aktion und entsprechender Reflexion der gemachten Erfahrungen, vertieft dadurch Reflexionsprozesse und kann dabei unterstützen, Alltagsideologien zu erkennen und

Prämissen zu reflektieren (Kristiansen et al., 2009; Kristiansen & Rasmussen, 2014; Mezirow, 1997). Das Systemmodell zielt auf die Analyse komplexer Systeme und fördert durch die Kombination mit dem Austausch über die Bedeutungsperspektiven aller Teilnehmenden Perspektivenerweiterung und -vernetzung (ebd.). So wird in der Methode eine Förderung der (kritischen) Reflexionskompetenz gesehen. Durch die Partizipation und Gleichberechtigung aller Teilnehmenden eignet sich die Methode für das Initiieren herrschaftsfreier Diskurse und gilt als kollaborativ (Habermas, 1995; Mezirow, 1997). Aus diesem Prozess können auch selbstinitiierte Projekte der Teilnehmenden entstehen, die in einem weiteren Verlauf einen emanzipatorisch transformativen Prozess anregen und vertiefen können (Taylor, 2007; Gremmler-Fuhr, 2006; Singer-Brodowski, 2016). Ein weiterer Vorteil der LSP-Methode ist in ihrer inhaltlichen Offenheit, also der Nutzbarkeit in verschiedensten Bereichen (Fächern) und der Eignung für verschiedene Bildungsteilnehmende, zu sehen (Hillmer, 2021).

Um die Eignung der LSP-Methode im Feld der Lehrkräfteprofessionalisierung im Hochschulkontext zu prüfen, entwickelten die Autor*innen ein empirisch angelegtes Lehrprojekt, in dem die Bedeutungsperspektiven der Studierenden sowie potenzielle Transformationen dieser untersucht wurden. In einer Seminargruppe wurden hierzu die Überzeugungen von n = 17 Studierenden des Grundschullehramts entlang der Frage „Was macht die perfekte Lehrkraft in unserer aktuell durch Krisen geprägten Welt aus?" mithilfe des LEGO-Materials exploriert. Hierbei wurden unterschiedliche individuell bedeutsame Facetten der Lehrkraftprofessionalität durch die Studierenden aufgedeckt. Aus den Fragen, welche der Facetten wohl Grundschulkinder als relevant erachten würden und wie geeignet die LSP-Methode für diese Zielgruppe sein könnte, resultierten Projekttage, in denen zehn Grundschulklassen unter Anleitung der Studierenden und ebenfalls mithilfe von LEGO-Steinen ihr Bild einer perfekten Lehrkraft bauten und diskutierten. Hierdurch ergab sich für die Studierenden die Möglichkeit, ihre persönlichen Überzeugungen noch einmal kritisch zu reflektieren.

Die ersten Ergebnisse sprechen dafür, dass die LSP-Methode als adäquates Mittel gesehen werden kann, emanzipatorische transformative Bildungsprozesse (mittels Projektfindung) im Hochschulkontext anzuregen. Bei einer qualitativen Befragung der Teilnehmenden wurden vor allem die Strukturen von transformativen Bildungsprozessen in der Methode gesehen. Ob nachhaltige Transformationsprozesse erzielt wurden, kann bis dato noch nicht abschließend gezeigt werden. Konkrete Ergebnisse können bei Beutin et al. (in Vorbereitung) nachgelesen werden.

Literatur

Baumert, J. & Kunter, M. (2006). Professionelle Kompetenz von Lehrkräften. *Zeitschrift für Erziehungswissenschaft*, 9(4), 469–520.

Beutin, J., Möller, W. & Blumenthal, S. (in Vorbereitung). (Transformative and Serious) Play For Future – Chances of emancipatory transformative education and the LEGO® SERIOUS PLAY® method.

Brookfield, S. D. (2000). Transformative learning as ideology critique. In J. Mezirow (Hrsg.), *Learning as transformation: Critical perspectives on a theory in progress* (S. 125–148). Jossey-Bass.

Ehlers, U.-D. (2020). *Future Skills. Lernen der Zukunft – Hochschule der Zukunft*. Springer VS.

Freire, P. (1971). *Pädagogik der Unterdrückten*. Kreuz-Verlag.

Götz, M., Kahlert, J., Fölling-Albers, M., Hartinger, S., Miller, S., Wittkowske, S. & von Reeken, D. (2022). Didaktik des Sachunterrichts als bildungswissenschaftliche Disziplin. In J. Kahlert, M. Fölling-Albers, M. Götz, A. Hartinger, S. Miller & S. Wittkowske (Hrsg.), *Handbuch Didaktik des Sachunterrichts* (3. überarb. Aufl., S. 15–18). Julius Klinkhardt (utb).

González-Pérez, L. I. & Ramírez-Montoya, M. S. (2022). Components of Education 4.0 in 21st Century Skills Frameworks: Systematic Review. *Sustainability 2022, 14*, 1493. https://doi.org/10.3390/su14031493

Gremmler-Fuhr, M. (2006). *Transformative Lernprozesse im Erwachsenenalter. Entwicklung eines Orientierungskonzepts für die Anleitung und Unterstützung relationaler Lernprozesse.* Kassel university press.

Habermas, J. (1995). *Theorie des kommunikativen Handelns* (2 Bde., 4., durchges. Aufl.), Frankfurt/Main.

Hillmer, D. (2021). *PLAY! DER UNVERZICHTBARE LEGO SERIOUS PLAY PRAXIS-GUIDE FÜR TRAINER, COACHES UND MODERATOREN*. Carl Hanser Verlag.

Hochschulrektorenkonferenz (2018). *Für eine Kultur der Nachhaltigkeit*. Empfehlung der 25. Mitgliederversammlung der HRK am 06. November 2018 in Lüneburg. https://www.hrk.de/fileadmin/redaktion/hrk/02-Dokumente/02-01-Beschluesse/HRK_MV_Empfehlung_Nachhaltigkeit_06112018.pdf

Holst, J. & von Seggern, J. (2020). *Bildung für nachhaltige Entwicklung (BNE) an Hochschulen: Strukturelle Verankerung in Gesetzen, Zielvereinbarungen und Dokumenten der Selbstverwaltung.* https://doi.org/10.13140/RG.2.2.16929.33120

Klafki, W. (2007). *Neue Studien zur Bildungstheorie und Didaktik*. Beltz.

Kristiansen, P., Hansen, P. K. & Nielsen, L. M. (2009). Articulation of tacit and complex knowledge. In P. Schönsleben, M. Vodicka, R. Smeds & J. O. Riis (2009), *Learning and Innovation in Value Added Networks* (S. 77–86). Proceeding of the 13th IFIP 5.7 Special Interest Group Workshop on Experimental Interactive Learning in Industrial Management. BWI: ETH Zürich.

Kristiansen, P. & Rasmussen, R. (2014). *Building a Better Business Using the Lego Serious Play Method*. New Jersey: Wiley.

Lys, J. (1997). *Forschung zu Nachhaltigkeit und globalem Wandel: wissenschaftspolitische Visionen der Schweizer Forschenden*. Bern: Pro-Clim, Forum für Klima und Global Change.

Marquardt-Mau, B. & Schreier, H. (1998). *Grundlegende Bildung im Sachunterricht. Probleme und Perspektiven des Sachunterrichts*. Julius Klinkhardt.

Mezirow, J. (1997). *Transformative Erwachsenenbildung*. Schneider Verlag Hohengehren.

Mezirow, J. (2000). Learning to think like an Adult. Core Concepts of Transformation Theory. In J. Mezirow & Associates (Hrsg.), *Learning as Transformation. Critical Perspectives on a Theory in Progress* (S. 3–34). Jossey-Bass.

Nerantzi, C. & James, A. (2019). *LEGO® for University Learning: Inspiring academic practice in higher education*. https://doi.org/10.5281/zenodo.2813448

OECD (2019). *OECD Future of Education and Skills*. https://www.oecd.org/education/2030-project/ [27.09.2021].

OECD (2021). *Bildung auf einen Blick 2021. OECD-Indikatoren*. wbv Publikation. https://dx.doi.org/10.3278/6001821ow

O'Sullivan, E. (2002). The Project and Vision of Transformative Education: Integral Transformative Learning. In E. O'Sullivan, A. Morrell & A. O'Connor (Hrsg.), *Expanding the Boundaries of Transformative Learning. Essays on Theory and Praxis* (S. 1–10). Palgrave.

Peschel, M. & Mammes, I. (2022). Der Sachunterricht und die Didaktik des Sachunterrichts als besondere Herausforderung für die Professionalisierung von Grundschullehrkräften. In I. Mammes & C. Rotter (Hrsg.), *Professionalisierung von Grundschullehrkräften. Kontext, Bedingungen und Herausforderungen* (S. 188–203). Verlag Julius Klinkhardt.

Rieckmann, M. (2018). Die Bedeutung von Bildung für nachhaltige Entwicklung für das Erreichen der Sustainable Development Goals (SDGs). *ZEP: Zeitschrift für internationale Bildungsforschung und Entwicklungspädagogik, 41*(2), 4–10.

Schütze, F. (1996). Organisationszwänge und hoheitsstaatliche Rahmenbedingungen im Sozialwesen. Ihre Auswirkungen auf die Paradoxie des professionellen Handelns. In A. Combe & W. Helsper (Hrsg.), *Pädagogische Professionalität. Untersuchungen zum Typus pädagogischen Handelns* (S. 183–276). Frankfurt a. M.: Suhrkamp.

Singer-Brodowski, M. (2016). Transformatives Lernen als neue Theorie-Perspektive in der BNE. In Umweltdachverband GmbH (Hrsg.), *Jahrbuch Bildung für nachhaltige Entwicklung – Im Wandel* (S. 130–139). Wien: Forum Umweltbildung im Umweltdachverband.

Sterling, S. (2001). *Sustainable Education. Re-Visioning Learning and Change* (Schumacher Briefings 6). Green Books.

Stifterverband/McKinsey (2021). *Future Skills 2021. 21 Kompetenzen für eine Welt im Wandel*. Stifterverband für die Deutsche Wissenschaft e. V.

Taylor, E. W. (2007). An update of transformative learning theory: a critical review of the empirical research (1999–2005). *International Journal of Lifelong Education 26*(2), 173–191.

VENRO (2014). Globales Lernen als transformative Bildung für eine zukunftsfähige Entwicklung. Diskussionspapier zum Abschluss der UN-Dekade „Bildung für nachhaltige Entwicklung (BNE)". http://venro.org/uploads/tx_igpublikationen/2014-Diskussionspapier_Globales_Lernen.pdf. [30.01.2016].

Walz, K (2016). Entwicklung und Stand der Debatte: Transformationsforschung im deutschen Kontext. In A. Engels (Hrsg.), *Global Transformations towards a Low Carbon Society, 11* (Working Paper Series). Universität Hamburg.

WBGU (2011). *Welt im Wandel. Gesellschaftsvertrag für eine Große Transformation*. www.wbgu.de/fileadmin/templates/dateien/veroeffentlichungen/hauptgutachten/jg2011/wbgu_jg2011.pdf

Welzer, H. (2011). *Mentale Infrastrukturen: Wie das Wachstum in die Welt und in die Seelen kam*. (Schriften zur Ökologie 14). Heinrich-Böll-Stiftung. www.boell. de/sites/default/files/Endf_Mentale_Infrastrukturen.pdf [30.01.2016].

Zeuner, C. (2007). *Welche Potenziale bietet Weiterbildung für die Bewältigung gesellschaftlicher Veränderungen im kommunalen und regionalen Umfeld?* Vortrag, gehalten im Rahmen der Fachtagung „Weiterbildung als Mitgestalter gesellschaftlicher Wandlungsprozesse" am 5. und 6. November 2007 im Rahmen des Projekts.

Zeuner, C. (2012). „Transformative Learning" – Ein lerntheoretisches Konzept in der Diskussion. In H. Felden, C. Hof & S. Schmidt-Lauff (Hrsg.), *Erwachsenenbildung und Lernen*.

Dokumentation der Jahrestagung der Sektion Erwachsenenbildung der Deutschen Gesellschaft für Erziehungswissenschaft vom 22.–24. September 2011 (S. 93–104). Schneider Verlag Hohengehren.

Wanda Möller, Universität Rostock
wanda.moeller@uni-rostock.de
https://orcid.org/0000-0002-3510-4470

Johanna Beutin, Universität Rostock
johanna.beutin@uni-rostock.de

Stefan Blumenthal, Universität Rostock
stefan.blumenthal@uni-rostock.de
https://orcid.org/0000-0001-7616-3445

Nina Dunker, Universität Rostock
nina.dunker@uni-rostock.de

https://doi.org/10.31244/9783830997962.16

Labs4Future

Kristallisationskeim für Lehren und Lernen zur Klimakrise

Jonathan Grothaus, Markus Elsholz, Katja Weirauch, Sabine Gerstner,
Ekkehard Geidel, Martin Hennecke, Hans-Stefan Siller & Thomas Trefzger

Das Forschungs- und Lehr-Projekt Labs4Future soll sowohl angehende Lehrkräfte
wie auch Schülerinnen und Schüler zur Bewertung der Effektivität von Klimaschutzmaßnahmen befähigen und die Bereitschaft zum entsprechenden effektiven Handeln
schaffen. Ziel ist die Förderung von Handlungskompetenz im Sinne des Orientierungsrahmens für den Lernbereich Globale Entwicklung: „Oft ist zwischen verschiedenen Handlungsweisen bewusst zu wählen, Normen- und Interessenkonflikte sind
zu klären, und die direkten und indirekten Folgen von Handlungen abzuschätzen"
(Schreiber & Siege, 2016, S. 92). Zur Vermittlung dieser Kompetenzfacetten müssen
diese insbesondere auch bei Lehrpersonen aufgebaut werden, wozu die Curricula
der Lehrpersonenbildung einen substanziellen Beitrag leisten können und müssen,
wie z. B. im nationalen Aktionsplan ‚Bildung für Nachhaltige Entwicklung' gefordert
(BMBF, 2017).

 Für die Akzeptanz von strukturellen Maßnahmen gegen den Klimawandel, die
Motivation zu politischer und gesellschaftlicher Partizipation bzw. zur Änderung
eigenen Verhaltens ist das Wissen um die Grundlagen der Klimaproblematik zwar
notwendig, aber nicht hinreichend (Kollmuss & Agyeman, 2010). Fachlehrpläne (am
Beispiel des Fachs Physik: Landesinstitut für Schule Bremen, 2020; ISB, 2023) oder
Materialsammlungen wie das Klimakoffer-Projekt (Scorza et al., 2021) strukturieren
das Lernen zum Themenkomplex Klimakrise als distanzierte und losgelöste Beschreibung der Sachverhalte (‚anthropogener Treibhauseffekt‘, ‚Klimawandel‘). Eine daran
anschließende Bewertung der Effektivität struktureller und verhaltensbedingter Maßnahmen zur Lösung der Krise findet oftmals nur rudimentär statt. Vor allem fehlt ein
empirisch belegtes und umweltpsychologisch fundiertes didaktisches Vermittlungs-
konzept, das den Verbindungsprozess von Wissen und Handeln strukturiert und die
Passung vorhandener Ansätze (Sach et al., 2021a; Bauer et al., 2023; Eilks et al., 2011)
mit Handlungstheorien ermöglicht. Im Projekt Labs4Future wird daher eine Abkehr
vom Informations-Defizit-Modell zugunsten einer Adressierung von umweltpsycho-

logischen Verhaltensdeterminanten in Verbindung mit der Wissensvermittlung praktiziert.

Für das gleichnamige Schülerlabor Labs4Future und die universitäre Lehrerbildung wurde eine Reihe von Umsetzungen entwickelt (Grothaus et al., 2024a; Grothaus et al., 2024b). Der vorliegende Beitrag skizziert knapp das zugrunde liegende didaktische Framework Lessons4Action, insbesondere die integrierten umweltpsychologischen Aspekte. Anschließend folgen die Darstellungen des darauf aufbauenden Seminar- und Schülerlaborkonzepts sowie des methodischen Bausteins ‚Treibhaustaler‘ (THT). Bei den THT handelt es sich um Flächenrepräsentationen der individuellen (Treibhausgas-)Emissionen eines Tages. Diese Methode wirft im ersten Blick den Fokus auf die individuellen Aspekte von Handeln, auf den zweiten Blick wird aber klar, dass für die meisten Handlungsaspekte strukturelle Veränderungen vorangetrieben werden müssen.

1. Projekt Labs4Future

1.1 Didaktisches Framework

Wie können die Prozesse, die zum anthropogenen Klimawandel führen, so unterrichtet werden, dass dieses Systemwissen anschließend mit effektiven Handlungsoptionen verknüpft wird? Das Framework *Lessons4Action* (Abbildung 1) integriert entsprechende Befunde aus Umweltpsychologie, Soziologie und Kommunikationsforschung und stellt die theoretische Grundlage für die Materialentwicklung und Planung von Bildungsprozessen im *Labs4Future*-Projekt dar.

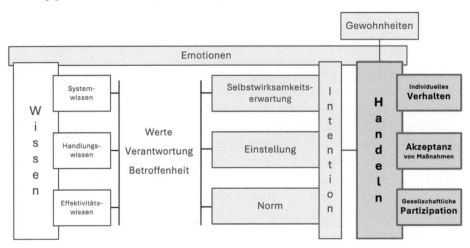

Abb. 1: Lessons4Action Framework. Zentrale psychologische Konstrukte zur Adressierung von Umwelthandeln in Bildungsprozessen.

1.1.1 Wissensfacetten

Eine mögliche Aufteilung von Wissen (in Abbildung 1, links) zum Themenfeld Umwelthandeln erfolgt nach Roczen et al. (2014): (Erd-)Systemwissen bezieht sich auf die (Wechsel-)Wirkungen im Erdsystem, d. h., wie einzelne Phänomene auftreten und wie sie in Rückkopplungsschleifen zusammenwirken und sich gegenseitig verstärken. Handlungswissen betrifft die verfügbaren Verhaltensoptionen auf individueller und gesellschaftlicher Ebene, das Effektivitätswissen bewertet die verschiedenen Optionen auf Grundlage der damit verbundenen Treibhausgasemissionen.

1.1.2 Der Transfer vom Wissen zum Handeln

Die Stärke des zugrunde liegenden Handlungsmodells (Abbildung 1) resultiert aus der Berücksichtigung zentraler Konstrukte, die Handlungsintentionen direkt beeinflussen. Handeln hat in diesem Modell eine individuelle und gesellschaftliche bzw. strukturelle Komponente, die sich in individueller Handlungsbereitschaft, in gesellschaftlicher Partizipation und in Akzeptanz von strukturellen Maßnahmen ausdrückt (PACE, 2023).

Ausgehend von einem ‚klassischen' Vermittlungsprozess der drei Wissensfacetten integriert das Modell umweltpsychologische Handlungstheorien (Bamberg & Möser, 2007; Klöckner, 2013). Die Intention zum Handeln wird von drei zentralen Konstrukten bestimmt: Selbstwirksamkeitserwartung, Einstellungen und Normen. Die Verbindung von Wissen mit diesen verhaltensnahen Konstrukten wird von einer Vielzahl verschiedener Konstrukte moderiert – darunter Werte, Verantwortung und Betroffenheit.

Emotionen wie Angst oder Bedrohung nehmen eine Sonderrolle ein: Sie können einerseits hemmend für Intentionen sein, z. B. wenn Menschen in eine Unterdrückungs- bzw. Ablenkungsstrategie verfallen, andererseits auch ein Antrieb, sich des Problems anzunehmen (Kapeller & Jäger, 2020). Alle bisher beschriebenen Konstrukte führen auf die Handlungsintentionen hin: Um eine Intention in die Tat umzusetzen, muss eine (subjektive) Abwägung zwischen Nutzen und Kosten solcher Handlungen zugunsten der Vorteile ausfallen (Ajzen, 1991; Bamberg & Möser, 2007). Anders verhält es sich mit Gewohnheiten: Diese sind als einzige direkt mit dem Handeln verbunden, denn sie sind aus bereits abgelaufenen und nicht mehr hinterfragten Abwägungsprozessen entstanden (Klöckner, 2013). Die eingangs genannten drei Manifestationen von Handeln (Partizipation, Verhalten, Akzeptanz) werden durch die verschiedenen Variablen mitbestimmt. Die psychologische Theorie spricht dafür, dass sich durch die gezielte (Mit-)Adressierung dieser Aspekte in Bildungsprozessen die Verbindung von Wissen und Handeln stärken lässt.

1.2   Lehr-Lern-Labor Labs4Future

Das außerschulische Lehr-Lern-Labor *Labs4Future* ist der Versuch einer didaktischen Umsetzung des Frameworks und damit seiner Implementierung in die Praxis. Auf Ebene der Hochschule ist Labs4Future sowohl Forschungsgegenstand als auch (im Lehr-Lern-Labor-Format) Erprobungsfeld für Lernmaterial, das Lehramtsstudierende z. B. im weiter unten beschriebenen Seminar *Zur Klimakrise lehren* entwickeln.

Labs4Future ist für Jugendliche im Alter ab 15 Jahren, üblicherweise Schulklassen aller weiterführenden Schularten, konzipiert. Das Schülerlabor findet an zwei Tagen zu je 6 Zeitstunden im Mathematischen, Informatischen und Naturwissenschaftlichen Didaktikzentrum (M!ND) der Universität Würzburg statt. Der erste Tag ist dem (Erd-)Systemwissen gewidmet, der zweite Tag dem Handlungs- und Effektivitätswissen. Zu einer Übersicht zum gesamten Schülerlabor, und einer Beschreibung wie wir darin das Lessons4Action Framework realisieren, siehe Grothaus et al. (2024b).

Das Lehr-Lern-Labor wird von je drei Lehramtsstudierenden betreut, die die Schülerinnen und Schüler bei der Bearbeitung der Lernstationen unterstützen. Das Konzept dieses Lehr-Lern-Labors wurde im Jahr 2022 entwickelt und wird seitdem fortlaufend erprobt und iterativ adaptiert.

1.3   Seminarkonzept „Zur Klimakrise lehren: zwischen Zynismus, Apokalypse und Lastenfahrrad"

Das hier dargelegte Seminarkonzept hat zum Ziel, das eingangs vertretene Unterrichtsparadigma mit Fokussierung auf effektives Handeln auf individueller und struktureller Ebene (siehe dazu *Lessons4Action* Framework) in der Lehrkräftebildung zu verankern. Durch die Verortung im fächerübergreifenden Bereich aller Lehramtsstudiengänge sind die Voraussetzungen der Teilnehmenden sehr heterogen u. a. in Bezug auf Fachexpertise, Schulart oder vorherige z. T. aktivistische Beschäftigung mit dem Thema.

Konzeptionell bedient das Seminar den Dreischritt: (1) Fachinhaltliche Grundlagen schaffen, (2) fachdidaktische Handlungsoptionen kennenlernen, anwenden und bewerten, um schließlich (3) einerseits die Kompetenz zu erlangen, Unterricht unter Berücksichtigung umweltpsychologischer Gesichtspunkte zu planen und andererseits die Rolle als Lehrkraft (inkl. der eigenen Überzeugungen und Werthaltungen zur Klimakrise) zu reflektieren (Hermans, 2016).

Das Lessons4Action-Framework wird in der ersten Seminarsitzung vorgestellt, denn es bildet den Rahmen des Seminars und ist gleichzeitig Reflexionsleitfaden: Die fachinhaltlichen Grundlagen des Seminars entsprechen daher den Wissensfacetten des Frameworks. Weiterhin werden im Seminarablauf die selbst durchlaufenen Lerngelegenheiten, z. B. das Mystery zum Systemwissen, hinsichtlich ihres Beitrags zur Handlungskompetenz reflektiert.

Der Ablauf des Seminares wird in Tabelle 1 skizziert: Die Studierenden erarbeiten sich anfangs die fachlichen Grundlagen anhand von Stationen aus dem Schülerlabor,

Tab. 1: Ablauf des Seminars in 12 Einheiten à 90 Minuten.

Struktur	Inhalte/Ziele
Einführung	
Einführung Framework: Überblick	• Klärung der Rahmenbedingungen und Arbeitsstrukturen. • Etablieren von Diskussionskultur im Seminar, Grundansatz des Hinterfragens von Bildungs- und gesellschaftlicher Praxis.
Systemwissen	
Experimente	• Phänomene des Treibhauseffekts: Albedo, Transmission von Infrarot durch Treibhausgase Butan/Propan, Wirkweise von CO_2 in Atmosphäre. • Zyklische Zusammenhänge und Kipppunkte: Meereis-Rückkopplung.
Literatur: Folgen der Klimakrise	• Literatur: DKK (2021); Schönbein et al. (2020). • Attributionsforschung, Veränderungen vor Ort, Zeitverzögerung von Emissionsfolgen, persönliche Betroffenheit. • 1,5°C- vs. 2°C-Welt, Nicht-Linearität der Klimawandelfolgen.
Mysterys (Grothaus et al., 2024b)	• Systemische Zusammenhänge. • Verantwortlichkeiten für Problemursache und Problemlösung: Individuum, Gesellschaft/Politik, Globaler Norden.
Didaktische Handlungsoptionen: Framework Lessons4Future	
Herausforderung Bildung zur Klimakrise	• Literatur: Klimafakten.de (2023); Michelsen & Fischer (2016); Moser & Dilling (2012). • Dilemmata: Bedrohlichkeit und Überwältigungsverbot. • Fakenews und Debunking-Strategien.
Von der Umweltpsychologie in die Bildung	• Literatur: Grothaus et al. (2024a); Sach (2021) oder Hamann et al. (2016). • Übertragbarkeit von Handlungsmodellen in Bildung/Unterricht. • Peer-Feedback von ersten Materialideen anhand umweltpsychologischer Kriterien.
Handlungs- & Effektivitätswissen	
Treibhaustaler (THT)	• Exemplarisches Berechnen von Konsum-Treibhaustalern (Referenzrahmen Tag, CO_2e). • Legen des eigenen Tages, Gruppenvergleich. • Rolle von individuellen und strukturellen Handlungsoptionen.
THT: Die Notwendigkeit struktureller Veränderungen	• Einfluss systemischer Voraussetzungen auf Emissionen des Alltags: Züge, Strommix. • Hinterfragen der Methode Treibhaustaler: Systemgrenzen, Datengrundlage, Mehrdeutigkeit.
Utopiedenken	• Hinterfragen von gesellschaftlichen Gewohnheiten und Pfad-Abhängigkeiten. • Entwicklung und Vorstellung von strukturell nötigen Veränderungen. • Übertragbarkeit und persönliche Rolle bei Realisierung der Ideen.
Eigenständiges Anwenden und Übertragen in Lehrkontexte	
Selbstständige Materialentwicklung	• Individuelles oder gruppenweise Entwickeln von eigenen Informations- oder Lernmaterialinhalten mit dem Ziel der Verbindung von Wissen und Handeln.
Generalprobe des Materials und Puffer	• Erprobung der entwickelten Materialien mit Schülerinnen und Schülern.

sowie anhand von Literatur zu Kipppunkten und zu Klimawandelfolgen. Hinsichtlich der didaktischen Handlungsoptionen wird Literatur zur Herausforderung normativen (BNE-)Unterrichts und zur Umweltpsychologie (Quellen in Tabelle 1) bearbeitet.

Im Anschluss an die Einarbeitung in die didaktische Theorie bestimmt insbesondere der Perspektivwechsel das Seminar: Nach der Bearbeitung der Lernstationen wird ihre Bedeutung für die Verbindung von Wissen mit Handeln reflektiert. Durch ein fortwährendes Hinterfragen der erprobten Materialien und der eigenen Lernfortschritte wird der Transfer der theoretischen Strukturen auf die Planung eigener Lernangebote forciert. Gegen Ende des Seminars steht die Entwicklung eigener Lernmaterialien und deren praktische Erprobung.

2. Treibhaustaler – exemplarische Umsetzung des Frameworks

Die Methode der Treibhaustaler (THT) leitet im Seminarkonzept und im Schülerlabor die Auseinandersetzung mit verschiedenen Formen von effektivem Handeln (Verhalten, Partizipation und Akzeptanz von Maßnahmen) ein. Während sich augenscheinlich Emissionen erst einmal aus reinen Individualentscheidungen ergeben, wird auf den zweiten Blick klar, dass selbst ein „asketisches" Leben (im Lebenskontext der europäischen Industrienationen) dem 1,5°C-Budget nicht genügen würde. Mehr noch sind praktisch alle Handlungen indirekt von gesellschaftlich bestimmten Entscheidungen bzgl. der Energieressourcen bestimmt. In der Struktur des Handlungsmodells adressieren die THT die Konstrukte Verantwortung, Gewohnheiten und Selbstwirksamkeit: Über die Flächenrepräsentation der Emissionen wird die unterschiedliche Relevanz verschiedener Verhaltensweisen und gesellschaftlicher und individueller Gewohnheiten offenbar. Umweltpsychologisch wird das vor allem durch den Vergleich mit den Pro-Kopf Emissionen anderer Länder (kodiert als Flächenbegrenzungen), bzw. den Flächen der eigenen Peers klar. Die aktivierten moralischen bzw. sozialen Normen erzeugen Betroffenheit und ein Verantwortungsgefühl, das in beiden vorgestellten Bildungskonzepten konstruktiv in die Methode des Utopiedenkens überführt wird (Grothaus et al., 2024b).

2.1 Grundidee: Flächenrepräsentation der Emissionen von Handlungsoptionen

Trotz der generellen Bereitschaft der Öffentlichkeit, Maßnahmen zur Verringerung der Treibhausgasemissionen und zur Begrenzung der globalen Erwärmung zu ergreifen, haben selbst informierte Menschen Schwierigkeiten, die quantitative Relevanz verschiedener Lebensbereiche zu bewerten (PACE, 2023), und auch Schulbuch-Literatur fokussiert wenig auf effektive Handlungen (Wynes & Nicholas, 2017).

Dies ist besorgniserregend, da die Bereitschaft zum Handeln oft an Aktivitäten verloren geht, die wenig zur Verringerung der Emissionen beitragen. Um dieses Problem zu adressieren, wurde eine Veranschaulichung entwickelt, welche die mit ver-

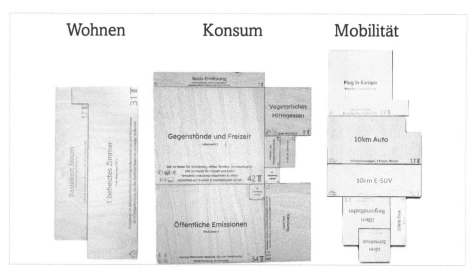

Abb. 2: Exemplarische Treibhaustaler aus den drei Bereichen Wohnen, Konsum und Mobilität (je bezogen auf einen durchschnittlichen Tag).

schiedenen Handlungen verbundenen Emissionen als Holzplättchen verschiedener Größe darstellt (die Inspiration dafür entstammt der Postkarte der IPU (2022)).

Die Fläche eines solchen sogenannten THT repräsentiert die Menge der ungefähren Tagesemissionen in CO_2-Äquivalenten (CO_2e), die aus der entsprechenden Handlung resultieren. Die THT sind dabei als Emissionswährung bzw. -schulden zu verstehen. Ausgehend von einem IPCC-Szenario zur Begrenzung des globalen Temperaturanstiegs auf 1,5°C ohne oder mit begrenztem Overshoot (IPCC, 2019, S. 119) ergeben sich 100 THT (bzw. 9,39 kg CO_2e) als Tagesbudget an Emissionen, die jeder Mensch ab dem Jahr 2030 zur Verfügung hat.

Aus einer Vielzahl an mehr oder weniger aktiv entscheidbaren Verhaltensweisen werden die Emissionen eines Tages gelegt: Von der persönlichen Ernährung über Streaming bis hin zu den Tagesemissionen für Elektrizität oder öffentlichem Leben (d. h. Mülldeponien, öffentliche Gebäude etc.). Die Gesamtübersicht macht deutlich, welche Verhaltensweisen am meisten zu den Emissionen beitragen (im Online-Supplement ist eine Kopiervorlage für alle THT enthalten).

Wichtig ist, dass die Methode nicht als Aufruf zur Individualisierung der Emissionsreduktion missverstanden wird. Viele (wenn auch nicht alle) der emissionsintensiven THT sind vor allem von gesellschaftlichen bzw. strukturellen Bedingungen und Gewohnheiten geprägt. Individuell beeinflussbar sind bspw. die Bereiche Fliegen, Ernährung, Wohnfläche und Konsum. Eine Reduktion in diesen Bereichen ist zwar unerlässlich, aber für ein 1,5°C-Ziel ungenügend. Heizenergiequellen, öffentliche Emissionen, Stromemissionen, die sich auf viele weitere Treibhaustaler auswirken, bestimmen die Gesamtfläche. Nur gesellschaftliche Teilhabe kann die Systembedingungen soweit verändern, dass ein nachhaltiges Leben möglich wird.

2.2 Reflexion der Methode Treibhaustaler

Im Seminar und Schülerlaborkontext werden die THT entlang der drei Bereiche Wohnen, Mobilität und Konsum (inkl. Ernährung) erarbeitet. Thematisiert werden die Datengrundlage zur Berechnung der Talerflächen als auch die Ursachen für die unterschiedlichen Größen sowie strukturelle Abhängigkeiten (z. B. Methan und Lachgas in der Landwirtschaft oder der große Energiebedarf für Raumheizung).

Exemplarisch am Beispiel des Bereichs Mobilität sollen die Grenzen und Ungenauigkeiten der THT diskutiert und der Einfluss struktureller Bedingungen illustriert werden. Grundsätzlich ist es wegen der Komplexität der betrachteten Systeme und der unterschiedlich umfangreichen und zuverlässig verfügbaren Informationen unmöglich, eine exakte Repräsentation der realen Emissionen zu erreichen. Möglich ist aber eine fachlich solide und fundierte Annäherung, besonders im Sinne der relativen Größen zueinander. Dennoch unterliegt die jeweilige Quantifizierung der Emissionen beträchtlichen Ungenauigkeiten, bspw. in der Wahl der Systemgrenzen. Bis zu welchem Systemaspekt die Emissionen einer Handlung zugerechnet werden, ist nicht immer eindeutig: So entstehen bei den Produktionsprozessen der Erdölindustrie beträchtliche Emissionen, die der CO_2e-Bilanz von Fahrzeugen aber meist nicht zugerechnet werden.

Berücksichtigt wurden, wann immer möglich, auch die Emissionen, die die Produktion eines Gegenstandes verursacht: Bei der Produktion und Entsorgung eines exemplarischen (Verbrenner-)Autos entstehen nach Teubler et al. (2018) beispielsweise 8095 kg CO_2e, die auf die Nutzungszeit aufgeteilt werden müssen. Der nationale Strommix bestimmt diese sog. grauen Emissionen durch den Energiebedarf von Industrie und Transport beträchtlich mit. Weiterhin hat hier der ÖPNV einen beträchtlichen Vorteil, weil durch die dauerhafte Nutzung der Fahrzeuge und gute Reparierbarkeit die investierten Emissionen sehr effektiv eingesetzt bzw. aufgeteilt werden.

Aus einer Systematisierung entstehen eine ganze Reihe beachtenswerter Artefakte: Die schlechtere Bilanz von europäischen Regionalzügen im Vergleich mit Schnellzügen (Spreafico & Russo, 2020) kommt bspw. durch eine geringere Auslastung und der Antriebsart (u.a. durch Dieselloks) zustande. Weiterhin hängen die Emissionen stark vom lokalen Strommix ab: 10 km Bahnfahrt auf der Strecke Berlin-Krakau verursachen (anteilig betrieben mit CO_2-intensivem Kohlestrom) ca. 10 THT, auf der Strecke Kopenhagen-Stockholm erzeugen 10 km dagegen nur ca. 0,5 THT (Hacon, 2023).

Die detaillierte Erkundung dieser Artefakte mit den Lernenden erbringt wiederum eine wertvolle Erkenntnis, denn dabei werden die Stellschrauben für eine Transformation klar. Beispielsweise wird im Vergleich des dänisch/schwedischen Zugs mit dem Auto oder E-Auto offensichtlich, dass die Individualmobilität unmöglich so emissionsarm werden kann wie der öffentliche Verkehr.

3. Fazit

Ein gesellschaftlicher Umbau hin zu einer treibhausgasneutralen Gesellschaft erfordert selbstkritische Ehrlichkeit, denn nicht alle kulturellen Gewohnheiten sind mit der Freiheit der zukünftigen Generationen vereinbar. Die präsentierten Ansätze schlagen einen Rahmen vor, um zu einer solchen Transformation beizutragen:

1. Das theoretische Framework zur Planung von Bildungsprozessen, die ein effektives individuelles und gesellschaftliches Handeln anstreben.
2. Das Seminarkonzept und Lehr-Lern-Labor, um in der Lehrkräftebildung die Berücksichtigung umweltpsychologischer Verhaltensdeterminanten zu verankern und einzuüben sowie deren Einbindung in der Bildungspraxis zu erproben.
3. Die Treibhaustaler, um einerseits die Notwendigkeit struktureller Veränderungen für die Reduktion individueller Emissionen hervorzuheben und zum anderen das sowohl im schulischen als auch gesellschaftlichem Bewerten von Maßnahmen unterrepräsentierte Effektivitätsargument zu betonen.

Literatur

Ajzen, I. (1991). The theory of planned behavior. *Organizational Behavior and Human Decision Processes, 50*(2), 179–211.

Bamberg, S. & Möser, G. (2007). Twenty years after Hines, Hungerford, and Tomera: A new meta-analysis of psycho-social determinants of pro-environmental behaviour. *Journal of Environmental Psychology, 27*(1), 14–25.

Bauer, T., Lohn, T., Best, B. & Schneider, P. (2023). *Erneuerbare Energien zum Verstehen und Mitreden: Unterrichtsmaterialien für die Gymnasialstufe.* https://klimawandel-schule.de/sites/default/files/2023-04/handbuch_erneuerbare_energien_0423_1.pdf

BMBF – Bundesministerium für Bildung und Forschung. (2017). *Nationaler Aktionsplan. Bildung für Nachhaltige Entwicklung.* https://www.bne-portal.de/bne/shareddocs/downloads/files/nationaler_aktionsplan_bildung-er_nachhaltige_entwicklung_neu.pdf?__blob=publicationFile&v=3

DKK – Deutsches Klimakonsortium. (2021). *Was wir heute übers Klima wissen. Basisfakten zum Klimawandel, die in der Wissenschaft unumstritten sind.* https://www.deutsches-klima-konsortium.de/fileadmin/user_upload/pdfs/Publikationen_DKK/basisfakten-klimawandel.pdf

Eilks, I., Feierabend, T., Hößle, C., Höttecke, D., Menthe, J., Mrochen, M. & Oelgeklaus, H. (Hrsg.) (2011). *Der Klimawandel vor Gericht – Materialien für den Fach- und Projektunterricht.* Aulis Verlag.

Grothaus, J., Elsholz, M. & Trefzger, T. (2024, im Druck). Empowering the next generation to address climate change effectively: The student laboratory Labs4Future. *Climate Change in Social Media [Tagungsband].* Springer.

Grothaus, J., Herold, A., Elsholz, M. & Trefzger, T. (2024a, im Druck). Massenmörderinnen Vera und Yvonne – Die komplizierte Frage nach den Verursachern von Klimawandelfolgen. *Naturwissenschaften im Unterricht Physik* [Themenheft Mysterys].

Grothaus, J., Hofmann, J., Damköhler, J., Elsholz, M. & Trefzger, T. (2024b, im Druck). Utopien und Dystopien in Physik und Technik. In H. Ammerer, M. Anglmayer-Geelhaar, R. Hummer & M. Oppolzer (Hrsg.), *Utopisches und dystopisches Denken im Unterricht.* Waxmann.

Hacon. (2023). *EcoPassenger.* https://ecopassenger.hafas.de/bin/query.exe/en?L=vs_uic

Hamann, K., Baumann, A. & Löschinger, D. (2016). *Psychologie im Umweltschutz.* oekom verlag.

Hermans, M. (2016). Geography teachers and climate change: Emotions about consequences, coping strategies, and views on mitigation. *International Journal of Environmental and Science Education, 11*(4), 389–408.

IPCC – Intergovernmental Panel on Climate Change (2019). *Global Warming of 1.5°C.* https://www.ipcc.ch/site/assets/uploads/sites/2/2022/06/SR15_Full_Report_LR.pdf

IPU – Initiative Psychologie im Umweltschutz. (2022). *Die Postkarte „Was tust du für den Klimaschutz?".* https://ipu-ev.de/postkarte/

ISB – Staatsinstitut für Schulqualität und Bildungsforschung. (2023). *LehrplanPLUS Gymnasium.* https://www.lehrplanplus.bayern.de/fachlehrplan/gymnasium/9/physik

Kapeller, M. L. & Jäger, G. (2020). Threat and Anxiety in the Climate Debate – An Agent-Based Model to Investigate Climate Scepticism and Pro-Environmental Behaviour. *Sustainability, 12*(5), 1823.

Klimafakten.de. (2023). *P-L-U-R-V: Dies sind die häufigsten Desinformations-Tricks von Wissenschafts-Leugnern.* https://www.klimafakten.de/meldung/p-l-u-r-v-dies-sind-die-haeufigsten-desinformations-tricks-von-wissenschafts-leugnern

Klöckner, C. A. (2013). A comprehensive model of the psychology of environmental behaviour – A meta-analysis. *Global Environmental Change, 23*(5), 1028–1038.

Kollmuss, A. & Agyeman, J. (2010). Mind the Gap: Why do people act environmentally and what are the barriers to pro-environmental behavior? *Environmental Education Research, 8*(3), 239–260.

Landesinstitut für Schule Bremen. (2020). *Bildungspläne.* https://www.lis.bremen.de/schulqualitaet/curriculumentwicklung/bildungsplaene-15219

Michelsen, G. & Fischer, D. (2016). Bildung für nachhaltige Entwicklung. In K. Ott, J. Dierks & L. Voget-Kleschin (Hrsg.), *Handbuch Umweltethik* (S. 330–334). J. B. Metzler.

Moser, S. C. & Dilling, L. (2012). *Communicating Climate Change: Closing the Science-Action Gap.* Oxford University Press.

PACE. (2023). *Zusammenfassung und Empfehlungen der Welle 14.* https://projekte.uni-erfurt.de/pace/summary/14/

Roczen, N., Kaiser, F. G., Bogner, F. X. & Wilson, M. (2014). A Competence Model for Environmental Education. *Environment and Behavior, 46*(8), 972–992. https://doi.org/10.1177/0013916513492416

Sach, A. A. (2021). Our climate is changing, why aren't we? *Naturwissenschaften im Unterricht Physik, 183/184,* 22–24.

Sach, M., Rabe, T., Höttecke, D. & Heinicke, S. (2021a). Klimawandel im Spannungsfeld zwischen Wissenschaft und Gesellschaft. *Naturwissenschaften im Unterricht Physik, 183/184,* 4–12.

Schönbein, D., Keupp, L., Pollinge, F. & Paeth, H. (2020). *Klimabericht für Unterfranken.* Verfügbar unter: https://bigdata-at-geo.eu/webklimabericht/Klimabericht.pdf

Scorza, C., Lesch, H., Strähle, M. & Sörgel, D. (2021). *Handbuch Klimakoffer: Der Klimawandel: verstehen und handeln*. https://klimawandel-schule.de/sites/default/files/2022-05/handbuch_klimawandel.pdf

Schreiber, J.-R. & Siege, H. (2016). *Orientierungsrahmen für den Lernbereich Globale Entwicklung*. Engagement Global.

Spreafico, C. & Russo, D. (2020). Exploiting the Scientific Literature for Performing Life Cycle Assessment about Transportation. *Sustainability 2020, 12*(18), 7548.

Teubler, J., Buhl, J., Lettenmeier, M., Greiff, K. & Liedtke, C. (2018). A Household's Burden – The Embodied Resource Use of Household Equipment in Germany. *Ecological Economics, 146*, 96–105.

Wynes, S. & Nicholas, K. A. (2017). The climate mitigation gap: education and government recommendations miss the most effective individual actions. *Environmental Research Letters, 12*(7), 074024.

Onlinematerial

Jonathan Grothaus, Universität Würzburg
jonathan.grothaus@uni-wuerzburg.de
https://orcid.org/ 0000-0001-7556-591X

Markus Elsholz, Universität Würzburg
https://orcid.org/ 0000-0002-8522-4390

Katja Weirauch, Universität Würzburg
https://orcid.org/ 0000-0001-9777-2725

Sabine Gerstner, Universität Würzburg

Ekkehard Geidel, Universität Würzburg

Martin Hennecke, Universität Würzburg
https://orcid.org/ 0000-0001-5586-0647

Hans-Stefan Siller, Universität Würzburg
https://orcid.org/ 0000-0003-1597-7108

Thomas Trefzger, Universität Würzburg
https://orcid.org/ 0000-0002-9820-1729

https://doi.org/10.31244/9783830997962.17

Gemeinsam globale Herausforderungen angehen

Ein Seminarkonzept zur Erstellung digitaler Unterrichtsmaterialien in den Naturwissenschaften

Leonard Nauermann, Stefan Sorge, Carola Garrecht, Sascha Bernholt, Marcus Kubsch & Anneke Steegh

Der Klimawandel, das Artensterben oder die Umweltverschmutzung – es gibt zahlreiche großen Themen, die unsere Gesellschaft vor Herausforderungen stellen. Die Begegnung mit globalen Herausforderungen führt zu komplexen Fragestellungen, für deren Erarbeitung neben umfassenden naturwissenschaftlichen Kenntnissen auch der Einbezug von gesellschaftlich geprägten Werten und Normen erforderlich sind (Sadler, 2004). Diese zumeist kontrovers diskutierten Fragestellungen werden in der Literatur als Socio-Scientific issues (SSI) bezeichnet, die sowohl naturwissenschaftliche Bezüge als auch gesellschaftliche Relevanz aufweisen sollten (Sadler, 2011). Die Bearbeitung von SSI im Schulkontext ermöglicht es, naturwissenschaftliche Inhalte für Lernende greifbar zu machen und einen hohen Realitätsbezug herzustellen. Doch die Integration von SSI in den naturwissenschaftlichen Unterricht kann Lehrkräfte vor Herausforderungen stellen (z. B. Dunlop & Veneu, 2019; Levinson, 2004). Eine zentrale Herausforderung besteht dabei darin, dass es an ausreichender Unterstützung beispielsweise durch die Kollaboration mit Kolleginnen und Kollegen aus anderen Fachbereichen mangelt (Garrecht et al., 2022; Pedersen & Totten, 2001). Gerade diese Zusammenarbeit zwischen unterschiedlichen Fachbereichen kann es aber möglich machen, Lernenden eine umfassende und realistische Bearbeitung von SSI zu ermöglichen. Die Zusammenarbeit zwischen Lehrkräften sollte dabei bereits im Laufe des Lehramtsstudiums angebahnt werden (siehe z. B. Seremet et al., 2021). Eine zweite zentrale Herausforderung für die Implementation von SSI im Unterricht besteht darin, dass es geeigneter Materialien bedarf, die der Komplexität des Themas gerecht werden. Hierzu bietet sich der Einsatz von digitalen Lernprodukten wie Erklärvideos und Podcasts an, die die Komplexität der Inhalte auf einer für die Lernenden ansprechenden Weise darstellen können (z. B. Cébrian-Robles et al., 2021). Im Rahmen des Beitrags wird daher ein Seminarkonzept vorgestellt, das angehende Lehrkräfte der Naturwissenschaften auf eine interdisziplinäre Vernetzung verschiedener Fachbereiche zur Entwicklung von digitalen Lernprodukten im Kontext von SSI vorbereiten soll. Die Struktur und der Ablauf des Kurses, die ersten entstandenen Lernprodukte sowie die gesammelten Ergebnisse aus der Pilotierung im Sommersemester 2022 werden im Beitrag vorgestellt.

1. Digitale Lernprodukte zur Adressierung von Socio-Scientific Issues

Die letzten Jahre haben eine deutliche Expansion von wissenschaftlich orientierten Podcasts und Erklärvideos mit sich gebracht. Hierzu zählt auch, dass insbesondere Jugendliche verstärkt in ihrer Freizeit Videos und Podcasts konsumieren, die ebenfalls Wissensformate und Tutorials umfassen (Medienpädagogischer Forschungsverbund Südwest, 2021). Somit finden sowohl Podcasts als auch Erklärvideos als mögliche digitale Lernprodukte auch Eingang in den Unterricht der Naturwissenschaften. Inhalte, die in einem Podcast präsentiert werden, sind kostengünstig zu produzieren, einfach zu verwenden, flexibel und ortsungebunden abrufbar, wiederverwendbar und bieten Vorteile bei der auditiven Verarbeitung von Inhalten (Smaldino et al., 2005). Podcasts bieten die Möglichkeit, Informationen im Unterricht einzuführen oder zu vertiefen, Lernende, die zusätzliche Erläuterungen oder Zugang zu den im Unterricht besprochenen Inhalten benötigen, zu unterstützen oder Gäste von außerhalb der Schule einzubinden (Hew, 2009; Putman & Kingsley, 2009). Forschungsergebnisse zeigen, dass Podcasts von Lernenden auch für unterrichtliche Zwecke akzeptiert werden, wenngleich es nur wenige Belege für die Wirksamkeit von Podcasts als Lehrmittel gibt (Cho et al., 2017). Insgesamt ist der Einsatz von Podcasts somit ein echter „high-value, low-cost"-Ansatz (Salmon & Nie, 2008, S. 3).

In ähnlicher Weise wird basierend auf Überlegungen aus der Theorie zum multimedialen Lernen (Mayer, 2001) davon ausgegangen, dass auch Erklärvideos die Lernprozesse von Lernenden unterstützen können. Die Forschungslage zur tatsächlichen Effektivität von Erklärvideos ist dabei allerdings weniger eindeutig (für einen Überblick siehe Kulgemeyer et al., 2022). Zusätzlich zur uneindeutigen Befundlage über die Effektivität von Erklärvideos kommt noch hinzu, dass von den Jugendlichen nicht notwendigerweise diejenigen Videos konsumiert werden, die einer möglichst hohen Qualität entsprechen (Kulgemeyer & Peters, 2016). Zudem wird im Gutachten der Ständigen Wissenschaftlichen Kommission (2021) angemerkt, dass Erklärvideos „bislang vor allem für hierarchieniedrige Fähigkeiten" (S. 13) eingesetzt werden und somit auch hier nicht das volle Potenzial des Mediums ausgeschöpft wird.

Statt dem reinen Vermitteln von Faktenwissen können Podcasts und Erklärvideos jedoch auch eingesetzt werden, um den Umgang mit SSI zu vertiefen (siehe zum Beispiel Cébrian-Robles et al., 2021). Die Adressierung von SSI ermöglicht es, im Unterricht beispielsweise die Bewertungskompetenz der Lernenden zu fördern, da unterschiedliche Entscheidungen und Bewertungen basierend auf naturwissenschaftlichem Wissen sowie gesellschaftlichen Normen getroffen werden müssen (z. B.

Zeidler, 2014). Die Förderung der Bewertungskompetenz stellt dabei ein zentrales Ziel für die Bildung der Zukunft dar. Lernende sollen dazu befähigt werden, aktiv an der Gestaltung und Weiterentwicklung der Gesellschaft mitzuwirken (OECD, 2019). Die zentralen Herausforderungen für unsere Gesellschaft wurden dabei von der UN in den 17 Sustainable Development Goals zusammengefasst (United Nations, 2015). Daher eigenen sich die SDGs auch dazu, geeignete SSI für die Thematisierung im Unterricht zu identifizieren (Amos & Levinson, 2019). Damit Lehrkräfte der Komplexität der Adressierung gesellschaftlicher Herausforderungen im naturwissenschaftlichen Unterricht sowie der Aufbereitung und Bewertung digitaler Lernprodukte gerecht werden, ist eine explizite Adressierung dieser Themen im Rahmen der Lehrkräftebildung notwendig.

2. Aufbau des Kurses

Der Kurs ist ein extracurriculares, fakultatives Studienangebot, das in Zusammenarbeit mit dem Zentrum für Lehrerbildung der CAU Kiel als Zertifikatskurs angeboten wurde. Der Zertifikatskurs richtet sich speziell an Lehramtsstudierende der naturwissenschaftlichen Fächer in den Mastersemestern. Die Struktur des Kurses ist dabei modulartig (siehe Abb. 1): Insgesamt fünf Präsenzsitzungen bilden das Gerüst des Kurses und eine Teilnahme an diesen Sitzungen ist verpflichtend für den Erwerb eines Teilnahmezertifikats. Zwischen den Sitzungen arbeiten die Studierenden in Kleingruppen in „Open-learning-Phasen" an ihren digitalen Lernprodukten. Ziel des Kurses ist, dass die Studierenden exemplarisch in interdisziplinären Teams die Erstel-

Der Zertifikatskurs auf einen Blick

Sitzung	Thema		Zeitrahmen
1	**Einführung in SSI und 17 SDGs;** **Gruppenfindung**		180 Minuten
	Open-Learning-Phase 1 *Kernfrage ausarbeiten und Inhalte sammeln*		3 Wochen
2	**Umsetzung der Inhalte in Storyboard /** **Skript**		90 Minuten
	Open-Learning-Phase 2 *Erstellung eines Storyboards oder eines Skripts*		2 Wochen
3	**Technische Einführung in Erklärvideos** **oder Podcasts** 90 Minuten	Open-Learning-Phase 3 *Erstellung der Lernprodukte*	6 Wochen
4	**Redaktionssitzung: Präsentation der** **Ideen und Feedback durch Lehrkräfte** 60 Minuten		
5	**Gallery Walk, Evaluation und Abschluss** 90 Minuten		

Abb. 1: Übersicht zum Ablauf des Zertifikatskurses

lung eines Podcasts oder Erklärvideos als digitales Lernprodukt für Schülerinnen und Schüler kennenlernen und erproben.

Inhaltlich sollen die Studierenden bei der Einführungsveranstaltung zur Sitzung 1 die Thematik der SSI und die 17 Sustainable Development Goals (SDG) der United Nations (2015) kennenlernen. Die SDGs der UN verknüpfen verschiedene ökologische, ökonomische, soziale und kulturelle Aspekte von Nachhaltigkeit und formulieren für viele gesellschaftlich relevante und globale Herausforderungen unserer Zeit Entwicklungsziele. Nach diesem inhaltlichen Input sollen die Studierenden dann in interdisziplinären Gruppen zusammenfinden. Dabei werden neben den Studienfächern auch die individuellen Lernstile der Studierenden und bestehende individuelle Interessensgebiete bei den SDGs berücksichtigt. Ermittelt wurden die Lernstile mit Hilfe eines Fragebogens nach Kolb (1984). Dieser verdeutlicht eine Präferenz in der Zusammenarbeit hinsichtlich der Typen akkommodierend, divergierend, assimilierend und konvergierend. Die Gruppen sollten dabei aus möglichst unterschiedlichen Lernstilen bestehen, so dass in den Gruppen auch unterschiedliche Rollen eingenommen werden können.

Nach Sitzung 1 geht es für die Studierenden in die dreiwöchige „Open-Learning-Phase 1". Das zentrale Ziel dieser Phase lautet, eine inhaltliche Vorarbeit zur Erstellung der Lernprodukte zu leisten. In dieser Phase überlegen sich die Studierenden, welcher Kernfrage sie in ihrem Lernprodukt auf den Grund gehen wollen und welche Leitfragen dem Lernprodukt Struktur geben könnten. Dabei sollen im späteren Lernprodukt die Lernenden Aspekte aus unterschiedlichen Fächern zur Beantwortung der Leitfrage an die Hand bekommen, um sich abschließend selbst mit der Frage auseinanderzusetzen. Die Formulierung einer Leitfrage schafft somit einen übergeordneten Kontext zur Behandlung des SSI und kann im Folgenden durch weitere Unterfragen weiter strukturiert werden (siehe auch Fischer et al., 2021). Eine mögliche Leitfrage wäre in diesem Kontext „Was wäre, wenn es keine Kurzstreckenflüge mehr geben würde?", der sich dann aus physikalischer, chemischer und biologischer Perspektive genährt werden kann. In der „Open-Learning-Phase 1" sammeln die Studierenden dazu bereits konkrete Inhalte, arbeiten interdisziplinäre Anknüpfungspunkte heraus und definieren die Zielgruppe, für die das Lernprodukt entwickelt werden soll. Denn die wesentlichen Ziele in den kommenden Wochen sind folgende: Die Lehramtsstudierenden sollen einerseits die Möglichkeit erhalten, ihr fachliches und fachdidaktisches Wissen über die eigenen Fächergrenzen hinweg auszubauen, andererseits sollen sie die entsprechenden Fähigkeiten erwerben, um digitale Lernformate zur Bearbeitung von SSI im naturwissenschaftlichen Unterricht selbst zu konzipieren. Zur Erfüllung dieses Ziels erhalten die Studierenden darüberhinaus noch einen zusätzlichen Leitfaden, der in den Begleitmaterialien zum Beitrag ebenfalls zur Verfügung steht.

Um diese Ziele zu erreichen, sollen den Studierenden in Sitzung 2 Grundlagen vermittelt werden, wie die gesammelten Inhalte und die erstellte inhaltliche Struktur in einem Storyboard oder Skript umgesetzt werden könnten. Unter dem Motto „Von der Idee zur Umsetzung" geht es in dieser Sitzung auch erstmalig darum, welche Art von digitalem Lernprodukt in diesem Kurs zur Vermittlung der Inhalte genutzt werden könnte. Was macht einen Lernpodcast aus? Welche Vorteile hat ein Erklärvideo? Welches Medium passt zu unserem Thema und was sind die nächsten Schritte? Die Studierenden sollen darauf vorbereitet werden, je nach gewähltem Medium entweder ein Drehbuch zu erstellen oder ein Podcast-Skript zu schreiben. Dies soll konkret in der darauffolgenden zweiwöchigen „Open-Learning-Phase 2" stattfinden, in der die Studierenden wieder in ihren Kleingruppen zusammenkommen. In dieser Phase des Skriptens und des Vorbereitens des Video-Drehs bzw. der Podcast-Aufnahme haben die Studierenden in Sitzung 3 die Möglichkeit, etwaige Fragen zur technischen Umsetzung der Lernprodukte zu stellen. Auch können sich die Studierenden in dieser Sitzung ein kurzes Feedback zu den bisherigen Ideen für das geplante Lernprodukt einholen. Da der Kenntnisstand der Studierenden bezüglich technischer Umsetzungen von digitalen Lernprodukten sehr heterogen eingeschätzt wird, wird diese dritte Sitzung flexibel gestaltet. So kann es zu einer ausführlicheren Einführung zur technischen Umsetzung von Videos oder Podcasts kommen oder aber eine Fragerunde zu spezifischen Problemstellungen stattfinden. Wichtig ist aber vor allen Dingen eines zu diesem Zeitpunkt des Kurses: Die Studierenden müssen sich erstmalig mit der bald folgenden Umsetzung der gesammelten Ideen auseinandersetzen. Reicht die technische Expertise in unserer Gruppe für diese Art von Video aus? Was brauche ich überhaupt, um einen Podcast aufzunehmen? Können wir Equipment über die Universität bekommen? Die Diskussion und Beantwortung verschiedener Fragen innerhalb der Gruppe kann gegebenenfalls noch einmal zu erforderlichen Anpassungen des Skripts oder des Storyboards führen. Für die Erstellung der digitalen Lernprodukte erhalten die Studierenden erneut einen Leitfaden, der spezifisch auf Podcasts und Erklärvideos angepasst ist. Dieser Leitfaden ist ebenfalls in den Begleitmaterialien zum Beitrag zu finden.

In den Redaktionssitzungen (Sitzung 4), welche nach jeweils individueller Abstimmung mit den Gruppen umgesetzt werden, stellen die Studierenden ihre Idee für das Lernprodukt einer Lehrkraft vor. Die Lehrkraft kann den Studierenden verschiedene Erfahrungswerte aus dem Schulalltag weitergeben, wie z. B. die Angemessenheit der Inhalte für die Zielgruppe oder die Angemessenheit des Umfangs der geplanten Inhalte. In dieser Sitzung soll ein offener Austausch stattfinden und die Studierenden können die Möglichkeit nutzen, eigene Fragen zu stellen. Zu diesem Zeitpunkt sollen die Studierenden kein finales Skript vorlegen, sondern sie können auch selbst Aspekte definieren, bei denen sie noch unsicher oder noch nicht ganz zufrieden sind. In der rund einstündigen Sitzung sollen bei den Studierenden neue Sichtweisen und Anhaltspunkte entstehen, das Skript oder das Storyboard so zu finalisieren, dass die konkrete Umsetzung des Videos oder des Podcasts zeitnah Konturen gewinnen kann. Die „Open-Learning-Phase 3", in der die Lernprodukte technisch erstellt werden sollen, beginnt mit der Sammlung erster Grafiken oder Testaufnahmen zur dritten Sitzung der technischen Umsetzung und endet mit Sitzung 5: dem Gallery Walk, in der die Studierenden ihre Lernprodukte dem Kurs vorstellen. In dieser Sitzung wird zunächst noch einmal auf den Kurs und das Erlernte zurückgeschaut, ehe die einzelnen Gruppen ihre Lernprodukte dem Kurs präsentieren. Die anderen Kursteilnehmenden sowie die Dozierenden haben darauffolgend die Möglichkeit, positives Feedback zu geben und mögliche Punkte anzusprechen, welche gegebenenfalls noch einmal durchdacht werden könnten. Als Ausblick haben die Studierenden dann verschiedene Optionen. Zum einen kann das erhaltene Feedback für kleinere Anpassungen im Lernprodukt genutzt werden oder aber einfach als Hilfestellung für die Umsetzung zukünftiger Projekte dienen. Zum anderen können die Studierenden das Lernprodukt für eine Veröffentlichung auf der OER-Plattform *foerde* (https://oer.uni-kiel.de) freigeben. Ebenfalls besteht die Möglichkeit, mit den Lehrkräften der Redaktionssitzung erneut Kontakt aufzunehmen und eine mögliche Einbindung der Lernprodukte in den Unterricht zu koordinieren, um so auch das Feedback von Schülerinnen und Schülern zu erhalten.

3. Erfahrungen aus der ersten Erprobung

Im Sommersemester 2022 haben zehn Studierende erstmalig am Zertifikatskurs teilgenommen – dabei sind drei Erklärvideos und ein Lernpodcast entstanden (siehe Abb. 2). Eine Gruppe ging dabei auf das dritte SDG ein, welches gute Gesundheit und

Pilotprojekt im Sommersemester 2022

10 Studierende nahmen im Sommersemester 2022 an der ersten Auflage des Zertifikatskurses teil. In den **jeweils zwei 2er- und 3er-Gruppen** waren **mindestens zwei Fachperspektiven** vertreten. Die Gruppen erstellten Lernprodukte zu folgenden Themen:

 1. Was wäre, wenn wir keinen Zucker mehr essen würden? Würden wir dann gesünder leben?

 2. Was wäre, wenn es in Schleswig-Holstein nur noch ökologische Landwirtschaft geben würde?

 3. Was wäre, wenn wir nur noch Strom aus Windkraft nutzen würden?

 4. Was wäre, wenn alle landwirtschaftlichen Flächen als Agri-Photovoltaikanlagen bewirtschaftet würden?

Abb. 2: Entwickelte digitale Produkte im Sommersemester 2022

Wohlbefinden für alle Menschen fokussiert. Entstanden ist ein Erklärvideo für die Mittelstufe mit der Kernfrage „Was wäre, wenn wir keinen Zucker mehr essen würden? Würden wir dann gesunder leben?". Im Video wird anhand einer anschaulichen Geschichte auf die Unterschiede zwischen den verschiedenen Formen von Zucker eingegangen und die lebensnotwendige Rolle von Kohlenhydraten verdeutlicht.

Zwei weitere Gruppen befassten sich mit dem siebten SDG der bezahlbaren und sauberen Energieversorgung. Entstanden sind ein Lernpodcast für die Mittelstufe zum Thema „Was wäre, wenn alle landwirtschaftlichen Flächen als Agri-Photovoltaikanlagen bewirtschaftet würden?" und ein Erklärvideo für die Oberstufe zum Thema „Was wäre, wenn wir nur noch Strom aus Windkraft nutzen würden?". Im Lernpodcast wird ein Gespräch zwischen einem Experten und einer Interviewerin dargestellt, indem zunächst verdeutlicht wird, was Agri-Photovoltaikanlagen überhaupt sind und wie diese Raumnutzungskonflikte auf interessante Weise reduzieren können. Das Erklärvideo zum Thema Windkraft greift die SDGs direkt auf, geht zu Beginn auf das SDG 7 ein und vermittelt anhand des hergeleiteten Bedarfs nach erneuerbaren Energien, welchen Beitrag Windkraftanlagen für die Energiewende leisten können. Die vierte Gruppe stellte einen regionalen Bezug her und ging in einem Erklärvideo für die Oberstufe folgender Frage nach: „Was wäre, wenn es in Schleswig-Holstein nur noch ökologische Landwirtschaft geben würde?". Damit erarbeiteten die Studierenden das 15. SDG („Leben an Land"), welches auf den Schutz und die Förderung von Ökosystemen eingeht – der Erhalt von Biodiversität und die Eindämmung der Bodenverschlechterung sind hier zentrale Themen. Im Video wird zunächst der landwirtschaftliche Standort Schleswig-Holstein vorgestellt und aufgezeigt, dass hohe Anteile der Treibhausgasemissionen im Bundesland durch die Landwirtschaft entstehen. Weiterführend erklärt das Video die Unterscheidung zwischen konventioneller und ökologischer Landwirtschaft und thematisiert die Rolle von Düngung in der Landwirtschaft für den Stickstoffkreislauf, den Anteil an Lachgasemissionen durch die Landwirtschaft oder die Grundwasser- und Bodenqualität in Schleswig-Holstein.

Der Zertifikatskurs im Sommersemester 2022 fungierte als Pilotierung, um den Aufbau, die Struktur und die Idee des Kurses zu testen. Um die Erfahrungen aus der ersten Auflage des Kurses strukturiert reflektieren zu können, wurde ein Evaluationsbogen für Lehrveranstaltungen eingesetzt. Dabei wurden zum einen ausgewählte Fragen aus dem Evaluationsbogen der Universität zur Strukturiertheit und Angemessenheit des Kurses verwendet sowie spezifische Fragen zum eigenen Lernfortschritt, zur Arbeitsweise und zur Integration unterschiedlicher Fachperspektiven ergänzt (u. a. Boix Mansilla et al., 2012; Shakila, 2021). Basierend auf den geschlossenen Antworten sowie der Codierung der offenen Antworten lassen sich verschiedene Schlussfolgerungen ableiten. Erfreulicherweise scheinen bei den Studierenden durch die Kursteilnahme zentrale Lernfortschritte erreicht worden zu sein: die Wichtigkeit der SDGs sowie der SSI für den schulischen Unterricht konnte vermittelt werden. Auch Interesse für die einzelnen Themen sowie für eine interdisziplinäre Erarbeitung dieser scheint geweckt worden zu sein. Ebenfalls lassen die Antworten der Studierenden den Schluss zu, dass die Teilnehmenden sich in der interdisziplinären Zusammenarbeit involviert gefühlt haben und Fortschritte bei sich wahrnehmen, Ideen fach-übergreifend zu erklären und Verbindungen zwischen den eigenen und anderen Fächern zu erkennen. Wichtiger Verbesserungsbedarf wurde beim Umfang und Tempo des Kurses sowie dem Workload der Studierenden dahingehend deutlich, als dass die Interdisziplinarität der Gruppenteilnehmenden das Zeit- und Gruppenmanagement der Gruppen auf die Probe stellt: Viele verschiedene Stundenpläne erschweren es, gemeinsame Zeit zum Austausch und Arbeiten zu finden. Ebenfalls wurde in den Einschätzungen deutlich, dass ein regelmäßiger Austausch vor Ort wünschenswert sei, da die Arbeit an den Lernprodukten im Rahmen der Pilotierung sehr unterschiedlich organisiert wurde und daher auch der Fortschritt zwischen den Gruppen zum Teil unterschiedlich war.

Diese Wünsche der Studierenden wurden in einer Überarbeitung des Kurses umgesetzt: Während der zentrale Aufbau des Kurses erhalten blieb, wurden zwischen den Präsenzsitzungen feste Zeiten und Räume zur Verfügung gestellt, in denen die Studierenden zusammenarbeiten und sich austauschen konnten. Bei diesen Terminen standen auch Dozierende für Fragen zur Verfügung und begleiteten die Studierenden bei der Erstellung ihrer digitalen Lernprodukte. Klarere Vorgaben, welche Meilensteine in den Gruppen zu welchem Zeitpunkt erarbeitet werden sollten, wurden darüber hinaus entwickelt, um die Gruppen zudem dazu motivieren, früher klare Zwischenstände zu erarbeiten, welche dann gemeinsam diskutiert werden können.

4. Fazit

Es ist notwendig, dass sich der Unterricht in den Naturwissenschaften dahingehend ändert, dass stärker auf die wissenschaftliche Komplexität gesellschaftlicher Herausforderungen sowie deren ethische Dimensionen eingegangen wird. Damit diese Änderung der Unterrichtskultur möglich wird, brauchen angehende und praktizierende Lehrkräfte Raum, um sich gemeinsam komplexen Problemstellungen annähern zu können. Im vorliegenden Beitrag wurde ein mögliches Seminarkonzept dargestellt, das dabei drei zentrale Schwerpunkte aufgreift: 1) interdisziplinäre Zusammenarbeit, 2) die Erarbeitung von SSI und 3) digitale Lernprodukte. Bei der Erprobung des Konzepts hat sich gezeigt, dass dieses von den Lehramtsstudierenden als wertvoll erlebt wird. Dennoch hat sich auch gezeigt, dass von den beteiligten Studierende insbesondere weitere Möglichkeiten für den interdisziplinären Austausch gefordert werden. Daher wäre es wünschenswert, dass auch in den regulären Studien- und Modulplänen der Lehrkräftebildung stärker über eine Vernetzung der unterschiedlichen Fachbereiche nachgedacht wird, damit Schule zu einem Lernort wird, in dem gesellschaftliche Herausforderungen angemessen diskutiert werden können.

Literatur

Amos, R. & Levinson, R. (2019). Socio-scientific inquiry-based learning: An approach for engaging with the 2030 Sustainable Development Goals through school science. *International Journal of Development Education and Global Learning, 11*(1), 29–49. https://doi-org/10.18546/IJDEGL.11.1.03

Boix Mansilla, V., Lamont, M. & Sato, K. (2012). *Successful Interdisciplinary Collaborations: The contributions of shared socio-emotional-cognitive platforms to interdisciplinary synthesis.* Paper presented at 4S Annual Meeting, Vancouver, Canada, February 16–20, 2012.

Cébrian-Robles, D., España-Ramos, E. & Reis, P. (2021). Introducing preservice primary teachers to socioscientific activism through the analysis and discussion of videos. *International Journal of Science Education, 43*(5), 2457–2478. https://doi.org/10.1080/09500693.2021.1969060

Cho, D., Cosimini, M. & Espinoza, J. (2017). Podcasting in medical education: a review of the literature. *Korean journal of medical education, 29*(4), 229.

Dunlop, L. & Veneu, F. (2019). Controversies in Science To Teach or Not to Teach? *Science & Education, 28*, 689–710. https://doi.org/10.1007/s11191-019-00048-y

Fischer, J. A., Steinmann, T., Kubsch, M., Laumann, D., Wessnigk, S., Neumann, K. & Kerres, M. (2021). Die Rettung der Phänomene! Durch Leitfragen sinnstiftendes Lernen initiieren und strukturieren. *MNU Journal, 74*(2), 140–145.

Garrecht, C., Czinczel, B., Kretschmann, M. & Reiss, M. J. (2022). 'Should we be doing it, should we not be doing it, who could be harmed?': Addressing ethical issues in science education. *Science & Education.* https://doi.org/10.1007/s11191-022-00342-2

Hew, K. F. (2009). Use of audio podcast in K-12 and higher education: A review of research topics and methodologies. *Educational Technology Research and Development, 57*, 333–357.

Kolb, D. A. (1984). *Experiential learning: Experience as the source of learning and development.* Prentice-Hall.

Kulgemeyer, C. & Peters, C. H. (2016). Exploring the explaining quality of physics online explanatory videos. *European Journal of Physics, 37*, 065705. https://doi.org/10.1088/0143-0807/37/6/065705

Kulgemeyer, C., Hörnlein, M. & Sterzing, F. (2022). Exploring the effects of physics explainer videos and written explanations on declarative knowledge and the illusion of understanding. *International Journal of Science Education, 44*(11), 1855–1875. https://doi.org/10.1080/09500693.2022.2100507

Levinson, R. (2004). Teaching Bioethics in Science: Crossing a Bridge Too Far? *Canadian Journal of Science, Mathematics and Technology Education, 4*, 353–369. https://doi.org/10.1080/14926150409556619

Mayer, R. E. (2001). *Multimedia learning.* Cambridge University Press.

Medienpädagogischer Forschungsverbund Südwest (2021). *JIM-Studie 2021. Jugend, Information, Medien.* Medienpädagogischer Forschungsverbund Südwest.

OECD (2019). *OECD Future of Education and Skills 2030. Conceptual learning framework – Learning Compass 2030.* OECD.

Pedersen, J. E. & Totten, S. (2001). Beliefs of science teachers toward the teaching of science/technological/social issues: Are we addressing national standards? *Bulletin of Science, Technology & Society, 21*(5), 376–393.

Putman, S. M. & Kingsley, T. (2009). The atoms family: Using podcasts to enhance the development of science vocabulary. *The Reading Teacher, 63*(2), 100–108.

Sadler, T. D. (2004). Informal reasoning regarding socioscientific issues: A critical review of research. *Journal of Research in Science Teaching, 41*(5), 513–536. https://doi.org/10.1002/tea.20009

Sadler, T. D. (2011). *Socio-scientific issues in the classroom: Teaching, learning and research.* Springer. https://doi.org/10.1007/978-94-007-1159-4

Salmon, G. & Nie, M. (2008) 'Doubling the life of iPods'. In G. Salmon & P. Edirisingha (Hrsg.), *Podcasting for Learning in Universities.* Maidenhead: Open University Press.

Seremet, V., Gierl, K., Boskany, J., Schildknecht, R., Kauertz, A., Nitz, S. & Nehring, A. (2021). Ein digitales Seminarkonzept zur kooperativen und differenzierten Gestaltung von inklusivem naturwissenschaftlichem Unterricht. In M. Kubsch, S. Sorge, J. Arnold & N. Graulich (Hrsg.), *Lehrkräftebildung neu gedacht. Ein Praxishandbuch für die Lehre in den Naturwissenschaften und deren Didaktiken* (S. 45–53). Waxmann.

Shakila, N. U. (2021). *Interdisciplinary Challenge-Based Learning: A Descriptive Study.* Maser Thesis at the University Twente.

Smaldino, S. E., Russell, J. D., Heinich, R. & Molenda, M. (2005). *Instructional technology and media for learning* (8th ed.). Prentice Hall.

Ständige wissenschaftliche Kommission der Kultusministerkonferenz (2021). *Stellungnahme zur Weiterentwicklung der KMK-Strategie ‚Bildung in der digitalen Welt'.* Ständige wissenschaftliche Kommission der Kultusministerkonferenz.

United Nations (2015). *Transforming our world: The 2030 agenda for sustainable development.* https://sdgs.un.org/publications/transforming-our-world-2030-agenda-sustainable-development-17981

Zeidler, D. L. (2014). Socioscientific issues as a curriculum emphasis: Theory, research and practice. In N. G. Lederman & S. K. Abell (Hrsg.), *Handbook of research on science education* (Vol. II, S. 697–726). Routledge.

Onlinematerial

Leonard Nauermann, Institut für Pädagogisch-Psychologische Lehr- und Lernforschung (IPL), Olshausenstr. 75, 24118 Kiel
lnauermann@ipl.uni-kiel.de

Stefan Sorge, IPN – Leibniz-Institut für die Pädagogik der Naturwissenschaften und Mathematik, Olshausenstr. 62, 24118 Kiel
sorge@leibniz-ipn.de
https://orcid.org/0000-0001-9915-228X

Carola Garrecht, IPN – Leibniz-Institut für die Pädagogik der Naturwissenschaften und Mathematik, Olshausenstr. 62, 24118 Kiel
garrecht@leibniz-ipn.de
https://orcid.org/0000-0003-4363-6968

Sascha Bernholt, IPN – Leibniz-Institut für die Pädagogik der Naturwissenschaften und Mathematik, Olshausenstr. 62, 24118 Kiel
bernholt@leibniz-ipn.de
https://orcid.org/0000-0003-4045-3795

Marcus Kubsch, Freie Universität Berlin, Arnimallee 14, 14195 Berlin
m.kubsch@fu-berlin.de
https://orcid.org/0000-0001-5497-8336

Anneke Steegh, IPN – Leibniz-Institut für die Pädagogik der Naturwissenschaften und Mathematik, Olshausenstr. 62, 24118 Kiel
steegh@leibniz-ipn.de
https://orcid.org/0000-0002-0988-5031

https://doi.org/10.31244/9783830997962.18

Umgang mit einer gesellschaftlich relevanten naturwissenschaftlichen Fragestellung (Socio-Scientific Issue)

Vorstellung einer schriftlichen Übung für die Lehrkräftebildung

Melanie Basten, Moritz Steube, Eike-Tabea Kröger & Madeleine Domenech

Seit Einführung der Bildungsstandards für den Mittleren Schulabschluss wird in den Naturwissenschaften überfachliche Bewertungskompetenz als Unterrichtsziel formuliert (KMK, 2004). Diese beinhaltet die begründete Entscheidungsfindung zu gesellschaftlich relevanten naturwissenschaftlichen Themen (Socio-Scientific Issues, SSIs, Sadler, 2004) unter Einbeziehung von Informationen über fachliche Grenzen hinaus, wie beispielsweise ethische oder politische Überlegungen und sprachliche Kompetenzen (siehe Gebhardt et al., 2017, S. 65 ff.). Auch die Standards für die Lehrerbildung berücksichtigen die dafür notwendigen Kompetenzen angehender Biologielehrkräfte (KMK, 2019; VBIO, 2019). Nach wie vor fällt Lehrkräften die Förderung der Bewertungskompetenz ihrer Schülerinnen und Schüler jedoch schwer (Basten et al., 2017; Leubecher et al., 2020). SSIs zeichnen sich dadurch aus, dass sie Kontroversen darstellen, auf die es nicht eine eindeutige Antwort gibt und zu denen verschiedene Interessengruppen unterschiedliche Entscheidungen treffen und Informationen bereitstellen (Sadler, 2004). Die Leugnung der Corona-Pandemie und des Klimawandels in Social-Media-Beiträgen (siehe Jäger, 2021; Pian et al., 2021) sind aktuelle Beispiele dafür, dass eine überfachliche Bewertungskompetenz notwendig ist, um SSIs wissenschaftsbasiert zu beurteilen. Eng verknüpft mit der inhaltlichen Bewertung ist auch die Kommunikation darüber. Diese umfasst sowohl das Versprachlichen typischer, argumentativer Aspekte (z. B. Begründen und Positionieren) als auch die Fähigkeit, eben solche Wendungen in der öffentlichen, medialen Diskussion zu erkennen (siehe Budke & Meyer, 2015).

Um Lehrkräfte zu befähigen, die Bewertungskompetenz und fachlich fundierte Kommunikation über SSIs ihrer Schülerinnen und Schüler zu fördern, wurde auf Basis biologie- und sprachdidaktischer Überlegungen eine schriftliche Übung entwickelt. Thematisch handelt es sich um eine Entscheidung im Kontext Organspende, die, wie die Corona-Impfung, ein gesellschaftlich relevantes Thema mit Bezug zur persönlichen Gesundheit ist.

1. Bewertung von und Kommunikation über Socio-Scientific Issues (SSIs)

Im Vergleich der Naturwissenschaften spielt überfachliches Bewerten insb. im Fach Biologie eine Rolle. Es gibt zahlreiche bioethische Themen mit Bezug zu lebenden Organismen oder zur menschlichen Lebensführung, die eines Bezugs zu Werten und Normen bedürfen und damit auch ethische Aspekte sowie die Interessen verschiedener Akteurinnen und Akteure berücksichtigen (Höttecke, 2013). International werden solche Themen als Socio-Scientific Issues (SSIs) und der Prozess des Bewertens als Argumentation bezeichnet (Sadler & Donnelly, 2006). Da das Ziel von Biologieunterricht u. a. ist, Schülerinnen und Schüler in der Ausbildung einer Bewertungskompetenz zu fördern und sie so zur gesellschaftlichen Partizipation zu befähigen (KMK, 2004), muss die Bewertungskompetenz in einem Kompetenzmodell ausdifferenziert und durch entsprechende Aufgaben diagnostizierbar gemacht werden (Bögeholz et al., 2018). Entsprechende Kompetenzmodelle wurden zwar erarbeitet (bspw. Reitschert & Hößle, 2007), aber das Ziel, geeignete Diagnoseaufgaben zu entwickeln, ist bisher noch nicht erreicht worden (siehe Basten et al., 2017; Beispiele für Lernaufgaben im Unterricht siehe bspw. Lübeck, 2018). Als mögliche Gründe dafür lassen sich anführen: die mangelnde Ausbildung der Lehrkräfte sowie die damit einhergehenden unzureichenden Fähigkeiten der Schülerinnen und Schüler, mit Bewertungsaufgaben umzugehen (Basten et al., 2017; Leubecher et al., 2020), der komplexe Auswertungsschlüssel, der sich aus dem existierenden Kompetenzentwicklungsmodell (Reitschert & Hößle, 2007) für bioethische Fragen ergibt (Basten et al., 2017), und die Schwierigkeit, Aufgaben mit ausreichendem Aufforderungscharakter zu formulieren (ebd.).

Für Schülerinnen und Schüler ist der Bewertungsprozess nicht nur wegen der Komplexität, geringen Strukturierung und Kontroversität der SSIs (Höttecke, 2013; Sadler & Donnelly, 2006) anspruchsvoll, sondern er erfordert außerdem auf der Ebene der zu bearbeitenden Operatoren ausschließlich Leistungen im Anforderungsbereich III. Der Operator *Bewerten* verlangt dabei das, was Sadler und Donnelly (2006) unter einer Socio-Scientific-Argumentation verstehen: die Erkenntnis und Darstellung des Problems, das Abwägen von Positionen sowie Pro- und Kontra-Argumenten, die Beurteilung von Sachverhalten auf Angemessenheit und Richtigkeit, die Entwicklung eines eigenen Urteils sowie das Vertreten der eigenen Position nach ausgewiesenen Werten und Normen. Damit decken sich die fachdidaktischen Modellierungen in weiten Teilen mit linguistischen bzw. sprachdidaktischen Vorschlägen (siehe zusammenfassend z. B. Domenech et al., 2018; Schicker & Schmölzer-Eibinger, 2021) und verdeutlichen exemplarisch die enge Verstrickung von sprachlichem und fachlichem Lernen (siehe z. B. Becker-Mrotzek et al., 2013).

Dies impliziert auch, dass sich diese vielschichtigen Anforderungen nur in entsprechend komplexen Sprachhandlungen umsetzen lassen und daher Äußerungskontexte erfordern, die einen umfassenden Bewertungsprozess zulassen (siehe bspw. Sadler & Donnelly, 2006). Zur unterrichtlichen Diagnose bieten sich demnach insbesondere offene schriftliche Aufgaben an (siehe Visser & Hößle, 2010), die es den Schülerinnen und Schülern ermöglichen, von den verschiedenen argumentationstypischen Sprachhandlungen Gebrauch zu machen.

Für angehende Lehrkräfte bedeutet dies, dass sie zum einen selbst die entsprechenden Kompetenzen in den Bereichen der Bewertung und Kommunikation (Socio-Scientific-Argumentation) aufbauen müssen, zum anderen aber auch erlernen müssen, die Bewertungskompetenz ihrer Schülerinnen und Schüler zu schulen und zu diagnostizieren (siehe KMK, 2019; VBIO, 2019).

2. Übungsaufgabe zur Bewertung und schriftlichen Kommunikation

Die vorliegende Übungsaufgabe kann von Biologie-Lehramtsstudierenden bearbeitet und im Peer-Feedback analysiert, aber auch bei Schülerinnen und Schüler ab Jahrgangsstufe 9 eingesetzt werden (siehe Material 1). Die Zeitdauer für das Schreiben des Briefes variiert stark zwischen den Lernenden, wobei Studierende zwischen 10 und 30 Minuten und Schülerinnen und Schüler zwischen 15 und 45 Minuten Zeit brauchen. Im Seminar kann für die Studierenden eine Zeitdauer von 20 Minuten veranschlagt werden. In dieser Zeit sind die meisten Schreibenden fertig. Auch wenn die Aufgabe bisher ausschließlich in Seminarsitzung und Unterricht eingesetzt wurde, eignet sie sich mit entsprechender Vorbereitung grundsätzlich auch als Hausaufgabe. Für die Schulung der Sprachbewusstheit der Lehramtsstudierenden bzw. zur Unterstützung des Schreibprozesses von Schülerinnen und Schülern wurden zu der Übung sog. sprachliche Hilfen (siehe Material 2) formuliert. Das inhaltlich-kommunikative Rahmen-Szenario der Schreibaufgabe bzw. der Schreibanlass lautet: Bei einer Person wurde der Hirntod festgestellt und zwei nächste Angehörige müssen sich stellvertretend für oder gegen eine posthume Organentnahme entscheiden. Es liegen keine Informationen zur Position der verstorbenen Person bezüglich der Organentnahme vor und die zwei nächsten Angehörigen sind sich uneinig. Der Schreibauftrag an die Schreibenden lautet, die Entscheidungsfindung in Form eines Briefes an die Angehörigen zu unterstützen, in dem sie in der Rolle eines Freundes/einer Freundin der/des Verstorbenen einen begründeten Rat zur Frage der Organentnahme geben sollen.

2.1 Fachliche Aspekte

Das Rahmen-Szenario ist ein Dilemma (siehe Material 3), in dem die Rechte und moralischen Verpflichtungen zweier fiktiver Personen miteinander im Konflikt stehen (siehe bspw. Schöne-Seifert, 2007). Dieser Konflikt besteht auch auf gesellschaftlicher

Ebene zwischen potenziellen Organspendern und den Personen auf der Warteliste für ein Spenderorgan. Die Angehörigen in dem fiktiven Dilemma stehen vor dem Wertekonflikt zwischen ‚Leben retten' und ‚Selbstbestimmung der verstorbenen Person' und sie müssen unter der Unsicherheit, nicht zu wissen, ob die/der Verstorbene zugestimmt oder widersprochen hätte, eine Entscheidung treffen.

Zur Sicherung des für die Textproduktion notwendigen inhaltlichen bzw. fachlichen Wissens sollten die Schreibenden vor der Bearbeitung der Schreibaufgabe einen fachlichen Input zum Thema Organspende erhalten (siehe bspw. https://www.organ-spende-info.de).

2.2 Sprachliche Aspekte

Schreibdidaktisch orientiert sich die Übung am Konzept der sog. „Aufgaben mit Profil" (Bachmann & Becker-Mrotzek, 2010), wonach Schreibaufgaben für einen möglichst lernförderlichen Einsatz mindestens folgende Kriterien erfüllen sollten (siehe exemplarisch Bachmann & Becker-Mrotzek, 2010 und Steinhoff, 2018): eindeutige Textfunktion (*warum wird der Text geschrieben*), diese wird maßgeblich durch das inhaltlich-kommunikative Rahmen-Szenario der Schreibaufgabe bzw. den sog. Schreibanlass bestimmt; transparenter Interaktionskontext bzw. Adressat (*für wen wird der Text geschrieben*); Rückgriff auf bzw. Zurverfügungstellung von notwendigem Wissen für die Textproduktion, z. B. inhaltlich (*worum geht es in dem Text*) oder sprachlich (*wie formuliert man den Text*); Möglichkeit zur Überprüfung der Textwirkung (*wie wirkt der Text*).

2.3 Beurteilungskategorien für das (Peer-)Feedback

Für eine Ausbildung von Lehramtsstudierenden, die in der Lage sind, ihre Schülerinnen und Schüler darin anzuleiten, mit einem SSI umzugehen, müssen die Studierenden Modelle der Bewertungskompetenz kennenlernen, die Kompetenzanforderungen an eine überfachliche Bewertung definieren (Bögeholz et al., 2018; siehe Material 4). Die Identifikation fachdidaktischer Aspekte der Bewertungskompetenz in den Briefen der Peers sollte daher über eine entsprechende Instruktion (siehe Basten et al., 2017) vorbereitet werden. Für die fachliche Beurteilung von Schülerleistungen bei schriftlichen Bewertungsaufgaben gibt es keine gut handhabbaren Auswertungsschlüssel (siehe Basten et al., 2017) oder Konzepte für die Lehrkräftebildung (siehe Leubecher et al., 2020). Als Beurteilungskategorien für eine bioethische Fragestellung können die Teilkompetenzen des Oldenburger Modells der Bewertungskompetenz (Reitschert & Hößle, 2007) herangezogen werden (siehe Material 4, Tab. 1). Dies umfasst die Erkenntnis der moralisch-ethischen Relevanz, das Formulieren eines Urteils und die Art und Anzahl der Argumente (Reitschert & Hößle, 2007). Im Rahmen eines Peer-Feedbacks (Kerman et al., 2022) in der Übungsaufgabe lässt sich hinsichtlich der Erkenntnis der moralisch-ethischen Relevanz dem Brief entweder entnehmen, dass der/die Schreibende erkannt hat, dass sich die Rechte von Spendenden und das

Gebot der Hilfeleistung widersprechen, oder der/die Schreibende drückt aus, dass es sich zwar um ein Problem handelt, nimmt aber nicht explizit auf den Wertekonflikt Bezug. Als Urteil kann eine Entscheidung für einen Ratschlag (Organe spenden oder nicht spenden) interpretiert werden. Diese Entscheidung kann explizit in sprachlicher Form eines Ratschlages oder einer Positionierung kommuniziert werden, aber auch als implizite Botschaft im Brief enthalten sein. Zudem können die einzelnen Argumente im Text identifiziert werden. Diese können auch in Form von direkten oder indirekten Folgen für verschiedene Betroffene (Perspektiven) vorliegen. Es kann zudem stärker auf Ebene der konkreten Problemsituation oder stärker auf gesamtgesellschaftlicher Ebene argumentiert werden. Die Studierenden könnten weiterhin Verweise auf berührte (konfligierende) Werte oder Hinweise auf ethische Prinzipien in den Briefen ihrer Kommilitoninnen und Kommilitonen finden. Mithilfe der Formulierungshilfen können zusätzlich typische sprachliche Wendungen in den Briefen identifiziert werden. Für eine gründliche Analyse der Peer-Briefe können bis zu 30 Minuten veranschlagt werden, wobei die Bearbeitungsdauer aber stark vom Engagement und der vorherigen Vorbereitung der Studierenden sowie der Ausführlichkeit des Geschriebenen abhängt.

3.   Ausblick auf Begleitforschung

Die Übungsaufgabe zur Bewertungskompetenz für die Lehrkräftebildung wird im Rahmen von Begleitforschung evaluiert. Da eine den wissenschaftlichen Gütekriterien entsprechende Auswertung der geschriebenen Briefe sehr komplex ist (Basten et al., 2017; Basten et al., in Vorb.), dürfen die Peer-Feedbacks (siehe Kerman et al., 2022) eher naiv entlang der Teilkompetenzen der bioethischen Bewertungskompetenz (Reitschert & Hößle, 2007; siehe Material 4) vorgenommen werden. In mehreren Stichproben wurden sowohl Briefe als auch Peer-Feedbacks von Studierenden erhoben. Die Briefe wurden mithilfe eines aus internationaler Literatur (Foong & Daniel, 2010; Kuhn, 1991; Sadler & Zeidler, 2004; Toulmin, 1958; Wu & Tsai, 2007) hergeleiteten Kodierleitfadens ausgewertet. Die Peer-Feedbacks sollen induktiv ausgewertet werden, um herauszufinden, inwieweit eine eher intuitive Analyse eines Peer-Briefes auf Basis einer kurzen Instruktion Aspekte der ethischen Bewertungskompetenz (Reitschert & Hößle, 2007) beachtet und welche weiteren Aspekte die Studierenden kommentieren und damit für leistungsrelevant halten. Die Ergebnisse sollen Hinweise darauf geben, an welchen Stellen die Lehrkräftebildung im Bereich Bewertungskompetenz und naturwissenschaftliches Argumentieren ansetzen muss. Ziel ist es, Lehrkräfte auszubilden, die in der Lage sind, Schülerinnen und Schüler auszubilden, die sich kompetent am gesellschaftlichen Diskurs über SSIs beteiligen können.

Literatur

Bachmann, T., & Becker-Mrotzek, M. (2010). Schreibaufgaben situieren und profilieren. In T. Pohl & T. Steinhoff (Hrsg.), *Textformen als Lernformen* (S. 191–209). Gilles & Francke.

Basten, M., Kraft, A. & Wilde, M. (2017). Bewerten und schriftliches Argumentieren im Biologieunterricht und die Bedeutung der Kontextualisierung. *Bildung und Erziehung, 70*(1), 57–73.

Basten, M., Steube, M. & Domenech, M. (in Vorbereitung). Empirical investigation of the relationship between task characteristics and subject-related and linguistic performance in an argumentative writing task about a socio-scientific issue. *Science & Education.*

Becker-Mrotzek, M., Schramm, K., Thürmann, E. & Vollmer, H. J. (Hrsg.). (2013). *Sprache im Fach: Sprachlichkeit und fachliches Lernen.* Waxmann.

Bögeholz, S., Hößle, C., Höttecke, D. & Menthe, J. (2018). Bewertungskompetenz. In D. Krüger et al. (Hrsg.), *Theorien in der naturwissenschaftlichen Forschung* (S. 261–281). Springer.

Budke, A. & Meyer, M. (2015). Fachlich argumentieren lernen – Die Bedeutung der Argumentation in den unterschiedlichen Schulfächern. In A. Budke, M. Kuckuck, M. Meyer, F. Schäbitz, K. Schlüter & G. Weiss (Hrsg.), *Fachlich argumentieren lernen: Didaktische Forschungen zur Argumentation in den Unterrichtsfächern* (S. 9–28). Waxmann.

Domenech, M., Heller, V. & Petersen, I. (2018). Argumentieren mündlich, schriftlich, zweitsprachlich: Verfahren und Anforderungen. *Beiträge zur Fremdsprachenvermittlung, 26,* 15–35.

Foong, C.-C. & Daniel, E. G. S. (2010). Assessing students' arguments made in socio-scientific contexts: The considerations of structural complexity and the depth of content knowledge. *Procedia Social and Behavioral Sciences, 9,* 1120–1127.

Gebhardt, U., Höttecke, D. & Rehm, M. (2017). *Pädagogik der Naturwissenschaften: Ein Studienbuch.* Springer VS.

Höttecke, D. (2013). Bewerten, Urteilen, Entscheiden – ein Kompetenzbereich im Physikunterricht. *Naturwissenschaften im Unterricht – Physik, 134,* 4–12.

Jäger, L. (2021). Klimaleugner, Klimahysteriker und Nimbys: Im Selbstbedienungsladen der Argumente. In L. Jäger, *Wege aus der Klimakatastrophe: Wie eine nachhaltige Energie- und Klimapolitik gelingt* (S. 113–126). Springer.

Kerman, N. T., Noroozi, O., Banihashem, S. K., Karami, M. & Biemans, H. J. A. (2022). Online peer feedback patterns of success and failure in argumentative essay writing. *Interactive Learning Environments.* http://doi.org/10.1080/10494820.2022.2093914

KMK (2004). *Bildungsstandards im Fach Biologie für den Mittleren Schulabschluss. Beschluss vom 16.12.2004.* https://www.kmk.org/fileadmin/Dateien/veroeffentlichungen_beschluesse/2004/2004_12_16-Bildungsstandards-Biologie.pdf [31.05.2023].

KMK (2019). *Ländergemeinsame inhaltliche Anforderungen für die Fachwissenschaften und Fachdidaktiken in der Lehrerbildung* (Beschluss der Kultusministerkonferenz vom 16.10.2008 i. d. F. vom 16.05.2019). https://www.kmk.org/fileadmin/veroeffentlichungen_beschluesse/2008/2008_10_16-Fachprofile-Lehrerbildung.pdf [31.05.2023].

Leubecher, R., Krell, M. & Zabel, J. (2020). Bewertungskompetenz in der Lehramtsausbildung – Vorschlag zur Vermittlung von Professionswissen in der universitären Lehre. *Zeitschrift für Didaktik der Biologie, 24,* 1–13.

Lübeck, M. (2018). *Der Kompetenzbereich Bewertung im Biologieunterricht: Möglichkeiten zur systematischen Konstruktion von Lernaufgaben.* Münster: Waxmann.

Pian, W., Chi, J. & Ma, F. (2021). The causes, impacts and countermeasures of COVID-19 "Infodemic": A systematic review using narrative synthesis. *Information Processing & Management, 58*(6), 102713.

Reitschert, K. & Hößle, C. (2007). Wie Schüler ethisch bewerten – Eine qualitative Untersuchung zur Strukturierung und Ausdifferenzierung von Bewertungskompetenz in bioethischen Sachverhalten bei Schülern der Sek. I. *Zeitschrift für Didaktik der Naturwissenschaften (ZfDN)*, *13*, 125–143.

Sadler, T. D. (2004). Informal reasoning regarding socioscientific issues. A critical review of research. *Journal of Research in Science Teaching*, *41*, 513–536.

Sadler, T. D. & Donnelly, L. A. (2006). Socioscientific Argumentation. The effects of content knowledge and morality, *International Journal of Science Education*, *28*(12), 1463–1488.

Sadler, T. D. & Zeidler, D. L. (2004). The Morality of Socioscientific Issues. Construal and Resolution of Genetic Engineering Dilemmas. *Science Education*, *88*(1), 4–27.

Schicker, S. & Schmölzer-Eibinger, S. (Hrsg.). (2021). *ar|gu|men|tie|ren. Eine zentrale Sprachhandlung im Fach- und Sprachunterricht*. Beltz.

Schöne-Seifert, B. (2007). *Grundlagen der Medizinethik*. Kröner Verlag.

Steinhoff, T. (2018). Schreibarrangements: Impulse für einen lernförderlichen Schreibunterricht. *Der Deutschunterricht*, *70*(3), 2–10.

Toulmin, S. E. (1958). *The uses of argument*. Cambridge: Cambridge University Press.

VBIO (2019). *Positionspapier. Lehrkräftebildung Biologie*. https://www.vbio.de/fileadmin/user_upload/Schule/pdf/VBIO_Position_Lehrkraeftebildung_Biologie_beschlossen_am_24.6.19.pdf [31.05.2023].

Visser, E. & Hößle, C. (2010). Bewerten bewerten – Diagnoseaufgaben für die Bewertungskompetenz im Biologieunterricht. *MNU*, *63*(5), 286–291.

Wu, Y.-T. & Tsai, C.-C. (2007). High School Students' Informal Reasoning on a Socio-scientific Issue: Qualitative and quantitative analyses. *International Journal of Science Education*, *29*(9), 1163–1187.

 Onlinematerial

Melanie Basten, Universität Trier, Biologie und ihre Didaktik
https://orcid.org/0000-0001-8983-6549

Moritz Steube, Universität Bielefeld, Biologiedidaktik (Zoologie & Humanbiologie)
https://orcid.org/0000-0001-6364-168X

Eike-Tabea Kröger, Universität Bielefeld, Biologiedidaktik (Zoologie & Humanbiologie)

Madeleine Domenech, Universität Kassel, Grundschuldidaktik, Mehrsprachigkeit und soziale Teilhabe
madeleine.domenech@uni-kassel.de

https://doi.org/10.31244/9783830997962.19

An authentischen Problemen Lehren lernen

Ein hochschuldidaktischer Ansatz zur Entwicklung (über-)fachlicher Kompetenzen

Tino Kühne, Maria Mathiszik, Darius Mertlik & Manuela Niethammer

Die Befähigung von Individuen zu zukunftsfähigem und nachhaltigem Denken und Handeln sowie zu verantwortungsvoller und aktiver gesellschaftlicher Teilhabe ist ein grundlegender Auftrag schulischer Bildung (KMK, 2004). Lernende sind folglich auf die globalen Herausforderungen unserer Gesellschaft vorzubereiten, welche sich in den 17 Zielen für nachhaltige Entwicklung (Vereinte Nationen, 2017) manifestieren.

Unterricht fokussiert entsprechend neben dem Aufbau fachlicher Kompetenzen auch eine Entwicklung überfachlicher Kompetenzen im Sinne der 21st Century Skills (Rieckmann, 2018). Eine Schlüsselrolle bei der Entwicklung dieser Kompetenzen wird den naturwissenschaftlichen Fächern zugeschrieben (Burmeister et al., 2012). Ein möglicher Ansatz für den (Chemie-)Unterricht ist hierbei das Lernen anhand (fächerübergreifender) Problemstellungen (Burmeister et al., 2012; Milker & Niethammer, 2022), mit denen die Lernenden nicht nur in der Schule, sondern auch an außerschulischen Lernorten konfrontiert werden können (Niethammer & Wils, 2020). Die mit der Planung problemorientierten Unterrichts einhergehenden Anforderungen an Lehrkräfte schließen neben der fachbezogenen Qualifikation auch überfachliche Kompetenzen ein (Richter-Killenberg et al., 2022) und bedingen eine entsprechende Ausrichtungsanpassung naturwissenschaftlicher Lehrkräftebildung von morgen. Ausgehend von diesem Anspruch wird im Folgenden der fachdidaktische Ansatz für die Lehrkräftebildung im Fach Chemie an der Technischen Universität Dresden (TU Dresden) dargestellt. Dafür wird zunächst die angestrebte Kompetenzentwicklung der Studierenden in Bezug auf die Planung von Lehr- und Lernprozessen anhand eines Spiralcurriculums verdeutlicht (Kap. 2). Anschließend werden diese Überlegungen anhand von zwei ausgewählten Lehrveranstaltungen expliziert (Kap. 2.1 und 2.2). Ausgangspunkte für die fachdidaktische Auseinandersetzung mit problemorientierten Lehr- und Lernprozessen sind dabei v. a. die Lebens- und Arbeitswelt sowie außerschulische Lernorte.

1. Problemorientierung als grundlegendes Prinzip der Gestaltung von Chemieunterricht

Ein wesentliches Ziel der fachdidaktischen Lehre an der TU Dresden ist die Vorbereitung angehender Chemielehrkräfte für die beschriebene, professionsbezogene Kernaufgabe, Chemieunterricht problem- sowie kompetenzorientiert und damit auch kognitiv aktivierend zu gestalten. Dieser Grundgedanke wird in der ersten fachdidaktischen Lehrveranstaltung, die regulär im vierten Fachsemester stattfindet, eingeführt und als Bezugs- und Orientierungspunkt durch alle folgenden Lehrveranstaltungen der Fachdidaktik Chemie mitgeführt.

Im ersten Semester der fachdidaktischen Lehre wird zunächst ein Überblick zum fachdidaktischen Gestaltungsspielraum erarbeitet. Leitend ist dabei die didaktische Grundbeziehung, wonach Lernende Aneignungsgegenständen/Inhalten gegenüberstehen, welche sie sich subjektiv erschließen müssen. Diese individuellen Lernprozesse optimal zu unterstützen und zu begleiten ist damit eine zentrale Aufgabe von Lehrpersonen. Folglich ist es notwendig, dass sich Lehrkräfte mit individuellen Lernprozessen auseinandersetzen, die v. a. anhand kognitivistischer und konstruktivistischer Lerntheorien charakterisiert werden (Niethammer, 2020). Gleichsam gilt es auch, Denken als Problemlöseprozess zu analysieren. Aus diesem Grund werden im Rahmen der fachdidaktischen Lehre verschiedene Operatoren, die schrittweise zur Lösung von Problemen führen, erarbeitet und aus kognitionspsychologischer Sicht sowie hinsichtlich ihrer Lernpotenziale diskutiert. Beispielhaft sind hier Lernen durch Instruktion, Lernen am Beispiel, durch Analogien oder durch Entdecken zu nennen (Anderson & Funke, 2013). Darüber hinaus werden die allgemeine Struktur von Problemlöseprozessen, die eine Mittel-Ziel-Analyse impliziert (Anderson & Funke, 2013), und deren grundlegende Bedeutung für die fachdidaktische Gestaltung lernendenzentrierten und kognitiv aktivierenden Unterrichts erörtert. Entlang dieser Problemlöseprozessstruktur werden alle didaktischen Funktionen sowie methodischen Gestaltungsdimensionen gespiegelt und mit den Facetten fachdidaktischen Wissens (u. a. Baumert & Kunter, 2006) verknüpft.

Folglich werden auch neben dem Bezug zu problemorientiertem Lernen die Handlungsfelder von Lehrkräften in den aufeinander aufbauenden fachdidaktischen Lehrveranstaltungen im Sinne eines Spiralcurriculums aus verschiedenen Perspektiven vertieft und weiterentwickelt (vgl. OA-Material „Fachdidaktische Module"). Hierbei sind v. a. die Sachanalyse und die damit verbundene Ziel- und Inhaltsauswahl, Aspekte der methodischen Gestaltung sowie die antizipierende und prozessbegleitende Diagnose von Lernausgangslagen zu nennen. Um die Inhalte in ihren sachlogischen Zusammenhängen zu erfassen und Lernpotenziale zu identifizieren, gilt es zu analysieren, in welchen Problemkontexten diese Inhalte bedeutsam sind. Dieses Herangehen ist für Studierende, denen dieses vielschichtige Denken oft noch schwerfällt, durchaus mit Schwierigkeiten verbunden. Es greift aber die ohnehin fällige Frage nach einer sinnstiftenden Motivation – als zentrales Element der fachdidaktischen Gestaltung – auf. Eine kompakte Darstellung des problemorientierten

Planungsansatzes findet sich im OA-Material „Elemente der Planung und Gestaltung problemorientierten Unterrichts". Die Differenzierung der aufeinander aufbauenden fachdidaktischen Lehrveranstaltungen an der TU Dresden erfolgt v. a. über die Fokussierung verschiedener Inhaltsbereiche des Chemieunterrichts:

Zunächst wird der Schwerpunkt auf die naturwissenschaftliche Betrachtung von Stoffen und deren Veränderungsprozesse und damit auch auf die Basiskonzepte des Chemieunterrichts gelegt. Problemstellungen sind hierbei so zu generieren, dass sie eine naturwissenschaftliche Auseinandersetzung mit dem Lerngegenstand erfordern und Bezüge zur Lebenswelt der Lernenden herstellen. Z. B. können Phänomene und damit auch Eigenschaften von Stoffen hinterfragt werden, deren Erklärung mit der Entwicklung naturwissenschaftlicher Konzepte bzw. Modellvorstellungen verbunden sind. An diese erste fachdidaktische Lehrveranstaltung schließt sich ein semesterbegleitendes Schulpraktikum an. In diesen schulpraktischen Übungen wenden die Studierenden ihre erworbenen Kenntnisse unter universitärer und schulischer Betreuung in einer Reihe von ersten Unterrichtsversuchen praktisch an. Neben der Entwicklung von Planungskompetenzen steht dabei auch die Reflexion des eigenen Professionalisierungsprozesses durch Hospitationen und Peer-Feedback im Vordergrund.

Zeitgleich zu den schulpraktischen Übungen wird der Blick auf problemorientiertes Lehren und Lernen im Chemieunterricht auf chemietechnische und analytische sowie gesellschaftliche Problem- bzw. Fragestellungen ausgeweitet. Dabei stehen z. B. Problemstellungen mit Bezug zur Materialentwicklung im Kontext nachhaltiger Entwicklung oder zur Bewertung chemisch-technischer Systeme im Fokus. Mit der erweiterten, chemietechnischen und gesellschaftlichen Perspektive auf die Welt als Aneignungsgegenstand wird auch herausgearbeitet, dass der Lernort Schule potenzielle Problemlöseprozesse begrenzt und dass außerschulische Lernorte eine problem- und zieladäquate Erweiterung des Gestaltungsspielraumes bieten (Kuske-Janßen et al., 2020, S. 24). Für diesen Zweck wird im Rahmen der fachdidaktischen Lehre am Standort Dresden das Lernen an außerschulischen Lernorten explizit thematisiert. Da die Studierenden der allgemeinbildenden Studiengänge neben der eigenen schulischen und universitären Ausbildung kaum Erfahrungen mit außerschulischen Lernorten oder der (nicht) akademischen Arbeitswelt vorweisen können, nehmen sie die Gestaltung derartiger Problemstellungen häufig als gleichwohl spannend und herausfordernd wahr.

Um auch die Erfahrungslücke bezüglich der Arbeitswelt zu schließen, wird den Studierenden im Modul „Chemie im Kontext der Lebens- und Arbeitswelt" ein fachdidaktisch eingebundenes Betriebspraktikum ermöglicht (siehe Kap. 2.1). In diesem Modul erschließen sich die Lehramtsstudierenden Instrumentarien für die didaktisch induzierte Arbeitsanalyse (Niethammer & Schweder, 2016) und führen diese im Betriebspraktikum durch. Auf der Basis ihrer durch die Arbeitsanalyse erhobenen Daten leiten sie exemplarisch Ideen und Problemstellungen für einen arbeitsweltbezogenen Chemieunterricht ab. Dies ermöglicht den Studierenden auch einen praxisorientierten Zugang zur Querschnittsaufgabe der Studien- und Berufsorientierung. Im Lehramt an Oberschulen ist das Modul verpflichtend und kann von den Chemie-

Lehramtsstudierenden anderer Studiengänge im Rahmen der Ergänzungsstudien freiwillig gewählt werden.

Im abschließenden Modul der fachdidaktischen Lehre (siehe Kap. 2.2) konzipieren die Studierenden auf der Basis aller Überlegungen aus den vorangegangenen Semestern ein problemorientiertes Projekt für Lernende. Dieses Projekt erproben und evaluieren sie zudem mit Schulklassen. Eine weitere vertiefte Auseinandersetzung mit den problemorientierten Planungsüberlegungen findet ebenfalls in einem vierwöchigen Blockpraktikum B statt, in dem die Studierenden mindestens 18 Unterrichtsstunden im Fach Chemie selbstständig planen und unterrichten.

Nachfolgend wird anhand von zwei ausgewählten Lehrveranstaltungen ausgeführt, wie der fachdidaktische Lehransatz die angestrebte Kompetenzentwicklung der Studierenden unterstützt.

1.1 Kurzdarstellung des Moduls „Chemie im Kontext der Lebens- und Arbeitswelt"

Im Modul „Chemie im Kontext der Lebens- und Arbeitswelt" ist vor allem die Arbeitswelt zentraler Gegenstand der fachdidaktischen Lehre. Die Arbeitswelt als Teil der Lebenswelt kann für die Kontextualisierung und Motivation von Unterricht eine wichtige Rolle einnehmen. So können Problemstellungen, welche im Unterricht den Lernprozess initiieren, unmittelbar mit Fragestellungen der realen Arbeitswelt verknüpft werden und den Lernenden zusätzlich einen Einblick in die Tätigkeiten naturwissenschaftlicher Berufsfelder geben. Damit kann ein Beitrag zur Berufs- bzw. Studienwahlentscheidung von Lernenden geleistet werden. Lehrkräfte sind in diesem Modul folglich dazu zu befähigen, reale Arbeitsaufgaben zu erkennen, relevante Inhalte für den schulischen Unterricht darin zu identifizieren und darauf aufbauend, Ideen für die methodische Gestaltung von Unterricht zu entwickeln.

Da die meisten Studierenden für Lehramt an allgemeinbildenden Schulen ohne eine berufliche Ausbildung zum Studium kommen, stehen sie jedoch vor der Herausforderung, die ihnen weitestgehend unbekannte Arbeitswelt und damit einhergehende berufliche Tätigkeiten zu ergründen. Im Studium erhalten die Studierenden zwar v. a. Einblicke in Arbeitstechniken entsprechender (akademischen) Berufe, jedoch sind diese meist kontextlos und im Rahmen fachbezogener Laborpraktika verortet. Im Modul lernen die Studierenden daher authentische und berufsbezogene Aufgaben und Tätigkeiten in der realen Arbeitswelt kennen. Hierfür ist ein Betriebspraktikum im Umfang von zehn Arbeitstagen in einem Unternehmen oder einer Forschungseinrichtung verpflichtend.

Aus den Erlebnissen und Erfahrungen des Betriebspraktikums leiten die Studierenden sowohl Erkenntnisse zur Arbeit spezifischer Berufe als auch zu berufsspezifischen Problemstellungen ab. Dadurch können sie Lernenden Bezüge zur Arbeitswelt deutlich machen und auch besser einschätzen, welche Inhalte des Chemieunterrichts für die Bearbeitung beobachteter Arbeitsaufgaben notwendig sind.

Damit die Lehramtsstudierenden die Arbeitsaufgaben, welche sie im Rahmen des Betriebspraktikums beobachtet haben, hinsichtlich ihres didaktischen Potentials analysieren können, lernen sie in der Lehrveranstaltung die Methode der ‚didaktischen Arbeitsanalyse' (Niethammer & Schweder, 2016) kennen. Damit lassen sich reale Arbeitsaufgaben, die damit verbundenen Tätigkeiten und das zugrundeliegende Sachwissen systematisch erfassen und zielgruppengerechte Problemstellungen ableiten. Ausgehend vom ‚Ebenenmodell' nach Niethammer (2006) werden die Studierenden dafür bei der didaktischen Arbeitsanalyse von einem fragengestützten Praktikumsskript geleitet (Unverricht, 2015). Neben der Organisation der beruflichen Arbeit innerhalb des Unternehmens und in der Wechselbeziehung zu Kunden und Partner:innen, werden auch die Rahmenbedingungen sowie die spezifischen Denk- und Handlungsschritte einzelner Arbeitsaufgaben von Mitarbeiter:innen, deren Position im Unternehmen und dem Gesamtunternehmenskontext analysiert und zueinander in Beziehung gesetzt. Diese Informationen werden mithilfe der didaktischen Arbeitsanalyse als Bezugspunkt für die Unterrichtsplanung aufbereitet. Aus der resultierenden Ordnung des Ausschnitts der Arbeitswelt ergeben sich Unterrichtsinhalte, mögliche Erkenntniswege entlang des Problemlöseprozesses, Handlungsmuster sowie Überlegungen zu Sozialformen, welche die beobachtete Arbeitsorganisation widerspiegeln. Resultate der Arbeitsanalysen aus den Betriebspraktika sind arbeitsweltorientierte Unterrichtskonzepte, die sich konsequent an den Erfordernissen der Arbeitswelt ausrichten.

Durch das Praktikum werden somit insbesondere überfachliche Fähigkeiten, wie z. B. Kommunikations-, Sozial und Methodenkompetenzen, gefördert. Durch die Reflexion des Arbeitsfeldes auf einer Metaebene entwickeln die Studierenden außerdem ihre Fähigkeit weiter, fachspezifische Problemstellungen in realen Anwendungssituationen zu verorten und über die Planung von Unterrichtskonzepten Kontexte entsprechend der Analyse von Lernpotentialen in unterrichtliche Lehr-Lernumgebungen einzubetten. Damit leisten sie auch einen Beitrag für Aspekte der Wissenschaftskommunikation.

1.2 Kurzdarstellung des Moduls „Projektlernen im Chemieunterricht"

Zum Ende des fachdidaktischen Studiums sollen die Studierenden dazu befähigt werden, die erlernten Modelle und fachdidaktischen Ansätze des problemorientierten Lehrens und Lernens auf die Planung eines projektorientierten Unterrichtskonzeptes anzuwenden, in welchem die Lernenden sich überwiegend selbstständig mit einer Problemstellung aus der Arbeits- oder Lebenswelt auseinandersetzen. Die Fokussierung auf die didaktische Großform der Projektmethode (Frey et al., 2007) begründet sich dabei durch den Bezug zu problem- und handlungsorientiertem Lehren und Lernen. Dabei zeichnet sich die Projektmethode durch eine explizite Lernenden- und Produktorientierung (Frey et al., 2007) aus, wobei die Lernenden die konkreten Phasen eines Problemlöseprozesses selbstständig entwickeln, organisieren und durchlaufen und damit auch überfachliche Kompetenzen wie Problemlösefähigkeiten und Projektmanagement erwerben.

Das zu entwickelnde Projekt für den Chemieunterricht wird im Rahmen der Lehrveranstaltung nicht nur theoretisch diskutiert, sondern auch mit Lernenden erprobt und evaluiert. Die Lehrkräfte unterstützen die Lernenden dabei vor allem auf einer Metaebene, indem sie diese dazu anregen, den Problemlöseprozess vollständig nachzuvollziehen. Dies setzt jedoch voraus, dass durch die Lehrenden der potenzielle Problemlöseprozess vollständig antizipiert wurde.

Die Projektkonzepte werden für konkrete Lernbereiche entwickelt, die durch kooperierende Schulen vorgegeben werden. Diese Inhaltsbereiche werden durch die Studierenden zunächst hinsichtlich der fachlichen Zusammenhänge strukturiert und analysiert. Diese Sachanalyse bildet die Grundlage für die methodische Konzeption der Projekte. Anhand der fachlichen Zusammenhänge sowie der Verknüpfungen zwischen den naturwissenschaftlichen, technischen und gesellschaftlichen Perspektiven auf den Fachinhalt leiten die Studierenden Problemstellungen ab, deren Bearbeitung die Auseinandersetzung mit eben diesen Inhalten erfordert und fördert. Die Problemstellungen sollten unmittelbar an der Lebenswelt der Lernenden bzw. an für sie nachvollziehbaren Kontexten der Arbeitswelt anknüpfen. Im OA-Material ist das grundsätzliche Schema für eine sachlogische Struktur von Inhalten im Kontext gesellschaftlicher, (verfahrens-)technischer und naturwissenschaftlicher Problemstellungen skizziert. Deutlich wird hierbei, wie die verschiedenen Betrachtungsebenen miteinander verknüpft sind und dass für eine vermeintlich fachliche Problemlösung auch immer überfachliche Perspektiven mit einbezogen werden müssen (Niethammer & Wils, 2020; vgl. Beispiele im OA-Material unter „SLS"). Ein besonderes Potenzial für die Entwicklung geeigneter Problemstellungen bieten an dieser Stelle auch außerschulische Lernorte. Neben der Auseinandersetzung mit lebens- und arbeitsweltnahen Fragen mit Bezügen zu Technik und Gesellschaftswissenschaften kann dadurch auch eine Öffnung des Schulunterrichts für neue Methoden und Lernwege erfolgen, wobei die Relevanz naturwissenschaftlicher Perspektiven nicht zu vernachlässigen ist (Niethammer & Wils, 2020). Für die Einbindung eines außerschulischen Lernortes in die Konzeption des Projektes ist v. a. die Identifikation von fachlichen und überfachlichen Lernpotenzialen für die Entwicklung von (authentischen) Problemstellungen ausschlaggebend (Niethammer & Wils, 2020). Beispielsweise können durch den Besuch eines Besucherbergwerks Fragen bzgl. der Bedeutung des Bergbaus für eine nachhaltige regionale Entwicklung angeregt werden, für die auch naturwissenschaftliches Wissen, z. B. zu den Eigenschaften und der Verwendung der Rohstoffe, relevant ist.

An die zu entwickelnde Problemstellung werden schließlich verschiedene Anforderungen gestellt. Neben dem Bezug zur Lebens- und/oder Arbeitswelt sollte die Problemstellung ausreichend komplex sein, damit die Lernenden angeregt werden, sich neue Inhalte im Sinne eines konstruktiven Lernprozesses zu erschließen. Die Problemstellung darf jedoch auch nicht so komplex sein, dass es zu einer kognitiven Überforderung bei der Auseinandersetzung kommt. Damit müssen bei der Antizipation des Problemlöseprozesses auch mögliche Lernhürden identifiziert und die Erarbeitung entsprechender erkenntnisunterstützender Mittel abgeleitet werden. Die Komplexität der Problemstellung kann u. a. anhand der Teilaufgaben, die die Problemlösung erforderlich macht, charakterisiert werden. Diese Teilaufgaben, in denen die relevanten Bildungsinhalte offensichtlich werden, strukturieren den Problemlöseprozess inhaltlich und methodisch.

In der methodischen Umsetzung ist die erste Herausforderung die Phase der Probleminitiierung, d.h. die Konfrontation der Lernenden mit der Problemstellung. Diese schafft die Motivation für die nachfolgende fachliche Auseinandersetzung. Die Initiierung der Problemstellung kann auf verschiedenen Wegen erfolgen. Ziel ist es, den Lernenden das Gefühl zu geben, dass sie persönlich – ggf. auch in einer angenommenen Rolle im Rahmen eines Rollenspiels – zur Lösung eines übergeordneten Problems aufgefordert sind. Exemplarisch sei hier die Initiierung im Rahmen einer Produktentwicklung für eine (fiktive) Unternehmer:innengruppe genannt, für die die Schüler:innen als Produkt einen *Sales Pitch* erarbeiten und vorstellen müssen. Beispiel für ein solches Produkt könnte ein Lebensmittel sein, welches z. B. den besonderen Bedarfen von Leistungssportlern gerecht werden muss, oder eine Technologie zur Gewinnung von *grünem Strom*. Beide Beispiele erfordern für die Problemlösung neben naturwissenschaftlichen oder technischen Erläuterungen auch eine kritische Bewertung des Handlungsergebnisses. Letzteres erfordert in der Regel auch eine Auseinandersetzung mit gesellschaftlichen Aspekten. Die Projekte so zu konzeptualisieren, dass Lernenden im Rahmen offener Problemstellungen einerseits selbstständiges Lernen ermöglicht und anderseits durch Unterstützungsmaterial eine kognitive Überforderung verhindert wird, stellt für Studierende eine komplexe Entwicklungsaufgabe dar. Um dieser zu begegnen, werden die Konzepte in Kleingruppen geplant und in verpflichtenden Konsultationsterminen mit den Peers sowie den Dozierenden diskutiert und weiterentwickelt. Die Projekte werden anschließend von allen an der Entwicklung beteiligten Studierenden mit Lernenden kooperierender Schulen erprobt. Die Studierendengruppen evaluieren zusätzlich gegenseitig die Erprobung der Konzepte, um über zusätzliches externes Feedback die eigenen Reflexionsprozesse im Rahmen der Lehrveranstaltung zu unterstützen. Ein Beispiel für ein ausgearbeitetes Studierenden-Projekt findet sich im OA-Material unter „Projekt – Wasserstoff als Energieträger".

Zusammenfassend werden die Studierenden in der Lehrveranstaltung mit allen Anforderungen konfrontiert, die es bei der Planung, Durchführung und Evaluation problemorientierten Unterrichts im Fach Chemie auf Basis des fachdidaktischen Lehransatzes der TU Dresden zu berücksichtigen gilt. Mit der Projektmethode lernen sie dabei eine didaktische Großform kennen, mit der sie handlungs- und problemorientierte Unterrichtskonzepte auch unter Einbezug außerschulischer Lernorte planen können. Dabei stehen erneut Problemlösestrategien, interdisziplinäres Lehren und Lernen, grundlegende Gedanken zu nachhaltiger Entwicklung sowie die Positionierung zu naturwissenschaftlich-technischen Entwicklungen im Vordergrund.

## 2.	Zusammenfassung und Ausblick

Das Bildungsverständnis der Fachdidaktik Chemie an der TU Dresden äußert sich im Bestreben, Lernende nachhaltig dazu zu befähigen, mit gesellschaftlichen Herausforderungen der Lebens- und Arbeitswelt im Sinne der Ziele nachhaltiger Entwicklung umgehen zu können. Dafür werden individuelle Lernprozesse von Lernenden zum Ausgangspunkt fachdidaktischer Überlegungen und Lehramtsstudierende zur Planung von problem- und kontextorientiertem Chemieunterricht befähigt. Dabei werden im Rahmen der fachdidaktischen Lehre neben verschiedenen Kontexten der Lebens- oder Arbeitswelt v. a. auch Problemlöseprozesse und die Facetten fachdidaktischer Professionalisierung fokussiert. Um entsprechende fachliche und überfachliche Kompetenzen im Rahmen des Studiums zu entwickeln, stellt der Beitrag anhand von zwei ausgewählten Lehrveranstaltungen dar, dass zusätzlich zur theoretischen Vermittlung fachdidaktischer Konzepte auch gezielt praktische Erfahrungen im Rahmen von Betriebs- und Schulpraktika sowie Projekterprobungen ermöglicht werden müssen. Um den problemorientierten Lehransatz der Fachdidaktik Chemie an der TU Dresden weiter auszubauen, werden darüber hinaus zukünftig verstärkt auch BNE, fächerübergreifendes Lernen unter Einbezug außerschulischer Lernorte und betriebliche Exkursionen im Sinne eines außer(hoch-)schulischen Lernens thematisiert und realisiert.

Literatur

Anderson, J. R. & Funke, J. (2013). *Kognitive Psychologie*. Springer.

Baumert, J. & Kunter, M. (2006). Stichwort: Professionelle Kompetenz von Lehrkräften. *Zeitschrift für Erziehungswissenschaft, 9*(4), 469–520.

Burmeister, M., Rauch, F. & Eilks, I. (2012). Education for Sustainable Development (ESD) and chemistry education. *Chemistry Education Research and Practice, 13*(2), 59–68.

Frey, K., Schäfer, U., Knoll, M., Frey-Eiling, A., Heimlich, U. & Mie, K. (2007). *Die Projektmethode: Der Weg zum bildenden Tun* (neu ausgestattete Sonderausg). Beltz.

Großmann, L. & Krüger, D. (2022). Welche Rolle spielt das fachdidaktische Wissen von Biologie-Referendar*innen für die Qualität ihrer Unterrichtsentwürfe? *Zeitschrift für Didaktik der Naturwissenschaften, 28*(1), 53–72.

KMK. (2004/2019). *Standards für die Lehrerbildung: Bildungswissenschaften. Beschluss der Kultusministerkonferenz vom 16.12.2004 i. d. F. vom 16.05.2019.* https://www.kmk.org/fileadmin/veroeffentlichungen_beschluesse/2004/2004_12_16-Standards-Lehrerbildung-Bildungswissenschaften.pdf

Kuske-Janßen, W., Niethammer, M., Pospiech, G., Wieser, D., Wils, J.-T. & Wilsdorf, R. (2020). Außerschulische Lernorte – Theoretische Grundlagen und Forschungsstand. In G. Pospiech, M. Niethammer, D. Wieser & F.-M. Kuhlemann (Hrsg.), *Begegnungen mit der Wirklichkeit: Chancen für fächerübergreifendes Lernen an außerschulischen Lernorten* (S. 21–49). hep.

Milker, C. & Niethammer, M. (2022). Chemie und Teilhabe. In A. Langner, M. Niethammer, M. Schütte, D. Wieser, P. Kemter-Hofmann, L. Friebel, D. Jugel, J. Jung, J. Matusche, C. Milker, S. Richter-Killenberg, J. Steffens & K. Wesemeyer (Hrsg.), *Schule inklusiv gestalten – das Projekt SING* (S. 285–318). Waxmann.

Niethammer, M. (2006). *Berufliches Lernen und Lehren in Korrelation zur chemiebezogenen Facharbeit: Ansprüche und Gestaltungsansätze*. Bertelsmann.

Niethammer, M. (2020). Der Lernprozess als Bezugspunkt didaktischen Handelns. In G. Pospiech, M. Niethammer, D. Wieser & F.-M. Kuhlemann (Hrsg.), *Begegnungen mit der Wirklichkeit: Chancen für fächerübergreifendes Lernen an außerschulischen Lernorten* (S. 95–104). hep.

Niethammer, M. & Schweder, M. (2016). Handelnd Lernen: Situationsaufgaben als Ausgangspunkt berufsschulischen Unterrichts und universitäter [sic] Lehrerbildung. In B. Mahrin (Hrsg.), *Wertschätzung – Kommunikation – Kooperation: Perspektiven von Professionalität in Lehrkräftebildung, Berufsbildung und Erwerbsarbeit. Festschrift zum 60. Geburtstag von Prof. Dr. Johannes Meyser* (S. 32–42). Universitätsverlag der TU Berlin.

Niethammer, M. & Wils, J.-T. (2020). Potenziale der chemischen Fachperspektive für das fächerübergreifende Lernen an außerschulischen Lernorten. In G. Pospiech, M. Niethammer, D. Wieser & F.-M. Kuhlemann (Hrsg.), *Begegnungen mit der Wirklichkeit: Chancen für fächerübergreifendes Lernen an außerschulischen Lernorten* (S. 105–119). hep.

Richter-Killenberg, S., Marlis, P., Langner, A. & Kemter-Hofmann, P. (2022). Psychologische Anforderungsbestimmung als Basis der Kompetenzdiagnostik und -entwicklung bei Lehrkräften in inklusiven Lehr-Lernsettings. In A. Langner, M. Niethammer, M. Schütte, D. Wieser, P. Kemter-Hofmann, L. Friebel, D. Jugel, J. Jung, J. Matusche, C. Milker, S. Richter-Killenberg, J. Steffens & K. Wesemeyer (Hrsg.), *Schule inklusiv gestalten – das Projekt SING* (S. 357–375). Waxmann.

Rieckmann, M. (2018). Die Bedeutung von Bildung für nachhaltige Entwicklung für das Erreichen der Sustainable Development Goals (SDGs). *Zeitschrift für internationale Bildungsforschung und Entwicklungspädagogik, 41*(2), 4–10.

Unverricht, I. (2015). *Betriebspraktika als Element kompetenzorientierter Lehrerausbildung: Hochschuldidaktisches Konzept für den Studiengang Höheres Lehramt an Gymnasien für Chemie und Physik*. wbv.

Vereinte Nationen. (2015). *Transformation unserer Welt: Die Agenda 2030 für nachhaltige Entwicklung*. Resolution der Generalversammlung, verabschiedet am 25. September 2015. https://www.un.org/depts/german/gv-70/band1/ar70001.pdf?

 Onlinematerial

Tino Kühne, Technische Universität Dresden, Fakultät Erziehungswissenschaften, BFR Chemietechnik; Didaktik der Chemie
tino.kuehne1@tu-dresden.de
https://orcid.org/0009-0005-2188-8330

Maria Mathiszik, Technische Universität Dresden, Fakultät Erziehungswissenschaften, BFR Chemietechnik; Didaktik der Chemie
maria.mathiszik@tu-dresden.de
https://orcid.org/0009-0000-7842-7598

Darius Mertlik, Technische Universität Dresden, Fakultät Erziehungswissenschaften, BFR Chemietechnik; Didaktik der Chemie
darius.mertlik@tu-dresden.de
https://orcid.org/0009-0003-1583-0840

Manuela Niethammer, Technische Universität Dresden, Fakultät Erziehungswissenschaften, Professur für Bautechnik und Holztechnik sowie Farbtechnik und Raumgestaltung/Berufliche Didaktik
manuela.niethammer@tu-dresden.de

Teil III
Unterricht in den
Naturwissenschaften im 21. Jahrhundert

https://doi.org/10.31244/9783830997962.20

Gesundheitsbildung von morgen

Vielfaltssensibel, ganzheitlich und risikokompetent

Christiane Konnemann & Benedikt Heuckmann

In den letzten Jahren haben sich Themen und Anforderungen schulischer Gesundheitsförderung und Sexualbildung stark verändert (Schaal, 2020), wobei gesundheitsbezogene Themen fester Bestandteil aktueller gesellschaftspolitischer Kontroversen sind. Beispiele liefern Diskussionen zur Corona-Pandemie (z. B. um Notwendigkeit und Risiken von Impfungen), zu geschlechtlicher Vielfalt (z. B. um gendergerechte Sprache) und zum veränderten Ernährungs- und Gesundheitsverhalten (z. B. um gesundheitliche und umweltbezogene Vor- und Nachteile veganer Ernährung oder um adipogene Risiken westlicher Ernährung). Diese aktuellen Themen sind bereits in Teilen im Schulalltag angekommen, wobei die Auseinandersetzung mit Fragen zur Gesundheitsförderung und Sexualbildung grundsätzlich als Querschnittsaufgabe aller Fächer verstanden wird (Ruppert, 2015). Dem Biologieunterricht wird dabei gleichzeitig traditionell eine zentrale Rolle zugesprochen (Arnold et al., 2019), zumal humanbiologisches Wissen die Grundlage der Auseinandersetzung mit vielen dieser Fragen liefert. Dennoch weisen die aktuellen Kontroversen weit über Fachwissen hinaus und erfordern einen neuen vielfaltssensiblen, ganzheitlichen und risikokompetenten Blick auf klassische wie neue Themen, womit auch die Frage nach einer zeitgemäßen Qualifizierung und Professionalisierung angehender Biologielehrkräfte neu gestellt werden muss.

Der Beitrag stellt die Grundkonzeption eines Seminars vor, welches angehende Biologie-Lehrkräfte auf eine Gesundheitsbildung von morgen vorbereiten soll. Dafür hat sich die Orientierung an drei allgemeinen, aber zukunftsweisenden Schwerpunkten bewährt, die einerseits etablierte, evidenzbasierte Prinzipien aufgreifen und aktuelle Herausforderungen berücksichtigen, aber auch über diese hinaus in die Zukunft gedacht werden können: Der sensible Umgang mit Vielfalt, die Berücksichtigung von Ganzheitlichkeit und der risikokompetente Umgang mit Unsicherheit. Die Konzeption des Seminars wird zu Beginn kurz vorgestellt, bevor diese drei Schwerpunkte theoretisch verortet sowie Möglichkeiten zur Integration im Seminar erläutert werden. Im Online-Material finden sich zusätzlich zu jedem der drei Schwerpunkte konkrete Umsetzungsbeispiele aus verschiedenen Seminarsitzungen.

1. Konzeption

Das Seminar richtet sich an angehende Biologielehrkräfte im Studiengang Master of Education (1. und 2. Fachsemester) für das Lehramt an weiterführenden Schulen (Gymnasium, Gesamtschule, Haupt-, Real-, Sekundarschule, Berufskolleg) und ist als Präsenzseminar mit Blended-Learning-Anteilen konzipiert. Es besitzt einen Umfang von 2 ECTS (2 SWS) verteilt auf 14 Kurswochen und ist in fünf thematische Abschnitte gegliedert (siehe Tabelle 1).

Tab. 1: Exemplarischer Seminarverlauf mit Kursabschnitten und Sitzungsthemen

Sitzung	Vielf.	Ganz.	Risiko.
Abschnitt 1: Allgemeine Prinzipien der Gesundheitsbildung im Biologieunterricht			
1 Einführung in die Gesundheitsbildung im Fach Biologie	X	X	X
2 Umsetzung ausgewählter Prinzipien der Gesundheitsbildung am Beispiel Krebserkrankungen		X	
3 Förderung von Risikokompetenz am Beispiel Impfung			X
Abschnitt 2: Suchtprävention im Biologieunterricht			
4 Ganzheitliche Suchtprävention am Beispiel Alkohol		X	
5 Berücksichtigung von Verzerrungen der Risikowahrnehmung am Beispiel Rauchen			X
Abschnitt 3: Ernährungserziehung im Biologieunterricht			
6 Ganzheitliche Beeinflussung gesunden Essverhaltens am Beispiel GUT DRAUF		X	
7 Nachhaltige Ernährung am Beispiel Fleischkonsum		X	
8 Essstörungen erkennen und vorbeugen		X	
Abschnitt 4: Sexualerziehung im Biologieunterricht			
9 Allgemeine Grundsätze und Prinzipien der Sexualerziehung	X	X	
10 Vielfalt geschlechtlicher und sexueller Identitäten	X		
11 Kultursensible Sexualerziehung	X		
12 Prävention sexualisierter Gewalt in Schule und Unterricht		X	
13 Kompetenter Umgang mit Risiko am Beispiel Safer Sex			X
Abschnitt 5: Abschluss			
14 Umgang mit Heterogenität in der Gesundheitsbildung	X		

Vielf. = vielfaltssensibel, Ganz. = ganzheitlich, Risiko. = risikokompetent

Zunächst werden die elementaren Aspekte der Gesundheitsbildung im Biologieunterricht entlang der Schwerpunkte Vielfaltsensibilität, Ganzheitlichkeit und Risikokompetenz erarbeitet (Abschnitt 1). Anschließend werden diese in drei zentralen Feldern der Gesundheitsbildung – Sucht, Ernährung und Sexualität – angewendet (Abschnitte 2–4). Eine zusammenfassende und reflektierende Sitzung (Abschnitt 5) rundet das Konzept ab. An ausgewählten Kurstagen gestalten externe Referent:innen die Seminare (z. B. Workshops in Abschnitt 4 zu sexualisierter Gewalt durch Zartbitter e. V. und zu geschlechtlicher Identität und sexueller Orientierung durch SCHLAU NRW). So lernen die Studierenden bereits im Studium unterschiedliche Akteursgruppen und deren Perspektiven auf die Gesundheitsförderung, ihre Arbeitsweisen und Methoden kennen.

Eine genauere Beschreibung der organisatorischen Rahmenbedingungen zum Seminar – insbesondere die Einbindung der Lernplattform, die Organisation des Selbststudiums durch verbindliche Lektüre von Basisartikeln und die allgemeine Strukturierung der Sitzungen – findet sich im Online-Anhang.

2. Umgang mit Vielfalt in der Gesundheitsbildung

2.1 Relevanz und theoretische Anbindung

Die Vorbereitung von Lehramtsstudierenden auf den Umgang mit Heterogenität und Inklusion in Schule und Unterricht wird bereits seit einiger Zeit an die universitäre Lehrkräftebildung adressiert. In diesem Zusammenhang wird „Dealing with diversity" als wichtiger Aspekt von Professionalität gesehen (Terhart, 2014). Lankers et al. (2021) verwenden beispielhaft das Diversity-Rad, mit dessen Hilfe sich angehende Lehrpersonen der Vielfalt der Dimensionen von Heterogenität ihrer Schüler:innen bewusstwerden können.

Am Standort Münster wurde innerhalb der ersten Förderphase der Qualitätsoffensive Lehrerbildung ein grundlegendes, veranstaltungsübergreifendes Lehrkonzept entwickelt, das Studierende des Lehramts Biologie auf diversitätssensibles Unterrichten vorbereiten soll (Düsing et al., 2018). Dabei werden die Begriffe Heterogenität und Inklusion weit definiert und als wertschätzende Begriffe der Verschiedenheit aller Menschen aufgefasst. Für die konkrete Umsetzung im hier beschriebenen Seminarkonzept wurde dieses grundlegende Lehrkonzept weiterentwickelt. Von besonderer Bedeutung ist dabei eine vertiefte Betrachtung ausgewählter Heterogenitätsfacetten (siehe Abb. 1). Die Facetten werden dabei nicht isoliert voneinander betrachtet, sondern gerade das gleichzeitige Zusammenwirken verschiedener Facetten und die daraus resultierenden Wechselwirkungen (Intersektionalität) verdeutlichen die multiplen Herausforderungen für ein diversitätssensibles Unterrichten (Walgenbach, 2017).

Für die Gesundheits- und Sexualerziehung sind viele der in Abb. 1 benannten Heterogenitätsfacetten als gesundheitsrelevante Faktoren hinreichend beschrieben. Zum Beispiel zeigt die aktuelle KiGGS-Studie (Krause et al., 2018), dass Unterschiede in Gesundheit und Lebenswartung in Deutschland mitunter stark durch den *sozioökonomischen Hintergrund* (Risikofaktor Armut/Elternhaus) geprägt sind. Auch der Faktor *Sprache* ist für die schulische Gesundheitsförderung von großer Bedeutung, wie z. B. Schaal und Schaal (2019) am Beispiel der kulturell ausgeprägten gesellschaftlichen Norm beim Sprechen über Sexualität verdeutlichen. Ähnliches gilt für den

Abb. 1: Auswahl an Heterogenitätsfacetten (eigene Abbildung verändert nach AG Inklusion des FB13 an der Universität Münster).

Faktor *Verhalten*, der sich beispielsweise im vielfältigen Konsum- und Ernährungsverhalten zeigt, welches zugleich Ausdruck eines individuellen Lebensstils sein kann (Fleischkonsum, vegetarisch, vegan).

2.2 Umsetzung im Seminar

Im Seminar wird die Sensibilisierung für Vielfalt bereits in der ersten Seminarsitzung angelegt und ein weiter Heterogenitätsbegriff unter Verwendung von Abb. 1 eingeführt. In jeder Seminarsitzung findet dann eine Reflexion der für das jeweilige Kursthema relevanten Heterogenitätsfacetten statt. In der Abschlusssitzung (Abschnitt 5) werden die Heterogenitätsfacetten, ausgehend von Lankers et al. (2021) vertieft und es werden exemplarisch am Beispiel des Inhalts „Geschlechtsorgane" gendersensible, geschlechterdifferenzierende, kultursensible, sprachsensible und leistungsdifferenzierende Unterrichtsmaterialien kontrastiert. Ziel ist es, eine auf Diversität fokussierte Rückschau einzelner Sitzungen des Semesters vorzunehmen und dabei eine Erweiterung der Perspektive auf Intersektionalität zu erreichen.

Im Online-Material zum Artikel finden sich explizite Umsetzungsbeispiele aus dem Seminar zur Berücksichtigung von Vielfalt in der gendersensiblen (Online-Kap. 2.1) und kultursensiblen Sexualerziehung (Online-Kap. 2.2) sowie in der Suchtprävention und Ernährungserziehung (Online-Kap. 2.3).

3. Ganzheitlichkeit als grundlegendes Prinzip der Gesundheitsbildung

3.1 Relevanz und theoretische Anbindung

Gesundheit, Sexualität, Ernährung und Sucht – all diese Begriffe lassen sich für die Gesundheitsbildung im Biologieunterricht mehrdimensional betrachten. Historisch dominierte jedoch vor allem eine bio-medizinische Perspektive, bei der oft nur die pathogenetische Betrachtung möglicher Krankheitsursachen im Fokus stand (Ruppert, 2015). Im Seminar wird dagegen ein ganzheitliches Verständnis von Gesundheit zugrunde gelegt, bei dem im Sinne eines salutogenetischen Gesundheitsbegriff das individuelle Wohlbefinden gemeinsam mit sozialen, kulturellen und psychologischen Dimensionen von Gesundheit betrachtet wird (Faltermeier, 2017). Damit trägt das Seminarkonzept auch den Erkenntnissen etablierter Modelle für das Treffen gesundheitsbezogener Entscheidungen bzw. Gesundheitsverhalten Rechnung, welche vielfältige Determinanten von Gesundheit benennen. Aus fachdidaktischer Perspektive werden etwa im Modell reflexiver gesundheitsbezogener Handlungsfähigkeit (Arnold et al., 2019) neben kognitiven Facetten auch affektiv-motivationale Aspekte (z. B. Einstellungen, Überzeugungen) und personale Aspekte (z. B. Selbstwahrnehmung, Selbstwirksamkeit) als Einflussfaktoren benannt. Stärker psychologisch begründete Modelle zur Vorhersage von Gesundheitsverhalten (z. B. Lenartz et al., 2014; Arnold, 2018) betonen, dass kognitive Aspekte wie ein gesundheitsbezogenes Fachwissen zwar eine notwendige, aber keine hinreichende Voraussetzung **für** das Treffen kompetenter Gesundheitsentscheidungen darstellen. Entsprechend beabsichtigt das Seminar, durch eine ganzheitliche Betrachtung der Determinanten von Gesundheit multiperspektivische Einblicke und Zugänge zur schulischen Gesundheitsbildung zu ermöglichen.

3.2 Umsetzung im Seminar

Zu Beginn des Seminars (Abschnitt 1, s. Tab. 1) wird ein umfassender Gesundheitsbegriff im Sinne der WHO eingeführt und mithilfe von fiktiven Personenkarten die Frage „Gesund oder krank?" vor dem Hintergrund eines salutogenetischen Verständnisses diskutiert. Dabei wurden die Personen so ausgewählt, dass sie Widersprüche provozieren (Gesundheit trotz psychischer Krankheit? Gesundheit trotz chronischer Krankheit?). Die erste Seminarsitzung dient ferner dazu, die Leitbegriffe schulischer Gesundheitsförderung, -erziehung, und -bildung zu klären und wesentliche Ziele und Inhalte schulischer Gesundheitsbildung im Biologieunterricht zu erarbeiten. In der folgenden Seminarsitzung werden aufbauend auf einem Übersichtskapitel (Ruppert, 2015) zentrale Grundprinzipien ganzheitlicher Gesundheitsbildung am Beispiel Krebserkrankungen eingeführt und konkretisiert. Zentral ist hier die Differenzierung von Kognitions- und Emotionsorientierung sowie einer salutogenetischen und pathogenetischen Perspektive auf Gesundheit.

Im Online-Material zu diesem Artikel finden sich vertiefende Umsetzungsbeispiele zur ganzheitlichen Gesundheitsbildung am Beispiel Sucht (Online-Kap. 3.2), Ernährung (Online-Kap. 3.3) und Sexualität (Online-Kap. 3.4).

4. Umgang mit Risiko

4.1 Relevanz und theoretische Anbindung

Die kompetente Auseinandersetzung mit Gesundheitsrisiken nimmt einen zentralen Stellenwert in einer zeitgemäßen naturwissenschaftlichen Grundbildung ein (Schenk et al., 2019). Im Kontext schulischer Gesundheitsbildung fand die Auseinandersetzung mit Gesundheitsrisiken aber lange unter dem Mantel des Risikofaktoren- und Schutzfaktorenkonzepts statt, wobei die Aufklärung über Gesundheitsrisiken und mögliche Schutzfaktoren im Fokus stand (Ruppert, 2015). Ein moderneres Verständnis erfordert hingegen die Förderung von Risikokompetenz (*risk literacy*), indem der kompetente Umgang mit Risiken in Entscheidungssituationen gefördert wird (Gigerenzer & Martignon, 2015). Risikokompetenz umfasst dazu Kompetenzen statistischer Grundbildung wie das Verständnis von Häufig- und Wahrscheinlichkeiten oder den Umgang mit Unsicherheiten und Kosten-Nutzen-Analysen (Hansen & Hammann, 2017). Dem biologischen Fachwissen wird insofern eine zentrale Rolle zuteil, als dass sie helfen, die fachlichen Ursachen des Risikos einschätzen zu können (Visschers & Siegrist, 2018; Hansen & Hammann, 2017).

Mit Blick auf schulische Gesundheitsbildung ist die angemessene Wahrnehmung gesundheitlicher Risiken ein bedeutsamer Bestandteil von Risikokompetenz (Renner & Schupp, 2005). Eine angemessene, reflektierte Wahrnehmung äußert sich darin, dass die subjektive Risikowahrnehmung der objektiven (Expert*innen)Wahrnehmung ähnelt (Ropeik, 2012; Heuckmann & Krüger, 2022). Das Konstrukt Risikowahrnehmung wird dafür in der fachdidaktischen Literatur, angelehnt an die psychologische Risikoforschung (u. a. Slovic, 2012) meist als *dual-process model* konzeptualisiert (Hansen & Hammann, 2017; Heuckmann & Hansen, 2019): Die kognitive Risikowahrnehmung (bezogen auf die wahrgenommene Wahrscheinlichkeit eines Risikos, der Schwere und der Anfälligkeit) wird unterschieden von der affektiven Risikowahrnehmung (bezogen auf die wahrgenommene Angst, Bedrohlichkeit und Besorgnis). Fachdidaktisch lässt sich diese Unterscheidung als *„risk as analysis"* (kognitive Risikowahrnehmung basierend auf Logik, Vernunft und wissenschaftlichen Erkenntnissen) und *„risk as feeling"* (affektive Risikowahrnehmung basierend auf Affektheuristiken, Gefühlslagen, Einstellungen und instinktiver Risikoeinschätzung) für Lehr-Lernprozesse nutzen (Heuckmann & Hansen, 2019). Durch die explizite Auseinandersetzung mit Gesundheitsrisiken sollen Lernende somit befähigt werden, die Risiken kompetent einschätzen zu können (*risk assessment*) und geeignete Handlungsentscheidungen treffen zu können (*risk management*; Hansen & Hammann, 2017).

4.2 Umsetzung im Seminar

Der Schwerpunkt Risikokompetenz steht am Beginn des Seminars (Abschnitt 1, siehe Tab. 1) und soll zunächst einen differenzierten Blick auf Risiko und Risikokompetenz ermöglichen. Dafür werden die Grundlagen psychologischer Risikowahrnehmung (u. a. Unterscheidung kognitiver und affektiver Risikowahrnehmung) erarbeitet und *„risk as analysis"* und *„risk as feelings"* (Heuckmann & Hansen, 2019) als Perspektiven für die Unterrichtspraxis diskutiert. Im weiteren Seminarverlauf (Sitzung 3, Sitzung 5 und Sitzung 13) wird das Themenfeld Risiko weiter ausdifferenziert. Dabei werden Anknüpfungspunkte für die Förderung von Risikokompetenz im Biologieunterricht anhand ausgewählter Facetten von Risikokompetenz betrachtet (u. a. statistisches Denken, Heuristiken und Wissen zur Psychologie des Risikos; Martignon & Hoffrage, 2019). Ziel dieser Auseinandersetzungen ist es, dafür zu sensibilisieren, welche Chancen und Herausforderungen sich durch die Förderung von Risikokompetenz im Biologieunterricht ergeben können und welchen Stellenwert Risikokompetenz für die Auseinandersetzung mit Gesundheitsthemen einnehmen kann.

Das Online-Material dieses Artikels beschreibt eine Einführung in den Schwerpunkt Risiko am Beispiel Impfungen (Online-Kap. 4.1) sowie konkrete Umsetzungsmöglichkeiten für den Umgang mit Risiko am Beispiel Suchtprävention (Online-Kap. 4.2) und Sexualerziehung/Safer Sex (Online-Kap. 4.3).

5. Perspektiven und Fazit

Klar ist: Inhalte und Anforderungen an schulische Gesundheitsbildung haben sich in den letzten Jahren stark verändert und erfordern das Einnehmen zeitgemäßer Perspektiven. Im Seminarkonzept wurden dahingehend die überfachlichen Querschnittsaufgaben der Gesundheits- und Sexualbildung aus einer fachdidaktischen Perspektive aufgearbeitet und verknüpft mit drei überfachlichen Schwerpunkten (Vielfalt, Ganzheitlichkeit und Risikokompetenz). Durch diese Ausrichtung konnten im Seminarkonzept etablierte Inhalte (z. B. zu Sucht und Ernährung) aus neuen Blickwinkeln betrachtet werden und Impulse für eine mehrperspektivische Auseinandersetzung mit breiten Fragestellungen der Gesundheitsbildung gesetzt werden.

Als besondere Herausforderung des Seminars für die Lehrenden kann sicherlich die Rolle persönlicher Betroffenheit (z. B. bezogen auf die Themenfelder Krebserkrankungen, Essstörungen oder sexualisierte Gewalt) genannt werden. Im Sinne Schöns (1983) gilt es dabei, eine wertschätzende und vertrauensvolle Atmosphäre zu schaffen, in der eine Reflexion eigener Erfahrungen und Positionen zu diesen Themen ermöglicht und so der Anstoß für eine professionelle Entwicklung seitens der Studierenden gegeben werden kann. Auch der Umgang mit Scham stellt eine Herausforderung des Seminars insbesondere im Themenfeld Sexualität dar. Der grenzachtende Umgang miteinander spielt in Hochschule wie Schule eine wichtige Rolle. So wie Schüler:innen an Sexualbildung im Biologieunterricht zwar teilnehmen müssen, aber niemand zum Sprechen gezwungen werden sollte (Nespor, 2006), sollten auch Studierende nur teilnehmen und dadurch lernen dürfen.

Für die Weiterentwicklung des Seminarkonzepts bestehen derzeit drei Herausforderungen: Erstens die adäquate Berücksichtigung vielfältiger Determinanten und Ausprägungen von Gesundheit sowie ihrer Integration in den Fachunterricht Biologie. Zweitens die thematische Weiterentwicklung einzelner Kurstage in Anbetracht der begrenzen Seminarzeit, sowohl bezogen auf die inhaltliche Breite möglicher kreativer und alltagsrelevanter Kursinhalte als auch der Passung zu spezifischen Vorgaben der Bildungspläne und Curricula. Drittens besitzt das vorgestellte Konzept noch Grenzen und Limitationen, wie z. B. den vergleichsweisen geringen Stellenwert, den Fragestellungen zur psychischen Gesundheit (*mental health*) derzeit noch einnehmen. Derzeit findet dafür ein Ausbau des Blended-Learning-Angebots statt, indem für jeden Abschnitt (siehe Tab. 1) zusätzliche Wahlpflicht-Vertiefungen ausgearbeitet werden. Auf diese Weise sollen zukünftig weitere Themen wie etwa psychische Gesundheit, illegale Drogen, Cannabisprävention oder auch ein kritischer Umgang mit Pornographie in das Repertoire des Seminars aufgenommen werden.

Danksagung

Wir bedanken uns bei Prof. Dr. Helge Martens (geb. Gresch), Dr. Julia Hansen, Dr. Katharina Düsing und Jens Steinwachs, die an früheren Konzeptionen des Seminars beteiligt waren und dieses durch ihre Mitarbeit und kritische Perspektiven maßgeblich mitgestaltet haben.

Literatur

Arnold, J. (2018). An integrated model of decision-making in health contexts: the role of science education in health education. *International Journal of Science Education, 40*(5), 519–537. https://doi.org/10.1080/09500693.2018.1434721

Arnold, J., Dannemann, S., Gropengießer, I., Heuckmann, B., Kahl, L., Schaal, So., Schaal, St., Schlüter, K., Schwanewedel, J., Simon, U. & Spörhase, U. (2019). Modell zur reflexiven gesundheitsbezogenen Handlungsfähigkeit aus biologiedidaktischer Perspektive. *Biologie in unserer Zeit, 49*(2), 243–244. https://doi.org/10.1002/biuz.201970410

Düsing, K., Gresch, H. & Hammann, M. (2018). Diversitätssensibler Biologieunterricht – Veränderungen im Lehramtsstudium zur Vorbereitung auf das Unterrichten in heterogenen Lerngruppen. In D. Rott, N. Zeuch, C. Fischer, E. Souvignier & E. Terhart (Hrsg.), *Dealing with Diversity. Innovative Lehrkonzepte in der Lehrer*innenbildung zum Umgang mit Heterogenität und Inklusion* (S. 127–139). Waxmann.

Faltermaier, T. (2017). *Gesundheitspsychologie*. (2. Auflage). Kohlhammer.

Gigerenzer, G. & Martignon, L. (2015). Risikokompetenz in der Schule lernen. *Lernen und Lernstörungen, 4*(2), 91–98. https://doi.org/10.1024/2235-0977/a000098

Hansen, J. & Hammann, M. (2017). Risk in Science Instruction. The Realist and Constructivist Paradigms of Risk. *Science & Education, 26*(7–9), 749–775. https://doi.org/10.1007/s11191-017-9923-1

Heuckmann, B. & Asshoff, R. (2019). Akute Lymphatische Leukämie im Kindesalter – Eine Übungsaufgabe unter besonderer Berücksichtigung des Wechsels biologischer Organisationsebenen. *Mathematischer und naturwissenschaftlicher Unterricht, 72*(6), 459–465.

Heuckmann, B., Asshoff, R. & Ferreira González, L. (2021). Diagnose: Krebs. Dual geplanter Biologieunterricht zum Thema Krebserkrankungen und emotionale Kompetenz. *Unterricht Biologie, 463*, 32–37.

Heuckmann, B. & Hansen, J. (2019). „Risk as feeling – Risk as analysis". Risikokompetenz in der Gesundheitsbildung der Sekundarstufe I. Ein Unterrichtsvorschlag am Beispiel der Rauchprävention. *Der mathematische und naturwissenschaftliche Unterricht, 72*(2), 153–158.

Heuckmann, B. & Krüger, F. (2022). Approaching the Risk Perception Gap: Effects of a Subject Matter Knowledge-Based Intervention in a Health Context. *Journal of Biological Education, online first*, 1–16. https://doi.org/10.1080/00219266.2021.2009005

Krause, L., Mauz, E., Houben, R., Lange, M. & Gößwald, A. (2018). KiGGS Welle 2 (2014–2017) – Die zweite Folgeerhebung der „Studie zur Gesundheit von Kindern und Jugendlichen in Deutschland". *Epidemiologisches Bulletin, 16*, 156–157.

Lankers, A., Ferreira González, L. & Schmiemann, P. (2021). Die Vielfalt im Unterricht nutzen. Heterogenität als Herausforderung und Chance. *Unterricht Biologie, 463*, 2–5.

Lenartz, N., Soellner, R. & Rudinger, G. (2014). Modellbildung und empirische Modellprüfung einer Schlüsselqualifikation für gesundes Leben. Gesundheitskompetenz. *DIE Zeitschrift für Erwachsenenbildung, 2*, 29–32.

Martignon, L. & Hoffrage, U. (2019). *Wer wagt, gewinnt?: Wie Sie die Risikokompetenz von Kindern und Jugendlichen fördern können.* Hogrefe.

Nespor, M. (2006). Nicht anschauen, nicht ansprechen, nicht berühren? Sexualerziehung in multikulturellen Klassen. *Unterricht Biologie (30)* 319, 35–38.

Renner, B. & Schupp, H. (2005). Gesundheitliche Risiken: Wahrnehmung und Verarbeitung. In R. Schwarzer (Hrsg.), *Enzyklopädie der Psychologie*, C/X/1 (S. 173–193). Hogrefe.

Ropeik, D. (2012). The Perception Gap: Recognizing and managing the risks that arise when we get risk wrong. *Food and Chemical Toxicology, 50*(5), 1222–1225. https://doi.org/10.1016/j.fct.2012.02.015

Ruppert, W. (2015). Welche Aufgaben erfordern eine fachübergreifende Perspektive? In U. Spörhase (Hrsg.), *Biologie-Didaktik: Praxishandbuch für die Sekundarstufe I und II.* (S. 190–203). Cornelsen Scriptor.

Schaal, S. (2020). (Verpasste) Chancen schulischer Sexualbildung. Sexuelle Gesundheit braucht mehr als Aufklärung. *Schüler*innen – Wissen für Lehrer*innen. Themenheft Gesundheit*, 80–83.

Schaal, S. & Schaal, S. (2019). *Schatzkiste Ich – kennen – schätzen – schützen. Ein kultursensibles sexualpädagogisches Lern- und Arbeitsheft für Jugendliche mit und ohne Migrationshintergrund.* Friedrich.

Schenk, L., Hamza, K.M., Enghag, M., Lundegård, I., Arvanitis, L., Haglund, K. & Wojcik, A. (2019). Teaching and discussing about risk: seven elements of potential significance for science education. *International Journal of Science Education, 41*(9), 1271–1286. https://doi.org/10.1080/09500693.2019.1606961

Schön, D.A. (1983). *The Reflective Practitioner. How Professionals Think in Action.* Basic Books.

Slovic, P. (2012). The perception gap: Radiation and risk. *Bulletin of the atomic scientists, 68*(3), 67–75. https://doi.org/10.1177/0096340212444870

Terhart E. (2014). Umgang mit Heterogenität: Anforderungen an Professionalisierungsprozesse. *Lehren & Lernen, 40*(8–9), 7–12.

Visschers, V. & Siegrist, M. (2018). Differences in Risk Perception between Hazards and between Individuals. In M. Raue, E. Lermer & B. Streicher (Hrsg.), *Psychological Perspectives on Risk and Risk Analysis: Theory, Models, and Applications* (S. 63–80). Springer. https://doi.org/10.1007/978-3-319-92478-6_3

Walgenbach, K. (2017). *Heterogenität – Intersektionalität – Diversity in der Erziehungswissenschaft.* Barbara Budrich.

 Onlinematerial

Benedikt Heuckmann, Zentrum für Didaktik der Biologie, Universität Münster, Schlossplatz 34, 48143 Münster
Benedikt.Heuckmann@uni-muenster.de
https://orcid.org/0000-0001-5008-6031

Christiane Konnemann, Zentrum für Didaktik der Biologie, Universität Münster, Schlossplatz 34, 48143 Münster
ChristianeKonnemann@uni-muenster.de
https://orcid.org/0000-0002-0555-1413

https://doi.org/10.31244/9783830997962.21

Interdisziplinäre Hochschullehre für diversitätsbewussten naturwissenschaftlichen Unterricht nach dem *Chai*-Konzept

Katja Weirauch, Stefanie Schwedler & Christiane Reuter

In den weitgehend exklusiven Schulsystemen Deutschlands werden Lernende vorwiegend nach Alter, Wohnort und ihren schulischen Leistungen sortiert (Sliwka, 2010). Reich (2014) bezeichnet Berufsschulen und Gymnasien als *inklusionsfreie Zone[n]*. Dieses Streben nach primär kognitiv fokussierter Leistungshomogenität in Klassen der Allgemeinen Schulen ignoriert die facettenreiche Vielfalt der Persönlichkeiten, die für Lernen relevant ist (z. B. Annamma & Booker, 2020). Während Inklusion im Großen strukturelle bildungspolitisch unterstützte Umformungen benötigt, können und müssen jetzt schon *inklusive Momente* den Unterricht bestimmen (Platte & Krönig, 2017; Weirauch & Reuter, 2023). Daraus resultiert die Anforderung für Lehrkräfte aller Schularten, inklusiv angelegten Unterricht zu planen und anzuleiten sowie die dringende Notwendigkeit, sie hierfür auszubilden.

In diesem Artikel wird über das Lehr- und Forschungskonzept „Chemie all-inclusive" (*Chai*) berichtet, welches an der Schnittstelle zwischen Theorie und Praxis interdisziplinär entwickelt wird. Ziel der entsprechenden Hochschul-Lehrveranstaltungen an den Universitäten Bielefeld und Würzburg ist die Förderung adaptiver Planungs- und Handlungskompetenzen von Studierenden für diversitätsbewussten Chemieunterricht sowie das Überdenken bestehender Einstellungen zu Inklusion. Um entsprechende Kompetenzen vermitteln zu können, müssen Dozierende dieselben nicht nur kennen, sondern auch selbst vertreten. Dieses Kapitel fokussiert daher die Beschreibung professioneller Kompetenzen sowie zentraler Prinzipien für Inklusivität durch Adaptivität. Es werden zunächst Vorannahmen und Ziele des Lehrkonzepts diskutiert, dann Grundprinzipien dargelegt und schließlich Bausteine für chemiebezogene Inklusionsseminare umrissen.

1.   Diversitätsbewusst und interdisziplinär ausbilden

Bisher gibt es nur wenige Versuche, Inhaltsbereiche und Prinzipien einer *inklusiven Didaktik* zu beschreiben (z. B. Reich, 2014). Fränkel et al. (2023) geben eine Übersicht über aktuelle Ansätze für naturwissenschaftlichen Unterricht. An dieser Stelle sei angemerkt, dass die Formulierung *inklusive Didaktik* ungenau ist: Inklusion ist das Ziel und keine Eigenschaft einer intendierten Didaktik. Mit DeLuca (2013) soll hier differenziert werden zwischen „inclusivity" (Inklusivität) als Grad, zu dem oder Weise, wie der Prozess erreicht werden soll, und der Inklusion als Ziel selbst. Inklusion wird im angloamerikanischen Bereich inzwischen gemeinsam mit *diversity* und *equity* zum Akronym „DEI" zusammengedacht. *DeepL* übersetzt wie folgt: „eine größere Vielfalt (ein breites Spektrum an Identitäten und Perspektiven), Gerechtigkeit (Zugang zu Möglichkeiten und Ressourcen für alle) und Inklusion (Einbeziehung von Personen mit unterschiedlichem Hintergrund)" (übers. aus Ryu et al., 2021, S. 3621). Im Versuch, ein Denken und Argumentieren ohne Attribuierung im Sinne von DEI zu befördern, sprechen wir in diesem Artikel von *inklusiv angelegten* oder *diversitätsbewusst angelegten* Lehrkonzepten.

Für diversitätsbewussten Unterricht reicht es nicht, Inklusivität einfach zu fachdidaktischen Aspekten hinzuzudenken (Florian & Linklater, 2010) oder für verschiedene Förderbedarfe ausgebildete Sonderpädagog*innen als Spezialist*innen für Fragen der Inklusion zu sehen (Reich, 2014). Es muss zu einem tiefgreifenden gegenseitigen Austausch- und Befruchtungsprozess kommen, aus dem fachspezifisch eigene didaktische Ansätze für diversitätssensiblen Unterricht entstehen. Erste hilfreiche Schritte zur Modellierung von Prinzipien einer inklusiv angelegten Naturwissenschaftsdidaktik wurden vom Netzwerk inklusiver naturwissenschaftlicher Unterricht mit dem NinU-Raster erreicht (Netzwerk inklusiver naturwissenschaftlicher Unterricht; Stinken-Rösner et al., 2020). Zentrale Prinzipien der Professionen werden zusammengedacht mit der Utopie, eine generisch inklusiv angelegte Naturwissenschaftsdidaktik zu beschreiben. Fränkel et al. (2023) zeigen auf, dass bisherige Professionalisierungsangebote in der Hochschul-Ausbildung systemisch kaum in dieser Schnittmenge integriert sind, sondern eher ein „add-on" zu fachlich *oder* pädagogisch *oder* sonderpädagogisch fokussierten Studiengängen sind. In ihnen wird darüber nachgedacht, wie Lernende mit Behinderung in den ‚normalen‘ Unterricht eingebunden werden können, aber weder eine konsequent diversitätsbewusste noch naturwissenschaftlich ausgerichtete Perspektive eingenommen (Fränkel et al., 2023).

Für das *Chai*-Seminar sind Lehrkompetenzen für inklusiv angelegten Unterricht zentraler Inhalt. Fränkel et al. (2023) beschreiben diesen Ansatz im sogenannten *Unification Model* von universitärer Lehre für Inklusion. Die darin geforderte inhaltliche wie strukturelle Auflösung der Fachgrenzen ist maßgebliches Ziel des *Chai*-Seminarkonzepts: In diesem entwickeln Studierende im Rahmen einer Projektarbeit pro Team jeweils eine inklusiv angelegte Experimentierstation zu selbstgewählten Themen aus der Chemie. Dabei arbeiten sie in professionsbezogen möglichst heterogen zusammengesetzten Teams, was zu einem fortlaufenden Diskurs, also zum „wechselseitigen Austausch von Bedeutungen" (Schildknecht et al., 2021, S. 186) zwingt. Es entsteht ein „geteilter Bezugsrahmen" (ebd.), ein so genannter ‚Common Ground‘ (Schwedler et al., 2022).

1.1   Ziele des *Chai*-Lehrkonzepts

Für Inklusivität spielt die Fähigkeit der adaptiven Aufbereitung von Unterrichts-inhalten für eine maximal heterogene Lerngruppe eine besondere Rolle. Brühwiler (2014) beschreibt adaptive Lehrkompetenz als die „Fähigkeit einer Lehrperson, ihren Unterricht so auf die individuellen Voraussetzungen der Schülerinnen und Schüler auszurichten und während des Unterrichts laufend anzupassen, dass für möglichst viele Schülerinnen und Schüler günstige Bedingungen für das Erreichen der Lernziele geschaffen werden" (Brühwiler, 2014, S. 74). Dabei beziehen sich adaptive Lehrkom-petenzen sowohl auf adaptive Handlungen im Unterricht als auch auf die adaptive Planung von Unterricht. Entsprechend dem COACTIV-Modell (Kunter et al., 2011) sind neben kognitiven Kompetenzen für ein erfolgreiches Planen und Unterrichten inklusiver Settings auch motivationale und volitionale Kompetenzen relevant (Welch, 1996). Greiner et al. (2020) betonen, dass Selbstwirksamkeitserwartungen im Zusam-menhang mit inklusiv angelegtem Unterricht ausschlaggebend sind. Sie definieren diese als „Überzeugung, Unterricht so gestalten zu können, dass Schülerinnen und Schüler mit und ohne sonderpädagogischen Förderbedarf gemeinsam an einem Lerngegenstand lernen können" (Greiner et al., 2020, S. 276). Mit Blick auf die oben skizzierte Ausgangslage verfolgt das Lehrveranstaltungskonzept nach *Chai* folgende Ziele:

Die Lehrveranstaltung soll …
1.   … ein weites Inklusionsverständnis vermitteln (Abels & Witten, 2023),
2.   … realistische Einstellungen und positive Selbstwirksamkeitserwartungen zu in-klusiv angelegtem Fachunterricht stärken (Greiner et al., 2020),
3.   … fachdidaktische und sonderpädagogische bzw. inklusionsdidaktische Inhalte für diversitätssensiblen Chemieunterricht vermitteln und zusammenführen (Stin-ken-Rösner et al., 2020),
4.   … adaptive Planungskompetenzen an der Schnittstelle zwischen Theorie und Unterrichtspraxis erweitern (Schwedler et al., 2022),
5.   … die interdisziplinäre und multiprofessionelle Entwicklung eines Common Grounds im Spannungsfeld zwischen Sonder- bzw. Inklusionspädagogik einer-seits und Fachdidaktik andererseits unterstützen (Schildknecht et al., 2021).

2.   Grundprinzipien des Chai-Konzepts für Inklusivität

2.1   Ein weites Inklusionsverständnis meint Scientific Literacy für Alle

Unter Inklusion soll nicht verstanden werden, (nur) Kinder mit ‚Behinderung' in einen gängigen Unterricht zu integrieren, sondern Unterricht für prinzipiell alle zu gestalten. Die Separation in einem gegliederten und selektierenden Schulsystem ba-siert auf wenigen Faktoren, sodass von einer großen Diversität der Lernenden jeder Klasse in Bezug auf bisher vom System nicht berücksichtigte Facetten wie z. B. kultu-relle Sozialisation, psychische Disposition oder Interesse am Fach auszugehen ist. Die bisherige Perzeption dieser Diversität in Klassenzimmern der allgemeinen Schulen wurde unter dem Stichwort ‚Heterogenität' diskutiert und über ‚Differenzierung' methodisch angegangen (Streller et al., 2019). Diese Ansätze sind begrüßenswerte und hilfreiche Werkzeuge, für diversitätsbewussten Unterricht sind sie aber nicht hinreichend, da sie der Prämisse zielgleich formulierter Lehrziele folgen. In der sonderpädagogischen Didaktik wird Unterricht schon jetzt individualisiert gedacht (z. B. Ratz, 2011), bis hin zum Angebot völlig verschiedener Lernwege und -inhalte. Damit ist sie diversitätssensibel in Bezug auf die individuellen Lernenden. Deren Teilhabe an beispielsweise chemischen und damit auch gesellschaftlichen Grundfragen wird durch die exklusive Beschulung jedoch nicht gewährleistet. Für diese Lernenden wird das Bildungsziel einer naturwissenschaftlichen Grundbildung damit von vornherein aufgegeben. Prämisse des *Chai*-Konzepts ist es, dass alle Lernenden – welche Fähigkeiten und Vorerfahrungen sie auch mitbringen – am gemeinsamen Gegenstand arbeiten können *und* dabei jeweils fachliche Inhalte lernen (Weirauch & Schenk, 2022). In der Gemeinsamkeit spiegelt sich das partizipative Prinzip und damit der Grundgedanke der Inklusion wider. Die Forderung nach einem fachbezogenen Lernfortschritt für alle steht für die Überzeugung, dass eine Scientific Literacy für die mündige Partizipation in einer technologisierten Gesellschaft notwendig ist (s. z. B. Valladares, 2021). Ratz (2011, S. 22) spricht von „Selbstverwirklichung in sozialer Integration" und zeigt auf, dass ein nur fragmentarisches Angebot fachlicher Inhalte einer entwicklungsorientierten Pädagogik entgegensteht. Wenn Lernende Inhalten aus den Fächern nie begegnen, z. B. weil ihnen ein Verständnis nicht zugetraut wird oder deren Lehrkräfte das nötige Fachwissen nicht besitzen, können weder Interesse noch Lernpotenziale erkannt und durch entsprechende Angebote gefördert werden.

2.2 Die Suche nach Möglichkeiten und Grenzen von Inklusivität

Viele Ansatzpunkte auf dem Weg zu diversitätsbewusstem Fachunterricht bedürfen der inneren Arbeit an den eigenen Einstellungen: Das ‚Scheitern' eines Lernenden im Gymnasium bedeutet zum Beispiel nicht, dass dieses Kind nicht für diese Schulform geeignet ist, sondern dass diese Schule dem Kind nicht die Förderung zukommen lässt, die es braucht. Hier bedarf es eines Perspektivwechsels, um nach Ursachen (z. B. fehlende Vorerfahrungen, fehlende Zeit mit den Lernenden, keine pädagogischen Teambesprechungen) und Möglichkeiten für gelingendes Lernen zu suchen (Greiner et al., 2020). Diese Suche bezieht sich z. B. auf die dem Lerngegenstand impliziten Schwierigkeiten, aber auch auf Grenzen der eigenen Lehrperson (fachlich, pädagogisch, psychisch und didaktisch) oder der Lernumgebung (Räume, Personal, Ausstattung etc.). Seitens der Studierenden beginnt hiermit eine Auseinandersetzung mit ihren unterschiedlichen Vorerfahrungen, Einstellungen und Selbstwirksamkeitserwartungen.

2.3 Diversitätssensibler Chemieunterricht muss Zielverschiedenheit zulassen

An den im Seminar erarbeiteten Experimentierstationen sollen alle Lernenden gemeinsam *über* das Gleiche, aber je nach Vorwissen, Interesse und Möglichkeiten nicht *das* Gleiche lernen können. Umfang, Schwerpunktsetzung und Tiefe sowie Art der kognitiven Durchdringung können und sollen sich unterscheiden. Das Gewähren einer Zielverschiedenheit mit relativer Leistungserhebung (z. B. Streller et al., 2019) ist für uns einer der wichtigsten Aspekte auf dem Weg zu inklusiv angelegtem Lehren und Lernen. Abels und Witten (2023) weisen darauf hin, dass mit Einführung der Kompetenzen in die Bildungspläne eine größere Vielfalt möglicher Leistungen einhergeht, die für Inklusivität viel zu wenig ausgeschöpft wird.

2.4 Planen für Adaptivität erfordert einen Paradigmenwechsel

Bei der Aufbereitung der Unterrichtsinhalte und letztlich beim gesamten Planungsprozess ist es für eine Lehrkraft unmöglich, vorab die gesamte Vielfalt der Diversitätsfacetten aller Lernenden jederzeit zu erfassen und in ihrem Unterricht zu berücksichtigen. Das ist aber auch gar nicht nötig: Wünschenswert ist stattdessen ein Paradigmenwechsel beim Planen von Unterricht (Abels & Witten, 2023). Die Lehrkraft sollte nicht überlegen, welche Diversitätsfacetten ihrer Schülerinnen und Schüler eine Barriere für Lernen sein könnten. Sie sollte vielmehr nachdenken über (a) Fachimmanente Barrieren, (b) Barrieren in der Schulumgebung und schließlich auch über (c) Barrieren in ihr selbst als Lehrkraft. Mit dem *Chai*-Konzept versuchen wir, diesen Paradigmenwechsel zu verwirklichen: Zunächst wird Unterricht so geplant, dass er potenziell für alle Lernenden funktionieren kann. Erst im zweiten Schritt wird im Hinblick auf eine konkrete Lerngruppe überlegt, ob es durch die „Planung-für-Alle" nicht berücksichtigte Barrieren gibt, die darüber hinaus abgebaut werden müssen (s. Abb. 1 im Online-Material). Wie dies unterrichtsmethodisch umzusetzen ist, wurde im Detail schon andernorts beschrieben (Weirauch & Schenk, 2022; Weirauch et al., 2021a; Weirauch et al., 2021b) und ist im Online-Material zusammengefasst (Tab. 2, 3).

2.5 Durch multiprofessionelle Kooperation zum Common Ground

Bei der Planung inklusiver Lernsettings in fachlichen Kontexten hilft ein Common Ground zwischen Sonder- bzw. Inklusionspädagogik und Fachdidaktik. Der von Schildknecht et al. (2021) geforderte Prozess der iterativen Annäherung verschiedener Fachexpertisen wurde exemplarisch auch durch die Autorinnen beschritten, um das hier diskutierte *Chai*-Seminar zu konzipieren. Dabei hat sich der praktische Erfahrungsschatz der Expertinnen aus Sonderpädagogik und Chemiedidaktik als unabdingbare Komponente erwiesen. Aspekte wie die Einschätzung des Vorwissens, Handlungsoptionen für eine Vielfalt pädagogischer Situationen, Argumente für und wider eine bestimmte Lehrhaltung oder Erfahrungen zur Zusammenarbeit mit Akteur*innen des schulischen Umfelds lassen sich nicht theoretisch erwerben. Für die

Realisierung eines Hochschul-Inklusionsseminars ist es daher angeraten, Dozierende mit möglichst umfangreicher Praxiserfahrung und verschiedener Expertise zu gewinnen. Letztlich bildet das *Chai*-Konzept den Common Ground ab, den die Autorinnen mit der Zeit gewonnen haben. Gleichermaßen müssen die Studierenden verschiedener Studiengänge in Würzburg bei ihrer Arbeit in interdisziplinären Teams im Laufe des Semesters zu einem Common Ground finden, um das Projektziel erreichen zu können. Die dabei professionsübergreifend wiederholt auszuhandelnden didaktischen und pädagogischen Entscheidungen und das Erreichen eines gemeinsamen Bezugsrahmens gehen zwangsläufig mit der Erweiterung des bisherigen Professionswissens einher. Zum Beispiel müssen Sonderpädagogikstudierende chemische Konzepte verstehen und sich Arbeitsmethoden aneignen, während Lehramtsstudierende der Chemie sich dazu bringen müssen, Erklärungen in einfacher Sprache zu formulieren. Die Notwendigkeit im Projekt ein im Sinne der Inklusivität erfolgreiches Produkt zu entwickeln, setzt eine Planungskompetenz voraus, die mögliche Bedarfe der Lernenden antizipiert, um eine optimale Adaptivität zu ermöglichen. Im Folgenden leitet dieses Kapitel daher Implikationen für die Hochschullehre ab.

3. Kompetenzen für Inklusionsseminare: Fitmachen für Adaptivität

Im *Chai*-Seminar sollen Studierende sowohl Planungs- als auch Handlungskompetenz erwerben. Ob dies gelungen ist, bemisst sich am Grad der Passung von Lernumgebung bzw. -angebot und Lernbedarfen (Hertel, 2014). Die hierfür notwendige Adaptivität ist eine intellektuelle und praktische Kompetenz, lässt sich also nur über praktische Erfahrung entwickeln (Greiner et al., 2020).

3.1 Adaptive Planungskompetenzen durch projektbasiertes Lernen

Zur Vermittlung adaptiver Planungskompetenz orientiert sich das *Chai*-Konzept an projektbasiertem Lernen nach Krajcik und Blumenfeld (2006). Die Studierenden entwickeln inklusiv angelegte Experimentierstationen zu jeweils einem selbstgewählten chemischen Kontext für realen Unterricht. In der Regel sucht jedes Team einen neuen Kontext, manchmal werden bestehende Kontexte aufgegriffen und überarbeitet oder wir geben ein Dachthema vor (z. B. Chemie im Bad, Chemie zuhause, Nachhaltigkeit etc.). Die Studierenden müssen für ihren Kontext die chemischen, chemiedidaktischen und inklusionspädagogischen Hintergründe exemplarisch aufschlüsseln, sich zielorientiert in diverse Wissensbereiche einarbeiten und entsprechend Gelerntes direkt im Rahmen einer komplexen, authentischen Aufgabe zur Anwendung bringen. Sie werden immer wieder dazu angehalten, ihre Erarbeitung multiperspektivisch und interdisziplinär zu reflektieren und zu bewerten. Die Lehrveranstaltung liefert also nicht nur Input zu theoretischen Hintergründen, sie begleitet auch den Gesamtprozess. Ein solches projektbasiertes Lehrformat fordert von den Studierenden die direkte Anwendung entsprechender Fähigkeiten zur Lösung des Planungsproblems. Die erfolgreiche Lösung der Aufgabe hat das Potential, sich positiv auf die Selbstwirksamkeitserwartungen der Studierenden auszuwirken. Im besten Fall motiviert die abschließende Erprobung der studentischen Arbeitsergebnisse durch Lernende zur intensiven Auseinandersetzung mit der jeweiligen Aufgabenstellung, im ungünstigsten Fall zwingt es die Studierenden dazu. Wegen der praktischen Erprobung am Ende ist ‚kein Resultat' keine Option. Auf diese Weise reproduziert der Projektcharakter des Seminars auch Eigenschaften authentischer Unterrichtsplanung.

3.2   Input zur theoretischen Verortung

Die theoretischen Inhalte des Seminars (s. Tab. 1, Online-Mat.) können durch Input der Dozierenden oder durch Aneignung in den Projektgruppen bewältigt werden. Die Gewichtung der Themen hängt dabei auch von der Klientel ab: Im Bielefelder Seminar, welches ausschließlich fortgeschrittene Studierende des Lehramts Chemie besuchen, werden z. B. keinerlei chemische Inhalte vermittelt – die erfolgreiche Einarbeitung fachlicher Hintergründe wird vorausgesetzt. Im Würzburger Seminar nehmen Lehramtsstudierende aller Varianten teil, sodass die Gruppen z. T. professionsspezifisch geteilt und von den Dozentinnen getrennt informiert werden, bzw. sich informieren.

3.3   Input zur unterrichtspraktischen Umsetzung

Neben der theoretischen Fundierung werden den Studierenden konkrete und praxisbewährte Methodenwerkzeuge an die Hand gegeben, mit denen sie die besprochenen inklusionspädagogischen Prinzipien unmittelbar umsetzen können (Weirauch & Schenk, 2022; Weirauch et al., 2021a; Weirauch et al., 2021b). Alle Methodenwerkzeuge des *Chai*-Konzepts zielen schlussendlich darauf ab, ein möglichst flexibel an die Diversität der Lernenden anpassbares Unterrichtsangebot zu entwickeln. Die stringente Kontextualisierung dient der besseren Anknüpfung an das Vorwissen von Lernenden und Studierenden. Die vier angebotenen Zugangsebenen zu jedem Erkenntnisschritt ermöglichen individuelle Lernwege durch die Station. Das Material ist insgesamt so gestaltet (z. B. Leichte Sprache, Nutzung von Icons und Bildern), dass es adaptiv genutzt werden kann. Dem Fach Chemie inhärente Barrieren sind mitbedacht, z. B. durch Unterstützung des Wechsels zwischen Stoff- und Teilchenebene mit Zoom-Booklets oder handelnde Zugänge über Teilchen-Theater.

3.4   Hochschulmethodik

Trotz der anspruchsvollen multiperspektivischen Theorie steht nicht der Input, sondern die semesterbegleitende Projektarbeit im Fokus der Lehrkonzeption. Zur Gestaltung der Projektarbeit stehen verschiedene Bausteine zur Verfügung, die je nach Bedarf und Ausgangslage kombiniert werden können (s. Tab. 1).

Tab. 1: Bausteine für Inklusionsseminare

Baustein	Erläuterung
Kick-Off-Veranstaltung	Erkunden von Best-Practice-Beispielen als eigener Workshop oder in einem inklusiv angelegten Lehr-Lern-Labor
Ausarbeitung der Station	Je nach ECTS verschiedener Umfang und Tiefe: Finden eines geeigneten chemiebezogenen Kontextes mithilfe von DIMs; Erarbeitung oder Überarbeitung einer inklusiv angelegten Experimentierstation
Lehrenden-Feedback	Ca. 30-minütiges individuelles Coaching-Gespräch mit Dozierenden und einzelnen Stations-Teams; mit oder ohne vorhergehendes schriftliches Einreichen des Konzepts
Peer Feedback	Gegenseitiges Vorstellen der Stationen und Feedback durch die Peers – direkt im Diskurs oder auch anonym, ggf. per digitalem Werkzeug
Passung der Einzelstationen zueinander	Bei gegenseitigem Vorstellen der Stationen Erstellen einer Begriffe-Matrix: Welche zentralen Begriffe werden an welcher Station genutzt bzw. wie erarbeitet? ggf. angleichen, sodass für die Lernenden ein schlüssiges Ganzes entsteht.
Generalprobe mit Peers und Feedback/Evaluation	Erprobung der Stationen, wobei die eine Hälfte der Studierenden an den Stationen lehrt und die andere Hälfte die Perspektive der Schüler*innen einnimmt. Feedback direkt oder mithilfe von anonymen Feedback-Bögen
Erprobung im LLL	Besuch einer Schulklasse: Die Schüler*innen durchlaufen das LLL in Kleingruppen von 2–4 Lernenden. Sie werden an den Stationen von den Studierenden betreut, welche die Station entworfen haben.
Abschlussreflexion	Moderiert durch Dozierende (*Was hat Sie am meisten beeindruckt? Was ist Ihnen am schwersten gefallen? Was hat Sie am meisten überrascht? Was nehmen Sie für Ihre spätere Arbeit als Lehrkraft mit?*). Falls LLL, nehmen die Lehrkräfte der besuchenden Klasse an der Reflexion teil oder geben zumindest schriftlich Feedback.
Skript oder Hausarbeit	Je nach ECTS verschiedener Umfang und Tiefe: Beschreibung der Experimentierstation inklusive Sachanalyse und Material; Schwerpunkt eher auf praktischer Anwendung („Lehrkräfte-Skript") oder eher auf theoretisch fundierter Reflexion („Hausarbeit") möglich

In einer *Kick-Off-Veranstaltung* (Workshop o. Lehr-Lern-Labor LLL) können die Teilnehmenden exemplarisch Best-Practice-Beispiele explorieren, um zu Veranstaltungsbeginn eine greifbare Vision und klare Zielsetzung zu erreichen. Die zu erbringende Leistung ist die selbstgesteuerte *Ausarbeitung* einer kompletten Experimentier-Station mit Experiment, Modell, Förderung der Fachsprache und dem gesamten Unterrichtsmaterial inklusive didaktisch-methodischen Hinweisen für Lehrkräfte zu einem selbstgewählten, chemischen Kontext. Hierzu muss ausreichend Zeit auch im Labor eingeräumt werden. Neben informellem Feedback in Einzelgesprächen und Diskussionen im Seminar erhalten die Studierenden ein *Feedback der Lehrenden* zu ihrem bisherigen Konzept gegen Semestermitte. Je nach Leistungsumfang kann dafür das Einreichen eines kurzen schriftlichen Konzepts gefordert werden, welches als Grundlage für ein 30-minütiges Beratungsgespräch mit den Lehrenden dient. Neben Einzelgesprächen und Diskussionen im Seminar erhalten die Studierenden ein *Peer Feedback* zu ihrer konkreten Ausarbeitung gegen Ende des Semesters, z. B. in Präsentationen oder einer LLL-Generalprobe. Die *finale Erprobung und Evaluation* ist ein entscheidender Baustein des Seminars und erbringt Authentizität. Dazu werden in Würzburg Schulklassen ins LLL geladen, sodass ein öffentliches Produkt geschaffen wird (Krajcik & Blumenfeld, 2006). Demgegenüber erfolgt die Erprobung in Bielefeld durch die Teilnehmenden. Am Abschluss steht die *Reflexion* – in Würzburg unter Einbezug der Lehrkraft der Klasse. Ihre Konzepte legen die Studierenden außerdem in *Hausarbeiten* dar. In Bielefeld erörtern Studierende des gleichen Teams zwar dieselbe Station, reflektieren aber unterschiedliche Aspekte, z. B. inwieweit es gelungen ist, den Lernenden Zugänge zur Teilchenebene zu ermöglichen.

4. Schlussfolgerungen

Das Lehrprojekt „Chemie all-inclusive" *Chai* entfaltet besonderes Potenzial durch die enge Verschränkung von theoretischer Fundierung und erprobter Praxis. Integraler Bestandteil ist die Reflexion individueller professioneller Überzeugungen in Bezug auf diversitätssensiblen naturwissenschaftlichen Unterricht. Sie wird unausweichlich durch die projektartige Ausrichtung auf ein authentisches Ergebnis. Die Arbeit in interdisziplinären Teams erfordert zudem eine entsprechende diskursive Aushandlung und das Erreichen eines Common Grounds. Die damit einhergehende persönliche Betroffenheit motiviert zu und findet ihre Auflösung in der differenzierten Auseinandersetzung mit den konkreten Prinzipien und professionellen Lösungsansätzen des *Chai*-Konzepts. Im Anwendungszusammenhang werden so adaptive Kompetenzen für diversitätssensiblen naturwissenschaftlichen Unterricht gefördert. Nicht zuletzt werden diese auch von den Dozierenden bei der Gestaltung eines Inklusionsseminars nach dem *Chai*-Konzept gefordert.

Literatur

Abels, S. & Witten, U. (2023). Was Naturwissenschaftsdidaktiken und Religionspädagogik voneinander über Inklusion lernen können. *Zeitschrift für Inklusion*, 2. https://www.inklusion-online.net/index.php/inklusion-online/article/view/716/508

Annamma, S. A. & Booker, A. (2020). Integrating Intersectionality into the Study of Learning. In N. i. S. Nasir et al. (Hrsg.), *Handbook of the Cultural Foundations of Learning*. Routledge.

Brühwiler, C. (2014). *Adaptive Lehrkompetenz und schulisches Lernen. Effekte handlungssteuernder Kognitionen von Lehrpersonen auf Unterrichtsprozesse und Lernergebnisse der Schülerinnen und Schüler*. Waxmann.

DeLuca, C. (2013). Toward an Interdisciplinar Framework for Educational Inclusivity. *Canadian Journal of Education*, 36(1), 305–48. https://www.jstor.org/stable/canajeducrevucan.36.1.305

Florian, L. & Linklater, H. (2010). Preparing teachers for inclusive education: using inclusive pedagogy to enhance teaching and learning for all. *Cambridge Journal of Education*, 40(4), 369–86.

Fränkel, S., Sterken, M. & Stinken-Rösner, L. (2023). From Barriers to Boosters: Initial Teacher Education for Inclusive Science Education. *Frontiers in Education*.

Greiner, F., Taskinen, P. & Kracke, B. (2020). Einstellungen und Selbstwirksamkeitsüberzeugungen von Lehramtsstudierenden bezüglich inklusiven Unterrichts: Zusammenhänge mit Kontakterfahrungen und Grundlagenkenntnissen über schulische Inklusion. *Unterrichtswissenschaften, 48*, 273–95. https://doi.org/10.1007/s42010-020-00069-5

Hertel, S. (2014). Adaptive Lernangelegenheiten in der Grundschule: Merkmale, methodisch-didaktische Schwerpunktsetzungen und erforderliche Lehrerkompetenzen. In B. Kopp, et al. (Hrsg.), *Individuelle Förderung und Lernen in der Gemeinschaft*. Springer VS. https://doi.org/10.1007/978-3-658-04479

Krajcik, J. S. & Blumenfeld, P. C. (2006). Project-based learning. In R. K. S. (Hrsg.), *The Cambridge handbook of the learning sciences* (S. 317–34). Cambridge University Press.

Kunter, M., Baumert, J., Blum, W., Klusmann, U., Krauss, S. & Neubrand, M. (2011). *Professionelle Kompetenz von Lehrkräften*. Waxmann.

Platte, A. & Krönig, F. (2017). *Inklusive Momente. Unwahrscheinlichen Bildungsprozessen auf der Spur*. Beltz.

Ratz, C. (2011). *Unterricht im Förderschwerpunkt geistige Entwicklung. Fachorientierung und Inklusion als didaktische Herausforderung*. Athena.

Reich, K. (2014). Herausforderungen an eine inklusive Didaktik. *Schulpädagogik heute, 10*.

Ryu, M., Bano, R. & Wu, Q. (2021). Where Does CER Stand on Diversity, Equity, and Inclusion? Insights from a Literature Review. *Journal of Chemical Education, 98*, 3621–32.

Schildknecht, R., Hundertmark, S., Seremet, V., Sun, X., Nitz, S., Kauertz, A., . . . Nehring, A. (2021). Entwicklung eines Kompetenzmodells zur multiprofessionell-kooperativen Gestaltung von inklusivem Naturwissenschaftsunterricht. In S. Hundertmark et al. (Hrsg.), *Naturwissenschaftsdidaktik und Inklusion. Sonderpädagogische Förderung heute* (S. 176–90). Beltz Juventa.

Schwedler, S., Weirauch, K., Reuter, C. & Zimmermann, J. (2022). Planungskompetenz für inklusiven Unterricht – eine Interventionsstudie. In S. H. (Hrsg), *Unsicherheit als Element von naturwissenschaftsbezogenen Bildungsprozessen*. GDCP.

Sliwka, A. (2010). From homogeneity to diversity in German education. In *Educating Teachers for Diversity: Meeting the Challenge* (S. 205–17). OECD Publishing. http://www.oecd.org/berlin/44911406.pdf

Stinken-Rösner, L., Rott, L., Hundertmark, S., Baumann, T., Menthe, J., Hoffmann, T., . . . Abels, S. (2020). *Thinking Inclusive Science Education from two Perspectives: Inclusive Pedagogy and Science Education*. RISTAL.

Streller, S., Bolte, C., Dietz, D. & Diega, R. N. L. (2019). *Chemiedidaktik an Fallbeispielen. Anregungen für die Unterrichtspraxis*. Springer Spektrum.

Valladares, L. (2021). Scientific Literacy and Social Transformation. *Science & Education, 30*, 577–87.

Weirauch, K. & Reuter, C. (2023). Wann ist eine Experimentierstation „inklusiv"? Erste Ergebnisse der Chai-Videographie-Studie. In *Lernen, Lehren und Forschen in einer digital geprägten Welt*. GDCP.

Weirauch, K. & Schenk, C. (2022). Chemie all-inclusive. Ein Methodenkompendium für die Planung inklusiv angelegter naturwissenschaftlicher Experimentier-Stationen. In E. M. Watts & C. Hoffmann (Hrsg.), *Digitale NAWIgation von Inklusion. Tagungsband zur multiprofessionellen Tagung am 11 und 12. Juni 2021*. Springer.

Weirauch, K., Schenk, C. & Ratz, C. (2021a). *Experimentieren im inklusiven Chemieunterricht. Anleitungen und differenzierte Materialien zum Erkunden von Alltagsphänomenen.* Persen Verlag.

Weirauch, K., Schenk, C., Ratz, C. & Reuter, C. (2021b). Experimente gestalten für inklusiven Chemieunterricht. Erkenntnisse aus dem interdisziplinären Lehr- und Forschungsprojekt ‚Chemie all-inclusive‘ (Chai). *Sonderpädagogische Förderung heute, 4,* 101–16.

Welch, M. (1996). Teacher Education and the Neglected Diversity: Preparing Educators to Teach Students With Disabilities. *Journal of Teacher Education, 47*(5).

 Onlinematerial

Katja Weirauch, Didaktik der Chemie, Universität Würzburg, Institut für Anorganische Chemie, Am Hubland, 97074 Würzburg
Katja.Weirauch@uni-wuerzburg.de
https://orcid.org/0000-0001-9777-2725

Stefanie Schwedler, Didaktik der Chemie, Universität Bielefeld, Universitätsstraße 25, 33615 Bielefeld
stefanie.schwedler@uni-bielefeld.de

Christiane Reuter, Lehrstuhl für Pädagogik bei Geistiger Behinderung, Universität Würzburg, Wittelsbacher Platz 1, 97074 Würzburg
Christiane.Reuter@uni-wuerzburg.de

Das Potenzial von Textvignetten zur Förderung der Genderkompetenz angehender Lehrkräfte im Naturwissenschaftsunterricht

Sanja Atanasova, Daniela Schriebl, Nicolas Robin & Dorothee Brovelli

Die Durchführung eines gendersensiblen Naturwissenschaftsunterrichts stellt eine zentrale Herausforderung für (angehende) Lehrkräfte dar. Von Lehrkräften wird erwartet, dass sie Genderungerechtigkeiten im Unterricht wahrnehmen, Geschlechterstereotype abbauen und die Lernenden unabhängig von ihrem Geschlecht fördern. Dazu müssen sie zunächst genderrelevante Aspekte im Unterricht wahrnehmen und über Wissen in Bezug auf gendersensiblen Naturwissenschaftsunterricht verfügen, damit sie adäquat mit kritischen Aspekten im Unterricht umgehen können. Unterrichtsvignetten können eine geeignete Grundlage darstellen, um angehende Lehrkräfte für genderrelevante Aspekte im Naturwissenschaftsunterricht zu sensibilisieren. Im vorliegenden Beitrag werden Vignetten als eine Möglichkeit zur Förderung der Genderkompetenz angehender Lehrkräfte im Naturwissenschaftsunterricht der Sekundarstufe I vorgestellt.

1. Genderkompetenz von Lehrkräften

Die Genderkompetenz von Lehrkräften umfasst gemäß Bartsch und Wedl (2015, S. 20) neben einem fundierten Wissen zur Genderthematik die Fähigkeit, relevante Geschlechteraspekte zu erkennen und adäquat darauf zu reagieren. Damit wird Genderkompetenz als „übergeordnetes und komplexes Können" betrachtet, welche nicht nur ein bestimmtes Wissen oder eine bestimmte Fähigkeit beschreibt, sondern darüber hinaus erfolgreiches Handeln in verschiedenen Situationen, die für eine gendersensible Pädagogik relevant erscheinen (Grünewald-Huber & Gunten, 2009, S. 190). Demzufolge sollten Lehrkräfte auch kritische, genderrelevante Aspekte im Unterricht wahrnehmen, auf Grundlage ihres Wissens interpretieren und darauf aufbauend Handlungen ableiten, die einen gendersensiblen Unterricht fördern (Atanasova et al., 2023; Brovelli et al., 2019). Diese sogenannten situationsbezogenen Fähigkeiten, *Wahrnehmung, Interpretation, Entscheidungsfindung* (Blömeke et al., 2015) hinsichtlich genderrelevanter Aspekte können unterschiedliche Facetten des Unterrichts betreffen. Beispielsweise sollten Lehrkräfte wahrnehmen, wenn in Unterrichtsmaterialien klischeehafte Darstellungen der Geschlechter vorzufinden sind oder die Vermittlung von naturwissenschaftlichen Inhalten in stereotyp männlich konnotierten Kontexten erfolgt (Wenger & Makarova, 2019). Darüber hinaus sollten sie im Unterricht Interkationen, die zu geschlechtsspezifischen Unterschieden beitragen können oder Geschlechterasymmetrien bei der Beteiligung im Unterricht bemerken (Murphy & Whitelegg, 2006; Zohar & Sela, 2003).

Im Naturwissenschaftsunterricht, insbesondere im Fach Physik, sehen sich Lernende mit vielen solchen kritischen, genderrelevanten Aspekten konfrontiert, die es vorwiegend Mädchen erschweren, einen gleichberechtigten Zugang zu naturwissenschaftlicher Bildung zu erhalten (Lembens & Bartosch, 2012). Bisherige Forschungsergebnisse deuten darauf hin, dass (angehende) Lehrkräfte solche genderrelevanten Aspekte im Naturwissenschaftsunterricht kaum wahrnehmen und wenige Kenntnisse darüber haben, mit welchen Methoden und Strategien sie einen gendersensiblen Unterricht fördern können (Brovelli et al., 2019; Zohar & Bronshtein, 2005). Damit (angehende) Lehrkräfte genderkompetent handeln, soll ein wesentliches Ziel der Lehrkräftebildung sein, sie für genderrelevante Aspekte zu sensibilisieren. Eine Möglichkeit, sie beim Aufbau ihrer Genderkompetenz zu unterstützen, kann der Einsatz von Vignetten in der Lehrkräftebildung sein.

2.   Vignetten in der Lehrkräftebildung

Als Vignetten werden Szenen aus dem Unterrichtsalltag von Lehrkräften bezeichnet, die oftmals herausfordernde Situationen aufzeigen, zu deren Bewältigung spezifische Kompetenzen benötigt werden (Rehm & Bölsterli, 2014). Sie bieten die Möglichkeit, relevante Aspekte des Unterrichts ohne unmittelbaren Handlungsdruck zu analysieren und verschiedene Handlungsalternativen zu prüfen und zu reflektieren, wodurch theoretisches Wissen in spezifischen Praxissituation angewendet werden kann (Brovelli et al., 2013; Krammer, 2014). Nicht zuletzt wegen der Möglichkeit, Lehrkräfte für komplexe Unterrichtssituationen zu sensibilisieren und damit Theorie und Praxis in einem möglichst authentischen Kontext zu verbinden, hat sich der Einsatz von Vignetten in der Lehrkräftebildung als Lehr-Lernwerkzeug zur Kompetenzförderung in verschiedenen Fachbereichen etabliert (für einen Überblick siehe Friesen et al., 2020). In der Naturwissenschaftsdidaktik liegen allerdings kaum konkrete Vorschläge zum Einsatz von Vignetten vor, die angehende Lehrkräfte für genderrelevante Aspekte im Unterricht sensibilisieren und damit ihre Genderkompetenz fördern. Eine Ausnahme bildet Ostertag (2021) mit dem Versuch, Comicvignetten mithilfe digitaler Werkzeuge selbst zu gestalten und als fallbasierte Lehrmethode einzusetzen.

3. Vignetten zur Förderung der Genderkompetenz

Der hier beschriebene Ansatz zur Förderung der Genderkompetenz angehender Lehrkräfte erfolgt auf Basis eines existierenden Vignettentests (bestehend aus vier textbasierten, konstruierten Vignetten), der bisher eingesetzt wurde, um die situationsbezogenen Fähigkeiten von Lehrkräften hinsichtlich genderrelevanter Aspekte zu erforschen (Atanasova et al., 2023). Der mit Expertinnen und Experten validierte und mit angehenden Lehrkräften pilotierte Vignettentest enthält unterschiedliche kritische, genderrelevante Aspekt aus den folgenden Facetten: gendersensible *Unterrichtsformen (UF)*, *Zugänge und Vermittlung von naturwissenschaftlichen Inhalten (ZV)*, *Unterrichtsmaterialen* (UM) und *Feedbacks und Interaktionen (FI)* aus verschiedenen Themenbereichen der Physik. Die vier Facetten legen den Fokus aus naturwissenschaftsdidaktischer Sicht auf einen gendersensiblen Unterricht und berücksichtigen zentrale Aspekte einer gendersensiblen Pädagogik (für eine genaue Beschreibung der vier Facetten siehe Atanasova et al. (2023)). Abbildung 1 zeigt Vignette 3, in der verschiedene kritische Aspekte hinsichtlich eines gendersensiblen Unterrichts diskutiert werden können:

- *UF:* In der geschlechtergemischten Gruppe herrscht eine stereotype Arbeitsteilung (das Mädchen schreibt das Protokoll, der Junge übernimmt die handelnden Tätigkeiten). Die Rollen in den Gruppenarbeiten werden nicht gewechselt.
- *ZV:* Die Mehrheit der eingesetzten Beispiele berücksichtigt nur einseitige Interessen (v. a. männlich konnotierte Beispiele).
- *UM:* Bei der Übungsaufgabe sind lediglich Abbildungen mit männlichen Personen aufgeführt.
- *FI:* Es erfolgt eine Dramatisierung des Geschlechts durch den Kommentar der Lehrkraft zur künstlerischen Fähigkeit von Mädchen.

Durch die Berücksichtigung verschiedener Facetten eines gendersensiblen Unterrichts ist eine multiperspektivische Herangehensweise bei der Analyse der verschiedenen Unterrichtssituationen möglich, was die Komplexität eines gendersensiblen Unterrichts deutlich macht und vielfältige fachdidaktische Bezüge im Kontext eines gendersensiblen Naturwissenschaftsunterrichts erlaubt.

3.1 Erprobung der Vignetten in der Lehrkräftebildung

Die Erprobung und der Einsatz der Vignetten folgte der zugrunde liegenden Konzeptualisierung der situationsbezogenen Fähigkeiten im Kontext eines gendersensiblen Physikunterrichts (*Wahrnehmen*, *Interpretieren*, *Entscheidungsfindung*) (Atanasova et al., 2023) und erfolgte in einem Seminar zur Naturwissenschaftsdidaktik für angehende Lehrkräfte der Sekundarstufe I (im Frühlingssemester 2023 im Rahmen des Masterstudiengangs Sekundarstufe I in Kooperation zwischen der Pädagogischen Hochschule St.Gallen und Pädagogischen Hochschule Graubünden). In diesem Seminar, welches aus insgesamt sechs Blocktagen bestand, wurden zentrale Aspekte

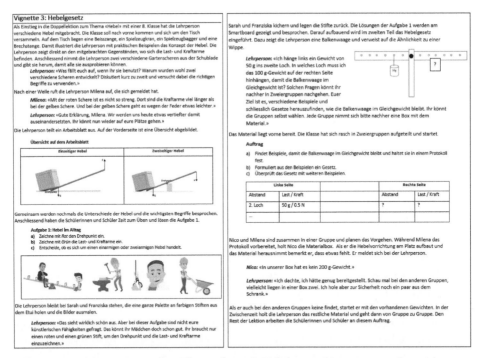

Abb. 1: Beispielvignette aus dem Themenbereich Hebelgesetz (Atanasova et al., 2023)

der Naturwissenschaftsdidaktik mit den Studierenden erarbeitet (u. a. Didaktische Rekonstruktion, Einsatz von Modellen und Anschauungsmaterial, Beobachten und Experimentieren). Einen ganzen Tag widmeten sich die Studierenden dem gendersensiblen Naturwissenschaftsunterricht, an dem auch die Vignetten zum Einsatz kamen. Die angehenden Lehrkräfte wurden aufgefordert, die Vignette durchzulesen und in mehreren Analyseschritten 1) kritische Aspekte hinsichtlich eines gendersensiblen Unterrichts zu notieren (*Wahrnehmung*), 2) zu begründen, weshalb sie die genannten Aspekte als kritisch wahrnahmen (*Interpretation*) und 3) Verbesserungsvorschläge bzw. Handlungsalternativen festzuhalten (*Entscheidungsfindung*). Durch die Berücksichtigung mehrerer kritischer Aspekte in den Vignetten bestand die Möglichkeit, einen Fokus auf lediglich eine Facette zu legen und diese intensiv zu bearbeiten (z. B. gendersensible Unterrichtsformen) oder gleich mehrere Aspekte aufzugreifen, wodurch auch die Komplexität erhöht wird. Je nachdem konnte der Auftrag an die angehenden Lehrkräfte variiert werden (z. B. „Bitte notieren Sie kritische Aspekte, die Ihnen hinsichtlich gendersensibler *Unterrichtsmaterialien* aufgefallen sind").

Mit der Think-Pair-Share-Methode bearbeiteten die angehenden Lehrkräfte die Vignette zunächst allein, tauschten sich zu zweit aus und teilten ihre wahrgenommenen Aspekte und die daraus resultierenden Erkenntnisse dann mit der Gesamtgruppe. In der anschließenden Diskussion ging es nicht vordergründig darum, ‚die richtige Lösung' zu finden, sondern vielmehr darum, einen Konsens über das Verständnis eines gendersensiblen Naturwissenschaftsunterrichts zu schaffen und angehende Lehrkräfte für kritische genderrelevante Aspekte und die berufsspezifischen Anforderungen zu sensibilisieren. Auch die Diskussion über konkrete Handlungsalternativen bezüglich der als kritisch wahrgenommenen genderrelevanten Aspekte sollte eine aktive Rekonstruktion und Vertiefung des Wissens ermöglichen und aufzeigen, dass die problemhaltigen Situationen unterschiedliche Handlungsalternativen zulassen (z. B. in Bezug auf *ZV*: Konzept der Hebel mit vielfältigeren Beispielen wie Nussknacker, menschlicher Arm, Wippe oder Türklinke illustrieren).

Es ist denkbar, die Vignetten zu Beginn eines Seminars einzusetzen (ohne vorherige Bearbeitung der Genderthematik) und damit das Vorwissen der angehenden Lehrkräfte bezüglich genderrelevanter Aspekte, Methoden und Strategien zur Gestaltung eines gendersensiblen Naturwissenschaftsunterrichts zu erfassen und am Ende des Seminars nochmals aufzugreifen, um den Lernfortschritt sichtbar zu machen. Beim Einsatz der Vignetten zur Förderung der Genderkompetenz von (angehenden) Lehrkräften ist es zudem wichtig, die Bedeutung der Genderthematik für den Naturwissenschaftsunterricht zu erarbeiten und aktuelle Forschungsergebnisse zum Thema Gender im naturwissenschaftlichen Unterrichtskontext bei der Diskussion einzubeziehen. Je nach gewähltem Fokus können das Schulbuchanalysen bezüglich Gendergerechtigkeit sein, das Image des MINT-Bereichs oder implizite und explizite Stereotype in Naturwissenschaften. An dieser Stelle sei erwähnt, dass die angehenden Lehrkräfte in den Vignetten den Unterricht einer fremden Person analysieren. Die Vignetten fungieren als Fallbeispiele. Sie dienen aber auch als Grundlage, um an die eigenen Erfahrungen der angehenden Lehrkräfte anzuknüpfen und bereits erlebte Situationen (z. B. im Praktikum) zu reflektieren und zu diskutieren. Hierbei übernehmen Dozierende eine wichtige Coachingfunktion, in der sie die angehenden Lehrkräfte durch geeignete Reflexionsfragen hinsichtlich der genderrelevanten Aspekte bei der Auseinandersetzung mit dem eigenen ‚Gender Bias' und beim Aufbau von Wissen in Bezug auf gendersensiblen Naturwissenschaftsunterricht begleiten.

4. Diskussion

Bei der Frage nach dem Beitrag des Naturwissenschaftsunterrichts bei der Entstehung von Geschlechterasymmetrien müssen verschiedene Facetten des Unterrichts betrachtet werden, auf die Einfluss genommen werden kann (Lembens & Bartosch, 2012). Die gewählten Unterrichtsformen, Interaktionen im Unterricht sowie die Auswahl von Inhalten und Unterrichtsmaterialien sind wichtige Stellschrauben für einen gendersensiblen Unterricht. Aspekte, die dem Anspruch eines gendersensiblen Naturwissenschaftsunterrichts nicht gerecht werden, sollten in den Fokus von Lehrkräften rücken. Eine Lehrkraft kann dann situationsangepasst handeln und geeignete Methoden und Strategien einsetzen, um einen gendersensiblen Naturwissenschaftsunterricht zu gestalten und somit alle Lernenden optimal zu fördern, wenn sie kritische genderrelevante Aspekte im Unterricht als solche erkennt. Vignetten haben das Potenzial, anhand authentischer und situativer Unterrichtskontexte spezifische Aspekte eines gendersensiblen Unterrichts aus dem komplexen Unterrichtsgeschehen aufzugreifen und angehende Lehrkräfte für kritische genderrelevante Aspekte zu sensibilisieren. Durch die Diskussion und Betrachtung von möglichen Handlungsalternativen für die in den Vignetten dargestellten genderrelevanten Aspekte sollen angehende Lehrkräfte ein Handlungsrepertoire aufbauen, das sie in der Praxis abrufen können. Obwohl die Vignetten theoriegeleitet entwickelt wurden und kritische Aspekte aus dem Physikunterricht aufgreifen, können gewisse Aspekte fachunabhängig für die Sensibilisierung angehender Lehrkräfte aufgegriffen werden (z. B. in Vignette 2: Im fragend-entwickelnden Unterricht ruft die Lehrperson deutlich mehr Jungen auf.). Es ist wünschenswert, genderrelevante Aspekte in verschiedenen Phasen der Lehrkräftebildung zu thematisieren und dadurch die Genderkompetenz angehender Lehrkräfte „kontinuierlich und in kollektiver Reflexionsarbeit" zu fördern, um so die Professionalisierung von Lehrkräften voranzutreiben (Horstkemper, 2013, S. 41).

Open-Access-Material: Der vorgestellte Ansatz zur Förderung der Genderkompetenz angehender Lehrkräfte wurde exemplarisch anhand der Vignette 3 aus dem Vignettentest von Atanasova et al. (2023) vorgestellt. Der gesamte Vignettentest ist online im open access unter der genannten Publikation verfügbar.

Literatur

Atanasova, S., Robin, N. & Brovelli, D. (2023). Genderkompetenz messen – Erfassung der situationsbezogenen Fähigkeiten von Lehrpersonen in Bezug auf genderrelevante Aspekte im Physikunterricht. *Unterrichtswissenschaft, 51,* 423–453. https://doi.org/10.1007/s42010-023-00169-y

Bartsch, A. & Wedl, J. (2015). Teaching Gender? Zum reflektierten Umgang mit Geschlecht im Schulunterricht und in der Lehramtsausbildung. In J. Wedl & A. Bartsch (Hrsg.), *Teaching Gender? Zum reflektierten Umgang mit Geschlecht im Schulunterricht und in der Lehramtsausbildung* (S. 9–31). transcript.

Blömeke, S., Gustafsson, J.-E. & Shavelson, R. J. (2015). Beyond Dichotomies: Competence Viewed as a Continuum. *Zeitschrift Für Psychologie, 223*(1), 3–13. https://doi.org/10.1027/2151-2604/a000194

Brovelli, D., Bölsterli, K., Rehm, M. & Wilhelm, M. (2013). Erfassen professioneller Kompetenzen für den naturwissenschaftlichen Unterricht: Ein Vignettentest mit authentisch komplexen Unterrichtssituationen und offenem Antwortformat. *Unterrichtswissenschaft, 41*(4), 306–329.

Brovelli, D., Vogler, E. & Schmid, A. M. (2019). Geschlechtersensibler Naturwissenschafts- und Technikunterricht. In E. Makarova (Hrsg.), *Gendersensible Berufsorientierung und Berufswahl: Beiträge aus der Forschung und Praxis* (S. 149–163). hep.

Friesen, M. E., Benz, J., Billion-Kramer, T., Heuer, C., Lohse-Bossenz, H., Resch, M. & Rutsch, J. (Hrsg.). (2020). *Vignettenbasiertes Lernen in der Lehrerbildung: Fachdidaktische und pädagogische Perspektiven.* Beltz Juventa.

Grünewald-Huber, E. & Gunten, A. von. (2009). *Werkmappe Genderkompetenz: Materialien für geschlechtergerechtes Unterrichten.* Verl. Pestalozzianum.

Horstkemper, M. (2013). Genderkompetenz und Professionalisierung. Wie lässt sich Genderkompetenz im Lehrberuf erwerben und ausbauen. In U. Stadler-Altmann (Hrsg.), *Genderkompetenz in pädagogischer Interaktion* (S. 29–42). Budrich.

Krammer, K. (2014). Fallbasiertes Lernen mit Unterrichtsvideos in der Lehrerinnen- und Lehrerbildung. *Beiträge zur Lehrerinnen- und Lehrerbildung, 32*(2), 164–175. https://doi.org/10.25656/01:13863

Lembens, A. & Bartosch, I. (2012). Genderforschung in der Chemie- und Physikdidaktik. In M. Kampshoff & C. Wiepcke (Hrsg.), *Handbuch Geschlechterforschung und Fachdidaktik* (S. 83–97). VS Verlag für Sozialwissenschaften. https://doi.org/10.1007/978-3-531-18984-0_7

Murphy, P. & Whitelegg, E. (2006). *Girls in the physics classroom: A review of the research on the participation of girls in physics.* Institute of Physics.

Ostertag, J. (2021). Comicvignetten als fallbasierte Methode zur Sensibilisierung von Lehrkräften. Genderrelevante Situationen im MINT-Unterricht. *technik-education (tedu). Fachzeitschrift für Unterrichtspraxis und Unterrichtsforschung im allgemeinbildenden Technikunterricht, 1,* 12–20. https://doi.org/10.25656/01:24296

Rehm, M. & Bölsterli, K. (2014). Entwicklung von Unterrichtsvignetten. In D. Krüger, I. Parchmann & H. Schecker (Hrsg.), *Methoden in der naturwissenschaftsdidaktischen Forschung* (S. 213–225). Springer Berlin Heidelberg. https://doi.org/10.1007/978-3-642-37827-0

Wenger, N. & Makarova, E. (2019). Gendergerechtigkeit von Lehrmitteln in naturwissenschaftlichen Fächern. In E. Makarova (Hrsg.), *Gendersensible Berufsorientierung und Berufswahl: Beiträge aus der Forschung und Praxis* (S. 128–148). hep.

Zohar, A. & Bronshtein, B. (2005). Physics teachers' knowledge and beliefs regarding girls' low participation rates in advanced physics classes. *International Journal of Science Education, 27*(1), 61–77. https://doi.org/10.1080/0950069032000138798

Zohar, A. & Sela, D. (2003). Her physics, his physics: Gender issues in Israeli advanced placement physics classes. *International Journal of Science Education, 25*(2), 245–268. https://doi.org/10.1080/09500690210126766

Sanja Atanasova, Pädagogische Hochschule St.Gallen, Notkerstrasse 27, 9000 St.Gallen
sanja.atanasova@phsg.ch
https://orcid.org/0000-0002-5401-9941

Daniela Schriebl, Pädagogische Hochschule St.Gallen, Notkerstrasse 27, 9000 St.Gallen
daniela.schriebl@phsg.ch
https://orcid.org/0000-0002-6522-3235

Nicolas Robin, Pädagogische Hochschule St.Gallen, Notkerstrasse 27, 9000 St.Gallen
nicolas.robin@phsg.ch
https://orcid.org/0000-0003-4444-1265

Dorothee Brovelli, Pädagogische Hochschule Luzern, Sentimatt 1, 6003 Luzern
dorothee.brovelli@phlu.ch
https://orcid.org/0000-0001-8528-7458

https://doi.org/10.31244/9783830997962.23

Interdisziplinäres Seminarkonzept
Inklusion in MINT-Kontexten

Hannah Weck, Stefan Brackertz & Clara Laubmeister

In NRW müssen im Lehramtsstudium inklusionsspezifische Fragestellungen im Rahmen von fünf Leistungspunkten (LP) in jedem Unterrichtsfach bzw. Lernbereich erbracht werden (Ministerium des Innern des Landes Nordrhein-Westfalen, 2016). Schon vor dieser Auflage der Landesregierung gab es an der Universität zu Köln eine Debatte und verschiedene Pilotprojekte, wie Inklusion als Querschnittsaufgabe, die alle Bereiche des Lehramtsstudiums betrifft, in den Lehramtsstudiengängen verortet werden kann. Ein Ergebnis dieser weiterlaufenden Debatte ist das hier vorgestellte Seminar.

1.   Entstehungshintergrund

Ausgangspunkt für die inhaltliche und methodische Gestaltung des in diesem Beitrag vorgestellten Seminars an der Universität zu Köln waren:

- Die wissenschaftliche Auseinandersetzung mit Inklusion in den Fachdidaktiken der Naturwissenschaften und der Mathematik ist noch verhältnismäßig jung (vergleiche z.B. Schmidt, 2014). Gleichzeitig gibt es eine ganze Reihe an Schulen im Kölner Raum, die seit Jahren, teils Jahrzehnten, inklusiv arbeiten und viel Erfahrung in diesem Bereich gesammelt haben. Mit dem Netzwerk *Inklusive MINT-Didaktik* (Zukunftsstrategie Lehrer*innenbildung, 2022) gibt es seit einigen Jahren einen Zusammenhang, der diese Perspektiven zusammenführt.
- In vielen Bereichen der Mathematisch-Naturwissenschaftlichen Fakultät – insbesondere in den Fachdidaktiken – gibt es Mitarbeitende, die sich mit Inklusion auseinandersetzen. Immer wieder gab und gibt es sowohl auf Fakultäts- als auch auf Hochschulebene vielversprechende Pilotprojekte in einzelnen Arbeitsgruppen, wie die Auseinandersetzung mit Inklusion systematisch im Studium verankert werden könnte. In der Studierendenschaft gibt es seit Jahren den Wunsch, dass Inklusion mehr in Forschung und Lehre einfließt. Lange bevor sich die Dozierenden mit diesem Thema befasst haben, wurde eine Fachschaft Inklusion gegrün-

det. Diese hat Inklusion nicht nur hochschulpolitisch eingefordert, sondern auch selbst (Lehr-)Veranstaltungen dazu organisiert, zunächst ohne Dozierende, später auch in Kooperation.

- Die meisten fachdidaktischen Institute sind so klein, dass in der Forschung nicht alle relevanten inklusionsspezifischen Ansätze in jedem Fach vertreten sind. Dies stellt eine Herausforderung für die Lehre dar, da sie – so das Kölner Leitbild Lehre (siehe hierzu auch Busse, 2022) – einerseits eng mit der Forschung verbunden sein und andererseits einen multiparadigmatischen Ansatz verfolgen soll.

Das hier vorgestellte Seminar, das sich an Lehramtsstudierende im Lehramt Gymnasien/Gesamtschulen der gesamten Fakultät wendet, stellt eine Verknüpfung der verschiedenen Aktivitäten im Bereich der Inklusion an der Fakultät (und in Teilen auch darüber hinaus) dar, um den spezifischen Herausforderungen und Chancen der Inklusion im MINT-Bereich ko-konstruktiv auf den Grund zu gehen. Dafür übernehmen Mitarbeitende aus verschiedenen Bereichen der Fakultät und teilweise auch Lehrpersonen aus dem Netzwerk *Inklusive MINT-Didaktik* sowie Fachschaften reihum die Gestaltung der Seminarsitzungen. Dabei sollen Studierende in Fragestellungen aktueller Forschung eingeführt werden und über die in den verschiedenen Bereichen verfolgten Paradigmen miteinander ins Gespräch gebracht werden (vgl. Heinrich et al., 2019). Die Dozierenden sind dementsprechend dazu aufgerufen, nicht ausschließlich an den von ihnen selbst verantworteten Sitzungen teilzunehmen. Am Ende jeder Sitzung wird ein Video-Teaser der Dozierenden für die nächste Sitzung eingespielt. Diese geben nicht nur den Studierenden Orientierung und Motivation für die nächste Sitzung. Sie ermöglichen zudem, dass sich Dozierende, die nicht immer teilnehmen, schnell einen Überblick über das Geschehen machen können, um daran anzuknüpfen.

2. Interdisziplinarität des Seminars – Einheit von Praxis und Forschung

An der Universität zu Köln wird das Seminar seit dem Sommersemester 2022 als Wahlmöglichkeit im Lehramt Gymnasien/Gesamtschulen im Modul Mathematisch-Naturwissenschaftliche Grundlegung (siehe hierzu auch Fachgruppe Physik, 2022) angeboten. Es kann somit von Studierenden besucht werden, die mindestens eines der folgenden Fächer studieren: Biologie, Chemie, Geographie, Mathematik und Physik.

Die beschriebene Seminaridee wurde mit dem Ziel implementiert, das Thema Inklusion als gesellschaftsrelevantes Querschnittsthema zu adressieren. Das zugrundeliegende Inklusionsverständnis berücksichtigt verschiedene Diversitätsdimensionen wie z. B. das Geschlecht, die ethnische Herkunft und die sozialen Bedingungen (Krell et al., 2007) und strebt die Berücksichtigung, Barrierefreiheit und Partizipation aller an (Ouane, 2008). Damit lässt sich das Inklusionsverständnis nach Piezunka et al. (2017) als ein pragmatisches charakterisieren, welches die bestmögliche Leistungs- bzw. Kompetenzentwicklung aller anstrebt. Durch die Förderung und Ermöglichung von Chancengleichheit soll Diskriminierung überwunden werden, die aufgrund von sozial konstruierter Gruppenzugehörigkeit entsteht.

Im Seminar sollen Studierende außerdem unterstützt werden, nicht nur fachwissenschaftliche und fachdidaktische Perspektiven zu berücksichtigen und miteinander zu verknüpfen, sondern auch inklusionsspezifische Aspekte miteinzubeziehen. Dafür werden in einzelnen Sitzungen verschiedenste Diversitätsdimension adressiert, aber durchaus ein Fokus auf marginalisierte und vulnerable Gruppen gelegt, die ggf. besondere Unterstützung im Naturwissenschaftsunterricht benötigen (Lindmeier & Lütje-Klose, 2015).

Die Studierenden, die das Seminar belegen, unterscheiden sich neben dem studierten naturwissenschaftlichen Fach v. a. hinsichtlich des bereits im Rahmen der fachdidaktischen sowie erziehungswissenschaftlichen Studienanteile/Module teils sehr in Bezug auf das individuell erworbene Vorwissen. Daher werden zu Beginn jedes Semesters in einer Einführungssitzung begriffliche Grundlagen zum Thema (schulische) Inklusion, Diversitätsdimensionen etc. gelegt. Diese Sitzung wird von der Fachschaft Inklusion gestaltet. Dieser Einstieg durch andere Studierende hat sich bewährt, da die Seminarteilnehmenden, unterstützt durch eine Gruppenübung, miteinander ins Gespräch kommen. Ziel davon ist, einen Raum zu schaffen, in dem sich die Studierenden nicht nur fachlich, sondern auch bezüglich ihrer Haltungen, Ängste, Begeisterungen offen austauschen können und auch kritische Stimmen zum Thema Inklusion wertschätzend in der Diskussion aufgegriffen werden. Gleichzeitig entstehen eine Gesprächskultur und ein Miteinander, die i. d. R. im Laufe des Semesters gefestigt und ausgebaut werden. Vertiefend zu dieser ersten Sitzung können die Studierenden optional das E-Learning-Modul *Inklusion – eine Einführung* (Zukunftsstrategien Lehrer*innenbildung, 2021) absolvieren. Dieser interaktive Online-Kurs ist mit Videos, Audios, Links, Schätz- und Wissensfragen angereichert.

Die darauffolgenden Sitzungen werden von Lehrenden aus Schule und Hochschule gestaltet. Häufig werden Sitzungen im Tandem oder Team durchgeführt. Nicht selten haben die Agierenden verschiedene Fächer oder kommen aus unterschiedlichen Disziplinen (Fachwissenschaft, Fachdidaktik, Sonderpädagogik oder Erziehungswissenschaft) oder Institutionen (Hochschule bzw. Schule). Dadurch wird u. a. sichergestellt, dass die verschiedenen MINT-Fächer alle in mindestens einer Seminarsitzung fokussiert werden. Aufgrund der verschiedenen Disziplinen liegt auch der Schwerpunkt in den jeweiligen Sitzungen auf unterschiedlichen Diversitätsdimensionen. Damit sich die einzelnen Themen optimal ergänzen und möglichst viele verschiedene Facetten abgedeckt werden, wurden gezielt Lehrende aus Schule und Hochschule angesprochen. Diese haben erfreulicherweise jedes Semester erneut Zeit, eine Sitzung zu übernehmen, sodass diese weiterentwickelt und z. B. immer besser aufeinander abgestimmt werden konnten.

Tab. 1: Elemente von Seminarsitzungstypen.

	Selbsterfahrungsübung Experimente in heterogenen Lerngruppen	Fallbeispiel Mendel'sche Regeln materialgestützt erarbeiten	Konzept Erhaltungsgrößen zur Entlinearisierung des Unterrichts	Tools Assistive Technologien im inklusiven Unterricht
Thema/ Inhalt der Seminarsitzung	• Versuchsanleitung lesen mit einer simulierten Lese-Rechtschreibschwäche • Versuchsdurchführungen im Rollstuhl und/oder mit einer simulierten Spastik • Versuchsbeobachtungen mit einer simulierten (Farb-) Sehbeeinträchtigung	• Vorstellung einer realen spezifischen Lerngruppe einer inklusiven Gesamtschule, individuell auf die Lerngruppe angepasste Lernziele • diverse Differenzierungsangebote in der Erarbeitungsphase der Lernenden • Förderung von Fachsprache mit gestuften Hilfen	• Systematisch ungelöste Herausforderungen im inklusiven MINT-Unterricht – Blick in die Literatur: > *Genetisches Lernen (Wagenschein, 1965)* > *Lernen am gemeinsamen Gegenstand (Feuser, 2007)* > *Netze (Aebli, 1977)* > *Innere Differenzierung (Trautmann & Wischer, 2008)* • Thesen, warum die Arbeit mit Erhaltungsgrößen eine potenzielle Antwort sein kann	• Assistive Technologien (AT): > *Audiostift* > *haptisches Zeichenbrett* > *systemintegrierte Bedienungshilfen (iPad)* > *Piktogramme* > *Roboter*
Übungen für Studierende	• verschiedene Versuche in unterschiedlichen Rollen (Lehrperson, lernende Person mit oder ohne Beeinträchtigung) durchführen • Reflexion des Versuchs aus Perspektive der jeweiligen Rolle • Erfahrungen der verschiedenen Rollen miteinander in Beziehung setzen	• Planung einer digital gestützten Stunde zu einem selbstgewählten Thema des studierten MINT-Fachs • besondere Berücksichtigung der präsentierten Lerngruppe • Nutzung von Legosteinen als Modell zur Veranschaulichung	• Planung einer handlungsorientierten Unterrichtseinheit zu einem frei wählbaren Thema • Fachwissen basierend auf Erhaltungssätzen erarbeiten • Verwendung von Alltagsmaterialien	• AT erproben • Chancen und Barrieren bei der Bearbeitung von Lehr-Lern-Aufgaben mit AT herausarbeiten • Leitfragen zu Einsatzmöglichkeiten, Einsatzvoraussetzungen und Herausforderungen diskutieren

	Selbsterfahrungsübung Experimente in heterogenen Lerngruppen	Fallbeispiel Mendel'sche Regeln materialgestützt erarbeiten	Konzept Erhaltungsgrößen zur Entlinearisierung des Unterrichts	Tools Assistive Technologien im inklusiven Unterricht
Portfoliofragen	• Konsequenzen für Sie persönlich: Was nehmen Sie aus der heutigen Sitzung mit? War die Auseinandersetzung durch das Rollenspiel insgesamt zufriedenstellend? • Wie lassen sich Ihre heute gemachten Erfahrungen auf andere MINT-Fächer (andere fachspezifische Arbeitsweisen, andere Fachthemen) übertragen? Diskutieren Sie mit Ihren Partner:innen und stellen Sie die Unterschiede und Gemeinsamkeiten kurz dar. • Diskutieren Sie die Konsequenzen für die schulische inklusive Praxis und/oder die Lehramtsausbildung.	• Welche Chancen und Barrieren bieten Legosteine in dem von Ihnen erstellen Unterrichtsbeispiel? (Skizzieren Sie in max. 3 Sätzen Ihr Beispiel aus der Sitzung.) • Welche allgemeinen Prinzipien und Anregungen nehmen Sie aus der Sitzung mit, die Sie in Ihrem Unterricht implementieren können/ möchten? • Sie haben in der Sitzung mit LEGO-Steinen gearbeitet. Welches Material fällt Ihnen noch ein, mit dem man fächerübergreifend und enaktiv und handlungsorientiert arbeiten kann?	• Beschreiben Sie Ihre im Seminar entwickelte Unterrichtsidee und erläutern Sie den fachlichen Hintergrund. Was ist die konkrete Handlungssituation der Schüler*innen? Für welche heterogene Lerngruppe ist das Unterrichtsthema zugänglich gemacht worden? • Inwiefern beantwortet Ihre Unterrichtsidee Herausforderungen, die in den theoretischen Texten benannt sind? Ordnen Sie Ihre Unterrichtsidee anhand einem der diskutierten didaktischen Ansätze ein und begründen Sie dies am Text. • Wo gibt es Anknüpfungspunkte zu Ihren studierten MINT-Fächern? Lässt/Wie lässt sich das didaktische Konzept auf Ihre Fächer übertragen? Diskutieren Sie diese Frage untereinander und stellen Ihre Standpunkte dar.	• Wie könnte man das ATU-Modell im Schulalltag als Lehrperson nutzen? Welche Hilfestellung bräuchten Sie? • Welche Kompetenzen benötigen Sie, um Assistive Technologien im inklusiven MINT-Unterricht einzusetzen? • Welche Chancen und Herausforderungen bietet der Einsatz von Assistiven Technologien im inklusiven MINT-Unterricht? Wie unterscheiden sich hierbei Ihre unterschiedlichen MINT-Fächer?
Interdisziplinärer Praxisbezug	• Reale Chemie-Schulversuche in Laborumgebung; Herausforderungen ähnlich wie bei Experimenten in anderen Fächern		• Vortragende: Lehrperson aus einer inklusiven Realschule und dozierende Person aus der Fachwissenschaft Physik	• Vortragende: zwei Dozierende mit Lehramt Sonderpädagogik und den Fächern Mathematik, Biologie und Physik

In den einzelnen Seminarsitzungen thematisieren die verschiedenen Dozierenden je ein Fallbeispiel, ein Konzept oder Tools aus ihrer Forschung bzw. Arbeit oder schärfen z. B. mit einer Selbsterfahrungsübung den Blick für spezifische Herausforderungen eines inklusiven MINT-Unterrichts. Dabei übernehmen die Studierenden immer einen aktiven Part und erarbeiten typischerweise in Kleingruppen Versatzstücke von Lernsituationen mit dem Fokus auf das jeweilige Sitzungsthema.

Jedoch ist zu betonen, dass das Ergebnis keine Stundenplanung darstellt, sondern eine Verknüpfung von inklusiven und naturwissenschaftsdidaktischen Perspektiven, die mit konkreten Ideen angereichert sind. Zu jeder Seminarsitzung gibt es Reflexionsfragen, die die Studierenden im Rahmen ihrer Studienleistung in Form eines seminarbegleitenden Portfolios bearbeiten.

In Tabelle 1 ist eine Übersicht über exemplarische Seminarsitzungstypen dargestellt. Die Beschreibung der Umsetzung der anderen Seminarsitzungen wird Ihnen gerne auf Anfrage von den Verfassenden zur Verfügung gestellt.

3.   Reflexionsportfolio

Die Modulabschlussprüfung des Seminars wurde nach den ersten zwei Durchläufen angepasst. Anfangs wurde das Portfolio alleine bearbeitet und es sollten weder die Einstiegssitzung, in der das Thema Inklusion im Mittelpunkt stand, noch die letzte Sitzung, in der das gesamte Seminar rekapituliert wurde, reflektiert werden. Bei der Durchführung wurde festgestellt, dass dadurch der Austausch zwischen den unterschiedlichen MINT-Fächern zu kurz kam und sich in den Portfolios hauptsächlich auf die Fächer und weniger auf Inklusion bezogen wurde, weshalb das Konzept nochmal angepasst wurde. Die überarbeitete Modulabschlussprüfung besteht somit weiterhin aus einem Reflexionsportfolio, welches am Ende des Semesters abgegeben werden soll. Allerdings wird dies in Zweierteams bearbeitet. Es kann nützlich sein, dass das Team über das ganze Semester hinweg besteht, da Probleme und Herausforderungen besprochen und bewältigt sowie Erfahrungen ausgetauscht werden können. Die Zusammensetzung der Zweierteams sollte idealerweise aus Studierenden mit unterschiedlichen MINT-Fächern bestehen, um den fächerübergreifenden Dialog und die Diskussion zu stärken (Rohr et al., 2016). Kooperatives Arbeiten im Rahmen der Portfolios ist für (angehende) Lehrpersonen ein wichtiger Bestandteil der Professionalisierung und eignet sich somit, um Fähigkeiten und Wissen weiterzuentwickeln. Zwar ist dies durch mögliche unterschiedliche Ansichten durchaus konfliktanfällig, allerdings muss auch eine respektvolle Überwindung von Differenzen gelernt werden (Böhm-Kasper, 2017). Brunner (2009, S. 94) unterstreicht, dass „ein Portfolio ... nur so gut [ist], wie die Gespräche die darüber geführt werden." Deshalb liegt ein besonderes Augenmerk darauf, dass bereits während der Lehrveranstaltung die Studierenden mit den Dozierenden gemeinsam diskutieren und die Möglichkeit bekommen, zu reflektieren.

Der Lernprozess der Studierenden wird durch die Portfolioarbeit unterstützt, indem sie ihr Verständnis des Lehrinhalts vertiefen, ihr kritisches Denken schärfen und ihre Fähigkeit verbessern, Überlegungen und Konzepte in eigene Worte zu fassen. Darüber hinaus können sie in ihren Teams Feedback und Unterstützung erhalten, was ihnen helfen kann, ihre Gedanken zu strukturieren. Das Portfolio soll bestenfalls während des Semesters bearbeitet und zeitnah nach der letzten Sitzung des Seminars abgegeben werden. Es wird nicht benotet, da das Modul keine Note vorsieht und die Studierenden mit der Abgabe nur bestehen müssen.

Diese Reflexionen der Studierenden sollen den Lehrenden außerdem helfen, Gelingensbedingungen und Stolpersteine zu erfassen und ihre Seminarbeiträge entlang des Studierendenfeedbacks zu optimieren.

4.   Ausblick

Immer wieder wird von den Lehrpersonen im Netzwerk *Inklusive MINT-Didaktik* problematisiert, dass Kollegium sowie Erziehungsberechtigte, die an ihren jeweiligen Schulen Inklusion voranbringen, dort oft alleine dafür kämpfen und man eigentlich einen Kölner Inklusionsstammtisch bräuchte. Vor dem Hintergrund gibt es Überlegungen, angelehnt an das international etablierte Public-outreach-Format *Astronomy On Tap* (Astronomy On Tap, o. D.), ein Format *Inclusion On Tap* zu etablieren, d. h. eine öffentliche Veranstaltung in einer Kneipe für die interessierte Stadtgesellschaft. Bei dieser Veranstaltung sollen Ergebnisse aus dem Netzwerk oder dem Seminar in allgemein verständlicher Art präsentiert und nahtlos in eine sich daran anschließende lockere und entspannte Diskussion, Vertiefung, Erörterung sowie Vernetzung übergegangen werden.

Danksagung

Die Verfassenden bedankten sich herzlich bei allen beteiligten Personen, die an der Entwicklung, Umsetzung und Durchführung des Seminars mitgewirkt haben.

Hinweis

Das diesem Beitrag zugrundeliegende Vorhaben *Zukunftsstrategie Lehrer*innenbildung* wird im Rahmen der gemeinsamen *Qualitätsoffensive Lehrerbildung* von Bund und Ländern aus Mitteln des *Bundesministeriums für Bildung und Forschung* unter dem Förderkennzeichen 01JA1815 gefördert. Die Verantwortung für den Inhalt dieser Veröffentlichung liegt bei den Autorinnen und Autoren.

Literatur

Aebli, H. (1977). *Grundformen des Lernens* (10. Aufl.). Klett.

Astronomy On Tap (o.D.). https://www.sfb956.de/public/AoT

Böhm-Kasper, O. (2017). Forschendes Lernen im Kontext von Ganztag. In R. Schüssler, A. Schöning, V. Schwier, S. Schicht, J. Gold & U. Weyland (Hrsg.), *Forschendes Lernen im Praxissemester. Zugänge, Konzepte Erfahrungen* (S. 187–192). Klinkhardt.

Brunner, I. (2009). So planen Sie Portfolioarbeit. Zehn Fragen, die weiterhelfen. In I. Brunner, T. Häcker & F. Winter (Hrsg.), *Das Handbuch für Portfolioarbeit. Konzepte, Anregungen, Erfahrungen aus Schule und Lehrerbildung* (3. Aufl., S. 89–95). Kallmeyer/Klett.

Busse, B. (2022). *Leitbild Studium und Lehre der Universität zu Köln.* Verfügbar unter: https://portal.uni-koeln.de/studium-lehre/lehrende/leitbild-studium-und-lehre

Fachgruppe Physik (2022). *Curriculum* https://physik.uni-koeln.de/index.php?id=819#c7008_akkordeon_600dea07e6743e226276732-titel1

Feuser, G. (2007). *Lernen am „Gemeinsamen Gegenstand".* Vortrag im Rahmen der Vortragsreihe „Offener Unterricht – Antwort auf Heterogenität" der Pädagogischen Hochschule Zentralschweiz in Luzern, 11.01.2007.

Heinrich, M., Wolfswinkler, G., van Ackeren, I., Bremm, N. & Streblow, L. (2019). Multiparadigmatische Lehrerbildung – Produktive Auswege aus dem Paradigmenstreit? *Die Deutsche Schule, 111*(2), 234–258.

Krell, G., Riedmüller, B., Sieben, B. & Vinz, D. (2007). Einleitung – Diversity Studies als integrierende Forschungsrichtung. In G. Krell, B. Riedmüller, B. Sieben & D. Vinz (Hrsg.), *Diversity Studies. Grundlagen und disziplinäre Ansätze* (S. 7–16). Campus.

Lindmeier, C. & Lütje-Klose, B. (2015). Inklusion als Querschnittsaufgabe in der Erziehungswissenschaft. *Erziehungswissenschaft – Mitteilungen der Deutschen Gesellschaft für Erziehungswissenschaft, 26*(51), 7–16.

Ministerium des Innern des Landes Nordrhein-Westfalen (2016). *Verordnung über den Zugang zum nordrhein-westfälischen Vorbereitungsdienst für Lehrämter an Schulen und Voraussetzung bundesweiter Mobilität [Lehramtszugangsverordnung – LZV].* https://recht.nrw.de/lmi/owa/br_show_historie?p_id=22500

Ouane, A. (2008). Creating education systems which offer opportunities for lifelong learning. In UNESCO (Hrsg.), *Inclusive education: the way of the future' 48th session.* International Conference on Education in Genf, 2008, Genf.

Piezunka, A., Grosche, M. & Schaffus, T. (2017). Vier Definitionen von schulischer Inklusion und ihr konsensueller Kern. Ergebnisse von Experteninterviews mit Inklusionsforschenden. *Unterrichtswissenschaft, 11,* 207–222.

Rohr, D., den Ouden, H. & Rottlaender, E.-M. (2016). *Hochschuldidaktik im Fokus von Peer Learning und Beratung.* Beltz Juventa.

Schmidt, B. (2014). *Physikunterricht in schwierigen Lehr- und Lernsituationen.* Dissertation, Universität zu Köln. Dr. Kovac.

Trautmann, M. & Wischer, B. (2008). Das Konzept der inneren Differenzierung – eine vergleichende Analyse der Diskussion der 1970er Jahre mit dem aktuellen Heterogenitätsdiskurs. *Zeitschrift für Erziehungswissenschaften,* Sonderheft 9, 159–172.

Wagenschein, M. (1965). *Zum Problem des Genetischen Lehrens.* Vortrag im Seminar für Didaktik der Mathematik an der Universität Münster, 7.12.1965.

Zukunftsstrategien Lehrer*innenbildung (ZuS) (2021). *E-Learning-Kurs ‚Inklusion – eine Einführung'.* https://zus.uni-koeln.de/lehre-und-studium/fortbildungs-und-beratungsangebote/e-learning-inklusion

Zukunftsstrategien Lehrer*innenbildung (ZuS) (2022). *Netzwerk Inklusive MINT-Didaktik.* https://zus.uni-koeln.de/das-ist-zus/competence-labs/assistive-technology-labs/netzwerk-inklusive-mint-didaktik

Hannah Weck, Zukunftsstrategie Lehrer*innenbildung (ZuS), Classen-Kappelmann-Straße 24, 50931 Köln, Universität zu Köln
hannah.weck@uni-koeln.de
https://orcid.org/0000-0002-4121-6188

Stefan Brackertz, I. Physikalisches Institut, Zülpicher Straße 77, 50937 Köln, Universität zu Köln
brackertz@ph1.uni-koeln.de
https://orcid.org/0000-0001-6618-092X

Clara Laubmeister, Zukunftsstrategie Lehrer*innenbildung (ZuS), Classen-Kappelmann-Straße 24, 50931 Köln, Universität zu Köln
clara.laubmeister@uni-koeln.de
https://orcid.org/0000-0002-5923-9791

Die „Vernetzungskarte"

Ein Tool zur Visualisierung des vernetzten Professionswissens im Lehramtsstudium mit Fachrichtung Chemie

Dominik Diermann & Jenna Koenen

Nach Seminaren und Vorlesungen in der Lehrkräftebildung an deutschen Universitäten sind oftmals Aussagen wie *Was hat das alles miteinander zu tun?* oder *Was bringt mir das in der Praxis als Lehrer*in?* zu hören. Diese zeugen von der subjektiv wahrgenommenen Fragmentierung und Segmentierung im Lehramtsstudium (Meier et al., 2018; Winkler, 2015) ebenso wie von einem wohl bekannten Problemfeld beim Lehren und Lernen: Träges und isoliertes Wissen ist nur wenig vernetzt und inkohärent abrufbar. Letztlich zeichnen sich Professionalität und Expertise (speziell in der Lehrkräftebildung) durch eine Masse an Wissen und insbesondere dadurch aus, dass Expert*innen „[…] dieses Wissen vernetzt und gut repräsentiert parat haben" (Krauss & Bruckmaier, 2014, S. 246). Im Sinne dieses Werkes sind *Lehrkräfte von morgen* in der Lage, kognitiv flexibel zu agieren, ihre mentalen Schemata aufeinander zu beziehen und Wissen vernetzt und variabel abzurufen und anzuwenden, z. B. bei der Unterrichtsplanung oder dem Umgang mit fachlich inadäquaten Schülervorstellungen. Der Umgang mit solchen alltäglichen Berufssituationen einer Lehrkraft erfordert ein hohes Maß an kohärentem Professionswissen. Dieses ist außerdem unerlässlich, um Lehrer*innen zum kritischen Denken und Problemlösen zu befähigen, welche u. a. zu den sogenannten *21st Century Skills* gezählt werden (González-Pérez & Ramírez-Montoya, 2022; Kennedy & Sundberg, 2020). Kognitive Flexibilität und Professionalisierung in der Lehrkräftebildung ist daher zwingend notwendig und wird auch von der KMK (2004) gefordert. Modellhaft wird die professionelle Handlungskompetenz einer Lehrkraft in Form ihrer kognitiven Komponente über ihr Professionswissen u. a. durch die Wissensbereiche des Fachwissens, fachdidaktischen Wissens und pädagogisch-psychologisches/bildungswissenschaftlichen Wissens (mit jeweils verschiedenen Wissensfacetten) charakterisiert (Baumert & Kunter, 2006; Kirschner et al., 2017).

1.   Desiderat und Methode: die „Vernetzungskarte"

Obige Probleme entstehen, da Wissen häufig isoliert und wenig vernetzt gelehrt wird. Vor diesem Hintergrund ist es notwendig, Studierenden Zusammenhänge zwischen und innerhalb der einzelnen Wissensbereiche aufzuzeigen, damit diese ihr Studium kohärenter und verzahnter erleben können und dadurch letztlich ein vernetztes und elaboriertes Professionswissen aufbauen. Dies schließt neben Vernetzungen innerhalb des Fachwissens auch das Verknüpfen von Fach- und Fachdidaktik mit ein (Beispielprojekte z. B. Glowinski et al., 2018). Auch nach dem Angebots-Nutzungs-Modell hochschulischer Kohärenzbildung nach Hellmann et al. (2021) ist Kohärenz eine Voraussetzung für einen professionsorientierten Wissenserwerb auf dem Weg zur professionellen Kompetenz. Verschiedene Studien zeigen, dass Kohärenz und schon eine Kohärenzwahrnehmung positive Effekte auf die Motivation und den Kompetenzerwerb von Studierenden hat (Hellmann, 2019; Goh & Canrinus, 2019; Blömeke et al., 2012; Seidel et al., 2005; Fortus et al., 2015). Es erscheint zudem zwangsläufig, dass Lehrer*innen erst dann zukunftsfähiges Wissen und Kompetenzen an ihre Schüler*innen weitergeben können, wenn sie selbst darüber verfügen und diese variabel abrufen und einsetzen können. Genau an dieser Stelle setzt das neu entwickelte Tool der „Vernetzungskarte" an. Im Rahmen der vom Bundesministerium für Bildung und Forschung (BMBF) geförderten *Qualitätsoffensive Lehrerbildung* wurde im *Teach@TUM-Projekt* an der Technischen Universität München u. a. ein Tool zur Visualisierung des vernetzten Professionswissens im Lehramtsstudium mit Fachrichtung Chemie konzipiert, entwickelt und evaluiert: Die „Vernetzungskarte" visualisiert die (curricularen) Vernetzungen zwischen konkreten Fachinhalten der unterschiedlichen fachlichen Disziplinen der Chemie als online verfügbares Miro-Board (Miro, 2023) als anklickbare Notizen. Durch einen Klick auf einen Link in einer Notiz gelangt der/ die User*in auf die zweite Ebene, in der die Karte einen Überblick über die typischen Fachinhalte des Studiums sowie inter- und intradisziplinäre Vernetzungen als beschriftete Pfeile zwischen diesen Inhaltsbereichen enthält (vgl. Abbildung 1). Jeder Bereich enthält zudem eine Auswahl an möglichen Lernzielen für Studierende. Studierende können selbstreguliert und flexibel zwischen den Bereichen bzw. Inhalten der Karte navigieren. Auch Wissensbestände aus der Fachdidaktik sind in analoger Weise strukturiert und in die Karte integriert. Zu Beginn gibt es zusätzlich eine Einführung in die Ziele, den Umgang sowie die Nutzungsmöglichkeiten der Karte. Die Karte ist unter folgendem Link kostenlos und ohne Registrierung aufrufbar (https:// miro.com/app/board/uXjVMcg17gI=/?share_link_id=21067320571; ein QR-Code findet sich zudem in Abbildung 2). Für eine bessere Nutzerfreundlichkeit wurde auch ein Einführungsvideo zum Umgang mit der Karte (https://youtu.be/GEos6jQ-7bY) sowie ein Video zu möglichen Einsatzgebieten in der universitären Lehre für Dozierende (https://youtu.be/3w8Yj41d6Zc) entwickelt.

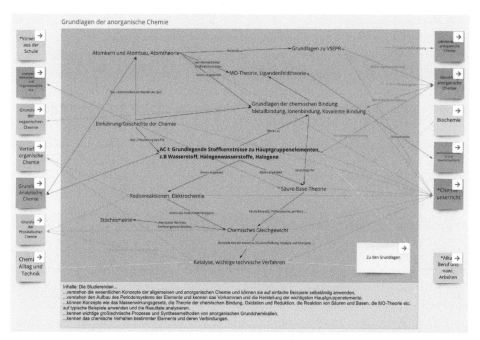

Abb. 1: Ausschnitt aus der Vernetzungskarte am Beispiel der Grundlagen der anorganischen Chemie. Dargestellt sind Inhalte und (beschriftete) Vernetzungspfeile innerhalb der anorganischen Chemie und zwischen verschiedenen Bereichen (unterschiedliche Farbgebung).

2.   Ergebnisse: Validierung durch Interviews und Einsatzmöglichkeiten

Das Tool wurde in der Entwicklung im Hinblick auf Inhalte, Akzeptanz und Gestaltung durch leitfadengestützte Dozierenden- und Studierendeninterviews
($N = 8+9 = 17$) validiert. Die Ergebnisse aus den Validierungsinterviews zeigen, dass
es sich (nach Anpassungen einzelner Inhalte sowie der allgemeinen Gestaltung) bei
der „Vernetzungskarte" um ein akzeptiertes und als lernförderlich eingeschätztes
Orientierungswerkzeug handelt, welches das Studium erleichtert, die Relevanz der
Studieninhalte durch Vernetzungen visualisiert und somit zu einem höheren Lernerfolg und Professionswissen beitragen kann. Die Teilnehmer*innen bestätigen die
aus der Literatur bekannte Hypothese, dass Zusammenhänge herzustellen die Grundlage darstellt, um ein Thema, ein Problemfeld oder eine Herausforderung besser oder
überhaupt verstehen und kritisch hinterfragen zu können. Zudem unterstreichen
beide Gruppen in den Interviews, dass Studierende durch das Tool motivierter sind
und es leichter fällt, Inhalte zu lernen, wenn sich diese durch die Arbeit mit der Karte
als sinnvoll für das Studium oder den Beruf erweisen (u. a. auch Ulrich, 2016). Die
Karte bietet darüber hinaus auch für Dozierende Anreize zur kohärenzfördernden
Zusammenarbeit bzw. inhaltlicher Abstimmung und Kooperation, da die Karte viele

Vernetzungen zwischen Inhalten aufzeigt, die in den jeweiligen Lehrveranstaltungen behandelt werden. Neben den bereits angedeuteten Einsatzmöglichkeiten und Vorteilen für die Ausbildung von zukünftigen Lehramtsstudierenden soll speziell unterstrichen werden, dass die Karte neben Vernetzungen innerhalb des Fachwissens auch fach- und fachdidaktisches Wissen miteinander in Beziehung setzen kann, da die Karte ebenfalls Inhalte aus dem Studium der Chemiedidaktik beinhaltet. Die übersichtliche Visualisierung ermöglicht die Wahrnehmung des Studiums als kohärent und aufeinander abgestimmt, zeigt die Bedeutung einzelner Themen und Inhalte auf und kann in vernetzten Wissensstrukturen und höherer Motivation der Lehramtsstudierenden resultieren.

3. Einsatzmöglichkeiten und Diskussion

Die Karte kann in vielerlei Hinsicht in den Studien- und Lehralltag an der Universität eingebunden werden. Dozierende können die Vernetzungskarte als *Advanced Organizer* (Reich, o. J.; Preiss & Gayle, 2006) bzw. Inhaltsverzeichnis zu Beginn (oder am Ende) jedes Vorlesungs- oder Seminartermins nutzen, um die Lehrveranstaltung optisch aufzubereiten und transparent zu machen, wie Inhalte aufeinander aufbauen, welche Vorkenntnisse notwendig sind und auf welche zukünftigen Konzepte die Veranstaltung hinarbeitet. Für Studierende stellt die Karte einen Gesamtüberblick über die Inhalte des Chemie-Lehramtsstudiums dar. Sie können selbstständig durch diesen Studienaufbau navigieren und dabei noch unbekannte Verbindungen sowie Zusammenhänge zwischen Inhalten mit dem Alltag oder verschiedenen Berufen erkennen. Die vorgestellte Karte kann standortunabhängig genutzt werden, da sie sich an typischen Inhalten der Chemie orientiert. Durch kleinere Umsortierungen und Umbenennungen könnte die Karte auch relativ einfach spezifisch an den eigenen Standort angepasst werden. Natürlich kann die Karte durch die Zusammenarbeit verschiedener Akteure aus Fachwissenschaft und Fachdidaktik oder durch diverse Lehr-Lern-Materialien ergänzt und auf weitere Fächer bzw. Studiengänge oder Fokussetzungen übertragen werden: Aktuell fokussiert die Vernetzungskarte insbesondere Vernetzungen zwischen verschiedenen fachlichen Themengebieten der Chemie. Die Vernetzungen zur Fachdidaktik und/oder allgemeiner Pädagogik/Psychologie könnten noch weiter ergänzt bzw. ausgeschärft werden, da speziell diese kognitiven Vernetzungen positive Wirkung auf das Lernen und die Emotionen von Lehramtsstudieren haben und im Studienalltag noch verstärkt werden sollten (Hellmann, 2019; Goh & Canrinus, 2019; Blömeke et al., 2012). Die Validierungsstudie war qualitativer Natur, weshalb die Ergebnisse selbstverständlich kritisch diskutiert werden können. Jedoch bildet die Wahl der Dozierenden aus allen relevanten fachlichen Teilgebieten und Studierender unterschiedlicher Fachsemester möglichst diverse Perspektiven ab. Die Rückmeldungen sowie viele frühere Studien und Modelle sprechen jedoch für die Lernwirksamkeit eines solchen Tools, was die Vernetzungskarte zu einem wertvollen Werkzeug zur Entwicklung professioneller Expertise macht. Ein Miro-Board stellt verschiedene Funktionen für eine nutzerfreundliche Bedienung bereit (z. B. eine

Navigations- und Suchfunktion oder die Integration verschiedener Medien). Dennoch ist es beispielsweise nicht möglich, Inhalte oder Vernetzungen zu filtern, d. h., nur Teile der Karte anzuzeigen, was die Orientierung in einem umfangreichen Board verkompliziert. Einige Gestaltungsaspekte (z. B. Farbcode oder Position von Vernetzungspfeilen) wurden bereits kritisch hinterfragt und überarbeitet. Natürlich existiert trotz des gewissenhaften Entwicklungsprozesses die Möglichkeit zur Überarbeitung der Karte auf inhaltlicher Ebene. Hier können einige Verknüpfungen noch zu komplex oder verbrückt sein, um sich auf eine derartige Art und Weise simplifiziert visuell darstellen zulassen.

4. Ausblick und Danksagung

Die Vernetzungskarte ist ein Ansatz, um das Professionswissen von Lehramtsstudierenden zukunftsfähig, vernetzt, variabel und transferierbar zu gestalten. Eine Interviewstudie belegt vielseitige Einsatzmöglichkeiten sowie die Akzeptanz und Relevanz des Tools, das die Inhalte und inter- und intradisziplinäre Vernetzungen des Chemiestudiums visualisiert. Somit kann Fachwissen kohärent erworben und auch in Verbindung mit fachdidaktischem und pädagogisch-psychologischem Wissen abgerufen werden. Zukünftig kann die Vernetzungskarte weiter empirisch untersucht werden, um Effekte der Arbeit mit der Vernetzungskarte auf das Lernen kontinuierlich zu erheben und das Tool auf empirischer Basis zu optimieren. Wir bedanken uns beim BMBF für die finanzielle Förderung im Rahmen der *Qualitätsoffensive Lehrerbildung* im Projekt *Teach@TUM* (Förderkennzeichen 01JA1801) sowie bei allen Teilnehmer*innen der qualitativen Interviewstudie.

Abb. 2:
QR-Code zur „Vernetzungskarte"

Literatur

Baumert, J. & Kunter, M. (2006). Stichwort: Professionelle Kompetenz von Lehrkräften. *Zeitschrift für Erziehungswissenschaft, 9*(4), 469–520. https://doi.org/10.1007/s11618-006-0165-2

Blömeke, S., Suhl, U. & Döhrmann, M. (2012). Zusammenfügen was zusammengehört. Kompetenzprofile am Ende der Lehrerausbildung im internationalen Vergleich. *Zeitschrift für Pädagogik, 58*(4), 422–440. https://doi.org/10.25656/01:10387

Fortus, D., Sutherland Adams, L. M., Krajcik, J. & Reiser, B. (2015). Assessing the role of curriculum coherence in student learning about energy. *Journal of Research in Science Teaching, 52*(10), 1408–1425. https://doi.org/10.1002/tea.21261

Glowinski, I., Borowski, A., Gillen, J., Schanze, S. & von Meien, J. (2018). *Kohärenz in der universitären Lehrerbildung. Vernetzung von Fachwissenschaft, Fachdidaktik und Bildungswissenschaften.* Universitätsverlag Potsdam.

Goh, P. S. C. & Canrinus, E. T. (2019). Preservice teachers' perception of program coherence and its relationship to their teaching efficacy. *Pertanika Journal of Social Sciences & Humanities, 27*(2), 27–45.

González-Pérez, L. I. & Ramírez-Montoya, M. S. (2022). Components of Education 4.0 in 21st Century Skills Frameworks: Systematic Review. *Sustainability, 14*(3), 1493. https://doi.org/10.3390/su14031493

Hellmann, K. (2019). Kohärenz in der Lehrerbildung – Theoretische Konzeptionalisierung. In K. Hellmann, J. Kreutz, M. Schwichow & K. Zaki (Hrsg.), *Kohärenz in der Lehrerbildung – Theorien, Modelle und empirische Befunde* (S. 9–30). Wiesbaden: Springer VS. https://doi.org/10.1007/978-3-658-23940-4_2

Hellmann, K., Ziepprecht, K., Baum, M., Glowinski, I., Grospietsch, F., Heinz, T., Masanek, N. & Wehner, A. (2021). Kohärenz, Verzahnung und Vernetzung – Ein Angebots-Nutzungs-Modell für die hochschulische Lehrkräftebildung. *Lehrerbildung auf dem Prüfstand, 14*(2), 311–332. http://dx.doi.org/10.13140/RG.2.2.31237.42725

Kennedy, T. J. & Sundberg, C. W. (2020). 21st Century Skills. In B. Akpan & T. J. Kennedy (Hrsg.), *Science Education in Theory and Practice. Springer Texts in Education* (S. 479–496). Springer, Cham. https://doi.org/10.1007/978-3-030-43620-9_32

Kirschner, S., Sczudlek, M., Tepner, O., Borowski, A., Fischer, H. E., Lenske, G., Leutner, D., Neuhaus, B. J., Sumfleth, E., Thillmann, T. & Wirth, J. (2017). Professionswissen in den Naturwissenschaften (ProwiN). In C. Gräsel & K. Trempler (Hrsg.), *Entwicklung von Professionalität pädagogischen Personals. Interdisziplinäre Betrachtungen, Befunde und Perspektiven* (S. 113–130). Wiesbaden: Springer VS. https://doi.org/10.1007/978-3-658-07274-2_7

KMK – Ständige Konferenz der Kultusminister in der Bundesrepublik Deutschland (2004) *Standards für die Lehrerbildung – Bildungswissenschaften. Beschluss der Kultusministerkonferenz vom 16.12.2004.* Bonn: KMK. http://www.kmk.org/doc/beschl/standards_lehrerbildung.pdf

Krauss, S. & Bruckmaier, G. (2014). Das Expertenparadigma in der Forschung zum Lehrerberuf. In E. Terhart, H. Bennewitz & M. Rothland (Hrsg.), *Handbuch der Forschung zum Lehrerberuf* (2. Aufl., S. 241–261). Waxmann.

Meier, M., Ziepprecht, K. & Mayer, J. (2018). *Lehrerausbildung in vernetzten Lernumgebungen*, Waxmann.

Miro (2023). *Miro online whiteboard* (no version provided). RealTimeBoard, Inc. www.miro.com.

Preiss, R. W. & Gayle, B. M. (2006). A meta-analysis of the educational benefits of employing advanced organizers. In B. M. Gayle, R. W. Preiss, N. Burrell & M. Allen (Hrsg.), *Classroom communication and instructional processes: Advances through meta-analysis* (S. 329–344). Routledge.

Reich, K. (Hrsg.) (o. J.). *Methodenpool.* http://methodenpool.uni-koeln.de 2007 ff

Seidel, T., Rimmele, R. & Prenzel, M. (2005). Clarity and coherence of lesson goals as a scaffold for student learning. *Learning and Instruction, 15*(6), 539–556. https://psycnet.apa.org/doi/10.1016/j.learninstruc.2005.08.004

Ulrich, I. (2016). *Gute Lehre in der Hochschule, Praxistipps zur Planung und Gestaltung von Lehrveranstaltungen.* Springer. https://doi.org/10.1007/978-3-658-11922-5

Winkler, I. (2015). Durch die Brille der anderen sehen. Professionsbezogene Überzeugungen im Lehramtsstudium Deutsch. *Mitteilungen des Deutschen Germanistenverbandes, 62*(2), 192–208. https://doi.org/10.14220/mdge.2015.62.2.192

Dominik Diermann, Technische Universität München, TUM School of Social Sciences and Technology, Professur für Didaktik der Chemie
dominik.diermann@tum.de
https://orcid.org/0000-0002-2633-3888

Jenna Koenen, Technische Universität München, TUM School of Social Sciences and Technology, Professur für Didaktik der Chemie
jenna.koenen@tum.de
https://orcid.org/0000-0002-3591-617X

Sprache reflektieren über den Fachunterricht hinaus

Andreas Helzel & Miriam Schöps

Bewusstheit und Sensibilität für die sprachliche Gestaltung von Unterricht wird zunehmend als Teil einer reflexiven Professionalität betrachtet, sodass in den letzten Jahren verschiedene Werkzeuge zur Reflexion sprachlicher Praktiken entwickelt wurden (Thürmann & Vollmer, 2013; Wahbe & Riemer, 2020; Tajmel, 2017). Dabei wird vornehmlich der individuelle Fachunterricht fokussiert. In diesem Beitrag stellen wir ein Reflexionsinstrument vor, das sprachliche Praktiken in Schule und Unterricht auch auf institutioneller und fachkultureller Ebene einer Reflexion zugänglich macht. Wir gehen dabei vor allem auf die Konzeptualisierung und Entwicklung des Instruments ein, während abschließend zwei Einsatzszenarien für fachdidaktische Lehrveranstaltungen als Ideen und Diskussionsgrundlage seiner Möglichkeiten dargestellt werden.

1. Sprachsensibler Fachunterricht aus unterschiedlichen Perspektiven

Die Bedeutung von sprachsensiblem (Fach-)Unterricht als Teil inklusiver Bildung, welche Grundlage für die Partizipation aller an unserer Migrationsgesellschaft Beteiligten ist, wird in verschiedenen Arbeiten behandelt und als fächerübergreifendes Ziel dargestellt (beispielsweise Tajmel, 2017, Thürmann & Vollmer, 2013, Dirim & Mecheril, 2018, Thürmann et al., 2017). Fachunterricht, der Aspekte sprachlichen und fachlichen Lernens bewusst verknüpft, zielt darauf ab, Lernenden zu helfen, Fachinhalte besser zu verstehen und zu verarbeiten, indem sprachliche Barrieren reduziert oder überwunden werden. Dies geschieht durch die bewusste Gestaltung des Unterrichts, an die individuellen Bedarfe Lernender angepasste sprachliche Unterstützung und einen kritisch-reflexiven Umgang mit Sprache. Die Begriffe, die dafür geprägt wurden, sind vielfältig. Sie werden weitgehend synonym verwendet, setzen jedoch unterschiedliche Perspektiven prominent. Sie spezifizieren Fachunterricht als „sprachaufmerksam" (Schmölzer-Eibinger et al., 2013), „sprachsensibel" (Leisen, 2013) oder unterscheiden

„sprachbewusstes Lernen und Lehren" (Michalak et al., 2015, Tajmel, 2017). Dirim und Knappik schlagen „sprachprofessionellen Unterricht" in Anbetracht der „hohen Anforderungen an die Lehrkräfte und der Notwendigkeit einer entsprechenden Qualifizierung" vor (2018, S. 236).

Das vorzustellende Reflexionsinstrument nimmt auf unterschiedliche dieser Schwerpunkte Bezug. Die Debatte um *Sprachbildung* bzw. *sprachliche Bildung*, welche zunächst von Gogolin (2005) u. a. im Hinblick auf Kinder und Jugendliche mit Migrationshintergrund geprägt wurde, setzt den nunmehr für alle Lernenden geltenden Auftrag an Bildungsinstitutionen relevant, bildungssprachliche (und fachsprachliche) Fähigkeiten unabhängig von der Feststellung von Defiziten, alltagsintegriert und gezielt aufzubauen (Becker-Mrotzek & Roth 2017, S. 17). *Sprachaufmerksam* legt zudem begrifflich den Fokus auf die aufmerksame Gestaltung des sprachlichen Inputs im Unterricht. Leisen (2013, 2015) fokussiert ergänzend die (*Sprach-)Förderung* im Fachunterricht mit gezielten Unterstützungsmaßnahmen und Strategien und beschreibt diese als *sprachsensiblen Fachunterricht*. Den Begriff *sprachbewusst* nutzen Michalak et al. (2015, S. 12), um einerseits sprachreflexive Fähigkeiten Lernender zu beschreiben, andererseits die bewusste Unterstützung „sprachlich schwacher" (ebd.) auch monolingualer Kinder durch Lehrende zu fordern. Tajmel erwartet darüber hinaus eine *Sprachbewusstheit* Lehrender, also die (macht-)kritische Reflexion von Selektions- und Exklusionspotenzial von Sprache (2017, S. 273) und eine konkret sprachreflexive Unterrichtsplanung. Viele dieser Aspekte werden bereits in existierenden Reflexionsanregungen für sprachbezogene Unterrichtsbeobachtungen einbezogen.

2. Sprachsensibilisierung in der Lehrpersonenbildung: Reflexion sprachlichen Handelns

Zur Erläuterung unserer Gründe der Entwicklung eines neuen Reflexionswerkzeugs für Sprache im Fachunterricht, betrachten wir in diesem Abschnitt exemplarisch drei bestehende Werkzeuge etwas genauer, um schließlich mögliche Leerstellen herauszuarbeiten.

Wahbe und Riemer (2020) stellen einen *Reflexionsbogen zur Sprachsensibilisierung* vor, der sich als Leitfaden zur Hilfe bei der Unterrichtsplanung und zur Besprechung von Praxiserfahrungen an Studierende und Lehrpersonen richtet. Der *Reflexionsbogen* soll als fachliche Begleitung den Studierenden Möglichkeiten sprachsensiblen Handelns aufzeigen und eine kritisch-reflexive Betrachtung anbahnen. Anhand vornehmlich geschlossener Fragen werden bestehende Erkenntnisse zu sprachsensiblem Unterricht als erwünschtes Handeln normativ vorgegeben, wohingegen eine Konkretisierung der Aufforderung zur ‚kritisch-reflexiven' Diskussion ausbleibt. Der *Reflexionsbogen* gliedert sich in drei empirisch begründete Schwerpunkte: Sprachgebrauch der zukünftigen Lehrperson, Sprache der Unterrichtsinteraktion und die methodisch-förderdidaktische Planung und Umsetzung von sprachsensiblem Unterricht.

Die *Checkliste zu sprachlichen Aspekten des Fachunterrichts* von Thürmann und Vollmer (2013) richtet sich speziell an Fachlehrpersonen mit dem Ziel der Selbstprüfung, der Strukturierung von Feedback nach Unterrichtsbeobachtungen und des Austausches zwischen Lehrpersonen verschiedener Fächer einer Schule. Drei von hier sechs unterschiedenen Beobachtungsbereichen sind nahezu identisch mit den Schwerpunkten des bewusst kompakt gehaltenen *Reflexionsbogens* von Wahbe und Riemer (2020). Weitere Bereiche adressieren die Transparenz über sprachliche Anteile an den fachunterrichtlichen Zielsetzungen, die sprachliche Angemessenheit von Materialien sowie die Berücksichtigung sprachlicher Aspekte der Leistungserfassung und -bewertung. Die Items der *Checkliste* nach Thürmann und Vollmer (2013) entsprechen wie im *Reflexionsbogen* literaturbasierten, normativen Vorgaben zu sprachsensiblem Unterricht, jedoch soll deren Übereinstimmen mit dem beobachteten Unterricht anhand einer vierstufigen Skala („Trifft zu" bis „Trifft nicht zu") eingestuft werden.

Beim *Konkretisierungsraster* nach Tajmel (2017, S. 359) steht nicht nur ein vergangener Unterricht im Fokus, sondern die analytische Planung von sprachsensiblem Unterricht und bietet somit die Möglichkeit, Unterrichtsplanung retrospektiv und prospektiv einer Reflexion zugänglich zu machen. Es fokussiert einzelne Aufgabenstellungen und die zugehörige Sprachhandlung. Im Zentrum steht dabei ein wörtlich ausformulierter Erwartungshorizont und dessen Analyse bezüglich der enthaltenen sprachlichen Anforderungen auf Wort-, Satz- und Textebene. Dies dient einer Bewusstmachung der eigenen, oft nur impliziten, sprachlichen Anforderungen und ihrer Relationierung zu den Fähigkeiten der Lernenden, während explizite fachdidaktische Normen zu sprachsensiblem Fachunterricht in den Hintergrund treten.

Der *Reflexionsbogen* und die *Checkliste* dienen einem Abgleich der Handlungen von Fachlehrpersonen mit bestehenden Normen zu sprachsensiblem Unterricht, womit ein mechanisches ‚Abhaken' möglich ist und eine kritisch-reflexive Betrachtung vernachlässigt werden könnte. Das *Konkretisierungsraster* ermöglicht dagegen einen kritisch-reflexiven Zugang zu den eigenen sprachlichen Normen unabhängig expliziter externer Vorgaben, jedoch nur in der konkreten Aufgabenplanung. Allen Reflexionswerkzeugen ist dabei der Fokus auf konkrete unterrichtliche Handlungen einzelner Lehrpersonen gemein, wohingegen die sprachlichen Handlungen in der Schule, im Kollegium und in der eigenen Fachkultur lediglich implizit enthalten sind. Das hat sich in unserer langjährigen Nutzung der Werkzeuge in Lehre und Fortbildungen als ‚blinder Fleck' dargestellt, der den Studierenden und Lehrpersonen bei sprachbezogenen Reflexionen nicht zugänglich war.

3. Ein Reflexionsinstrument zur Sprachbewusstheit

3.1 Inklusion durch Sprache an Schulen

Sprache stellt eine Dimension der Differenzherstellung im Unterricht dar, womit sprachsensibler Unterricht Teil eines heterogenitätssensiblen Unterrichts und damit einer inklusiven Schule ist. Die über Unterrichtshandeln hinaus wirkenden Umgangs-weisen mit Sprache(n) in einer (inklusiven respektive sprachsensiblen) Schule und die Forderung von Tajmel (2017), auch Hegemonie reproduzierende Mechanismen sprachlicher Verwendungsweisen in Fachkultur und Schule zu reflektieren, werden mit den bisher existierenden Reflexionswerkzeugen nicht bewusst adressiert. Mit dem *Index für Inklusion* (Booth et al., 2003) als Schulentwicklungselement steht gerade ein Werkzeug zur Berücksichtigung der (Schul-)Kultur und der zugrundeliegenden Strukturen bei einer Reflexion in Hinblick auf Inklusion zur Verfügung. Ziel dieses Selbstevaluationsmaterials als Unterstützung für inklusive Veränderungsprozesse ist es, Barrieren für Lernen und Teilhabe aufzudecken, abzubauen und zur Entwicklung einer Kultur der Wertschätzung von Vielfalt beizutragen (Schöps, 2016, S. 67). Ein umfangreicher Fragenkatalog dient im *Index* als „Ermunterung zur Selbstreflexion" (Brokamp, 2013, S. 281), drei Dimensionen bilden den Analyserahmen für die Ge-staltung eines Organisationsentwicklungsprozesses: Inklusive *Kulturen* bilden die Grundlage, auf der alle Entscheidungen getroffen und *Strukturen* ausgebildet werden, welche die Teilhabe erhöhen und innerhalb derer inklusive *Praktiken* in Lernarrange-ments Anwendung finden können (Schöps, 2016, S. 69). In Anlehnung daran gestal-ten wir unser im Folgenden beschriebenes Reflexionsinstrument.

3.2 Gestaltung des Reflexionsinstruments zur Sprachsensibilisierung

Ziel unseres *Reflexionsinstruments zur Sprachsensibilisierung* ist der explizit kritisch-reflexive Zugang, nicht nur zu individuellen sprachlichen Handlungen einer Lehr-person und zu Normen zu sprachsensiblem Unterricht, sondern auch zu sprachlichen Schul- und Fachkulturen. Dazu übernehmen wir für unser Instrument die grund-legende Struktur des Index für Inklusion (Booth et al., 2003) und gliedern es in die drei Dimensionen *Kulturen*, *Strukturen* und *Handlungen* (siehe Abbildung 1), um eine strukturierte Auseinandersetzung mit dem eigenen und schulweiten handlungsleiten-den Wissen anzuregen. Handlungsleitendes Wissen kann je nach professionstheore-tischem Zugang als Dispositionen (Wissensbestände, Einstellungen und Haltung) (Blömeke et al., 2015) oder als Habitus (Orientierungen, implizites Wissen) (Helsper, 2018) verstanden werden. Das Instrument, wie es hier vorliegt, ist Resultat eines fort-laufenden Prozesses, in dem iterativ Feedback von Studierenden und Dozierenden aus verschiedenen Fachdidaktiken (hauptsächlich Geographie und Physik, aber auch Biologie, Chemie, Mathematik, Informatik) eingearbeitet wird, weshalb wir es auch hier als Diskussionsimpuls verstehen.

Mit *Kulturen* werden Werte adressiert, die die gesamte Kultur an einer Schule prägen. Diese Schulkultur wird durch die Haltungen der einzelnen Akteure und die Atmosphäre an der Schule hervorgebracht. Dabei verwenden wir den Begriff *Kultur* eher in einem alltäglichen Verständnis, um ihn für Studierende als Zielgruppe leicht zugänglich zu machen. Für eine Nutzung des Instruments von Personen, die in der Fachdidaktik arbeiten, muss deutlich werden, dass der Begriff abseits des akademischen Diskurses des Kulturbegriffs, wie er beispielsweise bei Erath (2017, S. 29 ff.) dargestellt ist, verwendet wird.

Mit *Strukturen* sind sowohl institutionelle Normen und Regeln gemeint als auch wiederkehrende Muster und Rituale innerhalb des Unterrichts. Es sind die Mechanismen, die Regelmäßigkeit und Struktur vorgeben und in denen sich die Werte der Dimension *Kultur* dokumentieren. Diese Dimension wurde in vier Bereiche gegliedert, von denen für drei ein erklärendes Stichwort gewählt wurde. Diese Unterteilung dient der Übersichtlichkeit und groben thematischen Strukturierung; auf eine ausführliche Diskussion wird hier verzichtet.

Die dritte Dimension haben wir, anders als im *Index für Inklusion,* nicht *Praktiken*, sondern *Handlungen* genannt. Damit möchten wir auf einfachem Wege einen in unterschiedlichen Fachrichtungen sehr unterschiedlich besetzten Begriff vermeiden. In dieser Dimension geht es also um die sprachlichen Handlungen im und für den Unterricht, wie sie auch in den in Abschnitt 2 beschriebenen Reflexionswerkzeugen adressiert werden. Dementsprechend bietet sich eine ähnliche Unterteilung dieser Dimension an: die Handlungen der Lehrperson sowie ihre Planung einerseits und die unterrichtlichen Interaktionen andererseits. Von einer feingliedrigeren Unterteilung wurde aus rein pragmatischen Gründen (Anzahl der Fragen, Übersichtlichkeit) abgesehen.

Im entwickelten Material wird das Reflexionsinstrument einleitend kurz vorgestellt und ein Vorschlag zur Anwendung gegeben, sich gemeinsam zu den Fragen im Instrument auszutauschen und mögliche Veränderungsansätze zu erarbeiten. Dafür werden auch drei übergreifende Fragen zu den sprachbezogenen Werten, deren Darstellung in Strukturen und Handlungen und schließlich zu einfachen eigenen Handlungsalternativen gestellt (siehe Onlinematerial). Um das Instrument während der Arbeit so selbsterklärend wie möglich zu gestalten, wurde eine Spalte eingeführt, die die drei Dimensionen stichpunktartig beschreibt.

In der Reflexionsstruktur verwenden wir offene Fragen, was eine Abkehr von anderen Reflexionswerkzeugen darstellt. Damit verfolgen wir das Ziel, eine kritisch-re-

Dimension	Beschreibung	Fragebereiche
Kulturen	Werte - Haltungen - Atmosphere	
Strukturen	Institutionelle Normen & Regeln - Muster - Curricula	Sprachaufbau
		Leistungsnormen
		Unterstützung
Handlungen	Sprachliche Handlungen im oder für den Unterricht	Lehrperson / Planung
		Unterrichtsinteraktion

Abb. 1: Strukturierung des Reflexionsinstruments.

flexive Auseinandersetzung und Bewusstmachung der eigenen Haltung, des eigenen Handelns und sprachbezogener Normen zu ermöglichen und normative Vorgaben eher hintanzustellen. Ein mechanisches ‚Abarbeiten' einer Checkliste soll vermieden werden. Vor allem Dozierende und Forschende aus den MINT-Didaktiken scheinen geschlossene Fragen einschränkend und bevormundend zu empfinden, wie unsere Erfahrungen zeigen. Für die Nutzung mit Studierenden setzt das *Reflexionsinstrument* allerdings ein gewisses Maß an Vorwissen zu sprachsensiblem Unterricht voraus. Einschübe in den Fragen (kursiv und in Klammern) dienen als Anregungen und Alternativen, können z. T. auch als normative Vorgaben verstanden werden.

4. Einsatzbeispiele: Sprache reflektieren in der Lehrpersonbildung

Nachfolgend skizzieren wir lediglich exemplarisch zwei Einsatzbeispiele, die oben bereits angedeutet wurden.

In Begleitveranstaltungen zur letzten von mehreren Praxisphasen zum Thema ‚Sprache und Fachlernen' (Geographie- und Physikdidaktik) wird das Reflexionsinstrument zu unterschiedlichen Zeitpunkten in einer Gruppenarbeitsphase (à drei Studierende) eingesetzt: In einer vorbereitenden Sitzung sollen die Studierenden zunächst prototypische Fälle zu Sprache im Fachunterricht unter Zuhilfenahme des Reflexionsinstruments betrachten, um ihre Aufmerksamkeit auf die schul- und fachweiten Aspekte für die nachfolgende Praxisphase zu lenken. Die Aufgabe während der Praktikumszeiten ist die Dokumentation entsprechend sprachbezogen-auffällig erscheinender Situationen. In einer abschließenden Sitzung nach der Praxiserfahrung werden die Studierenden aufgefordert, sich zu konkreten Erfahrungen aus den Praxisphasen unter Rückbezug auf das Instrument auszutauschen. Zugunsten einer nicht zu langen Bearbeitungszeit und für Selbstläufigkeit wird in keinem der Szenarien vorgegeben, sich mit allen Reflexionsfragen zu beschäftigen, sondern eine eigenständige Auswahl zu treffen. Das beinhaltet den Nachteil, dass die Studierenden die Dimensionen *Kulturen* und *Strukturen* weniger beachten könnten, da sie weniger ‚vertraut' erscheinen. Dies konnten wir allerdings nur zum Teil beobachten. Das Instrument würde den Studierenden auch die Gelegenheit geben, die im Rahmen der Veranstaltung normativen Vorgaben zu sprachsensiblem Unterricht kritisch zu hinterfragen, was wir kaum feststellen konnten.

In einem Kolloquium im Bereich der MINT-Didaktiken wurde das Instrument von Dozierenden verwendet. Mit dem Ziel der sprachbezogenen Reflexion der eigenen Lehre und des Einsatzes des Instruments in der Lehre wurde zunächst in Gruppen von drei bis sechs Personen und anschließend im Plenum über das Material diskutiert. In dieser Zielgruppe stand naheliegend die Angemessenheit der Normen zu sprachsensiblem Unterricht im Vordergrund, die sich anhand unterschiedlicher normativer Vorstellungen zwischen den Didaktiken zeigten. Somit wurde für die Dozierenden erfahrbar, welche möglichen Widersprüche zu sprachsensiblem Unterricht die Studierenden zwischen ihren beiden Fächern erleben könnten.

Und gerade darin zeigt sich die Bedeutung des Reflexionsinstruments für die Lehrkräftebildung von morgen. Schon innerhalb hochschulischer Lehre sollten Studierende fachspezifische Unterschiede in der Adressierung von Sprache im Unterricht nicht als Inkonsistenzen erleben, sondern als eine Diskussionsgrundlage. Damit wird ihnen hoffentlich eine Gelegenheit gegeben, auch als zukünftige Lehrpersonen an den Schulen in einen übergreifenden Austausch zu treten, um Schulen sprachbewusst zu gestalten.

Literatur

Becker-Mrotzek, M. & Roth, H.-J. (Hrsg.). (2017). *Sprachliche Bildung – Grundlagen und Handlungsfelder*. Waxmann.

Blömeke, S., Gustafsson, J.-E. & Shavelson, R. J. (2015). Beyond Dichotomies. Competence Viewed as Continuum. *Zeitschrift für Psychologie, 223*(1), 3–13.

Booth, T., Ainscow, M., Boban, I. & Hinz, A. (2003). *Index für Inklusion – Lernen und Teilhabe in der Schule der Vielfalt entwickeln*. https://www.eenet.org.uk/resources/docs/ Index%20German.pdf [15.02.2023].

Brokamp, B. (2013). Schulentwicklung mit dem Index für Inklusion. In E. Thoms (Hrsg.), *Alle Mittendrin! Inklusion in der Grundschule* (S. 280–284). Verlag an der Ruhr.

Dirim, İ. & Knappik, M. (2018). Deutsch in allen Fächern. In İ. Dirim & P. Mecheril (Hrsg.), *Heterogenität, Sprache(n) und Bildung* (S. 227–246). Klinkhardt.

Erath, K. (2017). *Mathematisch diskursive Praktiken des Erklärens*. Springer Spektrum.

Gogolin, I. (2005). *Mehrsprachigkeit und die Chance auf Bildungserfolg: Über Ansprüche an das Lehren von Sprache, nicht nur im Deutschunterricht*. E&C-Fachforum: Konzepte der frühkindlichen Sprachförderung in sozialen Brennpunkten. http://www.eundc.de/ pdf/38002.pdf

Helsper, W. (2018). Lehrerhabitus – Lehrer zwischen Herkunft, Milieu und Profession. In A. Paseka, M. Keller-Schneider & A. Combe (Hrsg.), *Ungewissheit als Herausforderung für pädagogisches Handeln* (S. 105–140). Springer VS.

Leisen, J. (2013). *Handbuch Sprachförderung im Fach: Sprachsensibler Fachunterricht in der Praxis*. Ernst Klett Sprachen.

Leisen, J. (2015). Fachlernen und Sprachlernen! Bringt zusammen, was zusammen gehört! *Der Mathematische und naturwissenschaftliche Unterricht (MNU)*(3), 132–137.

Michalak, M., Lemke, V. & Goeke, M. (2015). *Sprache im Fachunterricht: Eine Einführung in Deutsch als Zweitsprache und sprachbewussten Unterricht*. Narr Francke Attempto.

Schmölzer-Eibinger, S., Dorner, M., Langer, E. & Helten-Pacher, M.-R. (2013). *Sprachförderung im Fachunterricht in sprachlich heterogenen Klassen*. Klett/Fillibach.

Schöps, M. (2016). Entwicklung inklusiver Praxis in Hochschul-Lernwerkstätten mit Hilfe des Index für Inklusion. In C. Schmude & H. Wedekind (Hrsg.), *Lernen und Studieren in Lernwerkstätten. Lernwerkstätten an Hochschulen: Orte einer inklusiven Pädagogik* (S. 65–78). Klinkhardt.

Tajmel, T. (2017). *Naturwissenschaftliche Bildung in der Migrationsgesellschaft*. Springer VS.

Thürmann, E., Krabbe, H., Platz, U. & Schumacher, M. (2017). *Sprachbildung als Aufgabe aller Fächer und Lernbereiche – Erfahrungen mit Sprachberatung an Ganz-In-Gymnasien*. Waxmann.

Thürmann, E. & Vollmer, H. (2013). *Checkliste zu sprachlichen Aspekten des Fachunterrichts.* https://www.schulentwicklung.nrw.de/materialdatenbank/material/view/3831 [15.02.2023].

Wahbe, N. & Riemer, C. (2020). Zur Sensibilisierung für die Sprachförderung DaZ im Fachunterricht der Sekundarstufe – Annäherung durch reflektierte Praxiserfahrung. *Herausforderung Lehrer_innenbildung, 3*(2), 196–213.

 Onlinematerial

Andreas Helzel, Martin-Luther-Universität Halle-Wittenberg, Didaktik der Physik
andreas.helzel@physik.uni-halle.de

Miriam Schöps, Martin-Luther-Universität Halle-Wittenberg, Didaktik der Geographie
miriam.schoeps@zlb.uni-halle.de
https://orcid.org/0009-0004-2445-2025

https://doi.org/10.31244/9783830997962.26

Förderung eines kritischen Umgangs mit (Des-)Informationen durch aktive Inokulation und Debunking

Angelika Bernsteiner, Thomas Schubatzky &
Claudia Haagen-Schützenhöfer

In unserer digitalisierten Gesellschaft wird es immer einfacher, Informationen ungefiltert zu verbreiten. In sozialen Netzwerken und diversen digitalen Medien werden teilweise bewusst irreführende, nicht mit dem Stand der Wissenschaft zu vereinbarende Informationen, sogenannte Desinformationen (Treen et al., 2020), in den Umlauf gebracht. Glauben Menschen solche Desinformationen, kann das dazu führen, das Vertrauen in die Wissenschaft sinkt und in weiterer Folge z. B. der anthropogene Klimawandel geleugnet wird oder Maßnahmen zur Bekämpfung von Pandemien nicht unterstützt werden (Pan & Zhang, 2020; Roozenbeek et al., 2022).

Die COVID-19-Pandemie führte zu einer verstärkten Nutzung sozialer Medien (Lohmeier, 2023). Dadurch wurde auch die mögliche Exposition von Menschen zu Desinformationen erhöht. Medien, die (auch) Desinformation enthalten, konkurrieren mit klassischen Lehrmitteln um die Aufmerksamkeit von Lernenden. Schule als Ort der Bildung und Wissensvermittlung ist somit mit Desinformation konfrontiert und Lehrkräfte brauchen gezielte Strategien, um damit umgehen zu können (Bernsteiner et al., 2023; Fasching & Schubatzky, 2022; Schubatzky & Haagen-Schützenhöfer, 2022). An der Universität Graz wurde mit Lehramtsstudierenden ein Ansatz erprobt und beforscht, Desinformationen zu erkennen und zu widerlegen sowie so etwas wie Desinformations-Resilienz zu entwickeln (Bernsteiner et al., 2023; Schubatzky & Haagen-Schützenhöfer, 2022). In diesem Beitrag werden dieser Ansatz der aktiven Inokulation und des logikbasierten Debunkings vor dem theoretischen Hintergrund der Inokulationstheorie (Compton, 2012; Cook et al., 2017; McGuire, 1961) sowie Chancen und Herausforderungen zur Umsetzung dieses Ansatzes in der Lehramtsausbildung vorgestellt.

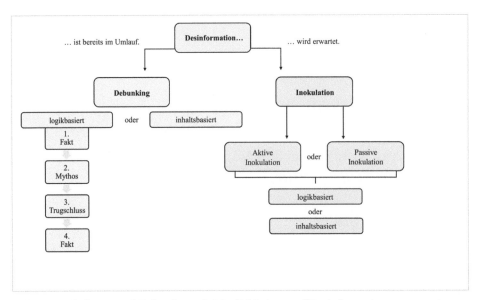

Abb. 1: Inokulation und Debunking als Möglichkeiten, auf Desinformationen zu reagieren (erstellt nach Lewandowsky et al. (2020)).

1. Theoretische Rahmung

Inokulation und Debunking sind zwei grundlegende Strategien, mit Desinformationen umzugehen. Erstens soll mittels Inokulation das kritische Denken von Menschen gestärkt werden, um Resilienz gegen potentielle Desinformationen aufzubauen (Abb. 1: rechts). Zweitens dient Debunking der Widerlegung von Desinformationen für Menschen, die bereits damit konfrontiert wurden (Abb. 1: links).

1.1 Inokulation als Schutz vor Desinformation

Mit der in den 1960er Jahren entwickelten Inokulationstheorie (McGuire, 1961) wird der Grundgedanke verfolgt, Personen davor zu schützen, Desinformationen Glauben zu schenken. Dabei werden zumindest zwei Formen der Inokulation unterschieden (Abb. 1): Erstens werden bei der passiven Inokulation Personen vor potentiellen Desinformationen gewarnt und mit Techniken zu deren Widerlegungen vertraut gemacht (Banas & Rains, 2010). Zweitens schlüpfen Personen im Zuge aktiver Inokulation in die Rolle Wissenschaftsleugnender und erlernen Leugnungstechniken, indem sie diese selbst fiktiv anwenden (Lewandowsky et al., 2017). Inokulation kann sich sowohl auf überzeugendes Fachwissen (Abb. 1: inhaltsbasierte Inokulation) als auch auf Argumentationslogiken (Abb. 1: logikbasierte Inokulation) stützen. In unseren Lehrveranstaltungen erproben wir mit Lehramtsstudierenden den Ansatz aktiver, logikbasierter Inokulation als Strategie, sich selbst vor potentiellen Desinformationen zu schützen.

1.2 Debunking als Reaktion auf Desinformationen

Wenn Personen bereits mit Desinformationen konfrontiert wurden und ihnen Glauben schenken, kann es hilfreich sein, diese Desinformationen zu widerlegen. Die Widerlegung kann einerseits durch den Einsatz von Fachwissen erfolgen (Abb. 1: inhaltsbasiertes Debunking), oder es können zur Entkräftigung die von Wissenschaftsleugnenden eingesetzten Argumentationslogiken (Lewandowsky et al., 2020) aufgedeckt werden (Abb. 1: logikbasiertes Debunking). Wir gehen davon aus, dass kaum jemand zu jedem Thema überzeugendes Fachwissen parat haben kann, um potentielle Desinformationen zu widerlegen. Deshalb implementieren wir den von Lewandowsky et al. (2020) eingeführten Ansatz logikbasierten Debunkings, um angehende Lehrkräfte mit Strategien vertraut zu machen, Desinformationen themenunabhängig zu entkräftigen. Der Kern logikbasierten Debunkings liegt im Aufdecken der von Wissenschaftsleugnenden eingesetzten Argumentationslogik. Cook et al. (2018) fassten aufbauend auf Diethelm und McKee (2009) fünf von Wissenschaftsleugnenden häufig verwendete Argumentationslogiken und Trugschlüsse zur sogenannten PLURV-Taxonomie zusammen: Demnach beruht die Verbreitung von Desinformationen oft auf Pseudoexpert/innen, Logikfehlern, unerfüllbaren Erwartungen, Rosinenpickerei und Verschwörungstheorien. Durch das Aufdecken dieser Argumentationslogiken und Strategien können Desinformationen widerlegt werden (Cook et al., 2018).

1.3 Modell von Kompetenz als Kontinuum

In diesem Beitrag stellen wir Interventionen vor, die Lehramtsstudierende mit dem Ansatz aktiver Inokulation und Debunking vertraut machen, sodass sie zukünftig auf diese Strategien zurückgreifen können, wenn sie auf Desinformationen treffen. Wir stützen uns dabei auf das Modell von Blömeke et al. (2015), das professionelle Kompetenz als multidimensionales Kontinuum beschreibt. Kognitive und affektiv-motivationale Dispositionen bilden dabei die Grundlage kompetenten Handelns.

Das nachfolgend vorgestellte Interventions-Design kann dazu dienen, fachunabhängig kognitive Dispositionen von Lehramtsstudierenden auszubilden und somit einen Grundstein für die situationsspezifische Reaktion der zukünftigen Lehrkräfte auf Desinformationen zu legen. Anhand der Interventionen wird den Lehramtsstudierenden Wissen über die Strategien der aktiven Inokulation und des logikbasierten Debunkings vermittelt, welches von ihnen als kognitive Disposition verankert werden soll. Auf diese Disposition können sich die Lehramtsstudierenden in ihrem Alltag und im Unterricht stützen, wenn sie auf Desinformationen stoßen. Das Wissen über die Strategien kann hilfreich sein, situationsspezifisch Desinformationen wahrzunehmen, zu analysieren und entsprechend Entscheidungen zu treffen.

2. Aktive Inokulation und logikbasiertes Debunking in der Lehrkräftebildung

Der Ansatz aktiver Inokulation und logikbasierten Debunkings wurde von uns in zwei Fachdidaktik-Lehrveranstaltungen insgesamt fünfmal umgesetzt. Im Kontext Klimawandel wurde der Ansatz mit Physik-Lehramtsstudierenden (LV A) (Schubatzky & Haagen-Schützenhöfer, 2022) und im Kontext COVID-19 mit Biologie-, Chemie-, Geografie-, Mathematik- und Physik-Lehramtsstudierenden erprobt (LV B) (Bernsteiner et al., 2023). Für beide Lehrveranstaltungen wurde eine zumindest dreiphasige Intervention entwickelt (Tab. 1). Der in diesem Beitrag vorgestellte Ansatz ist fachunabhängig umsetzbar. Das Interventionsdesign kann bei Bedarf inhaltlich angepasst werden.

In Phase 1 der Intervention werden die grundlegenden Ideen einer aktiven Inokulation und des Umgangs mit Desinformationen erarbeitet. In den beiden Lehrveranstaltungen beginnt diese Phase mit einer theoretischen Einführung in die Themen (Des-)Informationen (Treen et al., 2020), Inokulationstheorie (Compton, 2012) und PLURV-Strategien (Cook et al., 2018). Im Anschluss schlüpfen die Studierenden in die Rolle von Wissenschaftsleugnenden und wenden PLURV-Strategien zur Erstellung von Blog-Artikeln im geschützten Rahmen der Lehrveranstaltung selbst an. In Phase 2 der Intervention erfolgt das logikbasierte Debunking von Desinformationen. Dazu bekommen die Studierenden einen Blog-Artikel ihrer Kommilitonen und analysieren diesen hinsichtlich vorliegender Leugnungstechniken. In der abschließenden dritten Phase der Intervention wird der Ansatz auf Metaebene diskutiert und mögliche Implikationen für den Schulkontext werden thematisiert.

Tab. 1: Ablauf der Intervention. Phase 0 wurde nur in LV B umgesetzt. Die Phasen 1 bis 3 wurden in LV A und B implementiert (Bernsteiner et al., 2023; Schubatzky & Haagen-Schützenhöfer, 2022).

Phase	(0) Vorarbeiten	(1) Aktive Inokulation	(2) Debunking	(3) Diskussion
Dauer	~ 6 Stunden	~ 4 Stunden	~ 1 Stunde	~ 1 Stunde
Inhalt	Digitale Messwerterfassung zur Funktionsweise von Schutzmasken mit O_2-, CO_2- und Feinstaubsensoren	Erstellung von Blog-Artikeln in der Rolle von Wissenschafts-Leugnenden: Einsatz von PLURV-Techniken und Daten aus Phase 0	Analyse der Blog-Artikel von Kommilitonen hinsichtlich Desinformationen und PLURV-Techniken	Diskussion über die Prozesse aus Phase 1 und 2: Schwierigkeiten, Implikationen für den Unterricht

Die Umsetzung des in Tabelle 1 dargestellten Interventionsdesigns erfolgte in LV A und B in Teilbereichen unterschiedlich. In LV A wurde Phase 1 durch eine kompakte Vermittlung von Klimawandelwissen erweitert. Eine solche kurze inhaltliche Einführung in das Thema COVID-19 fand in LV B nicht statt. Aktive Inokulation wurde in LV A so umgesetzt, dass den Studierenden PLURV-Strategien und konkrete Desinformationen zugeteilt wurden, die sie in Blog-Artikel einbauen sollten (Schubatzky & Haagen-Schützenhöfer, 2022). In LV B wurde eine der aktiven Inokulation vorangeschaltete Phase 0 umgesetzt. In dieser Phase bearbeiteten die Studierenden im Sinne forschenden Lernens (Blanchard et al., 2010) Untersuchungsfragen zur Funktionsweise von Schutzmasken. Im Rahmen der aktiven Inokulation in Phase 1 der Intervention verfassten die Studierenden aus LV B aus den von ihnen in Phase 0 erhobenen Messdaten Blog-Artikel. Zur Darstellung ihrer Messdaten aus der Sicht von Wissenschaftsleugnenden wendeten sie ihnen zugeteilte PLURV-Techniken (Cook et al., 2018) an (Bernsteiner et al., 2023).

3. Wirksamkeit von Interventionen zum kritischen Umgang mit Desinformationen

Die Wirksamkeit von Inokulation zum Aufbau einer Art Resistenz gegen Desinformationen wird durch verschiedene Studien sowohl bei Erwachsenen (Cook et al., 2017) als auch bei Jugendlichen (Schubatzky & Haagen-Schützenhöfer, 2021) belegt. Inokulation kann auch mithilfe von Smartphone-Spielen wirkungsvoll umgesetzt werden (Basol et al., 2021; Cook et al., 2022) und scheint ebenso hilfreich zu sein, einen kritischen Umgang mit Informationen im politischen und wirtschaftlichen Kontext zu fördern (Boman, 2023; Ivanov et al., 2018).

Wir haben die Interventionen der LV A und LV B mit 20 bzw. mit 24 Studierenden erprobt und jeweils unter anderem im Pre-Post-Design beforscht (Bernsteiner et al., 2023; Schubatzky & Haagen-Schützenhöfer, 2022). Dabei wurden Studierenden beider Lehrveranstaltungen Debunking-Aufgaben gestellt. Diese bestanden aus authentischen Leserbrief-Ausschnitten, die verschiedene Desinformationen und Argumentationslogiken enthielten. Aus den Angaben der Studierenden dazu wurde ein Debunking-Score gebildet und die Debunking-Qualität ermittelt. Tabelle 2 stellt die Forschungsergebnisse zu den beiden Lehrveranstaltungen dar.

Tab. 2: Forschungsergebnisse zu LV A im Kontext Klimawandel (Schubatzky & Haagen-Schützenhöfer, 2022) und LV B im Kontext COVID-19 (Bernsteiner et al., 2023).

Analysiertes Konstrukt	Lehrveranstaltung A	Lehrveranstaltung B
Wahrgenommenes Wissen zu Klimawandel (LVA) bzw. COVID-19 (LV B)	sign. Verbesserung (r = .3) (Adressierung in Phase 1 der Intervention)	keine Veränderung (keine Adressierung in der Intervention)
Debunking-Score	sign. Verbesserung (d = .59)	sign. Verbesserung (d = .51)
Debunking-Qualität	sign. Verbesserung (r = .30)	keine Veränderung
Selbstwirksamkeitserwartung	keine Veränderung; realistischere Selbsteinschätzung (d = .94)	sign. Verbesserung (d = .72)

4. Aktive Inokulation und logikbasiertes Debunking: Chancen und Herausforderungen

Wir haben aktive Inokulation und logikbasiertes Debunking in zwei verschiedenen thematischen Kontexten wirkungsvoll erprobt (Bernsteiner et al., 2023; Schubatzky & Haagen-Schützenhöfer, 2022) und gehen deshalb davon aus, dass der Ansatz auch mit anderen Inhalten, fachunabhängig, gut umsetzbar ist. Aus unseren Ergebnissen schließen wir, dass mit diesem Ansatz Strategien zum Erkennen und Widerlegen von Desinformationen in Sinne kognitiver Dispositionen (Blömeke et al., 2015) vermittelt und erworben werden können. Die hohe intrinsische Motivation der Studierenden und deren Relevanzempfinden für den Einsatz des Ansatzes im Unterricht (Bernsteiner et al., 2023; Schubatzky & Haagen-Schützenhöfer, 2022) fungieren als weitere Dispositionen, die eine Basis für die situationsspezifische Umsetzung aktiver Inokulation und Debunkings in der Schule bilden können. Da es für Studierende jedoch schwer ist, Argumentationslogiken hinter Desinformationen zu erkennen, erachten wir es als wichtig, PLURV-Techniken (Cook et al., 2018) ausführlich und anhand konkreter Beispiele unterschiedlicher Kontexte zu erklären und einzuüben, um Desinformationen gezielt entgegentreten zu können. Für Studierende ist es oft herausfordernd, PLURV-Techniken trennscharf voneinander abzugrenzen. Ebenso kann es beispielsweise schwierig sein, zu erkennen, ob Verfassende von Informationen tatsächlich Expertinnen und Experten sind oder ob hinter verbreiteter Information Pseudoexpertise steckt. Dazu müssten unter Umständen aktiv zusätzliche Informationen eingeholt werden. Das Wissen über PLURV-Techniken kann jedoch jedenfalls zum kritischeren Lesen von Informationen und zu deren weiterer Analyse anregen.

Der Einsatz von PLURV-Techniken zum logikbasierten Debunking stellt einen möglichen Ansatz dar, auf Desinformationen zu reagieren, greift aber wahrscheinlich zu kurz, wenn auch neue Formen von Desinformationen wie beispielsweise Deepfakes (Farid, 2022) kritisch analysiert werden sollten.

Danksagung

Ein großer Dank gilt allen Studierenden, die von ihnen erstellte Blog-Artikel als Begleitmaterial zu diesem Beitrag zur Verfügung gestellt haben.

Literatur

Banas, J.A. & Rains, S.A. (2010). A Meta-Analysis of Research on Inoculation Theory. *Communication Monographs, 77*(3), 281–311. https://doi.org/10.1080/03637751003758193

Basol, M., Roozenbeek, J., Berriche, M., Uenal, F., McClanahan, W.P. & van der Linden, S. (2021). Towards psychological herd immunity: Cross-cultural evidence for two prebunking interventions against COVID-19 misinformation. *Big Data & Society, 8*(1), 205395172110138. https://doi.org/10.1177/20539517211013868

Bernsteiner, A., Schubatzky, T. & Haagen-Schützenhöfer, C. (2023). Misinformation as a Societal Problem in Times of Crisis: A Mixed-Methods Study with Future Teachers to Promote a Critical Attitude towards Information. *Sustainability, 15*(10), 8161. https://doi.org/10.3390/su15108161

Blanchard, M. R., Southerland, S. A., Osborne, J. W., Sampson, V. D., Annetta, L. A. & Granger, E. M. (2010). Is inquiry possible in light of accountability? A quantitative comparison of the relative effectiveness of guided inquiry and verification laboratory instruction. *Science Education, 94*(4), 577–616. https://doi.org/10.1002/sce.20390

Blömeke, S., Gustafsson, J.-E. & Shavelson, R. J. (2015). Beyond Dichotomies. *Zeitschrift für Psychologie, 223*(1), 3–13. https://doi.org/10.1027/2151-2604/a000194

Boman, C. D. (2023). Protecting Against Disinformation: Using Inoculation to Cultivate Reactance Towards Astroturf Attacks. *Journal of Public Relations Research, 35*(3), 162–181. https://doi.org/10.1080/1062726X.2023.2195184

Compton, J. (2012). Inoculation Theory. In J. Dillard & L. Shen (Hrsg.), *The SAGE Handbook of Persuasion: Developments in Theory and Practice* (S. 220–236). SAGE Publications, Inc. https://doi.org/10.4135/9781452218410.n14

Cook, J., Ecker, U. K. H., Trecek-King, M., Schade, G., Jeffers-Tracy, K., Fessmann, J., Kim, S. C., Kinkead, D., Orr, M., Vraga, E., Roberts, K. & McDowell, J. (2022). The cranky uncle game – combining humor and gamification to build student resilience against climate misinformation. *Environmental Education Research, 29*(4), 607–623. https://doi.org/10.1080/13504622.2022.2085671

Cook, J., Ellerton, P. & Kinkead, D. (2018). Deconstructing climate misinformation to identify reasoning errors. *Environmental Research Letters, 13*(2), 24018. https://doi.org/10.1088/1748-9326/aaa49f

Cook, J., Lewandowsky, S. & Ecker, U. K. H. (2017). Neutralizing misinformation through inoculation: Exposing misleading argumentation techniques reduces their influence. *PloS one, 12*(5), e0175799. https://doi.org/10.1371/journal.pone.0175799

Diethelm, P. & McKee, M. (2009). Denialism: what is it and how should scientists respond? *European journal of public health, 19*(1), 2–4. https://doi.org/10.1093/eurpub/ckn139

Farid, H. (2022). Creating, Using, Misusing, and Detecting Deep Fakes. *Journal of Online Trust and Safety, 1*(4). https://doi.org/10.54501/jots.v1i4.56

Fasching, M. & Schubatzky, T. (2022). Beyond truth: Teaching digital competences in secondary school against disinformation. *medienimpulse, 60*(3). https://doi.org/10.21243/mi-03-22-19

Ivanov, B., Sellnow, T., Getchell, M. & Burns, W. (2018). The potential for inoculation messages and postinoculation talk to minimize the social impact of politically motivated acts of violence. *Journal of Contingencies and Crisis Management, 26*(4), 414–424. https://doi.org/10.1111/1468-5973.12213

Lewandowsky, S., Cook, J. & Lombardi, D. (2020). *Debunking Handbook 2020.* https://www.climatechangecommunication.org/wp-content/uploads/2020/10/DebunkingHandbook2020.pdf https://doi.org/10.17910/b7.1182

Lewandowsky, S., Ecker, U. K. & Cook, J. (2017). Beyond Misinformation: Understanding and Coping with the "Post-Truth" Era. *Journal of Applied Research in Memory and Cognition, 6*(4), 353–369. https://doi.org/10.1016/j.jarmac.2017.07.008

Lohmeier, L. (2023). *Wie wirkt sich das Coronavirus auf die Nutzung digitaler Medien aus?* https://de.statista.com/themen/6289/auswirkungen-des-coronavirus-covid-19-auf-digitale-medien/#topicOverview

McGuire, W. J. (1961). Resistance to persuasion conferred by active and passive prior refutation of the same and alternative counterarguments. *The Journal of Abnormal and Social Psychology, 63*(2), 326–332. https://doi.org/10.1037/h0048344

Pan, S. L. & Zhang, S. (2020). From fighting COVID-19 pandemic to tackling sustainable development goals: An opportunity for responsible information systems research. *International journal of information management, 55*, 102196. https://doi.org/10.1016/j.ijinfomgt.2020.102196

Roozenbeek, J., Traberg, C. S. & van der Linden, S. (2022). Technique-based inoculation against real-world misinformation. *Royal Society open science, 9*(5), 211719. https://doi.org/10.1098/rsos.211719

Schubatzky, T. & Haagen-Schützenhöfer, C. (2021). Können wir SchülerInnen gegen Klimawandel-Desinformationen „impfen"? In S. Habig (Vorsitz), *Gesellschaft für Didaktik der Chemie und Physik online Jahrestagung 2020.* Symposium im Rahmen der Tagung von Gesellschaft für Didaktik der Chemie und Physik (GDCP).

Schubatzky, T. & Haagen-Schützenhöfer, C. (2022). Debunking Climate Myths Is Easy – Is It Really? An Explorative Case Study with Pre-Service Physics Teachers. *Education Sciences, 12*(8), 566. https://doi.org/10.3390/educsci12080566

Treen, K. M. d., Williams, H. T. P. & O'Neill, S. J. (2020). Online misinformation about climate change. *WIREs Climate Change, 11*(5). https://doi.org/10.1002/wcc.665

 Onlinematerial

Angelika Bernsteiner, Didaktikzentrum für Naturwissenschaften und Mathematik (DINAMA), Universität Graz
angelika.bernsteiner@uni-graz.at
https://orcid.org/0009-0004-3605-0840

Thomas Schubatzky, Institut für Fachdidaktik und Institut für Experimentalphysik, Universität Innsbruck
thomas.schubatzky@uibk.ac.at
https://orcid.org/0000-0002-0736-7468

Claudia Haagen-Schützenhöfer, Institut für Physik, Fachbereich Physikdidaktik, Universität Graz
claudia.haagen@uni-graz.at
https://orcid.org/0000-0002-6245-7888

https://doi.org/10.31244/9783830997962.27

Science Denial im naturwissenschaftlichen Unterricht begegnen

Marcus Kubsch & Irene Neumann

Das 21. Jahrhundert ist geprägt von multiplen Krisen wie beispielsweise der Coronapandemie oder den immer spürbareren Auswirkungen der Klimakatastrophe. Um den sich hieraus ergebenden Herausforderungen erfolgreich zu begegnen, sind (natur-)wissenschaftliche Erkenntnisse entscheidend, wie zum Beispiel die Entwicklung der Impfstoffe gegen das Coronavirus gezeigt hat. Um Maßnahmen auf Basis wissenschaftlicher Erkenntnisse umzusetzen, bedarf es jedoch eines gewissen Vertrauens der Bevölkerung in die Wissenschaft und Forschung (z. B. Algan et al., 2021; van der Bles et al., 2020). Nach Daten des Wissenschaftsbarometers 2022 (Wissenschaft im Dialog, 2022) vertrauen 62 % der Befragten der Wissenschaft voll und ganz. Dieser Wert ist seit ca. 2020 stabil. Allerdings zeigen die Daten des Wissenschaftsbarometers auch, dass dieser Wert stark vom formalen Bildungsniveau abhängt: Je niedriger das formale Bildungsniveau, desto niedriger das Vertrauen in die Wissenschaft. Darüber hinaus zeigen die Daten, dass ca. 10 % der Befragten angeben, der Wissenschaft zu misstrauen. Diese Zahlen spiegeln sich in gesellschaftlichen Phänomenen wie der Querdenkerbewegung oder den Klimaleugnenden wider. Zusammenfassen lassen sich diese und weitere Fälle von Wissenschaftsleugnung und der Verbreitung von Verschwörungstheorien unter dem Begriff *Science Denial*. Science Denial beschreibt dabei Denkmuster von Personen, die sich auch in wissenschaftlichen Fragen von Überzeugungen anstatt von Evidenz leiten lassen und wissenschaftliche Erkenntnisse, die ihren Interessen entgegenstehen oder mit denen sie sich unwohl fühlen (z. B. die Abstammung des Menschen vom Affen oder drohende Wohlstandsverluste durch die Klimakatastrophe), ignorieren (vgl. Sinatra & Hofer, 2021).

Vor diesem Hintergrund leitet sich aus dem Bildungsauftrag des naturwissenschaftlichen Unterrichts die Herausforderung ab, dem Phänomen Science Denial entgegen zu wirken. Um angehende Lehrkräfte in den naturwissenschaftlichen Fächern hierzu zu befähigen, wurde ein Seminarkonzept entwickelt und erprobt, welches im Folgenden vorgestellt wird.

1.   Seminarkonzept

Das Seminar wurde als Vertiefungsseminar im Rahmen des Lehrangebots der Physik-didaktik im Masterstudiengang Lehramt an Gymnasien entwickelt. Als zentrale Ressource diente dabei das Buch „Science Denial" der beiden Psychologinnen Gale M. Sinatra und Barbara K. Hofer (2021). Das Buch gliedert sich in acht Kapitel und definiert zunächst zentrale Begriffe wie Science Denial oder Science Skepticism (kritische Prüfung und Überprüfung von wissenschaftlichen Erkenntnissen). Im Folgenden werden verschiedene Mechanismen, welche zu Science Denial führen können, von den beiden Autorinnen erörtert. Was das Buch für eine Lehrveranstaltung besonders interessant macht, ist, dass am Ende jedes Kapitels unter der Überschrift „What Can We Do?" darauf eingegangen wird, wie verschiedene Gruppen – von Einzelpersonen über Lehrkräfte bis hin zu Politikerinnen und Politikern – dem Phänomen Science Denial begegnen können. Diese Handlungsmöglichkeiten sind jedoch nicht auf der Ebene konkreter unterrichtlicher Handlungen formuliert, sondern eher allgemein. Dies begründet nun die zentrale Idee des Seminars: Die Studierenden erarbeiten in der ersten Hälfte des Semesters die Inhalte des Buchs und wenden sie in der zweiten Hälfte an, indem sie existierende Unterrichtsmaterialien so adaptieren, dass diese Science Denial entgegenwirken können. Die Unterrichtsmaterialien werden vorgestellt und diskutiert. Besonderes Augenmerk liegt hierbei auf der theoretischen Begründung der Adaptionen auf Basis der Inhalte des Buchs „Science Denial".

Da die Handlungsempfehlungen im Buch häufig abstrakt bleiben, werden zur Unterstützung der Studierenden im Seminar zwei konkrete, evidenzbasierte Aktivitäten eingeführt, welche im Folgenden vorgestellt werden.

2.   Zentrale Aktivitäten

Die beiden im Folgenden vorgestellten Aktivitäten haben sich in empirischen Studien als lernförderlich bezüglich epistemischer Vorstellungen (Bayesian Updating Activity; Warren, 2020) und kritischer Evaluation (Model Evidence Link Diagram; Lombardi, Sinatra et al., 2013) mit Lernenden in Hochschule und Schule erwiesen.

2.1   Bayesian Updating Activity

Eine Möglichkeit, Science Denial entgegen zu wirken, ist laut Sinatra und Hofer (2021, S. 116): „Teach how scientific knowledge is produced and what the underlying premises are." Es geht also darum, Lernende dabei zu unterstützen, angemessene epistemische Vorstellungen über die Natur des naturwissenschaftlichen Wissens und die Entstehung dessen zu unterstützen. Warren (2018, 2020) hat im Kontext eines Ein-

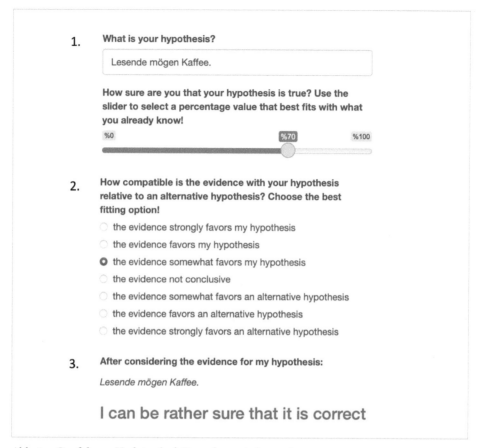

Abb. 1: Confidence Updater (vgl. Rosenberg et al., 2022).

führungskurses in die Mechanik für Studierende in den USA so genannte *Bayesian Updating Activities* entwickelt und erprobt. Es zeigt sich, dass Studierende in Kursen mit Bayesian Updating Activity angemessenere epistemische Vorstellungen entwickeln als Studierende in Kursen ohne Bayesian Updating Activity (Warren, 2020). Die Bayesian Updating Activity wird dabei in Phasen des Experimentierens oder der Modellevaluation eingebaut und läuft wie folgt ab (Rosenberg et al., 2022): 1.) Zunächst stellen die Lernenden eine Hypothese auf und halten fest, wie sicher sie sind, dass die Hypothese zutrifft. 2.) Dann werden Daten erhoben und ausgewertet (hierbei können auch existierende Daten herangezogen werden) und es gilt zu begründen, inwieweit die Daten die anfangs aufgestellte Hypothese stützen. 3.) Basierend hierauf wird nun die Sicherheit über die Hypothese aktualisiert. Hierbei kommt der namensgebende Satz von Bayes zur Anwendung. Als Strukturierungshilfe und um die nötigen Berechnungen zu reduzieren und so die Aktivität auch jüngeren Lernenden zugänglich zu machen, haben Rosenberg et al. (2022) das digitale Tool *Confidence Updater* (Abb. 1) entwickelt. Die Stärke der Bayesian Updating Activity ist, dass Lernende den Prozess der Entstehung von naturwissenschaftlichem Wissen – also das systematische

Aktualisieren des Wissens über die Welt auf Basis der Empirie – erleben können. Gleichermaßen bietet diese Activity die Möglichkeit, die grundsätzliche Unsicherheit von naturwissenschaftlichem Wissen zu reflektieren.

2.2 Model Evidence Link Diagram

An diversen Stellen im Buch „Science Denial" betonen die Autorinnen, dass die Förderung von kritischer Argumentationsfähigkeit Science Denial entgegenwirken kann. So gennante *Model Evidence Link Diagrams* (Lombardi, Sibley et al., 2013) können Lernenden dabei als Strukturierungshilfe dienen und dabei unterstützen, Verbindungen zwischen Belegen und verschiedenen Erklärungsmodellen zu bewerten und in der Folge erfolgreicher zu argumentieren (Lombardi, Sinatra et al., 2013). Abbildung 2 zeigt die Grundelemente eines Model Evidence Link Diagrams. Im Zentrum stehen zwei konkurrierende Erklärungen oder Modelle eines Phänomens. Um diese herum sind verschiedene Belege angeordnet. Verschiedene Pfeile zwischen Belegen und den Erklärungen/Modellen zeigen, inwieweit die einzelnen Belege die Erklärungen/Modelle stützen. Durchgehende, schwarze Pfeile zeigen an, dass ein Beleg eine Erklärung/ein Modell stützt. Durchgehende, grüne Pfeile zeigen an, dass ein Beleg eine Erklärung/ein Modell besonders stark stützt. Durchgehende, rote Pfeile zeigen an, dass ein Beleg einer Erklärung/einem Modell widerspricht. Ein gestrichelter, schwarzer Pfeil zeigt an, dass ein Beleg in keinem relevanten Zusammenhang mit einer Erklärung/einem Modell steht. Wichtig ist dabei hervorzuheben, dass Belege, die einer Erklärung/einem Modell widersprechen, das größte Gewicht haben (Popper, 1979). In einer typischen Anwendung des Model Evidence Link Diagrams würden Lernende zunächst mit konkurrierenden Positionen konfrontiert werden, dann Belege sammeln und die Beziehungen zwischen Belegen und Positionen im Diagramm darstel-

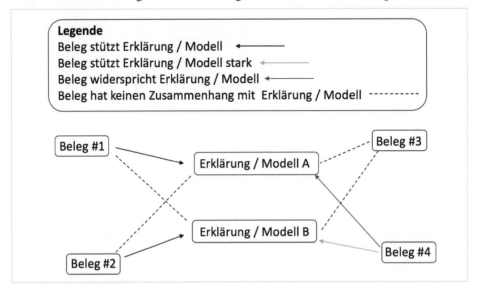

Abb. 2:   Model Evidence Link Diagram (nach Lombardi, Sibley et al., 2013).

len. Basierend auf der Darstellung kann dann eine Argumentationskette hinsichtlich der Bewertung der Positionen entwickelt werden. Die konkurrierenden Positionen können dabei vielfältige Ursprünge haben – von Hypothesen von Lernenden bis hin zu Behauptungen aus den Medien. Das Gleiche gilt für die Sammlung der Belege, bei denen es sich z. B. um im Internet recherchierte Informationen oder auch Daten aus selbst durchgeführten Versuchen handeln kann.

3.　Reflexion

Basierend auf mehreren Durchführungen an verschiedenen Standorten zeigen sich einige potentielle Herausforderungen und Weiterentwicklungsmöglichkeiten des Seminarkonzepts. Der zentrale Text von Sinatra und Hofer wird von den Studierenden als gut zugängliche Lektüre bewertet. Allerdings ist er bislang weiterhin nur auf englisch verfügbar, womit es hier eine sprachliche Zugangshürde gibt und somit von einer erhöhten Arbeitsbelastung für einige Studierende auszugehen ist. In Abschlussreflexionen haben die Studierenden wiederholt angemerkt, dass sie gerne vermehrt gewappnet für den Umgang mit konkreten Verschwörungsmythen (z. B. Flat Earth) wären und sich vom Seminar erhofft hätten, hierauf konkreter einzugehen. Eine entsprechende Erweiterung des Seminarkonzepts wäre sicherlich möglich. Hierfür stellt das „Debunking Handbook" (Lewandowsky et al., 2020) eine gute Quelle dar, welche auch in deutscher Sprache vorliegt. In Abschlussreflexionen wurde auch die Wahl der zentralen Lektüre diskutiert. Einerseits wird der Text als gut lesbar und zugänglich beschrieben, andererseits ist der US-Bezug deutlich und Beispiele im lokalen Kontext fehlen hierdurch. Für zukünftige Durchführungen könnte eine stärkere Anpassung an lokale Kontexte durch die Dozierenden die Lernmotivation weiter steigern.

4.　Zusammenfassung

Science Denial ist eine gesellschaftliche Herausforderung. Um angehende Lehrkräfte darauf vorzubereiten, naturwissenschaftlichen Unterricht zu planen und durchzuführen, welcher geeignet ist, Science Denial zu begegnen, wurde ein Seminarkonzept erarbeitet. In diesem wird entlang des Buches „Science Denial" (Sinatra & Hofer, 2021) das Phänomen Science Denial zunächst auf Basis der aktuellen Forschung erarbeitet und Möglichkeiten, Science Denial zu begegnen, werden erörtert. Im Anschluss wenden die Studierenden dieses Wissen an, um vorhandene Unterrichtaktivitäten so zu adaptieren, dass diese geeignet sind, Science Denial entgegen zu wirken.

Literatur

Algan, Y., Cohen, D., Davoine, E., Foucault, M. & Stantcheva, S. (2021). Trust in scientists in times of pandemic: Panel evidence from 12 countries. *Proceedings of the National Academy of Sciences*, 118(40), e2108576118. https://doi.org/10.1073/pnas.2108576118

Lewandowsky, S., Cook, J. & Lombardi, D. (2020). *Debunking Handbook 2020*. Databrary. https://doi.org/10.17910/B7.1182

Lombardi, D., Sibley, B. & Carroll, K. (2013). What's the Alternative? *The Science Teacher, 080*(05). https://doi.org/10.2505/4/tst13_080_05_50

Lombardi, D., Sinatra, G. M. & Nussbaum, E. M. (2013). Plausibility reappraisals and shifts in middle school students' climate change conceptions. *Learning and Instruction, 27*, 50–62. https://doi.org/10.1016/j.learninstruc.2013.03.001

Popper, K. R. (1979). *Objective knowledge: An evolutionary approach* (Rev. ed). Clarendon Press; Oxford University Press.

Rosenberg, J. M., Kubsch, M., Wagenmakers, E.-J. & Dogucu, M. (2022). Making Sense of Uncertainty in the Science Classroom: A Bayesian Approach. *Science & Education*. https://doi.org/10.1007/s11191-022-00341-3

Sinatra, G. M. & Hofer, B. K. (2021). *Science denial: Why it happens and what to do about it*. Oxford University Press.

van der Bles, A. M., van der Linden, S., Freeman, A. L. J. & Spiegelhalter, D. J. (2020). The effects of communicating uncertainty on public trust in facts and numbers. *Proceedings of the National Academy of Sciences, 117*(14), 7672–7683. https://doi.org/10.1073/pnas.1913678117

Warren, A. R. (2018). Quantitative critical thinking: Student activities using Bayesian updating. *American Journal of Physics, 86*(5), 368–380. https://doi.org/10.1119/1.5012750

Warren, A. R. (2020). Impact of Bayesian updating activities on student epistemologies. *Physical Review Physics Education Research, 16*(1), 010101. https://doi.org/10.1103/PhysRevPhysEducRes.16.010101

Wissenschaft im Dialog. (2022). *Wissenschaftsbarometer 2022*.

 Onlinematerial

Marcus Kubsch, Freie Universität Berlin
m.kubsch@fu-berlin.de
https://orcid.org/0000-0001-5497-8336

Irene Neumann, IPN – Leibniz-Institut für die Pädagogik der Naturwissenschaften und Mathematik
ineumann@leibniz-ipn.de
https://orcid.org/0000-0002-7890-2798

https://doi.org/10.31244/9783830997962.28

Experimentieren, Modellieren und Forschen als soziale Praxis im naturwissenschaftlichen Anfangsunterricht

Förderung angehender Lehrkräfte bei der Nutzung unsicherer Evidenz als Ausgangspunkt für naturwissenschaftliche Aushandlungsprozesse

Jens Klinghammer & Olaf Krey

Die Forschung zu Vorstellungen von Schülerinnen und Schülern zur Natur der Naturwissenschaften zeigt, dass nur wenige Lernende adäquate Vorstellungen zur Arbeitspraxis in den Naturwissenschaften haben (Höttecke & Hopf, 2018). In den Vorstellungen zur naturwissenschaftlichen Wissensproduktion werden soziale Aspekte wie naturwissenschaftliche Aushandlungsprozesse zur Konsensfindung selten von Lernenden anerkannt. Die Analyse von Naturwissenschaften als soziales System mit sozialen Praktiken „kann dazu beitragen, die inneren Mechanismen besser zu verstehen, die bewirken, dass Naturwissenschaften sich immer weiter entwickeln und ihre Wissensbestände sich verändern" (Gebhard et al., 2017, S. 17). Neben historisch orientiertem Unterricht bietet ein unterrichtliches Vorgehen, in dem Lernende im Rahmen einer hinreichend offenen Forschungsaufgabe naturwissenschaftliche Erkenntnisse (nach-)entdecken, also ein experimentelles Vorgehen planen und umsetzen, „Beobachtungs- bzw. Messdaten sammeln und interpretieren, kommunizieren, reflektieren und ihre Ergebnisse verteidigen, Hypothesen aufstellen, empirische Regelmäßigkeiten herausarbeiten sowie Modelle oder Hypothesen aufstellen und prüfen" (Höttecke & Schecker, 2021, S. 425), eine gute Möglichkeit zur retrospektiven Analyse sozialer Praktiken in den Naturwissenschaften und somit Einsicht in die Genese naturwissenschaftlichen Wissens. Dies gilt umso mehr, wenn im Rahmen der Forschungsprozesse der Lernenden unsichere Evidenz (Ruhrig & Höttecke, 2014) zum Thema wird. Unsichere Evidenz meint dabei die im Forschungs- und Erkenntnisprozess auftretenden und aushandlungsbedürftigen Uneindeutigkeiten, Widersprüche und Unsicherheiten, z. B. widersprüchliche Beobachtungen bzw. Messergebnisse, widersprüchliche Interpretationen von gleichen Beobachtungen oder die Anerkennung des Umstandes, dass die Unsicherheit der Erkenntnis zum aktuellen Stand der Forschung nicht weiter reduziert werden kann bzw. eine epistemische Autorität fehlt oder diese noch nicht sozial ausgehandelt ist.

Die nachfolgend dargestellten zwei Seminarsitzungen für Studierende der Lehramtsstudiengänge für Grund-, Mittel- und Realschule verfolgen zum einen das Ziel, ein Bewusstsein für die bestehenden Mechanismen naturwissenschaftlicher Wissensgenese (sowie die meist naiven eigenen Vorstellungen der Studierenden dazu) zu wecken. Zum anderen sollen die Studierenden die Erfahrung machen, dass und wie sich das Thema aspekthaft auch im naturwissenschaftlichen Anfangsunterricht thematisieren und inszenieren lässt. Die zwei Seminarsitzungen finden im Rahmen des Seminars ‚Spezielle Fachdidaktik Physik‘ im Grundlagenmodul ‚Physikdidaktik‘ der Universität Augsburg statt. Die Gestaltung basiert dabei auf einem Unterrichtsentwurf, den der Erstautor für das zweite Staatsexamen entwickelt, erprobt und evaluiert hat. Die Seminarabläufe und -materialien sind im Zusatzmaterial abgebildet.

1. Das Durchlaufen einer Lerneinheit für den naturwissenschaftlichen Anfangsunterricht wird zum studentischen Erfahrungsraum für die Wissensproduktion

Zu Beginn der ersten Seminarsitzung werden die Studierenden gebeten, Fragen zu ihren Vorstellungen zum Experimentieren und Modellieren im naturwissenschaftlichen Unterricht sowie zur Natur der Naturwissenschaften (NdN) basierend auf einzelnen Items des SUSSI (Liang et al., 2008) schriftlich zu beantworten (vgl. Zusatzmaterial). Eine Auslagerung dieser ersten Aufgabe als Vorbereitungsaufgabe vor der Seminarsitzung hat sich als ungeeignet herausgestellt, da die Studierenden dann nicht ihre eigenen Vorstellungen äußern, sondern Antworten aus anderen Quellen beziehen. Die Antworten der Studierenden dienen zu einem späteren Zeitpunkt als Bezugspunkt für die Reflexion des eigenen Lernprozesses und fördern die Kontrastierung zwischen bisherigen schulischen und den nun im Seminar gemachten Erfahrungen.

Die Studierenden durchlaufen danach das für Schülerinnen und Schüler im naturwissenschaftlichen Anfangsunterricht entwickelte Unterrichtssetting, dessen grobe Struktur in Tabelle 1 dargestellt ist. Der Forschungsauftrag besteht darin, die Beschaffenheit zweier Hühnereier zu untersuchen, ohne die Eier zu beschädigen. Hierfür stehen alle Geräte und Materialien der experimentellen Sammlung zur Verfügung.

Grundsätzlich ist die Idee, mit Eiern im naturwissenschaftlichen Anfangsunterricht zu experimentieren (u. a. Marmé & Knemeyer, 2017) und zu modellieren (Wodzinski & Stäudel, 2009), nicht neu, jedoch ist uns kein Lernsetting bekannt, welches an diesem Beispiel naturwissenschaftliche Arbeitsweisen mit sozialen Aushandlungsprozessen und bestehende Mechanismen naturwissenschaftlicher Wissensgenese erfahrbar und reflektierbar macht.

Die zwei Eier unterscheiden sich unsystematisch hinsichtlich Farbe, Volumen und Masse, sodass zunächst zahlreiche Unterschiede bestimmbar sind. Der systematische Unterschied liegt in der inneren Struktur der Eier, da eines hart gekocht und eines roh ist. Da jede Gruppe nur zwei Eier hat, ist ein Austausch zwischen den Gruppen unumgänglich, um den systematischen Unterschied festzustellen. Dieser Austausch fin-

Tab. 1: Ablauf der Lerneinheit für den naturwissenschaftlichen Anfangsunterricht.

Phasen	aufeinander folgende Abschnitte
Phase 1: offenes, vorwiegend exploratives Experimentieren	Forschungsphase (Experimentieren) wissenschaftliche Tagung Forschungsphase (Experimentieren) wissenschaftliche Tagung
Phase 2: Modellbildung und hypothesengeleitetes Experimentieren (meist genügt ein Durchlauf)	Forschungsphase (Modellbildung) wissenschaftliche Tagung Modellanpassung und erneute Modelltestung
Phase 3: Ergebnisveröffentlichung	Schreiben eines Forschungsberichtes bzw. eines Zeitschriftenartikels

det in Form von ,Tagungen' statt, welche wissenschaftlichen Tagungen mit Ergebnispräsentationen und Diskussionen ähneln. Die Unsicherheit, ob sich der beobachtete Unterschied als intersubjektiv relevant erweist (der ,Richtige' ist), führt bereits vor den Tagungen zu regem informellem Austausch, gelegentlich sogar zu Spionageversuchen. Dass dieser systematische Unterschied nicht direkt erfahrbar ist, sondern auf diesen nur indirekt geschlossen werden kann, provoziert Diskussionen zur Sicherheit der Erkenntnisse der einzelnen Arbeitsgruppen, welche ohne Modelle nicht weiter erhöht werden kann.

In einem Prozessprotokoll in Form eines Forschertagebuchs (vgl. Zusatzmaterial) werden die Schritte und Ergebnisse der *Forschungsphase* festgehalten. Auf einer ersten *Tagung* werden mit Plakaten erste Erkenntnisse und das jeweilige Vorgehen präsentiert. Schnell kommt es hierbei durch das Fehlen offensichtlicher und eindeutiger Antworten auf die Forschungsfrage zu sozialen Aushandlungsprozessen. Diskutiert wird z. B. darüber, wessen Erkenntnisse und warum diese mehr Bedeutung erhalten als andere Erkenntnisse. Fragen des experimentellen Vorgehens, der Zuverlässigkeit der Daten/Beobachtungen und Fragen der sozialen Gruppenzusammensetzung werden hier sehr relevant. In der anschließenden *Forschungsphase* werden meistens die auf der Tagung sozial ausgehandelten ,richtigen' Erkenntnisse auf der Grundlage eines bestimmten experimentellen Vorgehens repliziert. In der darauffolgenden, Phase 1 abschließenden *Tagung* (vgl. Tabelle 1), stellt sich eine Sättigung des Gesprächsbedarfs, teilweise sogar Frustration ein, da aus Lernendenperspektive die experimentellen Möglichkeiten weitgehend erschöpft sind und die ,Wahrheit' nicht direkt überprüft werden kann.

An dieser Stelle ist eine motivierende und moderierende Lehrkraft hilfreich. Da die Eier nicht geöffnet werden dürfen, bietet es sich an, Modelle zu bauen, welche je nach Vermutung präpariert werden und ähnliche Daten/Beobachtungen erzeugen sollen, wie das originale Ei. Wodzinski und Stäudel (2009) nutzen dazu gelbe Plastikeier von Kinderüberraschungseiern und bieten gestufte Hilfen, um differenzierte Hilfestellungen für den schwierigen Prozess der Modellbildung bereitzustellen. Die Nutzung dieser Materialien hat sich sowohl bei Lernenden im naturwissenschaftlichen Anfangsunterricht als auch im Hochschulseminar mit Studierenden bewährt.

Nach dem *Erstellen der Modelle* und dem Experimentieren mit den Modellen werden das im Forschertagebuch dokumentierte Vorgehen und die generierten Erkenntnisse wiederum auf einer *Tagung* mit Plakaten präsentiert und diskutiert. Die Unsicherheit nimmt bei der Tagung dieser Phase noch einmal zu, da die Modelleier bestimmte, den Erkenntnisprozess hindernde, Eigenschaften aufweisen. Fragen bzgl. der Modellbildung (Passung Modellei-Hühnerei), der Modellanpassung, der Zuverlässigkeit der Modelldaten und die Rolle der sozialen Gruppenzusammensetzung geraten hierbei in den Blick der Studierenden. In der anschließenden zweiten *Modellierungsphase* werden meistens die auf der Tagung als ‚richtig‘ ausgehandelten Modelle weiter optimiert. So kann, ggf. nach Anregung durch die Lehrkraft, beispielsweise die Reibung durch Rotation auf einem an das Modellei geklebten Knopf vermindert werden oder es können Flüssigkeiten mit höherer Viskosität für das ungekochte Ei zum Einsatz kommen.

Am Ende (vgl. Phase 3 in Tabelle 1) verfassen die Forschergruppen einen *Zeitschriftenartikel*, in dem das Vorgehen und die Sicherheit der gewonnenen Erkenntnisse eine übergeordnete Rolle spielen (vgl. Zusatzmaterial). Die Hühnereier werden eingesammelt und nicht geöffnet. Die Lehrkraft tritt also bewusst nicht als epistemische Autorität auf und äußert sich auch nicht zur Lösung, was die zwei Hühnereier systematisch voneinander unterscheidet. So sind Vorläufigkeit und Unsicherheit der Erkenntnisse weiterhin gegeben.

Das für sechs Unterrichtsstunden ausgelegte Lernarrangement wird durch geeignete Zeitraffer auf 90 Minuten gekürzt (z. B. Konzeption des Forscherberichts wird nur angebahnt), wobei Momenten, in denen unsichere Evidenz thematisch wird und soziale Aushandlungsprozesse unumgänglich sind, Raum gegeben wird.

2. Reflexion gemachter Erfahrungen und eigener Vorstellungen machen die Genese naturwissenschaftlicher Erkenntnis zum Lerngegenstand

Aufbauend auf den gemachten Erfahrungen aus der ersten Sitzung arbeiten die Studierenden in der zweiten Sitzung in kleinen Gruppen die Unterschiede und Gemeinsamkeiten zu dem häufig selbst erlebten Sach- und Physikunterricht heraus. Sie nutzen dazu ihre eigenen Antworten auf die Fragen vom Beginn der ersten Sitzung (zu den Themen Experimentieren, Modellieren, Natur der Naturwissenschaften; vgl. Zusatzmaterial). In den Antworten der Studierenden wird das Experiment und das Modell oft als Lernmedium zum Erreichen von Fachwissenszielen beschrieben, wohingegen in dem erlebten Unterrichtssetting das Experiment/Experimentieren und das Modell/Modellieren der Lerngegenstand sind. Soziale Aushandlungsprozesse aufgrund unsicherer Evidenz verbinden nur sehr wenige Studierende mit naturwissenschaftlichem Unterricht. Die Kontrastierung ermöglicht die Identifizierung und Analyse von eigenen Vorgehensweisen und Kompetenzen, welche in dem Unterrichtssetting zum Hühnerei adressiert werden. Die Kompetenzen werden nicht nur benannt, sondern, wie im Folgenden näher erläutert, multiperspektivisch reflektiert und mit konkreten Umsetzungsmöglichkeiten verknüpft, die das Unterrichtssetting aufzeigt. Die zweite Sitzung ist daher durch mehrere, thematisch fokussierte Gruppenarbeiten mit wechselnden didaktischen Brillen und Reflexionen des Erlebten strukturiert (vgl. Zusatzmaterial).

Das erlebte Lernarrangement kann rückblickend in Phasen unterteilt werden und es kann rekonstruiert werden, welche Tätigkeiten Lernende in diesen Phasen ausführen: Experimente planen und durchführen; Beobachtungen dokumentieren, interpretieren und kommunizieren; Modelle entwickeln und Hypothesen testen; Vorgehen und Ergebnisse kommunizieren, aushandeln und verteidigen.

2.1 Reflexion des Experimentierens und der Intersubjektivierung von Befunden

Das offenere Experimentieren innerhalb des Lernarrangements ermöglicht zum einen die Reflexion dessen, was Experimentieren ist (vgl. Höttecke & Rieß, 2015), insbesondere vor dem Hintergrund dessen, was die Studierenden zu Beginn der ersten Sitzung als Experimentieren beschrieben haben. Zum anderen ermöglicht es das Erlernen von sonst eher selten angesteuerten experimentellen Kompetenzfacetten wie „Experiment planen" und „Schlüsse ziehen/diskutieren" (Nawrath et al., 2011, S. 43). In der Diskussion der Durchführung der Experimente und den auf Tagungen intersubjektivierten gezogenen Schlüssen wird die kreative und kommunikative Aushandlung als soziale Praxis deutlich.

2.2 Reflexion des Anspruchsniveaus

Neben den in der offeneren Experimentierphase angestrebten Kompetenzen können verschiedene Offenheitsgrade des Experimentierens bzw. forschenden Lernens rekonstruiert werden. Das hier dargestellte schulische Unterrichtssetting kann in die Kategorie Guided Inquiry (Köster & Galow, 2014) eingeordnet werden und stellt damit hohe Anforderungen an die Lernenden. Die Komplexität und Uneindeutigkeit ist einerseits motivierend, kann aber andererseits schnell zu Überforderung führen. Die Notwendigkeit von Differenzierungsmaßnahmen, beispielhaft analysiert anhand der gestuften Hilfen beim Modellieren (Wodzinski & Stäudel, 2009), wird eingängig betrachtet.

2.3 Reflexion der Rolle von Modellen bzw. Modellierungsprozessen

Die gemachten Erfahrungen betreffen die Entwicklung, Überprüfung, Testung und Änderung von Modellen. Auf dieser Grundlage können Modellkompetenzen herausgearbeitet und eher selten angesteuerte Kompetenzfacetten wie das „Testen von Modellen" und das „Ändern von Modellen" (Upmeier zu Belzen & Krüger, 2010, S. 53) mit unterrichtlichen Gestaltungsmöglichkeiten verknüpft werden. Des Weiteren kann der

Modellbegriff reflektiert werden, insbesondere im Kontrast zu eigenen Beschreibungen vom Beginn der Lehrveranstaltung. Die Analyse der Erkenntnisgewinnung mithilfe von Modellen innerhalb des Subjekt-Modell-Objekt-Dreiecks (Kircher, 1995) am konkreten Beispiel Hühnerei-Modellei hat sich dabei als sehr gewinnbringend erwiesen. In der Diskussion der Modellgüte und der am Modell gewonnenen Erkenntnisse und ihrer Sicherheit wird wiederum die kreative und kommunikative Aushandlung als soziale Praxis erkennbar.

2.4   Reflexion des Umgangs mit unsicherer Evidenz

Die abschließende und umfassendste Reflexionsphase betrifft das Herausarbeiten der Elemente im erlebten Unterrichtssetting, welche mit Unsicherheiten behaftet sind bzw. unsichere Evidenz hervorbringen. Beispielsweise stellen sich folgende Fragen: Ist der von mir entdeckte systematische Unterschied zwischen den Eiern relevant – auch für die anderen Forschergruppen? Ist es die unzureichende Passung zwischen meinem Modell und dem Objekt, oder meine falsche Annahme, die zu erwartungskonträren Beobachtungen führt? Warum sagt mir eigentlich niemand, was nun richtig ist? Kommunikation und Aushandlungsprozesse unter den Forschenden können so als typische Strategien zum Umgang mit unsicheren Resultaten oder Beobachtungen herausgearbeitet werden. Evidenz ist dann kein Resultat ganz objektiv beobachtender Naturwissenschaftlerinnen und Naturwissenschaftler mit einer ‚wahren' Erkenntnis (so die Vorstellung von Schülerinnen und Schülern), sondern wird durch Aushandlungsprozesse hergestellt, also durch die soziale Praxis naturwissenschaftlichen Arbeitens: „Naturwissenschaftliche Evidenz ist also das Resultat einer empirischen oder theoretischen Auseinandersetzung mit der Welt [...] und beruht zugleich auf der Aushandlung und Akzeptanz von Geltungsansprüchen innerhalb einer Wissenschaftlergemeinschaft" (Ruhrig & Höttecke, 2014, S. 33).

3.   Fazit

Die Studierenden durchleben, analysieren und reflektieren eine Lerngelegenheit, welche neben ‚klassischen' naturwissenschaftlichen Kompetenzen zum Experimentieren und zum Modellieren vor allem Aspekte der Natur der Naturwissenschaften sowie kritisches Denken, Problemlösen, kreatives und flexibles Denken, zielführende Kommunikation und Kollaboration fördert (vgl. u. a. auch 21st Century Skills). Unsichere Evidenz, wie sie in experimentbasierten Lernprozessen regelmäßig auftritt, ist dabei der Ausgangspunkt für soziale Aushandlungsprozesse beim Experimentieren und Modellieren. Die Reflexion der eigenen Vorgehensweise und das Aufzeigen von Parallelen zu naturwissenschaftlicher Forschung als soziales System mit sozialen Praktiken trägt dazu bei, das Verständnis zu adressieren, dass sich Wissensbestände verändern und kommunikative Aushandlungsprozesse ein zentraler Bestandteil naturwissenschaftlicher Arbeitsweisen sind.

Literatur

Gebhard, U., Höttecke, D. & Rehm, M. (2017). *Pädagogik der Naturwissenschaften.* Springer. https://doi.org/10.1007/978-3-531-19546-9

Höttecke, D. & Hopf, M. (2018). Schülervorstellungen zur Natur der Naturwissenschaften. In H. Schecker, T. Wilhelm, M. Hopf & R. Duit (Hrsg.), *Schülervorstellungen und Physikunterricht* (S. 271–287). Springer. https://doi.org/10.1007/978-3-662-57270-2_13

Höttecke, D. & Rieß, F. (2015). Naturwissenschaftliches Experimentieren im Lichte der jüngeren Wissenschaftsforschung – Auf der Suche nach einem authentischen Experimentbegriff der Fachdidaktik. *Zeitschrift für Didaktik der Naturwissenschaften, 21,* 127–139. https://dx.doi.org/10.1007/s40573-015-0030-z

Höttecke, D. & Schecker, H. (2021). Unterrichtskonzeptionen für Nature of Science (NOS). In T. Wilhelm, H. Schecker & M. Hopf (Hrsg.), *Unterrichtskonzeptionen für den Physikunterricht* (S. 401–433). Springer. https://doi.org/10.1007/978-3-662-63053-2_13

Kircher, E. (1995). *Studien zur Physikdidaktik: erkenntnis- und wissenschaftstheoretische Grundlagen.* Institut für die Pädagogik der Naturwissenschaften Kiel.

Köster, H. & Galow, P. (2014). Forschendes Lernen initiieren. Hintergründe und Modelle offenen Experimentierens. *Naturwissenschaften im Unterricht – Physik, 144,* 24–26.

Liang, L. L., Chen, S., Chen, X., Kaya, O. N., Adams, A. D., Macklin, M. & Ebenezer, J. (2008). Assessing preservice elementary teachers' views on the nature of scientific knowledge: A dual-response instrument. *Asia-Pacific Forum on Science Learning and Teaching, 9*(1), 1–20.

Marmé, N. & Knemeyer, J. P. (2017). Experimente mit Eiern (Kopiervorlagen). *didaktik-aktuell.* https://dx.doi.org/10.13140/RG.2.2.17599.51360

Nawrath, D., Maiseyenka, V. & Schecker, H. (2011). Experimentelle Kompetenz – Ein Modell für die Unterrichtspraxis. *Praxis der Naturwissenschaften – Physik in der Schule, 60*(6), 42–49.

Ruhrig, J. & Höttecke, D. (2014). Was, wenn das Experiment nicht klappt? Unsichere Evidenz als Lerngelegenheit nutzen. *Naturwissenschaften im Unterricht – Physik, 144,* 32–35.

Upmeier zu Belzen, A. & Krüger, D. (2010). Modellkompetenz im Biologieunterricht. *Zeitschrift für Didaktik der Naturwissenschaften, 16,* 41–57.

Wodzinski, R. & Stäudel, L. (2009). *Aufgaben mit gestuften Hilfen für den Physikunterricht.* Erhard Friedrich.

Onlinematerial

Jens Klinghammer, Didaktik der Physik, Universität Augsburg, Universitätsstraße 1, 86159 Augsburg
jens.klinghammer@uni-a.de
https://orcid.org/0009-0002-7938-2218

Olaf Krey, Didaktik der Physik, Universität Augsburg, Universitätsstraße 1, 86159 Augsburg
olaf.krey@uni-a.de
https://orcid.org/0000-0002-6756-6944

https://doi.org/10.31244/9783830997962.29

Citizen Science
(Mit-)Forschen in Lehrkräftebildung und Schulpraxis

Julia Lorke, Till Bruckermann, Isabell Helbing,
Eva Tchekov & Martin Scheuch

Als Citizen Science (CS) werden Forschungsprojekte bezeichnet, die eine aktive Mitwirkung von Bürgerinnen und Bürgern zur Generierung von neuem Wissen ermöglichen (Bonn et al., 2022). Diese Beteiligung kann einzelne Phasen oder den gesamten Forschungsprozess umfassen. Der Begriff CS wurde Mitte der 90er Jahre in zwei unterschiedlichen Kontexten geprägt: Einerseits als gängige Forschungspraxis, in der Hobby-Vogelbeobachtende freiwillig wissenschaftliche Daten an Forschende übermitteln (Bonney, 1996), andererseits als „Demokratisierung der Wissensproduktion" (Irwin, 1995), eine stärkere Beteiligung von Öffentlichkeit an Wissenschaft. Diese Auffassungen prägen divergierende Erwartungen an Projekte und Teilnehmende. Je nach Art der Mitwirkung unterscheiden sich auch die Bildungsziele, welche Teilnehmende erreichen können. Eine Analyse der Projekte auf der CS-Plattform SciStarter zeigte, dass 92 % der Projekte neben Forschungs- auch Bildungsziele verfolgen (Phillips et al., 2018). In der CS-Community werden häufig die Kategorien von Learning Outcomes nach Phillips et al. (2018) verwendet: Fach- und Methodenwissen sowie Wissen über Nature of Science, naturwissenschaftliche Denk- und Arbeitsweisen, Interesse, Selbstwirksamkeit, Motivation sowie verantwortungsvolles Verhalten in Bezug auf Umweltschutz (siehe dazu z. B. Lorke & Schmid-Loertzer, 2022, als Einstieg für Personen, die mehr über die Wirkung von Citizen Science wissen möchten, wird dort ein deutschsprachiger Überblick über empirische Studien bis 2021 gegeben, welche häufig auch die Learning Outcomes nach Phillips et al., 2018 verwenden). Diese Learning Outcomes weisen Ähnlichkeit zur Fachwissens- und Erkenntnisgewinnungskompetenz in Lehrplänen, Bildungsstandards und Scientific Literacy (naturwissenschaftliche Grundbildung) auf. CS ist aktuell noch nicht in Lehrplänen oder Bildungsstandards erwähnt, es lassen sich aber zahlreiche Anknüpfungspunkte finden. So sollen „Fragestellungen aus der Praxis der Forschung, […] den Rahmen für Unterricht und Lernprozesse bilden" und „reale Situationen mit authentischen Problemen" berücksichtigt werden (MSB, 2022, S. 11). CS-Projekte ermöglichen das Mitwirken an Forschung zu authentischen Problemen und bieten damit auch die Möglichkeit, naturwissenschaftliche Kompetenzen zu schulen. In Österreich ist die Einbindung von CS durch die Grundsatzerlasse „Umweltbildung für nachhaltige Entwicklung" sowie „Projektunterricht" legitimiert (BBF, 2014; BMBWF, 2017): Schüler/innen sollen die Möglichkeit haben, „die Umwelt forschend und interdisziplinär zu untersuchen", „ihre demokratische Verantwortung als mündige Bürgerinnen und Bürger zu erkennen […] sowie sich aktiv und konstruktiv an gesellschaftlichen Gestaltungsprozessen zu beteiligen". Ähnlich zu Scientific Literacy wird hier, zusätzlich zu Wissen und wissenschaftlichem Denken und Arbeiten, die demokratische Funktion von Bildung betont. CS könnte das Verhältnis von Wissenschaft und Gesellschaft demokratisieren, indem Lernende schon früh aktiv in die wissenschaftliche Auseinandersetzung mit gesellschaftlich relevanten Fragestellungen eingebunden werden (Mueller et al., 2011). Durch das Mitforschen können zudem 21st Century Skills wie Kritisches Denken, Problemlösen und Kommunikation & Kollaboration gefördert werden (z. B. Caruso et al., 2016). CS sollte das soziale und natürliche Lebensumfeld als Lernumfeld nutzen (Community-based/ Place-based Learning: z. B. Dani, 2019). Lernende erleben, dass sie selbst beitragen können, wissenschaftliche Erkenntnisse zu gewinnen und Entscheidungen zu prägen, weshalb CS auch Erfahrungsraum für Identitätsarbeit und Agency-Entwicklung, also eine Positionierung des Selbst und die Wahrnehmung eigener Handlungsoptionen, ist (Dixon et al., 2022).

Ohne die Integration von CS in Lehrpläne und Bildungsstandards obliegt es Lehrkräften, ob sie CS im Unterricht einsetzen. Daher ist es essenziell, dass Lehrkräftebildung über die Potenziale und Herausforderungen von CS-Projekten informiert. Zum einen können so Anforderungen für die Lehrkräftebildung abgedeckt werden, z. B.: „Arbeits- und Erkenntnismethoden", „Kenntnisse und Fertigkeiten sowohl im hypothesengeleiteten Experimentieren und Modellieren, im kriteriengeleiteten Beobachten als auch im hypothesengeleiteten Vergleichen" (KMK, 2019, S. 22). Zum anderen bietet sich so Gelegenheit, Lehramtsstudierenden schon in ihrer Ausbildung Themen mit gesellschaftlicher Relevanz in ihrem Umfeld aufzuzeigen (Dani, 2019).

CS in Schulen wird auch kritisch diskutiert. An aktuellen CS-Konzepten wird bemängelt, sie seien zur Erreichung von Bildungszielen nicht ausreichend, und generell wird in Frage gestellt, ob Schulen für die Auseinandersetzung mit der Rolle von Wissenschaft in der Gesellschaft geeignet sind (Mueller et al., 2011). Forschungs- und Bildungsziele von CS-Projekten konkurrieren um Ressourcen, z. B. Geld, Zeit, Personal, dadurch müssen teils auf beiden Seiten Kompromisse gemacht werden. Differenzen zwischen Lehrplänen und Projektinhalten können die Implementation erschweren (Roche et al., 2020) und so disruptiv auf traditionelle Abläufe in Schulen wirken (Atias et al., 2023). Die Teilnahme an CS kann teils über Bildungskontexte hinausreichen und in politischem Engagement oder Aktivismus münden (Roche et al., 2020).

1. Wissen, Überzeugungen und Motivation von Lehrkräften

In der Lehrkräftebildung sind Wissen, Überzeugungen und Motivation von Lehrkräften für die Implementation von CS bedeutsam. Um notwendige Kompetenzen zur Integration von CS-Projekten in den Unterricht zu beschreiben, wird auf ein Modell professioneller Kompetenz zurückgegriffen, welches die drei Facetten Wissen, Überzeugungen und motivationale Orientierungen umfasst (Baumert & Kunter, 2006). Sowohl Fach- und fachdidaktisches Wissen (Scheuch et al., 2018) als auch Überzeugungen (Glenn Lee, 2022) und motivationale Orientierungen von Lehrkräften werden im Kontext von CS-Projekten betrachtet (Aristeidou et al., 2022).

Fehlt Lehrkräften Fachwissen über das CS-Projektthema, welches auch über den schulischen Kontext hinausgeht (Scheuch et al., 2018), oder verfügen sie über ein geringes akademisches Selbstkonzept (Jenkins et al., 2015), können sie die unterschiedlichen Aufgaben als Teilnehmende und als Unterstützende für Lernende nicht wahrnehmen. Daneben erfordert wissenschaftliches Arbeiten auch Methodenwissen über CS als Konzept und damit verbundene Forschungsprozesse (Aristeidou et al., 2022). Fachdidaktisches Wissen ist erforderlich, um geeignete Lernziele, wie die Anwendung naturwissenschaftlicher Denk- und Arbeitsweisen (Scheuch et al., 2018), sowie Lehr-Lernkonzepte, wie Situiertes und Forschendes Lernen, Place- und Community-based Learning (Dani, 2019), gemäß dem CS-Projekt auszuwählen. CS-Projekte eignen sich für kognitive sowie affektive Lernziele, wie die Förderung von Teilhabe an Wissenschaft und Selbstvertrauen der Lernenden (Atias et al., 2023). Sich daraus entwickelnde Karriereperspektiven sind ein weiteres Lernziel, das Lehrkräfte verfolgen (Frigerio et al., 2023). Lehr-Lernkonzepte zum Place- und Community-based Learning beschreiben das Lernen über lokale sowie soziale Kontexte und sind deshalb besonders für CS-Projekte geeignet (Dani, 2019).

Forschungsprozesse in CS-Projekten sind offen angelegt und daher mit epistemischen Ungewissheiten behaftet (Kervinen & Aivelo, 2022). Lehrkräfte sollten deshalb über angemessene epistemologische Überzeugungen verfügen (Nouri et al., 2021), um Ungewissheiten im Lernprozess produktiv nutzen zu können (Ruhrig & Höttecke, 2015). Die Motive von Lehrkräften, CS-Projekte in den Unterricht zu integrieren, sind am häufigsten das Forschungsthema sowie die Lernergebnisse der Schüler/innen. Auch die Gelegenheit, neue Lehr-Lernkonzepte zu erproben sowie sich professionell weiterzuentwickeln werden als Motive genannt (Aristeidou et al., 2021; Atias et al., 2023). Ein Projektzuschnitt auf bestimmte Motive kann aber für die Unterrichtsintegration von CS nicht förderlich sein, weil die Motivation von Lehrkräften nicht alleine durch die Nützlichkeit für den Unterricht erklärt werden kann (Atias et al., 2023). Bisherige Studien weisen auf folgende Implikationen für die Lehrkräftebildung hin und nehmen die Stärkung der Kompetenzfacetten im Bereich Fachdidaktik in den Blick: (1.) Die Beteiligung von Lernenden an verschiedenen wissenschaftlichen Tätigkeiten in CS-Projekten sollte stärker als bisher auf Theorien und Modellen zum Lernen fundiert werden; (2.) Der epistemische Status von Daten und Ergebnissen (i.w.S. Wissen) aus CS-Projekten, d. h. ihre Rolle im wissenschaftlichen Erkenntnisprozess, sollte mit den Lernenden expliziert werden; (3.) die unterschiedlichen Motive von Lehrkräften, wie neue Lernformen zu erproben, sollten im CS-Projekt aufgegriffen werden (Aristeidou et al., 2021).

Nicht zuletzt können bei Ungewissheiten eine Bereitschaft zum Lernen sowie eine prozessorientierte Haltung helfen, das Projekt gemeinsam mit den Schüler/innen und den Forschenden zu verhandeln und zu gestalten (Atias et al., 2023), die Zusammenarbeit zu reflektieren und dabei auch professionelle wie individuelle Kompetenzen weiterzuentwickeln (Frigerio et al., 2023). Dies ist eine Herausforderung für die Lehrkräfte, kann aber auch zur Motivation beitragen, in heterogenen Teams an CS-Projekten teilzunehmen und sie mitzugestalten. Lehrkräftebildung kann sich bei der Förderung professioneller Kompetenzen zur Unterrichtsintegration von CS-Projekten an den drei forschungsbasierten Implikationen orientieren. Implikationen zur Fundierung durch Lehr-Lernkonzepte und zur Explizierung des epistemischen Status werden in den folgenden Empfehlungen für die Umsetzung von CS in der Schule exemplarisch aufgegriffen, da hier bereits Forschungsarbeiten vorliegen.

2. Empfehlungen für die Umsetzung von CS in der Schule

Um Lehrkräfte zu motivieren und zu befähigen, CS im schulischen Kontext einzusetzen, sollte Lehrkräftebildung vermitteln, welche Aspekte förderlich für die erfolgreiche Umsetzung sind. Dies soll zu einem ersten Aufbau der oben besprochenen Kompetenzfacetten beitragen, da sowohl Wissen erworben als auch Einstellungen entwickelt werden können. Zu förderlichen Aspekten liegen bereits einige Studienergebnisse und veröffentlichte Empfehlungen vor. Die folgenden Aspekte sind sowohl für die praktische Umsetzung von CS in der Unterrichtspraxis selbst als auch für die praktische Implementation in der Lehrkräftebildung relevant:

2.1 Passung zwischen Projekt und Unterricht

Eine angemessene *Balance von individuellem, schulrelevanten Kompetenzerwerb und dem gleichzeitigen Beantworten wissenschaftlicher Forschungsfragen* gilt als wesentliches Kriterium für das Gelingen von CS im formalen Bildungskontext (Lüsse et al., 2022). Auf CS-Plattformen (z. B. buergerschaffenwissen.de, citizen-science.at, schweizforscht.ch und zooniverse.org) können verfügbare Projekte von Dozierenden, Lehrkräften und Lernenden anhand verschiedener Kriterien durchsucht werden. Das Filtern nach Disziplinen sowie Projektbeschreibungen mit Informationen zum Forschungsgegenstand, dem Beitrag der Teilnehmenden und zur Wissenschaftsrelevanz erleichtern es, die Eignung zur *Förderung im Lehrplan ausgewiesener Kompetenzen* zu eruieren (Bruckermann & Lorke, 2021).

Die Lage der Schule, materielle Ausstattung sowie zeitliche Einschränkungen durch Stundenpläne können *ressourcenbezogene Herausforderungen* bei der Implementation darstellen (Roche et al., 2020). Darüber hinaus wird die fehlende Unterstützung bei der Umsetzung von CS von Lehrkräften bemängelt (Aristeidou et al., 2022). Hier können Anleitungen, Materialien, flexible Aufgaben im Projekt und Workshops für Lernende und Lehrende als Unterstützungsangebote dienen (Bopardikar et al., 2023). Lehrkräftebildung sollte Gelegenheit bieten, die Projektauswahl im individuellen Anwendungskontext (in der Ausbildung z. B. anhand konstruierter Fallbeispiele oder in Fortbildungen für die realen eigenen Lerngruppen) zu reflektieren. Online-Projekte sind meist eine Möglichkeit, ressourcenschonend mitzuforschen. Da die Datensammlung/-verarbeitung digital erfolgt, sind sie oft mit geringem Zeitaufwand und unabhängig vom Standort umsetzbar (Aristeidou et al., 2022). Jedoch empfinden Lernende die Arbeit im Freiland als besonders motivierend (Kelemen-Finan et al., 2018). Diese erfordert aber Flexibilität z. B. in Bezug auf Wetter, potenzielle Standorte und Exkursionen während der Unterrichtszeit (Kelemen-Finan et al., 2018). Lernende in aktive Entscheidungen im gesamten Forschungsprozess einzubeziehen (z. B. Entwicklung von Forschungsfragen, Methodenauswahl), wird im Vergleich zu Aktivitäten wie Datenerhebung und -analyse seltener realisiert (Hadjichambi et al., 2023). Projekte, die dies ermöglichen, sind meist zeitintensiver und eher geeignet für eine schuljahrbegleitende Umsetzung (z. B. in AGs) oder Projektwochen. Je mehr Zeit jedoch für CS-Projekte aufgewendet wird, desto wahrscheinlicher sind Effekte auf Einstellungen, Werte und Verhalten, was gerade bei umweltbezogenen Projekten und Bildung für nachhaltige Entwicklung wesentlich ist (Hadjichambi et al., 2023).

2.2 Lernende bei der Umsetzung unterstützen

Die Rolle von Daten und Ergebnissen im wissenschaftlichen Erkenntnisprozess des CS-Projekts sollte mit Lernenden reflektiert werden. Lernende haben teilweise Schwierigkeiten, den wissenschaftlichen Hintergrund von CS-Projekten (Bruckermann et al., 2020) und den Zusammenhang zwischen ihrem konkreten Beitrag im Projekt und den übergeordneten Fragen und Konzepten zu verstehen (Bopardikar et al., 2023). Daher sollten Unterstützungsmaßnahmen bei der Umsetzung von CS-Projekten in Unterricht, Lehre und Fortbildung schon zu Beginn integriert werden, z. B. *Informationen, Aufgaben und Diskussionen zu wissenschaftlichen Datensätzen* (Bopardikar et al., 2023). Datenerhebungen können durch entsprechendes *Methodentraining* vorbereitet werden, dies fördert auch die Qualität der gesammelten Daten (Bruckermann et al., 2020). Die *Rückmeldung an CS-Teilnehmende zu ihren Beiträgen* erhöht die Qualität der Daten und den Kompetenzerwerb (Peter et al., 2021). Lehrkräfte erachten die *Rückmeldung von Forschungsergebnissen durch professionell Forschende* als wesentlich für die bewusste Wahrnehmung der Relevanz des eigenen Beitrags (Doyle et al., 2017). Durch den *Kontakt zu Projektwissenschaftler/innen* erhalten Lernende und Lehrende Zugang zu aktuellem Wissen und auch affektive Aspekte können so adressiert werden (Bopardikar et al., 2023).

2.3 Forschendes Lernen als konzeptionellen Rahmen nutzen

Forschendes Lernen als konzeptioneller Rahmen kann Lehrkräften weitere Anhaltspunkte für die Umsetzung von CS im Unterricht geben (Jenkins, 2011), was auch ihrem Interesse an geeigneten Lernmodellen und -theorien entgegenkommt (Aristeidou et al., 2022). Neben inhaltlichem Wissenszuwachs können wissenschaftliches Denken und Arbeiten durch die *explizite Behandlung des wissenschaftlichen Prozesses* fokussiert werden; potenziell geeignete Lerngelegenheiten wurden von Lehrkräften bislang nur unzureichend genutzt (Scheuch et al., 2018), sodass Lehrkräftebildung diese Möglichkeiten explizit aufzeigen sollte. Bereits durch das Framing des Projekts können Unterschiede zwischen Untersuchungen in CS-Projekten und Schulexperimenten thematisiert werden, damit Lernende ihren eigenen Beitrag zur Forschung angemessen wahrnehmen und reflektieren können (Ghadiri Khanaposhtani et al., 2022).

2.4 Motivation und Interesse bei Lernenden

Wird CS im Unterricht umgesetzt, nehmen Schüler/innen meist nicht freiwillig, sondern durch die Lehrkraft vermittelt, teil. Dies erschwert das Initiieren und Aufrechterhalten von Motivation und Interesse (Roche et al., 2020). Ihnen zu *verdeutlichen, dass ihre individuelle Tätigkeit zu realen wissenschaftlichen Untersuchungen beiträgt,* kann laut Aussage von Lehrkräften Lernende für CS begeistern (Aristeidou et al., 2022). Lehrkräfte schätzen auch *dem Schülerinteresse entsprechende Themen* – möglichst mit *Bezug zur Lebenswelt* und *Arbeiten im Freien* – als wesentlichen Motivationsfaktor ein (Aristeidou et al., 2022).

2.5 Rollen kennen und wahrnehmen

Die *explizite Kommunikation und bewusste Wahrnehmung der jeweiligen Rollen* von Lernenden, Lehrenden und Wissenschaftler/innen sind eine wichtige Basis für ein erfolgreiches CS-Projekt (Cieslinksi et al., 2021). Als Vermittelnde zwischen Wissenschaftler/innen und Lernenden gestalten Lehrkräfte Projekte durch Austausch und Rückmeldungen zu Lern- und Forschungsgelegenheiten aktiv mit. Entsprechende Aktivitäten zur Unterstützung sollten daher in Lehrkräfteaus- und -fortbildung aufgezeigt werden, z. B. die Kollaboration mit Kolleg/innen (schulintern, -übergreifend, über Netzwerke) und Forschenden sowie die Nutzung von Unterstützungsangeboten (z. B. Material, Fortbildungen) und Einbezug einer weiteren, vermittelnden Instanz, z. B. fachdidaktische Forschungsgruppen (Aristeidou et al., 2022; Atias et al., 2023).

3. Konkrete Beispiele aus der Lehrkräftebildung

Die Online-Materialien zu diesem Beitrag beschreiben erprobte Formate, um CS in die Lehrkräftebildung zu integrieren. Material 1 stellt dar, wie an der Hochschule für

Agrar- und Umweltpädagogik (Wien) CS als Methode in der Hochschullehre mehrmals im Studienverlauf, sowohl in fachwissenschaftlichen als auch in fachdidaktischen Lehrveranstaltungen, integriert werden kann. Schon am Kennenlerntag erheben Studierende mit der Bestimmungsapp iNaturalist Biodiversitätsdaten. Sie nutzen die App auch in Bestimmungsübungen und Exkursionen und behandeln CS in der fachdidaktischen Lehre.

Material 2 hingegen informiert über CS als Konzept und seine Einsatzmöglichkeiten im Unterricht in Form einer ca. 90-minütigen Lehr- oder Fortbildungsveranstaltung. Das entwickelte Konzept wurde in einer fachdidaktischen Lehrveranstaltung an der RWTH Aachen University und in gekürzter Form auch im Rahmen einer Lehrkräftefortbildung der Joachim Herz Stiftung erprobt. Es ist in allen Phasen der Lehrkräftebildung einsetzbar und kann sowohl online als auch in Präsenz durchgeführt werden. Es ist auf den Einsatz von CS im Biologieunterricht fokussiert, kann aber auf andere Fächer angepasst werden. Dabei wird auf hier beschriebene Aspekte zum Potenzial von CS, zu Erkenntnissen über CS und zu Anknüpfungspunkten und Empfehlungen für CS in der Schulpraxis eingegangen. Projektbeispiele und Ressourcen werden vorgestellt und die Umsetzung im Unterricht wird exemplarisch thematisiert. Somit sollen Lehrkräfte bzw. Lehramtsstudierende über das Konzept von CS informiert und für die Nutzung in ihrer Unterrichtspraxis motiviert und unterstützt werden. Zu diesem Konzept werden auch Präsentationsfolien als Online-Material 3 zur Verfügung gestellt.

Ergänzend dazu finden sich in Online-Material 4 weiterführende Ressourcen, welche für die Thematisierung von Citizen Science in Lehrkräftebildung und Unterrichtspraxis als hilfreich erachtet werden.

Mit den Online-Materialien liefert dieser Beitrag handlungsorientierte Vorschläge, um zu gewährleisten, dass Citizen Science als ein partizipativer Forschungsansatz mit Potenzial zur Umsetzung zahlreicher Bildungsziele in einer zeitgemäßen Lehrkräftebildung angemessen thematisiert wird.

Literatur

Aristeidou, M., Ferguson, R., Perryman, L.-A. & Tegama, N. (2021). The Roles and Value of Citizen Science: Perceptions of Professional Educators Enrolled on a Postgraduate Course. *Citizen Science: Theory and Practice, 6*(1), 24. https://doi.org/10.5334/cstp.421

Aristeidou, M., Lorke, J. & Ismail, N. (2022). Citizen Science: Schoolteachers' Motivation, Experiences, and Recommendations. *International Journal of Science and Mathematics Education*, 1–27. https://doi.org/10.1007/s10763-022-10340-z

Atias, O., Baram-Tsabari, A., Kali, Y. & Shavit, A. (2023). In pursuit of mutual benefits in school-based citizen science: Who wins what in a win-win situation? *Instructional Science*. https://doi.org/10.1007/s11251-022-09608-2

Baumert, J. & Kunter, M. (2006). Stichwort: Professionelle Kompetenz von Lehrkräften. *Zeitschrift für Erziehungswissenschaft, 9*(4), 469–520. https://doi.org/10.1007/s11618-006-0165-2

Bonn, A., Brink, W., Hecker, S., Herrmann, T. M., Liedtke, C., Premke-Kraus, M., Voigt-Heucke, S., von Gönner, J., Altmann, C. S., Bauhus, W., Bengtsson, L., Brandt, M., Bruckermann, T., Büermann, A., Dietrich, P., Dörler, D., Eich-Brod, R., Eichinger, M., Ferschinger, L., … & Woll, S. (2022). *Weißbuch Citizen-Science-Strategie 2030 für Deutschland*. Helmholtz-Gemeinschaft, Leibniz-Gemeinschaft, Universitäten und außeruniversitäre Einrichtungen.

Bonney, R. (1996). Citizen science: A lab tradition. *Living Bird, 15*(4), 7–15.

Bopardikar, A., Bernstein, D. & McKenney, S. (2023). Boundary Crossing in Student-Teacher-Scientist-Partnerships: Designer Considerations and Methods to Integrate Citizen Science with School Science. *Instructional Science*, 1–40. https://doi.org/10.1007/s11251-022-09615-3

Bruckermann, T. & Lorke, J. (2021). Online Citizen Science: Mit digitalen Tools Forschung in den Unterricht bringen. *Unterricht Biologie, 45*(469), 44–47.

Bruckermann, T., Lorke, J., Rafolt, S., Scheuch, M., Aristeidou, M., Ballard, H., Bardy-Durchhalter, M., Carli, E., Herodotou, C., Kelemen-Finan, J., Robinson, L., Swanson, R., Winter, S. & Kapelari, S. (2020). Learning opportunities and outcomes in citizen science: A heuristic model for design and evaluation. In O. Levrini & G. Tasquier (Hrsg.), *Electronic Proceedings of the ESERA 2019 Conference. The Beauty and Pleasure of Understanding: Engaging With Contemporary Challenges Through Science Education* (S. 889–898). University of Bologna. https://par.nsf.gov/servlets/purl/10213530

Bundesministerium für Bildung und Frauen (BBF). (2014). *Grundsatzerlass Umweltbildung für nachhaltige Entwicklung*. https://rundschreiben.bmbwf.gv.at/media/2014_20.pdf

Bundesministerium für Bildung, Wissenschaft und Forschung (BMBWF). (2017). *Grundsatzerlass zum Projektunterricht*. https://rundschreiben.bmbwf.gv.at/rundschreiben/?id=772

Caruso, J. P., Israel, N., Rowland, K., Lovelace, M. J. & Saunders, M. J. (2016). Citizen science: The small world initiative improved lecture grades and California critical thinking skills test scores of nonscience major students at Florida Atlantic University. *Journal of Micro-Biology & Biology Education, 17*(1), 156–162.

Cieslinski, M., Heinzelreiter-Wallner, G., Scheuch, M., Siegele, P., Ernst, M., Frigerio, D., Grabner, M., Hofer, A., Lampert, P., Mädge, A., Mattenberger, H., Pany, P., Pirker, H., Steurer, W., Wagner, S. & Westreicher, F. (2021). *Citizen Science – Forschen mit Schulen. Grundlagen, Empfehlungen & praktische Tipps für gemeinsame Projekte*. https://zenodo.org/record/5865482

Dani, D. (2019). A community and place-based approach to middle childhood science teacher education. *Middle School Journal, 50*(2), 45–52. https://doi.org/10.1080/00940771.2019.1576581

Dixon, C. G., Harris, E. M., Ballard, H. (2022). Identities in Action: Opportunities and Risks of Identity Work in Community and Citizen Science. In H. T. Holmegaard & L. Archer (Hrsg.), *Science Identities – Theory, method and research* (S. 247–269). Springer. https://doi.org/10.1007/978-3-031-17642-5_12

Doyle, C., Anderson, D. & Boucher, M. (2017). *What is online citizen science anyway? An educational perspective*. https://arxiv.org/pdf/1805.00441.pdf

Frigerio, D., Cieslinski, M., Westreicher, F., Scheuch, M. & Ernst, M. (2023). The booklet "Citizen Science – Research with Schools" – Does it withstand the critical eyes of the citizen science community? *Proceedings of Austrian Citizen Science Conference 2022 – PoS, ACSC2022*, 030. https://doi.org/10.22323/1.407.0030

Ghadiri Khanaposhtani, M., Ballard, H. L., Lorke, J., Miller, A. E., Pratt-Taweh, S., Jennewein, J., Robinson, L .D., Higgins, L., Johnson, R. F., Young, A. N., Gregory, B. P. & Benavides Lahnstein, A. I. (2022). Examining youth participation in ongoing community and citizen science programs in 3 different out-of-school settings. *Environmental Education Research, 28*(12), 1730–1754. https://doi.org/10.1080/13504622.2022.2078480

Glenn Lee, S. C. (2022). *Elucidating the Relationship Between Elementary Teachers' Beliefs About Science Teaching and Learning, Decision Making, and Participation in Citizen Science* (Dissertation, San Diego State University). https://digitallibrary.sdsu.edu/islandora/object/sdsu%3A200818

Hadjichambi, D., Hadjichambis, A. C., Adamou, A. & Georgiou, Y. (2023). A systematic literature review of K-12 environmental citizen science (CS) initiatives: Unveiling the CS pedagogical and participatory aspects contributing to students' environmental citizenship. *Educational Research Review, 39*, 100525. https://doi.org/10.1016/j.edurev.2023.100525

Irwin, A. (1995). *Citizen Science. A Study of People, Expertise and Sustainable Development.* Routledge. https://doi.org/10.4324/9780203202395

Jenkins, L. L. (2011). Using citizen science beyond teaching science content: a strategy for making science relevant to students' lives. *Cultural Studies of Science Education, 6*(2), 501–508. https://doi.org/10.1007/s11422-010-9304-4

Jenkins, L. L., Walker, R. M., Tenenbaum, Z., Sadler, K. C. & Wissehr, C. (2015). Why the secret of the great smoky mountains institute at tremont should influence science education – connecting people and nature. In M. P. Kueller & D. J. Tippins (Hrsg.), *EcoJustice, Citizen Science and Youth Activism* (S. 265–279). Springer. https://doi.org/10.1007/978-3-319-11608-2_16

Kelemen-Finan, J., Scheuch, M. & Winter, S. (2018). Contributions from citizen science to science education: an examination of a biodiversity citizen science project with schools in Central Europe. *International Journal of Science Education, 40*(17), 2078–2098. https://doi.org/10.1080/09500693.2018.1520405

Kervinen, A. & Aivelo, T. (2022). *How do secondary school students handle epistemic uncertainty during an ecological citizen science inquiry?.* EdArXiv. https://doi.org/10.35542/osf.io/4py6n

Kultusministerkonferenz (KMK). (2019). *Ländergemeinsame inhaltliche Anforderungen für die Fachwissenschaften und Fachdidaktiken in der Lehrerbildung.* https://www.kmk.org/fileadmin/Dateien/veroeffentlichungen_beschluesse/2008/2008_10_16-Fachprofile-Lehrerbildung.pdf

Lorke, J. & Schmid-Loertzer, V. (2022). *Wie wirkt eigentlich Citizen Science? Ein Blick in die Forschungsliteratur.* Zenodo. https://doi.org/10.5281/zenodo.6797923

Lüsse, M., Brockhage, F., Beeken, M. & Pietzner, V. (2022). Citizen science and its potential for science education. *International Journal of Science Education, 44*(7), 1120–1142. https://doi.org/10.1080/09500693.2022.2067365

Ministerium für Schule und Bildung des Landes Nordrhein-Westfalen (MSB). (2022). *Kernlehrplan für die Sekundarstufe 2 Gymnasium/Gesamtschule in Nordrhein-Westfalen Biologie.* https://www.schulentwicklung.nrw.de/lehrplaene/lehrplan/325/gost_klp_bi_2022_06_07.pdf

Mueller, M. P., Tippins, D. & Bryan, L. (2011). The Future of Citizen Science. *Democracy & Education, 20*(1), 1–12. https://democracyeducationjournal.org/home/vol20/iss1/2

Nouri, N., Saberi, M., McComas, W. F. & Mohammadi, M. (2021). Proposed Teacher Competencies to Support Effective Nature of Science Instruction: A Meta-Synthesis of the Literature. *Journal of Science Teacher Education, 32*(6), 601–624. https://doi.org/10.1080/10 46560X.2020.1871206

Peter, M., Diekötter, T., Kremer, K., Höffler, T. (2021). Citizen science project characteristics: Connection to participants' gains in knowledge and skills. *PLoS ONE, 16*(7), e0253692. https://doi.org/10.1371/journal.pone.0253692

Phillips, T., Porticella, N., Constas, M. & Bonney, R. (2018). A Framework for Articulating and Measuring Individual Learning Outcomes from Participation in Citizen Science. *Citizen Science: Theory and Practice, 3*(2), 3. https://doi.org/10.5334/cstp.126

Roche J., Bell, L., Galvão, C., Golumbic, Y. N., Kloetzer, L., Knoben, N., Laakso, M., Lorke, J., Mannion, G., Massetti, L., Mauchline, A., Pata, K., Ruck, A., Taraba, P. & Winter, S. (2020). Citizen Science, Education, and Learning: Challenges and Opportunities. *Frontiers in Sociology, 5*, 1–10. https://doi.org/10.3389/fsoc.2020.613814

Ruhrig, J. & Höttecke, D. (2015). Components of Science Teachers' Professional Competence and Their Orientational Frameworks when Dealing with Uncertain Evidence in Science Teaching. *International Journal of Science and Mathematics Education, 13*(2), 447–465. https://doi.org/10.1007/s10763-015-9628-3

Scheuch, M., Panhuber, T., Winter, S., Keleman-Finan, J., Bardy-Durchhalter, M., Kapelari, S. (2018). Butterflies & wild bees: biology teachers' PCK development through citizen science. *Journal of Biological Education, 52*(1), 79–88. https://doi.org/10.1080/00219266.201 7.1405530

 Onlinematerial

Julia Lorke, RWTH Aachen, Didaktik der Biologie, Worringerweg 1, 52074 Aachen,
lorke@ddb.rwth-aachen.de
https://orcid.org/0000-0001-5064-1744

Till Bruckermann, Leibniz Universität Hannover, Im Moore 11, 30167 Hannover,
till.bruckermann@iew.uni-hannover.de
https://orcid.org/0000-0002-8789-8276

Isabell Helbing, RWTH Aachen University,
isabell.helbing@rwth-aachen.de
https://orcid.org/0000-0002-7987-6034

Eva Tchekov, Leibniz-Universität Hannover, Im Moore 11, 30167 Hannover,
eva.tchekov@iew.uni-hannover.de

Martin Scheuch, Hochschule für Agrar- und Umweltpädagogik & Universität Wien/AECC-Biologie, Angermayergasse 1, 1130 Wien, Österreich
martin.scheuch@haup.ac.at
https://orcid.org/0000-0003-3183-799X

Erkenntnisgewinnungskompetenzen im naturwissenschaftlichen Unterricht fördern

Empfehlungen und Praxisbeispiele für fachdidaktische
Lernangebote in der Lehrkräftebildung

*Richard Sannert, Verena Petermann, Tobias Lieberei,
Virginia Deborah Elaine Welter & Moritz Krell*

Im internationalen Diskurs über naturwissenschaftliche Bildung im 21. Jahrhundert wird zunehmend gefordert, dass Schulen und Universitäten weniger als bisher auf die Vermittlung von Fachinhalten fokussieren, sondern verstärkt naturwissenschaftliche Fähigkeiten fördern sollen (OECD, 2020). Dies ist insbesondere für die konstruktive Auseinandersetzung mit (zukünftigen) gesellschaftlichen Fragen (z. B. zum Klimawandel, zum Artensterben oder zu Epidemien) von immenser Bedeutung. Vor diesem Hintergrund stellen Kompetenzen zur (natur-)wissenschaftlichen Erkenntnisgewinnung, wie die Fähigkeiten zum naturwissenschaftlichen Denken und Arbeiten sowie ein fundiertes Verständnis über das Wesen der Naturwissenschaften, wesentliche Ziele des naturwissenschaftlichen Unterrichts dar (KMK, 2020; Osborne, 2014). Mehrere Studien haben jedoch gezeigt, dass Erkenntnisgewinnungskompetenzen (EGK) von Schüler/innen noch nicht ausreichend entwickelt werden (z. B. Lederman et al., 2019). Die Ursache-Wirkungs-Kette von der Lehramtsausbildung über das Unterrichtshandeln bis hin zum Kompetenzerwerb bei Schüler/innen macht deutlich, dass es wirksamer Aus- und Fortbildungsangebote zur Förderung von EGK im naturwissenschaftlichen Unterricht bedarf, damit Lehrkräfte EGK effektiv fördern können (Welter et al., 2023). Daher werden in diesem Beitrag evidenzbasierte Empfehlungen und Praxisbeispiele für fachdidaktische Lernangebote für Lehrkräfte zur Förderung von EGK vorgestellt.

Für die Gestaltung wirksamer Lernangebote für Lehrkräfte ist sowohl die Ebene des Unterrichts als auch die Ebene der Aus- und Fortbildung zu berücksichtigen (Lipowsky & Rzejak; 2019; Prediger et al., 2017). Der Beitrag geht daher zunächst auf die Ebene des Unterrichts ein, indem zentrale Befunde zur wirksamen Förderung von EGK bei Schüler/innen zusammengefasst werden. Anschließend werden aus diesen Befunden sowie aus Befunden zur professionellen Kompetenz von Lehrkräften zur

Förderung von EGK-Empfehlungen dazu abgeleitet, was aus fachdidaktischer Sicht zentraler Aus- und Fortbildungsgegenstand zur Förderung von EGK sein sollte und dieser mit praxiserprobten Beispielen illustriert.

1. Naturwissenschaftliche Erkenntnisgewinnung und zugehörige Kompetenzen

Naturwissenschaftliche Erkenntnisgewinnung bezeichnet verschiedene Wege, über die Naturwissenschaftler/innen die Natur untersuchen (Crawford, 2014). Diese Wege können auf mindestens zwei Weisen differenzierter beschrieben werden: Zum einen umfasst ein idealisierter Erkenntnisgewinnungsprozess verschiedene Teilprozesse („Denkweisen") wie das Formulieren von Fragen und Hypothesen, das Planen und Durchführen von Untersuchungen sowie das Auswerten und Interpretieren von Daten (Mayer, 2007). Zum anderen werden verschiedene naturwissenschaftliche Untersuchungsmethoden („Arbeitsweisen") wie das Beobachten, Experimentieren und Modellieren genutzt (Nehring et al., 2016). Kompetenzen zur Ausführung und Reflexion solcher naturwissenschaftlichen Denk- und Arbeitsweisen (NDAW) können in den naturwissenschaftlichen Bildungsstandards dem Kompetenzbereich „Erkenntnisgewinnung" zugeordnet (z.B. KMK, 2005, 2020) und daher als EGK bezeichnet werden.

Um NDAW auszuführen, ist fachmethodisches Wissen über zugehörige Regeln, Strategien und Konzepte notwendig (Krell & Krüger, 2022; Osborne, 2014; von Aufschnaiter & Hofmann, 2014). So erfordert beispielsweise die Planung von Experimenten u. a. Wissen darüber, was unabhängige und abhängige Variablen sind, was die Variablenkontrollstrategie bedeutet und warum diese eine Voraussetzung für valide Schlussfolgerungen ist (Vorholzer et al., 2020). Studien legen jedoch nahe, dass es Schüler/innen teils an fachmethodischem Wissen fehlt, denn sie haben eine Vielzahl von Schwierigkeiten bei der Ausführung und Reflexion von NDAW. So achten viele Schüler/innen beispielsweise beim Planen eines Experiments häufig nicht auf das Kontrollieren relevanter Variablen (Kranz et al., 2022).

2. Förderung von Erkenntnisgewinnungskompetenzen im naturwissenschaftlichen Unterricht

Häufig wird angenommen, dass Schüler/innen EGK bereits hinreichend aufbauen würden, wenn sie in NDAW im Unterricht eingebunden werden (siehe Diskussion in Abrams et al., 2007). Zwar bietet eine solche Einbindung Potenzial zur Förderung von EGK, weil Schüler/innen Erfahrung in der Ausführung von NDAW sammeln und diese einen wichtigen Ausgangspunkt für Reflexionen über NDAW darstellen (Abrams et al., 2007), jedoch sind nicht alle Umsetzungsformen für die Förderung von EGK gleich wirksam. In diesem Zusammenhang werden insbesondere der *Grad der Explizitheit* sowie der *Öffnungsgrad* diskutiert (z. B. Lazonder & Harmsen, 2016; Vorholzer & von Aufschnaiter, 2019).

Mit dem *Grad der Explizitheit* werden verschiedene Möglichkeiten unterschieden, fachmethodisches Wissen vor, während und/oder nach der Ausführung oder Reflexion von NDAW im Unterricht einzubeziehen (Lee, 2022; Vorholzer & von Aufschnaiter, 2019). Hier wird mindestens zwischen *impliziten* und *expliziten* Instruktionsansätzen unterschieden. Während bei impliziten Instruktionsansätzen fachmethodisches Wissen von Schüler/innen selbst entdeckt werden muss, wird bei expliziten Instruktionsansätzen solches Wissen während der Instruktion thematisiert (Vorholzer et al., 2020). Bezogen auf die Planung von Experimenten müssen sich Schüler/innen bei impliziten Ansätzen beispielsweise aus mehreren Experimenten erschließen, was bei der Planung zu beachten ist. Im Gegensatz dazu wird Schüler/innen in expliziten Ansätzen (zusätzlich) erläutert, was die Variablenkontrollstrategie ist und warum diese eine Voraussetzung für valide Schlussfolgerungen darstellt. Verschiedene Studien zeigen, dass für die Förderung von EGK explizite Instruktionsansätze wirksamer als implizite Instruktionsansätze sind (z. B. Matlen & Klahr, 2013; Vorholzer et al., 2020). Grundsätzlich sind sehr unterschiedliche Implementationen expliziter Instruktion denkbar, da das Explizieren fachmethodischen Wissens zum einen von der einmaligen Mitteilung einer Regel bis hin zu umfangreichen Erläuterungen mit konkreten Beispielen reicht und zum anderen in schüleraktive Unterrichtsphasen oder in Vorträge einer Lehrkraft eingebettet sein kann.

Mit dem *Öffnungsgrad* werden verschiedene Umfänge der von Schüler/innen selbst zu treffenden Entscheidungen bei der Ausführung oder Reflexion von NDAW im Unterricht unterschieden (Abrams et al., 2007; Priemer, 2011). Beispielsweise kann die Planung eines Experiments durch die Lehrkraft vorweggenommen werden, indem den Schüler/innen eine detaillierte Versuchsanleitung vorgegeben wird (*keine eigenen Entscheidungen*). Die Planung kann teilweise geöffnet werden, indem den Schüler/innen beispielsweise Materialien zur Verfügung gestellt und von ihnen u. a. die unabhängige und abhängige Variable sowie Kontrollvariablen festgelegt werden (*teilweise eigene Entscheidungen*). Bei einer vollständigen Öffnung der Planung wird diese ohne Hilfen oder Vorgaben eigenständig von den Schüler/innen entwickelt (*vollständig eigene Entscheidungen*). Mit dieser Variation geht auch eine Veränderung des als vorhanden vorausgesetzten fachmethodischen Wissens einher: Mit höherem Öffnungsgrad in zunehmend mehr NDAW und dem damit steigenden Entscheidungsspielraum ist mehr fachmethodisches Vorwissen sowie dessen Vernetzung nötig, damit die Schüler/innen die jeweiligen Entscheidungen kompetent treffen können (Baur et al., 2020). Im Hinblick auf die Wirksamkeit zur Förderung von EGK wird deshalb auch betont, dass zu früh und zu weit geöffnetes Ausführen oder Reflektieren von NDAW zur Überforderung der Schüler/innen führen kann (z. B. Kirschner et al., 2006). Langfristig sollte es aber das Ziel sein, den Öffnungsgrad mit Zunahme des fachmethodischen Wissens der Schüler/innen sukzessive in allen NDAW zu erhöhen, da Schüler/innen Kompetenzen zur *eigenständigen* Ausführung von und Reflexion über NDAW aufbauen sollen (Vorholzer & von Aufschnaiter, 2019).

Insgesamt liegt im naturwissenschaftlichen Unterricht in Deutschland typischerweise ein hohes Potenzial zur Förderung von EGK vor, da Schüler/innen einen substanziellen Teil der Unterrichtszeit in NDAW eingebunden sind (z. B. Nehring et al., 2016). Jedoch scheint dieses Potenzial bislang nicht vollständig ausgeschöpft zu werden: Zum einen legen Studien nahe, dass fachmethodisches Wissen selten expliziert wird (z. B. Vorholzer et al., 2022). Zum anderen scheint der Öffnungsgrad kaum sukzessive erhöht zu werden, denn Schüler/innen führen NDAW typischerweise entlang vorgegebener Anleitungen aus (z. B. Börlin & Labudde, 2014). Dieses noch nicht vollständig genutzte Potenzial könnte eine Ursache für die Vielzahl an Schwierigkeiten von Schüler/innen bei der Ausführung und Reflexion von NDAW sein. Hierbei ist jedoch mindestens eine Einschränkung zu betonen, denn in vielen Studien zur Unterrichtspraxis ist nichts über das von den Lehrkräften angestrebte Lernziel in den untersuchten Unterrichtsstunden bekannt. Dass manche Umsetzungsformen zur Förderung von EGK kaum beobachtet werden, könnte auch dadurch erklärt werden, dass einige Lehrkräfte gar nicht auf den Aufbau von EGK, sondern beispielsweise auf die Vermittlung von Fachinhalten (z. B. Fotosynthese, Newtonsche Axiome, Massenerhaltungsgesetz) abgezielt haben. Trotzdem gibt es Hinweise, dass Lehrkräfte auch dann selten fachmethodisches Wissen explizieren, wenn sie primär die Förderung von EGK anstreben (Großmann & Krüger, 2023; Petermann & Vorholzer, 2023).

3. Empfehlungen und Praxisbeispiele für Aus- und Fortbildungsangebote zur Förderung von Erkenntnisgewinnungskompetenzen im naturwissenschaftlichen Unterricht

Als wirksam gelten Aus- und Fortbildungsangebote besonders dann, wenn sie einen klaren *inhaltlichen Fokus* aufweisen (Desimone, 2009; Lipowsky & Rzejak, 2019). Empfehlungen für einen solchen inhaltlichen Fokus werden im Folgenden aus fachdidaktischer Perspektive, zum einen basierend auf dem Stand der Forschung zur wirksamen Förderung von EGK im Unterricht (Abschnitt 2) und zum anderen basierend auf Befunden zur professionellen Kompetenz von Lehrkräften zur Förderung von EGK, abgeleitet. Die herausgearbeiteten Empfehlungen konkretisieren den Aus- und Fortbildungsgegenstand zur Förderung von EGK und adressieren insbesondere fachdidaktisches Wissen und Überzeugungen, da sich diese Dispositionen u. a. gemeinsam mit dem fachwissenschaftlichen Wissen von Lehrkräften zu NDAW als relevante Faktoren für die Förderung von EGK im Unterricht angedeutet haben (z. B. Petermann & Vorholzer, 2022; Schwartz & Lederman, 2002) und zentrale Bestandteile der professionellen Kompetenz von Lehrkräften sind (Baumert & Kunter, 2006; Blömeke et al., 2022; Carlson & Daehler, 2019). Hierbei umfasst das fachdidaktische Wissen u. a. Kenntnisse über Instruktionsstrategien zur Förderung von EGK und Schwierigkeiten von Schüler/innen, während zugehörige Überzeugungen persönliche Wahrheiten beschreiben, die im Gegensatz zum Wissen nur einer individuellen

Rechtfertigung bedürfen und nicht durch andere verifiziert oder akzeptiert werden müssen (Baumert & Kunter, 2006).

Neben dem klaren inhaltlichen Fokus zeichnen sich wirksame Aus- und Fortbildungsangebote zu Förderung von EGK auch durch die Umsetzung *aktiven Lernens* in Abgrenzung zur passiven Aufnahme von Inhalten aus (Desimone, 2009; Sannert & Krell, 2023a). Daher enthalten die zur Verfügung gestellten Praxisbeispiele verschiedene Umsetzungsmöglichkeiten aktiven Lernens, die die Erarbeitung und Übung des im Folgenden herausgearbeiteten fachdidaktischen Aus- und Fortbildungsgegenstands zur Förderung von EGK unterstützen sollen. So regen die Aufgaben in den Praxisbeispielen beispielsweise Aktivitäten wie die Analyse und Entwicklung von Unterricht zur Förderung von EGK an und liefern damit erste Anhaltspunkte für die Berücksichtigung der in den nächsten Abschnitten abgeleiteten Empfehlungen.

3.1 Fachmethodisches Wissen als Grundlage für Erkenntnisgewinnungskompetenzen

Grundsätzlich ist es wichtig, dass Lehrkräfte von der Relevanz des Aufbaus von EGK überzeugt sind, da dies die Förderung von EGK im Unterricht begünstigt (Bartos & Lederman, 2014). Besonders bedeutsam ist hierbei, dass fachmethodisches Wissen eine zentrale Grundlage zur Entfaltung von EGK ist (Abschnitt 1). Dies scheint jedoch nicht allen Lehrkräften bewusst zu sein: Zum einen deutet sich an, dass diese den Aufbau von Wissen stärker mit der Vermittlung von Fachinhalten als mit dem Aufbau von EGK verbinden (Petermann et al., 2023). Zum anderen sind sie davon überzeugt, dass Schüler/innen EGK bereits hinreichend aufbauen, wenn sie NDAW häufig ausführen (Petermann et al., 2023). Dies wird auch darin deutlich, dass Lehrkräfte bei der Förderung von EGK Schüler/innen umfassend NDAW ausführen lassen, dabei aber kaum explizit auf fachmethodisches Wissen eingehen (Vorholzer et al., 2022). In der Aus- und Fortbildung sollte somit thematisiert werden, dass Wissen nicht nur bezogen auf Fachinhalte, sondern auch zur Entfaltung von EGK von zentraler Bedeutung ist.

Fachmethodisches Wissen ist eine zentrale Grundlage für die Entfaltung von EGK.

Online-Material 1 bahnt ein Verständnis der Bedeutung des fachmethodischen Wissens für die Entfaltung von EGK an, indem eine sehr offene Experimentieraufgabe mittels einer vorgegebenen Auswahl an Regeln, Strategien und Konzepten dahingehend analysiert werden soll, welches fachinhaltliche *und* fachmethodische Wissen für deren Bearbeitung als vorhanden vorausgesetzt werden muss.

3.2 Instruktionsstrategien zur Förderung von Erkenntnisgewinnungskompetenzen

Wichtige Instruktionsstrategien zur Förderung von EGK sind die explizite Thematisierung fachmethodischen Wissens sowie die gezielte Variation des Öffnungsgrads zur Anpassung an das fachmethodische Vorwissen der Schüler/innen. Studien zur Unterrichtspraxis legen jedoch nahe, dass deren Wirksamkeit bislang kaum im naturwissenschaftlichen Unterricht ausgeschöpft wird (Abschnitt 2). Hinzu kommt, dass manche Lehrkräfte davon überzeugt sind, dass explizite Instruktionsansätze weniger nützlich zur Förderung von EGK im Vergleich zur Vermittlung von Fachinhalten sind (Petermann et al., 2023). Überzeugungen zur Nützlichkeit expliziter Instruktion zur Förderung von EGK deuten sich jedoch als notwendige Bedingung für deren Umsetzung an (Petermann & Vorholzer, 2022). Die Thematisierung der beiden Instruktionsstrategien sollte verbunden mit verschiedenen Umsetzungsbeispielen somit ein zentraler Bestandteil der Lehrkräftebildung zur Förderung von EGK sein.

> Wirksam ist die Förderung von EGK insbesondere dann, wenn fachmethodisches Wissen explizit thematisiert wird und der Öffnungsgrad an das fachmethodische Vorwissen der Schüler/innen angepasst ist.

Mit *Online-Material 2* kann erarbeitet werden, was die Förderung von EGK insbesondere mit Blick auf explizite Instruktion kennzeichnet. Hierzu analysieren die Lehrkräfte verschiedene unterrichtliche Einbettungen des gleichen Experiments, wovon eine Variante explizit fachinhaltliches Wissen und die andere Variante explizit fachmethodisches Wissen adressiert.

Online-Material 3 dient als Übung der angemessenen Umsetzung expliziter Instruktion und einer passenden Wahl des Öffnungsgrads zur Förderung von EGK. Hierzu regt die Übung zunächst die Analyse einer als Textvignette dargestellten Unterrichtsstunde an, in der für Schüler/innen mit wenig fachmethodischem Vorwissen sehr offene Experimentieraufgaben ohne explizite Instruktion fachmethodischen Wissens beschrieben sind. Ausgehend von der Analyse soll die vorgegebene Unterrichtsstunde anschließend bzgl. expliziter Instruktion und der Wahl des Öffnungsgrads optimiert werden.

Online-Material 4 stellt im Gegensatz zum Online-Material 3 eine deutlich weniger vorstrukturierte Übung zur Umsetzung der beiden Instruktionsstrategien dar, da hier nach einer angeleiteten Auswahl von zu adressierendem fachmethodischen Wissen eine Unterrichtsstunde zur Förderung von EGK eigenständig entwickelt werden soll.

3.3 Schwierigkeiten von Schüler/innen bei der Ausführung und Reflexion von naturwissenschaftlichen Denk- und Arbeitsweisen

Angesichts der Schwierigkeiten, die Schüler/innen typischerweise bei der Ausführung und Reflexion von NDAW haben (Abschnitt 1), und der Notwendigkeit, den Unterricht auf das fachmethodische Vorwissen der Schüler/innen anzupassen (Abschnitt

2), erscheint es sinnvoll, Lehrkräfte gezielt für diese Schwierigkeiten zu sensibilisieren und deren Wahrnehmung zu fördern. Dies wird auch dadurch unterstrichen, dass manche Lehrkräfte bei der Konzeption von Unterricht zur Förderung von EGK überwiegend Schwierigkeiten von Schüler/innen bezogen auf Fachinhalte und kaum bezogen auf das Ausführen und Reflektieren von NDAW antizipieren (Sannert & Krell, 2023b).

> Schüler/innen haben typischerweise eine Vielzahl an Schwierigkeiten bei der Ausführung und Reflexion von NDAW. Diese sollten bei der Förderung von EGK berücksichtigt werden, indem u. a. relevantes fachmethodisches Wissen explizit thematisiert wird.

Online-Material 5 zielt auf die Förderung der Wahrnehmung von und des Wissens über Schwierigkeiten von Schüler/innen bei der Ausführung und Reflexion von NDAW ab. Hierzu werden die Lehrkräfte in Anlehnung an die professionelle Unterrichtswahrnehmung schrittweise zum Analysieren von Unterrichtsvideos angeleitet und die identifizierten Schwierigkeiten im Anschluss gemeinsam gesammelt und diskutiert.

4. Ausblick

Der Beitrag liefert evidenzbasierte Empfehlungen und praxiserprobte Beispiele für fachdidaktische Aus- und Fortbildungsangebote zur Förderung von EGK im naturwissenschaftlichen Unterricht. Dabei wurden zwei zentrale Merkmale wirksamer Lernangebote, ein klarer inhaltlicher Fokus sowie das Anregen aktiven Lernens, in den Vordergrund gestellt und hinsichtlich des Lerngegenstands *Erkenntnisgewinnung* konkretisiert. Die abgeleiteten Empfehlungen sind jedoch nicht als abschließend zu verstehen und könnten mindestens in drei Richtungen erweitert werden: Erstens wäre eine noch stärkere Ausrichtung von Aus- und Fortbildungsangeboten zur Förderung von EGK auf die Voraussetzungen, Entwicklungsbedarfe und Lernprozesse von Lehrkräften wünschenswert (Roehrig, 2023; Prediger et al., 2017). Hierzu sind jedoch weitere Studien notwendig, welche die professionelle Kompetenz von Lehrkräften sowie typische Lernwege und Schwierigkeiten bei deren Aufbau spezifisch zur Förderung von EGK untersuchen. Zweitens adressieren die vorgeschlagenen Empfehlungen primär den Aufbau von fachdidaktischem Wissen und Überzeugungen; die professionelle Kompetenz von Lehrkräften ist jedoch deutlich facettenreicher und umfasst beispielsweise auch fachwissenschaftliche Wissensbestände (z. B. fachmethodisches Wissen) oder situationsspezifische Fähigkeiten (Blömeke et al., 2022). Drittens sind zusätzlich zu einem klaren inhaltlichen Fokus und der Umsetzung aktiven Lernens für die Wirksamkeit von Aus- und Fortbildungsangeboten weitere Aspekte wie beispielsweise der zeitliche Umfang und die Kohärenz des Lernangebots zum beruflichen Alltag bedeutsam (z. B. Lipowsky & Rzejak, 2019).

Literatur

Abrams, E., Southerland, S. A. & Evans, C. A. (2007). Inquiry in the classroom: realities and opportunities. *Science Education, 81*(1), 67–89.

Bartos, S. A. & Lederman, N. G. (2014). Teachers' knowledge structures for nature of science and scientific inquiry: conceptions and classroom practice. *Journal of Research in Science Teaching, 51*(9), 1150–1184.

Baumert, J. & Kunter, M. (2006). Stichwort: Professionelle Kompetenz von Lehrkräften. *Zeitschrift für Erziehungswissenschaften, 9*(4), 469–520.

Baur, A., Hummel, E., Emden, M. & Schröter, E. (2020). Wie offen sollte offenes Experimentieren sein? *MNU Journal, 73*, 125–128.

Blömeke, S., Jentsch, A., Ross, N., Kaiser, G. & König, J. (2022). Opening up the black box: teacher competence, instructional quality, and students' learning progress. *Learning and Instruction, 79*, 101600.

Börlin, J. & Labudde, P. (2014). Practical work in physics instruction: an opportunity to learn? In H. E. Fischer, P. Labudde, K. Neumann & L. Viiri (Hrsg.), *Quality of instruction in physics* (S. 111–127). Waxmann.

Carlson, J. & Daehler, K. R. (2019). The refined consensus model of pedagogical content knowledge in science education. In A. Hume, R. Cooper & A. Borowski (Hrsg.), *Repositioning pedagogical content knowledge in teachers' knowledge for teaching science* (S. 77–92). Springer.

Crawford, B. A. (2014). From inquiry to scientific practices in the science classroom. In N. G. Lederman & S. K. Abell (Hrsg.), *Handbook of research on science education* (S. 515–541). Routledge.

Desimone, L. M. (2009). Improving impact studies of teachers' professional development: Toward better conceptualizations and measures. *Educational researcher, 38*(3), 181–199.

Großmann, L. & Krüger, D. (2023). *Erkenntnisgewinnung (v)erklärt: Wie plant man hypothesengeleiteten Biologieunterricht?* [Manuskript eingereicht].

Kirschner, P. A., Sweller, J., & Clark, R. E. (2006). Why minimal guidance during instruction does not work: an analysis of the failure of constructivist, discovery, problem-based, experiential, and inquiry-based teaching. *Educational Psychologist, 41*(2), 75–86.

KMK (2005). *Bildungsstandards im Fach Biologie für den Mittleren Schulabschluss.* Luchterhand.

KMK (2020). *Bildungsstandards im Fach Biologie für die Allgemeine Hochschulreife.* Wolters Kluwer.

Kranz, J., Baur, A. & Möller, A. (2022). Learners' challenges in understanding and performing experiments: a systematic review of the literature. *Studies in Science Education*, 1–47.

Krell, M. & Krüger, D. (2022). Erkenntnisgewinnung im Biologieunterricht: Welches Methodenwissen soll vermittelt werden? *MNU Journal, 75*(5), 376–382.

Lazonder, A. W. & Harmsen, R. (2016). Meta-analysis of inquiry-based learning: Effects of guidance. *Review of educational research, 86*(3), 681–718.

Lederman, J., Lederman, N., … Zhou, Q. (2019). An international collaborative investigation of beginning seventh grade students' understandings of scientific inquiry. *Journal of Research in Science Teaching, 56*(4), 486–515.

Lee, S. W. Y. (2022). Investigating the effects of explicit instructional approaches on students' understanding of scientific models and modeling. *Research in Science & Technological Education*, 1–17.

Lipowsky, F. & Rzejak, D. (2019). Was macht Fortbildungen für Lehrkräfte erfolgreich? Ein Update. In B. Groot-Wilken & R. Koerber (Hrsg.), *Nachhaltige Professionalisierung für Lehrerinnen und Lehrer: Ideen, Entwicklungen, Konzepte* (S. 15–56). Wbv Publikation.

Matlen, B. J. & Klahr, D. (2013). Sequential effects of high and low instructional guidance on children's acquisition of experimentation skills: Is it all in the timing? *Instructional Science, 41*, 621–634.

Mayer, J. (2007). Erkenntnisgewinnung als wissenschaftliches Problemlösen. In D. Krüger & H. Vogt (Hrsg.), *Handbuch der Theorien in der biologiedidaktischen Forschung* (S. 177–186). Springer.

Nehring, A., Stiller, J., Nowak, K. H., Upmeier zu Belzen, A. & Tiemann, R. (2016). Naturwissenschaftliche Denk- und Arbeitsweisen im Chemieunterricht – eine modellbasierte Videostudie zu Lerngelegenheiten für den Kompetenzbereich der Erkenntnisgewinnung. *Zeitschrift für Didaktik der Naturwissenschaften, 22*(1), 77–96.

OECD (2020). *PISA 2024 strategic vision and direction for science.* https://www.oecd.org/pisa/publications/PISA-2024-Science-Strategic-Vision-Proposal.pdf

Osborne, J. (2014). Teaching scientific practices: Meeting the challenge of change. *Journal of Science Teacher Education, 25*(2), 177–196.

Petermann, V. & Vorholzer, A. (2022). Relationship between beliefs of teachers about and their use of explicit instruction when fostering students' scientific inquiry competencies. *Education Sciences, 12*(9), 593.

Petermann, V. & Vorholzer, A. (2023). Teachers' use of explicit instruction when planning lessons to foster students' scientific inquiry competencies. In G. S. Carvalho, A. S. Afonso & Z. Anastácio (Hrsg.), *Contributions from science education research: Vol. 13. Fostering scientific citizenship in an uncertain world. Selected papers from the ESERA 2021 conference* (S. 219-234). Springer.

Petermann, V., Vorholzer, A. & von Aufschnaiter, C. (2023). *Science teachers' beliefs about teaching and learning science contents and scientific methods* [Manuskript eingereicht].

Prediger, S., Leuders, T. & Rösken-Winter, B. (2017). Drei-Tetraeder-Modell der gegenstandsbezogenen Professionalisierungsforschung. *Jahrbuch für allgemeine Didaktik, 159–177.*

Priemer, B. (2011). Was ist das Offene beim offenen Experimentieren? *Zeitschrift für Didaktik der Naturwissenschaften, 17,* 315–337.

Roehrig, G. (2023). Research on teacher professional development programs in science. In N. Lederman, D. Zeidler & J. Lederman (Hrsg.), *Handbook of Research on Science Education.* Taylor & Francis.

Sannert, R. & Krell, M. (2023). A professional development program to foster science teachers' professional competence, enhance classroom practice, and improve student outcomes related to scientific reasoning. *Progress in Science Education, 6*(2), 47–62.

Sannert, R. & Krell, M. (2023b, 18.–21. September). *Untersuchung verschiedener Facetten der professionellen Kompetenz von Biologielehrkräften zur Förderung von Erkenntnisgewinnungskompetenzen* [Vortrag]. FDdB, Ludwigsburg.

Schwartz, R. S. & Lederman, N. G. (2002). It's the nature of the beast? The influence of knowledge and intentions on learning and teaching nature of science. *Journal of Research in Science Teaching, 39*(3), 205–236.

von Aufschnaiter, C. & Hofmann, J. (2014). Kompetenz und Wissen. Wechselseitige Zusammenhänge und Konsequenzen für die Unterrichtsplanung. *MNU Journal, 67*(1), 10–16.

Vorholzer, A. & von Aufschnaiter, C. (2019). Guidance in inquiry-based instruction. An attempt to disentangle a manifold construct. *International Journal of Science Education, 41*(11), 1562–1577.

Vorholzer, A., von Aufschnaiter, C. & Boone, W.J. (2020). Fostering upper secondary students' ability to engage in practices of scientific investigation: a comparative analysis of an explicit and an implicit instructional approach. *Research in Science Education, 103*(50), 333–359.

Vorholzer, A., Petermann, V., Weber, J., Upmeier zu Belzen, A., & Tiemann, R. (2022). Explicit instruction on procedural and epistemic knowledge – is it happening? A video-based exploration of classroom practice. *Research in Science & Technological Education*, 1–20.

Welter, V., Emmerichs-Knapp, L. & Krell, M (2023). Are we on the way to successfully educating future citizens? A spotlight on critical thinking skills and beliefs about the nature of science among pre-service biology teachers in Germany. *Behavioral Sciences, 13*, 279.

 Onlinematerial

Richard Sannert, IPN – Leibniz-Institut für die Pädagogik der Naturwissenschaften und Mathematik Kiel, Olshausenstraße 62, 24118 Kiel
sannert@leibniz-ipn.de
https://orcid.org/0009-0006-4355-2114

Verena Petermann, Institut für Didaktik der Physik, Justus-Liebig-Universität Gießen, Karl-Glöckner-Str. 21 C, 35394 Gießen
verena.petermann@didaktik.physik.uni-giessen.de
https://orcid.org/0000-0003-3512-9536

Tobias Lieberei, IPN – Leibniz-Institut für die Pädagogik der Naturwissenschaften und Mathematik Kiel, Olshausenstraße 62, 24118 Kiel
lieberei@leibniz-ipn.de
https://orcid.org/0000-0003-0345-2806

Virginia Deborah Elaine Welter, IPN – Leibniz-Institut für die Pädagogik der Naturwissenschaften und Mathematik Kiel, Olshausenstraße 62, 24118 Kiel
welter@leibniz-ipn.de
https://orcid.org/0000-0002-1968-5551

Moritz Krell, IPN – Leibniz-Institut für die Pädagogik der Naturwissenschaften und Mathematik Kiel, Olshausenstraße 62, 24118 Kiel
krell@leibniz-ipn.de
https://orcid.org/0000-0003-2226-0383

https://doi.org/10.31244/9783830997962.31

Die Klassenraumsimulation SKR[Bio] im Biologie-Lehramtsstudium
Fähigkeiten zur Diagnose von Argumenten messen und fördern

Daniela Fiedler, David Baer & Ute Harms

In den Naturwissenschaften ist das Argumentieren eine wichtige Methode, um (neue) wissenschaftliche Erkenntnisse in die Wissenschaftsgemeinschaft und an die breite Öffentlichkeit zu vermitteln (Jiménez-Aleixandre & Erduran, 2007). Die Fähigkeit, sachgerecht zu argumentieren, stellt daher auch ein zentrales Ziel des naturwissenschaftlichen Unterrichts dar (Budke, 2021; Jiménez-Aleixandre & Erduran, 2007). Obwohl das Argumentieren als zu fördernde Kompetenz im Fach Biologie in den Bildungsstandards für die Kompetenzbereiche Kommunikation und Bewerten festgeschrieben wurde (Kultusministerkonferenz, 2020), weist die Argumentationskompetenz der Lernenden oft Mängel auf und wird im Durchschnitt als gering beschrieben (Marttunen & Laurinen, 2001). In Hinblick auf ihren strukturellen Aufbau zeigen Argumente von Schüler:innen oft nur eine geringe Qualität (Basel et al., 2013; vgl. Abschnitt 3.2). Aber nicht nur bei Schüler:innen sind Defizite im Bereich des Argumentierens festzustellen. Auch Studierende und Lehrkräfte weisen häufig eine eher geringe Argumentationskompetenz auf (Budke & Seidel, 2021; Zembal-Saul et al., 2002). Dabei zeigt sich, dass die Fähigkeit der Lehrkräfte, Argumente korrekt zu konstruieren, eng mit ihrer Diagnosefähigkeit (also der Bewertung von Argumenten anderer) verknüpft ist (Lytzerinou & Iordanou, 2020). Vor diesem Hintergrund erscheint es fraglich, ob Lehrkräfte überhaupt in der Lage sind, die argumentativen Fähigkeiten von Lernenden zu diagnostizieren, wenn weder die Argumentationskompetenz noch die Diagnosefähigkeit während der akademischen Lehrkräftebildung gefördert wird.

Lehrkräfte sind im Unterricht oft mit der Umsetzung des Lehrplans und der Organisation des Unterrichts (Klassenmanagement) so beschäftigt, dass nur wenig Aufmerksamkeit für die Diagnose der Ideen und Überlegungen der Schüler:innen zur Verfügung steht (Levin et al., 2009). Zudem entwickeln die meisten Lehrkräfte ihr deklaratives fachliches, fachdidaktisches und pädagogisch-psychologisches Wissen zwar während des Lehramtsstudiums, dieses bleibt jedoch oft implizit (Blömeke et al., 2015). Das heißt, Lehramtsstudierende rufen ihr Wissen in realen Kontexten meist nicht ab, was zu unzureichenden Diagnosen führen und dadurch den Lernprozess beeinträchtigen kann (Blömeke et al., 2015). Digitale Lernumgebungen rücken daher zunehmend in den Fokus der Bildungsforschung, da sie authentische (Lern-)Situationen erzeugen können, die Komplexität realer Situationen aber gleichzeitig verringern, indem sie spezifische Aspekte des Unterrichtens fokussieren (u.a. Grossmann et al., 2009; Hillmayr et al., 2020). Zusätzlich kann durch die digitalen Instrumente eine Messung der zu untersuchenden Kompetenz stattfinden.

Zur Messung und Förderung der Diagnosefähigkeit im Biologie-Lehramtsstudium wurde daher die Klassenraumsimulation SKR[Bio] (kurz für *Si*mulierter *K*lassen-*Raum Bio*logie) entwickelt, welche im Folgenden näher beschrieben wird.

1. Die Klassenraumsimulation SKR[Bio]

In der digitalen Lernumgebung SKR[Bio] schlüpfen Proband:innen (bspw. Biologie-Lehramtsstudierende) in die Rolle einer Lehrkraft (u.a. Südkamp et al., 2008; Fischer et al., 2021, 2022), um in einer simulierten Klassenraumumgebung die Leistung virtueller Schüler:innen zu bewerten. Die digitale Unterrichtssequenz (i.d.R. 45 Minuten) folgt dabei einem Frage-Antwort-Schema, bei dem Fragen aus einem vorgegebenen Fragenpool (vgl. OA-Material 1) an die virtuellen Schüler:innen (als Portrait-Fotos dargestellt) gerichtet werden (Abbildung 1). Die Antworten der virtuellen Schüler:innen sind theoriebasiert einer spezifischen Niveaustufe zugeordnet (vgl. Abschnitt 3.2). Eine Antwort im SKR[Bio] kann entweder richtig (bzw. qualitativ hochwertig) sein und der höchsten Niveaustufe entsprechen oder sie ist falsch (bzw. qualitativ weniger hochwertig) und spiegelt dann eine niedrigere Niveaustufe wieder.

Während der Unterrichtssequenz ist es die Aufgabe der Proband:innen, eine formative Bewertung der Argumente der virtuellen Schüler:innen durchzuführen. Das heißt, jedes Argument wird auf das Vorhandensein von Strukturelementen (vgl. Abschnitt 3.1) und Argumentationsmustern (vgl. Abschnitt 3.3) untersucht und die Antwort dann einer Niveaustufe zugeordnet. Diese Zuordnung soll den Probanden als Unterstützung für die spätere summative Bewertung dienen, denn nach der Unterrichtssequenz soll jeder Schüler bzw. jede Schülerin genau der Niveaustufe zugeordnet werden, die in seinen bzw. ihren Antworten am häufigsten gezeigt wurde. Die Übereinstimmung zwischen den Bewertungen der Proband:innen und der tatsächlich erbrachten Leistung der virtuellen Schüler:innen ergibt ein Maß für die Diagnosefähigkeit.

Neben dem hier vorgestellten SKR[Bio] zum Argumentieren liegen bislang zwei weitere Kontexte vor: ein SKR[Bio] zur Evolution, in welchem evolutionsbiologische Erklärungen diagnostiziert werden (Kompetenzbereich Sachkompetenz; Fischer et al., 2021, 2022), sowie ein SKR[Bio] zum Experimentieren, in welchem die Fähigkeiten zur Planung eines Experiments bewertet werden sollen (Kompetenzbereich Erkenntnisgewinnung; vgl. OA-Material 1). Während der SKR[Bio] zur Evolution insbesondere in biologiebezogenen Fächern eingesetzt werden kann, können der SKR[Bio] zum Argumentieren sowie Experimentieren auch im Rahmen andere Fächerkontexte genutzt

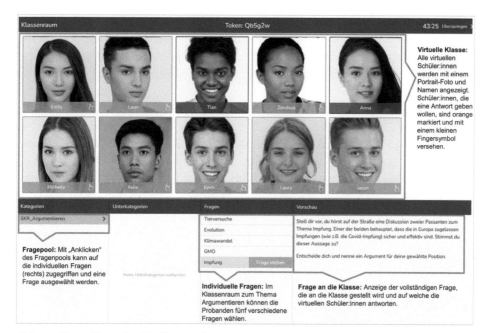

Abb. 1: Darstellung des SKR^Bio zum Kontext Argumentieren während der digitalen Unterrichtssequenz.

werden, da für die zugrundeliegende Diagnose kein biologiespezifisches Fachwissen nötig ist.

2. Die Argumente in der Klassenraumsimulation SKR^Bio

2.1 Struktureller Aufbau eines Arguments

Argumente lassen sich unabhängig vom fachlichen Inhalt auf ihren strukturellen Aufbau hin analysieren (von Aufschnaiter & Prechtl, 2018). Als Basis wird oft auf das Strukturmodell von Toulmin (2003) zurückgegriffen. Ein Argument setzt sich hier aus bis zu sechs Strukturelementen zusammen: (1) Behauptung oder Schlussfolgerung (*claim*), (2) Fakten (*data*), (3) Erläuterung (*warrant*), (4) Stützung (*backing*), (5) Einschränkung (*qualifier*) und (6) Einwand (*rebuttal*) (Toulmin, 2003).

Die *Behauptung oder Schlussfolgerung* steht für die eingenommene Position einer Person zu einem bestimmten Sachverhalt und kann dabei sowohl den Anfangspunkt eines Arguments markieren (in Form einer Behauptung), aber auch am Ende der vorgebrachten Strukturelemente stehen (als Schlussfolgerung) (von Aufschnaiter & Prechtl, 2018). Bei *Fakten* handelt es sich in der Regel um eine Form von Daten. Diese können Beobachtungen, Messungen, statistische Ergebnisse, oder auch bereits allgemein anerkannte Tatsachen sein (Toulmin et al., 1984). Durch die Angabe von Fakten wird eine erste Stützung für die Behauptung geliefert (von Aufschnaiter & Prechtl, 2018). Um nun die Verbindung zwischen den vorgebrachten Fakten und der aufgestellten Behauptung zu legitimieren, benötigt es das Element der Erläuterung (Toulmin, 2003). Bei *Erläuterungen* kann es sich beispielsweise um grundsätzliche Regeln, Prinzipien, Gesetze oder Faustregeln handeln, die aufzeigen, dass der Schritt von den Fakten zur Schlussfolgerung angemessen ist (Toulmin et al., 1984; Toulmin, 2003). Aus diesen ersten drei Strukturelementen ergibt sich ein zunächst dreigliedriges Gerüst zur strukturellen Beschreibung und Analyse von Argumenten (Toulmin, 2003). Zur Bekräftigung der verwendeten Erläuterung und um zu zeigen, dass diese als solide angesehen werden kann, kann zusätzlich eine Stützung für die Erläuterung angeführt werden (Toulmin et al., 1984). Die Art der *Stützung* ist wiederum abhängig von der vorgebrachten Erläuterung. Im Falle von naturwissenschaftlichen Gesetzen kann anhand einer Stützung beispielsweise gezeigt werden, dass diese überprüft worden sind (Toulmin et al., 1984).

Während die genannten Strukturelemente sich insbesondere mit der Stichhaltigkeit von Argumenten beschäftigen, spielt auch die Stärke des Arguments eine Rolle. Die *Einschränkung* gibt dabei an, welchen Grad an Vertrauen dem Schritt von den Daten zur Schlussfolgerung auf Grundlage der vorgebrachten Erläuterung einzuräumen ist, wobei meist auf Adverbien und Adverbialphrasen wie „wahrscheinlich", „vermutlich" oder „scheinbar" zurückgegriffen wird (Toulmin et al., 1984, Toulmin, 2003). Eine *Ausnahmebedingung* dagegen beschreibt Bedingungen oder Umstände, unter denen die Erläuterung ihre Kraft verlieren würde (Toulmin, 2003). In solchen Fällen wäre der Schritt von den Fakten zur Behauptung nicht mehr als legitim anzusehen und die Behauptung würde nicht mehr gelten (Toulmin, 2003). Innerhalb des Strukturmodells werden diese beiden Elemente unmittelbar vor die Behauptung gesetzt, da sie deren Gültigkeit einschränken.

2.2 Niveaustufen als Einstufung der Argumentationsqualität

Toulmins Strukturmodell wurde schon in vielen Studien als Grundlage zur Bewertung von Argumentationsqualität genutzt (u. a. Basel et al., 2013; Capkinoglu et al., 2020; Eduran et al., 2004; Klieger & Rochsar, 2017; Noroozi et al., 2013). Im SKR[Bio] ist die Qualität dabei analog einer Niveaustufe, wobei allgemein gilt: je mehr Strukturelemente im Argument enthalten sind, desto höher ist dessen Qualität (Klieger & Rochsar, 2017; von Aufschnaiter & Prechtl, 2018) und damit die zugeordnete Niveaustufe. Gleichzeitig werden manche Elemente höherwertiger als andere bewertet (Erduran et al., 2004; Capkinoglu et al., 2020), sodass die Qualität – und damit eine Niveaustufe – nicht nur allein von der Anzahl, sondern auch von dem gezeigten Strukturelement abhängig sein kann. Da dieses Vorgehen zu sehr komplexen Modellen führen kann, werden oft Komplexitätsreduzierungen vorgenommen, indem etwa Strukturelemente zu Sinneinheiten zusammengelegt werden oder gar unberücksichtigt bleiben (Noroozi et al., 2013).

Auch für den SKR[Bio] wurde sich dieser Vereinfachung bedient: Die Elemente Fakten (*data*) und Erläuterung (*warrant*) wurden als „Begründungen" (*grounds*) zusammengefasst, und das Strukturelement *qualifier* wurde bei der Einstufung des Arguments nicht berücksichtigt (Erduran et al., 2004; Capkinoglu et al., 2020). So ergab sich für den SKR^Bio ein vierstufiges Niveaumodell (Tabelle 1).

Tab. 1: Niveaustufen zur Einteilung der Argumente im SKR^Bio.

Niveau	Kurzbeschreibung	Argument besteht aus …
IV	Begründete Behauptung + Stützung + Ausnahmebedingung	… einer Behauptung (*claim*), einem oder mehreren Begründungen (*grounds*), einer Stützung (*backing*) und einer Ausnahmebedingung (*rebuttal*).
III	Begründete Behauptung + Ausnahmebedingung	… einer Behauptung (*claim*), einem oder mehreren Begründungen (*grounds*) und einer Ausnahmebedingung (*rebuttal*).
II	Begründete Behauptung + Stützung	… einer Behauptung (*claim*), einem oder mehreren Begründungen (*grounds*) und einer Stützung (*backing*).
I	Begründete Behauptung	… einer Behauptung (*claim*), einem oder mehreren Begründungen bestehend aus Fakten und/oder Erläuterungen (*grounds: data, warrant*)

2.3 Argumentationsmuster

Neben dem strukturellen Aufbau eines Arguments und der Zuordnung zu einer spezifischen Niveaustufe erfolgt auch eine inhaltsbezogene Betrachtung der Argumente, indem zugrundeliegende Argumentationsmuster bestimmt werden (vgl. Kienpointner, 1992, 1996; von Aufschnaiter & Prechtl, 2018). Die Argumentationstypologie von Kienpointner (1992, 1996) zeichnet sich dadurch aus, dass die von ihm ausgearbeiteten Argumentationsmuster kontextunabhängig sind (Kienpointner, 1992, 1996; von Aufschnaiter & Prechtl, 2018; Weiß, 2016) und die einzelnen Muster „an einer Sammlung aus der deutschen Gegenwartssprache belegt bzw. überprüft" (Weiß, 2016, S. 91) wurden. Durch diese Anlehnung an das Gegenwartsdeutsch bekommt die Typologie von Kienpointner eine praktische Bedeutung für den Schulunterricht, da Unterrichtssprache sich sowohl der Alltags- als auch der Fachsprache bedient (Harms & Kattmann, 2023).

Für den SKR^Bio wurden sechs Argumentationsmuster zugrunde gelegt, welche im Folgenden kurz erläutert werden (basierend auf der Literatur von Kienpointner 1992, 1996 sowie von Aufschnaiter & Prechtl, 2018):

1. *Einordnungsmuster*: Umfasst die Einordnung „einer Größe im weitesten Sinne" (Kienpointner, 1992, S. 250) und kann dabei auf Grundlage von Definitionen, Genus-Spezies- oder auch Ganzes-Teil-Relationen beruhen.
2. *Vergleichsmuster*: Beinhaltet einen Vergleich von Größen, wobei Gleichheiten, Ähnlichkeiten und Unterschiede als Grundlage für den Vergleich dienen.
3. *Gegensatzmuster*: Umfasst Argumente, die auf verschieden gearteten Gegensätzen beruhen und konvers, konträr oder inkompatibel sein können.

4. *Kausalmuster*: Baut auf Kausalrelationen auf, wobei es sich um Ursache-Wirkung- und umgekehrt auch um Wirkung-Ursache-Beziehungen handeln kann. Zudem können bei Kausalmustern auch Handlung-Folge-Relationen und Mittel- und Zweck-Relationen gemeint sein.

5. *Induktives Beispielmuster*: Dabei handelt es sich meist um die eigentliche Konklusion, wobei der hergeleitete Satz in der weiterführenden Diskussion auch als Schlussregel für weitere Argumente dienen kann. Die gewählte Anzahl an Beispielen bei einem solchen induktiven Vorgehen ist in der Alltagsdiskussion häufig auf wenige Fälle oder teilweise auch nur auf ein Beispiel begrenzt.

6. *Autoritätsmuster*: Im Falle von fehlender eigener Expertise in einem Thema wird oft auf die Aussagen von anerkannten Autoritäten (bspw. wissenschaftliche Expert:innen) verwiesen. Bei Themen, die den wissenschaftlichen Bereich verlassen und von normativer Natur sind, wird sich auch auf Autoritäten aus dem juridischen oder religiösen Bereich (bspw. Papst) berufen. Neben Persönlichkeiten können auch anerkannte Schriften in dem jeweiligen Bereich als Autorität angesehen werden.

3. Diagnosefähigkeit von Lehramtsstudierenden zum Argumentieren

Eine korrekte Diagnose ist entscheidend, um gezielt Fördermaßnahmen einleiten und negative Auswirkungen auf den Bildungserfolg vermeiden zu können. Doch wie gut sind Lehrkräfte tatsächlich darin, die Strukturelemente und Muster von Argumenten zu erkennen? Bisher gibt es nur wenige empirische Studien, die sich gezielt mit der Diagnosefähigkeit von Lehrkräften zu Argumenten auseinandersetzen (Sadler, 2006; Lytzerinou & Iordanou, 2020). Vor diesem Hintergrund wurde der SKR[Bio] im Rahmen einer empirischen Studie eingesetzt, um die Diagnosefähigkeit von Lehramtsstudierenden zu erheben.

In einer Pretest-SKR[Bio] Intervention-Posttest-Onlinebefragung wurde die Diagnosefähigkeit zum Argumentieren von insgesamt 92 Biologie- (73 % weiblich, 51 % zwischen 20 und 23 Jahren, 45 % im Bachelor) sowie 19 Deutsch-Lehramtsstudierenden (ohne Biologie als Zweitfach; 61 % weiblich, 61 % zwischen 20 und 23 Jahren, 59 % im Bachelor) von sechs deutschen Universitäten erhoben, wobei Deutsch-Lehramtsstudierende ein höheres (aber nicht statistisch signifikant höheres; $F = 2.47$, $p = .119$) Selbstkonzept bei der Diagnose von Argumenten zeigten (Biologie: $M = 9.2$, $SD = 4.8$; Deutsch: $M = 11.2$, $SD = 5.4$)[1].

Bei der formativen Bewertung der Argumente zeigte sich, dass sowohl Biologie- als auch Deutsch-Lehramtsstudierende 38 % der Argumente korrekt diagnostizierten. Für beide Gruppen ergab ein Chi-Quadrat-Test einen signifikanten Zusammenhang zwischen den Diagnosen (richtig/falsch) und der zugrundeliegenden Niveaustufe, Bio-

---

1   Die Publikation dieser und weiterer Ergebnisse der Studie in einer internationalen Fachzeitschrift befindet sich in Vorbereitung.

logie: X^2 (3, $n = 2496$) $= 89.42$, $p < .001$, Deutsch: X^2 (3, $n = 616$) $= 48.45$, $p < .001$, wobei Biologie-Lehramtsstudierende im Mittel eine Abweichung von 1.40 Stufen ($SD = 0.61$) und Deutsch-Lehramtsstudierende eine von 1.34 ($SD = 0.56$) aufwiesen (mögliche Abweichungen: 1 bis 3 Stufen). Argumente auf der Niveaustufe 3 waren dabei am schwersten zu diagnostizieren (korrekte Diagnosen: Biologie $= 24\%$, Deutsch $= 16\%$), während alle anderen Stufen eine korrekte Diagnose zwischen 38–47 % (Biologie) bzw. 46–48 % (Deutsch) zeigten. In 63 % (Biologie) bzw. 57 % (Deutsch) der Fälle konnten die Studierenden mindestens ein hinterlegtes Argumentationsmuster korrekt diagnostizieren. Dabei erkannten beide Gruppen Einordnungs-, Kausal- oder Autoritätsmuster weniger gut ($\leq$ 50 % korrekte Diagnosen) als Vergleichs-, Gegensatz- oder induktive Beispielmuster ($\geq$ 60 % korrekte Diagnosen). Bei der summativen Bewertung der virtuellen Schüler:innen konnten die Biologie-Lehramtsstudierenden 24 % der Schüler:innen und die Deutsch-Lehramtsstudierenden 30 % der Fälle der korrekten Niveaustufe zuordnen. Bei abweichenden Stufen zeigten Biologie-Lehramtsstudierende im Mittel eine Abweichung von 1.54 Stufen ($SD = 0.68$) und Deutsch-Lehramtsstudierende eine von 1.43 ($SD = 0.61$) Stufen (mögliche Abweichungen: 1 bis 3 Stufen).

Unsere Ergebnisse lassen vermuten, dass die Diagnose von Argumenten und die damit verbundene Leistungsbeurteilung der (virtuellen) Schüler:innen eine Herausforderung für Lehramtsstudierende ist. Auch wenn die Fokussierung auf die Diagnose einzelner Antworten eine Limitation gegenüber einem komplexen Unterrichtsgespräch darstellt, kann die Arbeit mit dem SKR^{Bio} dennoch als Ausgangslage für zukünftiges unterrichtliches Handeln betrachtet werden. Wir vermuten, dass gerade durch eine wiederholte Nutzung des SKR^{Bio} Routinen für Diagnoseprozesse entstehen, auf die auch in realen Kontexten zurückgegriffen werden könnte, wobei empirische Erkenntnisse hierzu noch ausstehen. Unabhängig davon bietet der SKR^{Bio} jedoch die Möglichkeit, das im Studium erworbene deklarative Wissen in einer konkreten simulierten Handlungssituation anzuwenden.

4.   Der SKR^{Bio} in der Lehrkräftebildung

Der SKR^{Bio} kann auf vielfältige Art in die Lehre an der Hochschule integriert werden. Zuerst einmal ist es möglich, den SKR^{Bio} als reines Messinstrument in der Lehre einzusetzen, um damit den Ist-Stand der Diagnosefähigkeit von Lehramtsstudierenden zu erheben (beispielsweise zu Beginn eines Semesters). Die Ergebnisse können dann für die konkrete Planung der entsprechenden Lehrveranstaltung verwendet werden.[2]

Durch einen wiederholten Einsatz im Rahmen von Lehrveranstaltungen kann der SKR^{Bio} auch zur Förderung der Diagnosefähigkeiten beitragen. Bei seinem ersten Einsatz würde der SKR^{Bio} noch den Charakter eines Messinstruments haben. Durch die wiederholte Nutzung kann jedoch ein Trainingseffekt entstehen, wobei die Ergebnisse

---

2   Hinweis: Da der SKR^{Bio} bislang nicht an einer repräsentativen Strichprobe erprobt wurde, sollte er nicht als alleiniges Mittel einer summativen Bewertung einer Lehrveranstaltung verwendet werden (Stand Sommer 2023).

auf zweierlei Weise Verwendung finden können: Entweder können die Teilnehmenden mit jeder Erhebung eine individuelle Rückmeldung[3] zu ihrer erbrachten Leistung erhalten, um die Entwicklung ihrer Diagnosefähigkeiten selbst nachzuvollziehen, oder Dozent:innen können Probleme beim Diagnostizieren im SKR[Bio] identifizieren und durch gezielte Fördermaßnahmen aufarbeiten.

Bislang wurde der SKR[Bio] im Rahmen eines Seminars im Masterstudium eingesetzt. An zwei Seminartagen (je 90 Minuten) wurden die Studierenden gebeten, mit dem SKR[Bio] zur Evolution zu arbeiten, um ihre Diagnosefähigkeit zu testen. Jeweils im Anschluss erhielten sie ein Feedback über ihre individuell erbrachte Leistung. Am ersten Tag wurde zudem die Arbeit im SKR[Bio] diskutiert und reflektiert, während am zweiten Tag über das individuelle Feedback reflektiert und die Gesamtleistung der Gruppe diskutiert wurde. Basierend auf unseren Erfahrungen regen wir an, den SKR[Bio] mindestens einmal gemeinsam im Seminar zu bearbeiten, während weitere Nutzungen asynchron erfolgen können.

Open-Access-Material

- Kontaktinformationen sowie zusätzliche Informationen zum SKR[Bio]
- Beispielargumente aus dem SKR[Bio] mit Musterlösungen

Anmerkungen

Die hier vorgestellten Arbeiten stammen aus dem BMBF-geförderten Projekt „Effekte adaptiver Feedbackbots im Simulierten Klassenraum auf prozedurales Professionswissen (FiSK)" (Förderkennzeichen: 16DHB4004) sowie der daran angegliederten Masterarbeit von David Baer.

Literatur

Basel, N., Harms, U. & Prechtl, H. (2013). Analysis of students' arguments on evolutionary theory. *Journal of Biological Education, 47*(4), 192–199. https://doi.org/10.1080/00219266.2013.7 99078

Blömeke, S., Gustafsson, J.-E. & Shavelson, R. (2015). Beyond dichotomies: competence viewed as a continuum. *Zeitschrift für Psychologie, 223*(3), 3–13. https://doi.org/10.1027/2151-2604/ a000194

Budke, A. (2021). Argumentieren und Vergleichen als zentrale Aufgaben im Unterricht. In A. Budke & F. Schäbitz (Hrsg.), *Argumentieren und Vergleichen. Beiträge aus der Perspektive verschiedener Fachdidaktiken* (S. 1–10). LIT Verlag.

---

3   Die erbrachten Leistungen im SKR[Bio] werden in Form einer CSV-Datei ausgegeben. Zur Berechnung und Darstellung der individuellen Diagnosefähigkeit steht ein Skript für R Markdown zur Verfügung, über das ein Report über die formativen und summativen Diagnosen in Form eines html-Dokuments erstellt werden kann.

Budke, A. & Seidel, S. (2021). Bedeutung der Argumentation im Lehramtsstudium der Geographie und des Sachunterrichts aus der Sicht von Hochschullehrenden. In A. Budke & F. Schäbitz (Hrsg.), *Argumentieren und Vergleichen. Beiträge aus der Perspektive verschiedener Fachdidaktiken.* (S. 131–151). LIT Verlag.

Capkinoglu, E., Yilmaz, S. & Leblebicioglu, G. (2020). Quality of argumentation by seventh-graders in local socioscientific issues. *Journal of Research in Science Teaching, 57*(6), 827–855. https://doi.org/10.1002/tea.21609

Erduran, S., Simon, S. & Osborne, J. (2004). TAPping into argumentation: Developments in the application of Toulmin's Argument Pattern for studying science discourse. *Science Education, 88*(6), 915–933. https://doi.org/10.1002/sce.20012

Fischer, J., Machts, N., Bruckermann, T., Möller, J. & Harms, U. (2022). The Simulated Classroom Biology – A simulated classroom environment for capturing the action-oriented professional knowledge of pre-service teachers about evolution. *Journal of Computer Assisted Learning, 38*(6), 1765–1778. https://doi.org/10.1111/jcal.12718

Fischer, J., Machts, N., Möller, J. & Harms, U. (2021). Der Simulierte Klassenraum Biologie – Erfassung deklarativen und prozeduralen Wissens bei Lehramtsstudierenden der Biologie. *Zeitschrift für Didaktik der Naturwissenschaften, 27*, 215–229. https://doi.org/10.1007/s40573-021-00136-z

Grossman, P., Compton, C., Igra, D., Ronfeldt, M., Shahan, E. & Williamson, P. W. (2009). Teaching practice: A cross-professional perspective. *Teachers College Record, 111*(9), 2055–2100. https://doi.org/10.1177/016146810911100905

Harms, U. & Kattmann, U. (2023). Sprache. In H. Gropengießer & U. Harms (Hrsg.), *Fachdidaktik Biologie* (S. 380–395), Aulis Verlag in Friedrich Verlag GmbH.

Hillmayr, D., Ziernwald, L., Reinhold, F., Hofer, S. I. & Reiss, K. M. (2020). The potential of digital tools to enhance mathematics and science learning in secondary schools: A context-specific meta-analysis. *Computers & Education, 153*, Article 103897. https://doi.org/10.1016/j.compedu.2020.103897

Jiménez-Aleixandre, M. P. & Erduran, S. (2007). Argumentation in Science Education: An Overview. In S. Erduran & M. P. Jiménez-Aleixandre (Hrsg.), *Argumentation in Science Education. Perspectives from Classroom-Based Research* (S. 3–27). Springer.

Kienpointner, M. (1992). *Alltagslogik. Struktur und Funktion von Argumentationsmustern.* Frommann-Holzboog.

Kienpointner, M. (1996). *Vernünftig argumentieren. Regeln und Techniken der Diskussion.* Rowohlt Taschenbuch Verlag GmbH

Klieger, A. & Rochsar, A. (2017). Impartation of Argumentation Skills: Impact of Scaffolds on the Quality of Arguments. *Journal of Advances in Education Research, 2*(3), 183–190. https://doi.org/10.22606/jaer.2017.23006

Kultusministerkonferenz. (2020). *Bildungsstandards im Fach Biologie für die Allgemeine Hochschulreife. (Beschluss der Kultusministerkonferenz vom 18.06.2020).* https://www.kmk.org/fileadmin/Dateien/veroeffentlichungen_beschluesse/2020/2020_06_18-BildungsstandardsAHR_Biologie.pdf

Levin, D. M., Hammer, D. & Coffey, J. E. (2009). Novice teachers' attention to student thinking. *Journal of Teacher Education, 60*(2), 142–154. https://doi.org/10.1177/0022487108330245

Lytzerinou, E. & Iordanou, K. (2020). Teachers' ability to construct arguments, but not their perceived self-efficacy of teaching, predicts their ability to evaluate arguments. *International Journal of Science Education, 42*(4), 617–634. https://doi.org/10.1080/09500693.2020.1722864

Marttunen, M. & Laurinen, L. (2001). Learning of argumentation skills in networked and face-to-face environments. *Instructional Science, 29*(2), 127–153. https://doi.org/10.1023/a:1003931514884

Noroozi, O., Weinberger, A., Biemans, H. J., Mulder, M. & Chizari, M. (2013). Facilitating argumentative knowledge construction through a transactive discussion script in CSCL. *Computers & Education, 61*, 59–76. https://doi.org/10.1016/j.compedu.2012.08.013

Sadler, T. D. (2006). Promoting discourse and argumentation in science teacher education. *Journal of Science Teacher Education, 17*(4), 323–346. https://doi.org/10.1007/s10972-006-9025-4

Südkamp, A., Möller, J. & Pohlmann, B. (2008). Der Simulierte Klassenraum: Eine experimentelle Untersuchung zur diagnostischen Kompetenz. *Zeitschrift für Pädagogische Psychologie, 22*(34), 261–276.

Toulmin, S. (2003). *The Uses of Argument* (Updated Edition). Cambridge University Press.

Toulmin, S., Rieke, R. D. & Janik, A. (1984). *An Introduction to Reasoning* (Second Edition). Macmillan Publishing Company.

von Aufschnaiter, C. & Prechtl, H. (2018). Argumentieren im naturwissenschaftlichen Unterricht. In D. Krüger, I. Parchmann & H. Schecker (Hrsg.), *Theorien in der naturwissenschaftsdidaktischen Forschung* (S. 87–104). Springer.

Weiß, T. (2016). *Fachspezifische und fachübergreifende Argumentationen am Beispiel von Schöpfung und Evolution. Theoretische Grundlagen – Empirische Analysen – Jugendtheologische Konsequenzen.* V&R unipress. https://doi.org/10.14220/9783737005067

Zembal-Saul, C., Munford, D., Crawford, B., Friedrichsen, P. & Land, S. (2002). Scaffolding preservice science teachers' evidence-based arguments during an investigation of natural selection. *Research in Science Education, 32*(4), 437–463. https://doi.org/10.1023/a:1022411822951

Onlinematerial

Daniela Fiedler, Didaktik der Biologie, IPN – Leibniz-Institut für die Pädagogik der Naturwissenschaften und Mathematik, Kiel, fiedler@leibniz-ipn.de
https://orcid.org/0000-0002-9164-9985

David Baer, Didaktik der Biologie, IPN – Leibniz-Institut für die Pädagogik der Naturwissenschaften und Mathematik, Kiel

Ute Harms, Didaktik der Biologie, IPN – Leibniz-Institut für die Pädagogik der Naturwissenschaften und Mathematik, Kiel
harms@leibniz-ipn.de
https://orcid.org/0000-0001-6284-9219

Computational Thinking und Modellieren im naturwissenschaftlichen Unterricht

Kevin Kärcher, Jan Winkelmann, Lutz Kasper, Hans-Dieter Körner

Im Sommersemester 2023 wird an der Pädagogischen Hochschule Schwäbisch Gmünd (PHSG) erstmals ein Seminar zum Thema ‚Computational Thinking und Modellieren im naturwissenschaftlichen Unterricht' ausgebracht. Das hier vorgestellte Konzept sieht vor, eine mögliche Verbindung von Computational Thinking und Modellieren herauszuarbeiten und die Lehramtsstudierenden der MINT-Fächer auf Basis von Projektarbeit zur eigenständigen Verbindung dieser Konzepte im Unterricht zu befähigen.

1. Hintergrund

Kompetenzen für das moderne Leben in der digitalen Welt werden umfassend in Politik und Fachdidaktik diskutiert. International prägt diese Diskussion insbesondere der Begriff der ‚21ˢᵗ century skills', zu welchen unter anderem Kompetenzen in den Bereichen ‚Kommunikation und Kollaboration', ‚Informationsverarbeitung und Technologienutzung' sowie ‚Problemlösen' gehören (Voogt & Roblin, 2010). In das Konzept des ‚Computational Thinking' bezieht Wing (2006) bereits fundamentale Elemente dieser ‚21ˢᵗ century skills' mit ein, auf welche weiterführend auch die Strategiepapiere der Kultusministerkonferenz (*Bildung in der digitalen Welt* (2016) und *Lehren und Lernen in der digitalen Welt* (2021)) rekurrieren. Letztlich gilt es, die in diesen Strategiepapieren aufgeführten zu erreichenden Kompetenzen bei Lernenden (in Schule und Hochschule) zu fördern. Gewinnbringend scheint es dabei, eher integrative als additive Ansätze zu fokussieren, was das hier vorgestellte Seminarkonzept zum Ziel hat.

1.1 Computational Thinking

Unter Computational Thinking (CT) werden verschiedene Teilkompetenzen zusammengefasst und je nach Definitionsabsichten verschieden aufgeteilt (vgl. bspw.: CSTA

& ISTE, 2011 oder Senkbeil et al., 2019). Zentral in allen (Kompetenz-)Modellen zu CT ist das Problemlösen, weshalb die Anwendung von CT-Konzepten zusammengefasst – unter Rückbezug auf Wings grundlegenden Artikel aus dem Jahr 2006 – als eine Art erweitertes Problemlösen mit Bezügen zu informatischen Ansätzen bezeichnet werden kann. Fasst man die Ziele der beiden oben genannten KMK-Strategien zusammen, ist die Förderung von CT ein wichtiges Ziel für eine Bildung in der digitalen Welt: Während 2016 bereits Kompetenzbereich 5 „Problemlösen und Handeln" (KMK, 2016, S. 18) Digitalitätsbezug aufweist, wird die Nutzung digitaler Werkzeuge erst in der Strategie aus dem Jahr 2021 explizit eingefordert, „um die Entwicklung fachlicher Kompetenzen, aber auch der digitalisierungsbezogenen und informatischen Kompetenzen zu fördern" (KMK, 2021, S. 8). Es wird also eine direkte Verbindung von inhaltsbezogenen Kompetenzen, Problemlösekompetenzen und Kompetenzen mit Digitalitätsbezug hergestellt. Diese Verbindung kann durch CT-Ansätze geschaffen und gefördert werden, was durch das Kompetenzmodell von Senkbeil et al. (2019) aus der International Computer and Information Literacy Study (ICILS) deutlich wird. Darüber hinaus trägt CT zur Entwicklung der oben erwähnten ‚21st century skills‘ bei. Die CT-Kompetenzen nutzen Lernenden weitergehend im späteren beruflichen und gesellschaftlichen Leben, da wichtige Problemlösekompetenzen mit Digitalitätsbezug aufgebaut werden.

1.2 Modellieren

Modelle dienen in der Naturwissenschaft neben dem Experiment als Instrument zur Erkenntnisgewinnung, werden jedoch von Lernenden in ihrer Funktion als Medium im Lehr-Lern-Prozess häufig mit dem repräsentierten Sachverhalt gleichgesetzt (Reiners, 2017). Um der epistemologischen Funktion von Modellen gerecht zu werden, bietet sich die eigenständige Erarbeitung von Modellen, das Modellieren, als expliziter Lerninhalt im Studium an (Upmeier zu Belzen et al., 2019), insbesondere weil Lehrkräfte in diesem Bereich zumeist nur über basale Kompetenzen verfügen (Gilbert & Justi, 2016). Zur Umsetzung der Modellarbeit und des Modellierens im Lehr-Lern-Prozess existieren verschiedene theoretische und praktische Vorschläge aus den MINT-Didaktiken. Als ein möglicher Ansatz bietet sich die zirkulär angelegte Herangehensweise des Modellierens aus der Mathematikdidaktik an (Kaiser et al., 2015), da sich hier der Problemlösecharakter des Modellierens manifestiert. Jene Verbindungen von Problemlösen und Modellieren lassen sich mit den Problemlösekompetenzen im Konstrukt des CT in Einklang bringen. Hierzu wird das oben angeführte ICILS-Kompetenzmodell von Senkbeil et al. (2019) genutzt und in Abbildung 1 illustriert. In der Abbildung wird das Kompetenzmodell (blau hinterlegt) den Aspekten des Modellierens (orange hinterlegt) gegenübergestellt.

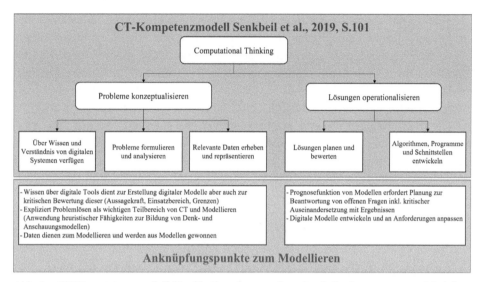

Abb. 1: CT-Kompetenzmodell (Senkbeil et al., 2019, S. 101) mit Ergänzungen zum Modellieren (eigene Darstellung)

2. Seminar

Ausgehend von der aufgezeigten Verbindung von CT und Modellieren (s. Abb. 1) wurde eine Seminaridee zum Aufbau von Kompetenzen in beiden Bereichen bei Studierenden der PHSG entwickelt. Dieses Seminar wird wöchentlich für Masterstudierende im Lehramt der MINT-Fächer ausgebracht.

2.1 Verlauf

In den ersten drei Seminarsitzungen werden die theoretischen Grundlagen der beiden Themengebiete wie in diesem Beitrag beschrieben, erarbeitet und durch kleinere Übungen vertieft. Hierbei wird besonders darauf abgezielt CT-Kompetenzen anhand gut zu erfassender Probleme zu verdeutlichen (bspw. klassische Modellierungsprobleme aus dem Mathematik- und Chemieunterricht; siehe Zusatzmaterial). Um den Studierenden konkrete Orientierungsmöglichkeiten im Konstrukt CT zu bieten, wird das Kompetenzmodell von Senkbeil et al. (2019) aus der ICILS-Studie explizit vorgestellt und in Reflexions- und Diskussionsphasen darauf Bezug genommen. Für die im Seminarverlauf folgenden praktischen Tätigkeiten können die Studierenden an diesem Modell Ansatzpunkte zur Reflexion über ihre Tätigkeiten finden.

Nach der theoretischen Einführung folgt die Einarbeitung in typische digitale Tools, welche zur Förderung von CT-Konzepten eingesetzt werden können. Ein solches ist die beliebte Plattform ‚Scratch', die einen blockbasierten Zugang zur Programmiertätigkeit kennzeichnet. Die Studierenden bearbeiten typische Grundlagenaufgaben zur Übung und erstellen daraufhin eine Animation zur Diffusion. Erweitert wird die Kenntnis der Studierenden im Bereich der digitalen Anwendungen auch um

Grundzüge des Umgangs mit dem Microcontroller Arduino. CT-Kompetenzen betreffen zum großen Teil Fähigkeiten zur Verarbeitung und Organisation von Daten, was sich durch den Einsatz des Microcontrollers fördern lässt. Komplettiert wird der Überblick durch eine kurze Einführung in die Möglichkeiten im Einsatz von typischen Kalkulationsprogrammen wie Excel und GeoGebra, um notwendige mathematische Aspekte im naturwissenschaftlichen Modellieren zu verdeutlichen.

Die zweite Hälfte des Seminars ist geprägt von Projektarbeit. Um den Studierenden Anregungen zu geben, wird in drei Sitzungen an einem Beispielprojekt gearbeitet, in welchem die vorgestellten digitalen Tools Anwendung finden können. Dazu wird an die Einführungen in die digitalen Tools angeknüpft, indem die Studierenden verschiedene Modelle für den Abbau von Kohlenstoffdioxid durch Pflanzen unter verschiedenen Einflüssen erstellen (siehe Zusatzmaterial). Die Studierenden werden zur Reflexion über ihre Tätigkeiten zur Verbindung von CT und Modellieren in Form von kurzen Videos, welche sie selbst erstellen, angeregt. Dabei erläutern sie im Video ihr Vorgehen im Beispielprojekt, stellen ihr entwickeltes Modell vor und reflektieren über die angedachte Verbindung der beiden theoretischen Konstrukte. Die Videos werden dann im Moodle-Kurs der Veranstaltung geteilt und in der anschließenden Veranstaltung als Diskussionsanlass genutzt.

Ziel ist es dann, dass die Studierenden in eigenen Projekten ein Produkt entwickeln, welches die thematisierte Verbindung zwischen den theoretischen Konstrukten CT und naturwissenschaftlichem Modellieren für den Unterricht realisiert (bspw. eine Unterrichtssequenz zur Modellierung der Diffusion auf Teilchenebene mittels Scratch). Eine Besonderheit ist, dass diese Produkte auf einem selbstorganisierten Fachtag durch Workshops von den Studierenden an Lehrkräfte multipliziert werden sollen. So wird einerseits den Studierenden die Möglichkeit geboten, die entwickelten Produkte einzusetzen und in Diskussionen mit erfahrenen Lehrkräften zu verbessern. Andererseits erhalten die Lehrkräfte anwendungsorientierte Einblicke in die Produkte und können diese im eigenen Unterricht einsetzen. Die Lehrkräfte erhalten hierzu innerhalb ihrer Workshops alle notwendigen Materialien, die die Studierenden erstellt haben. Ergänzt wird dieser Fachtag von rahmenden Keynotes zum Thema CT und dessen Bedeutung für den Unterricht.

2.2 Evaluation

Die Güte der Lehrveranstaltung wird durch die übliche Lehrevaluation der Hochschule von den Studierenden beurteilt. Hierbei hoben die Studierenden insbesondere die ‚Atmosphäre, Relevanz des Inhalts, Umgang miteinander, Strukturierung' sowie ‚das selbstständige Erarbeiten der Inhalte' als positiv in den Freitextantworten der Evaluation hervor und bewerteten die Veranstaltung im Schnitt mit der Schulnote 1,33. Nach Seminarende werden zudem die Studierendenmaterialien hinsichtlich ihrer inhaltlichen Durchdringungstiefe und möglicher fachlicher Defizite ausgewertet. Hierzu werden Kriterien aus dem o. g. CT-Kompetenzmodell, dem Kompetenzmodell zur Modellierkompetenz in den Naturwissenschaften von Upmeier zu Belzen et al. (2019) und fachlichen Aspekten abgeleitet. Ergänzend werden kurze reflexive Interviews zur Erfassung der Einstellung der Studierenden eingesetzt. Auf Basis der gewonnenen Daten wird das Seminarkonzept zur zweiten Durchführung im Sommersemester 2024 überarbeitet.

2.3 Ausblick

Beide Seminardurchführungen sollen dazu genutzt werden, das Konzept als Video-Selbstlern-Kurs zu verstetigen, da bisher nur diese zwei Durchführungen aufgrund der Projektlaufzeit geplant sind. Die erstellten Materialien von Seminarleitung und -teilnehmenden sollen hierzu umgearbeitet und als Materialsammlung über Strukturen der PHSG, wie dem Zentrum für Medienbildung und dem Zentrum für naturwissenschaftliche Bildung, zur Verfügung gestellt werden. Nach der zweiten Durchführung im Sommersemester 2024 soll erneut ein Fachtag für Lehrkräfte ausgerichtet werden und bei breiterem Interesse nach Möglichkeit ebenfalls verstetigt werden.

3. Fazit

Während der Erstellung des Beitrags begann der erste Durchführungszyklus und es kann auf erste Erfahrungen zurückgegriffen werden, die auf eine hohe Akzeptanz und hohes Interesse durch die Studierenden hindeuten. Ob die theoretisch schlüssig erscheinende Verbindung von CT-Konzepten und Modellieransätzen bei den Studierenden zu einem Aufbau der Bereitschaft führt, ebendiese Themengebiete vermehrt in die Unterrichtspraxis zu übernehmen, muss durch die Evaluation herausgearbeitet werden. Limitierend muss angemerkt werden, dass in der ersten Seminardurchführung Studierende mit sehr geringen Vorkenntnissen in Microcontrollern, Scratch und sonstigen digitalen Tools teilnahmen. Diese Studierende konnten sich allerdings in der produktiven Arbeitsatmosphäre schnell in die Tools einarbeiten. Förderlich für das gesamte Seminarkonzept war es, eine positive Fehlerkultur zu leben und den Studierenden in der Arbeitsphase Raum zum Ausprobieren zu bieten, gerade weil CT auch davon lebt, Probleme in kleinere Probleme zu zerlegen und diese systematisch zu bearbeiten.

Festzuhalten bleibt allerdings, dass das Seminar ein Angebot darstellt, in dem sich die Lehramtsstudierenden auf die Anforderungen an Lehr-Lern-Prozesse in einer digitalisierten Welt vorbereiten. Sie sollen ermutigt werden, im späteren Berufsleben eine Kultur der Digitalität im naturwissenschaftlichen Unterricht zu schaffen, während sie klassische, erkenntnistheoretische Inhalte wie Modelle vermitteln.

4. Förderhinweis

Die Entwicklung und Durchführung des Seminars wird von der Joachim Herz Stiftung durch das Programm ‚Kolleg Didaktik:digital' ideell und finanziell gefördert.

Literatur

CSTA, Computer Science Teachers Association & ISTE, International Society for Technology in Education (2011). *Computational Thinking: leadership toolkit*. https://cdn.iste.org/www-root/2020-10/ISTE_CT_Leadership_Toolkit_booklet.pdf

Gilbert, J. K. & Justi, R. (2016). Educating Teachers to Facilitate Modelling-Based Teaching. In J. K. Gilbert & R. Justi (Hrsg.), *Models and Modeling in Science Education. Modelling-based Teaching in Science Education* (Bd. 9, S. 223–251). Springer International Publishing. https://doi.org/10.1007/978-3-319-29039-3_11

Kaiser, G., Blum, W., Borromeo Ferri, R. & Greefrath, G. (2015). Anwendungen und Modellieren. In R. Bruder, L. Hefendehl-Hebeker, B. Schmidt-Thieme & H.-G. Weigand (Hrsg.), *Handbuch der Mathematikdidaktik* (S. 357–383). Springer Berlin Heidelberg. https://doi.org/10.1007/978-3-642-35119-8_13

Kultusministerkonferenz. (2016). *Bildung in der digitalen Welt: Strategie der Kultusministerkonferenz*. https://www.kmk.org/fileadmin/pdf/PresseUndAktuelles/2018/Digitalstrategie_2017_mit_Weiterbildung.pdf

Kultusministerkonferenz. (2021). *Lehren und Lernen in der digitalen Welt: Die ergänzende Empfehlung zur Strategie „Bildung in der digitalen Welt"*. https://www.kmk.org/fileadmin/veroeffentlichungen_beschluesse/2021/2021_12_09-Lehren-und-Lernen-Digi.pdf

Reiners, C. S. (2017). *Chemie vermitteln*. Springer. https://doi.org/10.1007/978-3-662-52647-7

Senkbeil, M., Eickelmann, B., Vahrenhold, J., Goldhammer, F., Gerick, J. & Labusch, A. (2019). Das Konstrukt der computer- und informationsbezogenen Kompetenzen und das Konstrukt der Kompetenzen im Bereich ‚Computational Thinking' in ICILS 2018. In B. Eickelmann, W. Bos, J. Gerick, F. Goldhammer, H. Schaumburg, K. Schwippert, M. Senkbeil & J. Vahrenhold (Hrsg.), *ICILS 2018 #Deutschland: Computer- und informationsbezogene Kompetenzen von Schülerinnen und Schülern im zweiten internationalen Vergleich und Kompetenzen im Bereich Computational Thinking*. Waxmann.

Upmeier zu Belzen, A., van Driel, J. & Krüger, D. (2019). Introducing a Framework for Modeling Competence. In A. Upmeier zu Belzen, D. Krüger & J. van Driel (Hrsg.), *Models and Modeling in Science Education. Towards a Competence-Based View on Models and Modeling in Science Education* (Bd. 12, S. 3–19). Springer International Publishing. https://doi.org/10.1007/978-3-030-30255-9_1

Voogt, J. & Roblin, N. P. (2010). *21st century skills. Discussion Paper*. Enschede. University of Twente. http://hdl.voced.edu.au/10707/254371

Wing, J. (2006). Coputational Thinking: It represents a universally applicable attitude and skill set everyone, not just computer scientists, would be eager to learn and use. *COMMUNICATIONS OF THE ACM, 49*(3). https://www.cs.cmu.edu/afs/cs/Web/People/15110-s13/Wing06-ct.pdf

Onlinematerial

Kevin Kärcher, Pädagogische Hochschule Schwäbisch Gmünd, Oberbettringer Straße 200, 73525 Schwäbisch Gmünd
kevin.kaercher@ph-gmuend.de
https://orcid.org/0009-0006-8001-2010

Jan Winkelmann, Pädagogische Hochschule Schwäbisch Gmünd, Oberbettringer Straße 200, 73525 Schwäbisch Gmünd
jan.winkelmann@ph-gmuend.de
https://orcid.org/0000-0002-2207-7987

Lutz Kasper, Pädagogische Hochschule Schwäbisch Gmünd, Oberbettringer Straße 200, 73525 Schwäbisch Gmünd
lutz.kasper@ph-gmuend.de
https://orcid.org/0000-0003-3118-0422

Hans-Dieter Körner, Pädagogische Hochschule Schwäbisch Gmünd, Oberbettringer Straße 200, 73525 Schwäbisch Gmünd
hans-dieter.koerner@ph-gmuend.de
https://orcid.org/0009-0006-8488-1344

https://doi.org/10.31244/9783830997962.33

AI in Teacher Education

KI-kompetente Lehramtsstudierende für die
Gestaltung modernen Unterrichts

Sascha Schanze & Patricia Kühne

Mit der zunehmenden Nutzung elektronischer Endgeräte gehört Künstliche Intelligenz (KI) in webbasierten Anwendungen wie Suchmaschinen oder Streamingdiensten zum Alltag. Auch im Bildungsbereich werden KI-basierte Anwendungen immer präsenter und können als Potenzialbereich für die Unterstützung des Lernens angesehen werden. Daher ist es zukunftsweisend für Lehrkräfte KI-bezogene Verfahren zu analysieren, nachzuvollziehen und aufzubauen, um zum einen KI-gestützte Applikationen geeignet in den eigenen Unterrichtsalltag (Lehr und Lernprozess sowie Vor- und Nachbereitung) integrieren zu können und zum anderen Lernende für einen adäquaten Umgang mit künstlicher Intelligenz zu befähigen.

Mit einer erstmals im WS 22/23 gestarteten Lehrveranstaltung zum Modul *AI in Teacher Education* lernen an der Leibniz Universität Hannover Lehramtsstudierende aus verschiedenen Studiengängen und Fachkombinationen Verfahren der KI kennen. Die Studierenden entwickeln sich in der Veranstaltung zu KI-kompetenten Personen, erfahren Potenziale und Grenzen von Anwendungen und beziehen dabei verschiedene Dimensionen wie den Umgang mit Heterogenität, einem potenziellen Bias, Privatsphäre und Ethik mit ein. Sie entwickelten dabei ihre Rolle von Nutzenden über das Verstehen und Klassifizieren der KI bis hin zu Gestaltenden potenzieller Lernangebote. Dabei profitiert das Seminar vom Austausch der Teilnehmenden aus unterschiedlichen Domänen.

Das in diesem Beitrag mit konkreten Anwendungen vorgestellte Seminar ist eingebettet in das Projekt „Leibniz AI Academy – Disziplinübergreifende, hybride Micro-Degrees für Studium & Weiterbildung" aus der Bund-Länder-Förderinitiative „Künstliche Intelligenz in der Hochschulbildung". Das Projekt ist eine gemeinsame Bildungsinitiative von verschiedenen Institutionen der Leibniz Universität Hannover und externen Partnern, die Expertise aus verschiedenen Bereichen der industriellen und akademischen Forschung zusammenführt, um ein transcurriculares, disziplinübergreifendes Micro-Degree-Programm zu entwickeln und zu etablieren. Studierende aus unterschiedlichen Studiengängen können dadurch Kompetenzen im Bereich der künstlichen Intelligenz erwerben.

1. KI in der Lehrkräftebildung

KI steckt inzwischen auch in Bildungstechnologien, wie Lernplattformen, Bildungsclouds, Kollaborationswerkzeugen oder Selbstlernsoftware. Hier werden besonders sprachbasierte Tutoring- und Assistenzsysteme, adaptive Lernsoftware oder Anwendungen für das automatisierte Assesment, Grading und Scoring als Unterstützung für den Lehr-Lernprozess versprochen. Die häufigsten KI-gestützten Technologien lassen sich derzeit im Bereich der Nachhilfe und des Selbstlernens finden (Schmid et al., 2021). Bei einer genaueren Prüfung erweisen sich z. B. von Schulbuchverlagen als KI-basiert angekündigte Tools allerdings als noch wenig dynamisch. Lernpfade sind vorgelegt und Feedbackstrukturen beziehen in der Regel das aktuelle (Fehl-)Verhalten und nicht vorangegangene Interaktionen mit dem Lernprogramm mit ein. Für die Lehrkräfte wird es zunehmend von Bedeutung sein, Art und Qualität einer Lehr-Lernunterstützung zu erkennen, um das Feedback einordnen und ein adäquates Handeln daraus ableiten zu können.

Die intensiven Diskussionen über den Umgang mit textbasierten Dialogsystemen wie ChatGPT in Bildungsinstitutionen zeigen einen Handlungsbedarf auf verschiedenen Ebenen auf: Durch diese Systeme lassen sich Aufgaben so bearbeiten, dass der individuelle Anteil daran schwer zu beurteilen ist. Das macht diese Anwendungen nicht gefährlich. Im Gegenteil: KI und besonders der Umgang mit KI darf aus der Schule nicht ausgeschlossen werden. Auch außerhalb des Unterrichts werden Lernende vermehrt KI-gestützte Technologien verwenden und sie werden die meisten Berufsbilder nachhaltig verändern. Den Lernenden ist daher der kompetente und reflektierte Umgang mit der KI-gestützten Technologie und deren Daten zu vermitteln, was auch ethische Aspekte mit einbezieht. Daher ist es das Ziel pädagogische Handlungsfähigkeiten im Bereich der KI, aufgrund einer wachsenden algorithmischen Durchdringung von Lern- und Bildungsprozessen aufzubauen (Schmid et al., 2021).

Für die Lehrkräftebildung stellen sich aus unserer Sicht drei Ebenen dar, Lehrkräfte zu einem zukünftig KI-kompetenten Handeln zu befähigen (s. Abb. 1).

1.1 Vermittlung einer KI-Literacy

Lehrkräfte sollten zukünftig in der Lage sein, verschiedene Formen der KI unterscheiden und ihre Funktionsweise (zumindest in ihren Grundzügen) verstehen zu können. Ihnen ist ein Wissen darüber zu vermitteln, welche Fähigkeiten im Umgang mit KI benötigt und ggf. entwickelt werden müssen. Hierzu ist ihnen geeignetes Aus- oder Fortbildungsmaterial bereitzustellen. Des Weiteren sollten Sie zunehmend in der Lage sein, das neue Wissen mit domänenspezifischem Wissen zu verknüpfen (Wienrich et al., 2022). Der Einsatz von KI-basierten Technologien ist mit komplexen ethischen, sozialen und rechtlichen Fragen zur Gestaltung der Mensch-KI-Interaktion verbunden. KI-kompetente Nutzende wissen um Gefahrenpotenziale der KI und um das

Einleiten möglicher Gegenmaßnahmen. Entsprechend sind die Lehrkräfte dann in der Lage, den Lernenden die Grundzüge von KI zu vermitteln.

1.2 Vom Wissen zum KI-kompetenten Handeln

Mit dem Wissen über die benötigten Inhalte, Fähigkeiten und Kompetenzen sind die Lehrkräfte in der Lage, die KI kompetent in ihrer Unterrichtspraxis zu nutzen. Die Lehrkräfte nutzen Verfahren, um bei einer Anwendung zu erkennen, ob sie auf einer KI basiert und können diese dann beschreiben. Außerdem sind sie in der Lage verschiedene Formen der KI zu unterscheiden und ihre Funktionsweise bzw. Grundannahmen zu verstehen. KI-kompetent handelnde Personen befolgen die ethischen und rechtlichen Prinzipien, die eine verantwortungsbewusste Integration von KI-gestützten Applikationen ermöglichen. Dazu gehört das Reflektieren von Gefahrenpotenzialen der KI und das Einleiten von Gegenmaßnahmen.

1.3 Vom KI-kompetenten Handeln zum KI-kompetenten Gestalten

Durch Unternehmen wie OpenAI, Google Workspace und Onlinedienste wie DeepL wird der methodische Handlungsraum für die KI-gestützte Unterrichtspraxis inklusive Vor- und Nachbereitung stetig erweitert. KI-kompetente Personen können sich in unterschiedlichen Ausprägungen diesem Raum als individuelle Gestaltende nutzbar machen. Das bedeutet, dass KI-Applikationen im Domänenkontext korrekt angewendet, selbstständig verändert oder (weiter-)entwickelt werden können. KI-kompetente

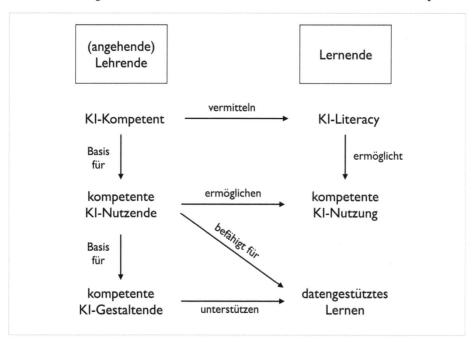

Abb. 1: KI in der Lehrkräftebildung.

Personen sind schließlich in der Lage, im Rahmen datengestützten Lernens ein über KI-gestützte Applikationen generiertes Feedback zu interpretieren und adäquat in den Lernprozess einzubinden.

2. Seminarkonzept

Das von uns entwickelte Seminarkonzept baut auf dem oben beschriebenen Dreischritt auf: In verschiedenen Lerngelegenheiten erkennen Studierende aus allen lehrkräftebildenden Studiengängen die Bedarfe für eine KI-Literacy, die sie sich je nach eigenem Kenntnisstand über OER-Ressourcen aneignen können. Dabei lernen sie auch Möglichkeiten der Entwicklung einer KI-Literacy der Lernenden kennen. Danach nutzen sie KI-Anwendungen und beurteilen sie in Bezug auf ihre Potenziale für den Unterrichtseinsatz. Entsprechend ihres Interesses oder Fachhintergrunds gestalten sie dann auf Basis eines selbst gewählten KI-Tools ein Lehr- oder Lernangebot (entsprechend Online-Material 4 oder 6). Die Lerngruppe des Seminars ist dabei Test- und Lernraum für die Erprobung und Reflexion der Entwicklungen (Tab. 1).

2.1 Phase 1 – Vermittlung einer KI-Literacy

Die erste Phase schafft bei den angehenden Lehrkräften ein Bewusstsein dafür, dass viele alltägliche Anwendungen bereits KI-basiert sind. In einem ersten Schritt werden die den Studierenden bekannten KI-gestützten Programme gesammelt. Häufig werden Applikationen wie Amazon, Netflix, Spotify, Google, Alexa, Siri und bekannte Lernsoftware (Sofatutor …) genannt. Von großer Bedeutung ist es hier, die Lernenden dazu zu animieren, sich selbst Fragen über die Funktionsweisen dieser Programme zu stellen und dann geeignete Möglichkeiten zu entwickeln, Informationen zur Beantwortung dieser Frage zu sammeln. Ein einfaches Beispiel: (Wann) Steckt in einem Staubsaugerroboter eine KI? Wenn der Roboter z. B. eine Verbindung zum WLAN hat, wäre es möglich, dass Erfahrungen aus den Saug-Einsätzen genutzt werden, um weitere Prozesse zu verbessern. (Wie) Kann ich das geeignet testen? Mit diesen Gedankenspielen werden die Studierenden animiert, immer weitere Fragen zu stellen. In einer konkreten Anwendung nutzen die Studierenden mit einem konkreten Auftrag (Online-Material 1 und 2) zwei ausgewählte KI-gestützte Applikationen aus dem Google Portfolio (Quick,Draw!, Teachable Machine). Das Ziel ist es durch spielerisches Erproben der Applikationen die Funktionsweise, den Umgang mit Dateneingabe und -ausgabe zu erkennen und dabei auch potentielle Manipulationen, Wirkungen und Folgen kritisch zu hinterfragen. Auch hier wird darüber diskutiert, wie auftretende Fragen geklärt werden können. Die Studierenden kommen dabei in der Regel an Grenzen und können Fragen nicht mehr ausschließlich mit dem kollektiven Wissen beantworten. Über die Lernplattform KI-Campus werden ihnen Lernangebote zur Vermittlung von Grundlagen zur KI zur Verfügung gestellt. Aber auch die getesteten Angebote wie Quick, Draw! oder Teachable Machine selbst gewähren über ihre Dokumentation Einblicke in die Funktionsweise oder in ihre eigenen Datenbanken, so dass hier vielseitig ein Verständnis aufgebaut werden kann.

Tab. 1: Eine Realisierungsform des Seminarkonzepts (hier: 4x3h-Blocksitzungen mit mind. zweiwöchiger asynchroner Phase zwischen den Sitzungen). Gesamtumfang 2 CTs; zuletzt durchgeführt mit 18 Teilnehmenden; für max. 30 Personen geplant.

Sitzung (Phase)	Lernform	Inhalt	Materialien	Sozialform und Methode
1 (1)	Präsenz	Sammlung (fachspezifischer) KI-gestützter Lernangebote		Einzelarbeit Brainstorming
		Was ist eigentlich KI? Beispiele KI-kompetente Person – Was bedeutet das?	KI-Campus Wienrich et al., 2022	Input
		Quick,Draw! Teachable Machine	Online Material 1 Online Material 2	Erarbeitungsphase in Gruppen
	asynchrone Phase	Welches Wissen benötige ich, um die Lernangebote zu verstehen, um sie in die eigene Unterrichtspraxis integrieren zu können oder gar um sie zu gestalten?	KI-Campus Recherche	Selbstlernphase
2 (1)	Präsenz	KI-Verfahren und praktische Anwendungen im Bildungsbereich Einsatzebenen von KI in Schule	Schmid et al., 2021	Input
		Aufgreifen KI-gestützter Lernangebote aus Sitzung 1 Ebenenzuordnung		Partnerarbeit
(2)		Beispiel: Parse unstructed data auf OpenAI	Online Material 3	Erarbeitungsphase in Gruppen
	asynchrone Phase	Analyse von KI-gestützten Lernangeboten – Kennenlernen/Vertraut machen mit selbst ausgewählten KI-gestützten Lernprogrammen	Online Material 4 (Aufgabe 1)	Selbstlernphase
3 (3)	Präsenz	Analyse von KI-gestützten Lernangebote – (Um-)Gestaltung eines KI-basierten Lernprogramms	Online Material 4 (Aufgabe 2)	Erarbeitungsphase in Gruppen
	asynchrone Phase	Kennenlernen und Erproben anderer umgestalteter/angepasster KI-gestützter Lernprogramme Feedback geben	Online Material 5	Einzelarbeit
4 (3)	Präsenz	Feedback über erstellte Lernangebote geben und bekommen		
		Moderne Unterrichtsgestaltung mit Blick auf erstellte Lernangebote (Einsatz umgestalteter Lernangebote in Unterrichtspraxis)	Online Material 6	Diskussion im Plenum Erarbeitungsphase

2.2 Phase 2 – KI-kompetente Nutzung

Das Ziel der zweiten Phase ist es, das Bewusstsein für die Nutzung KI-gestützter Technologien weiter auszubilden. Nach der ersten eher offenen und noch unspezifischen Begegnung mit KI-Anwendungen wird in dieser Phase modellhaft ein strukturiertes Vorgehen präsentiert. Dabei legen wir den Wert darauf, dass die Lernenden die KI-Anwendung nicht nur einfach nutzen, sondern auch die Qualität des Ergebnisses und damit der Anwendung an sich einschätzen können. Hierfür ist in besonderer Weise der Playground von OpenAI geeignet. Es gibt zahlreiche Anwendungsbeispiele der nutzbaren KI-Bausteine, die selbst getestet werden können. Der Playground ermöglicht es dabei, Parameter der KI zu variieren. Durch ein kontrolliertes und gut dokumentiertes Vorgehen haben die Studierenden somit die Möglichkeit, den Einfluss von Parameter-Veränderungen auf den Prozess und das Ergebnis zu ermitteln. Alle KI-Bausteine sind in ihren Funktionen teilweise durch Tutorials begleitet auf den Seiten von OpenAI dokumentiert.

Um die praktischen Anwendungen besser für die Institution Schule kategorisieren zu können, werden die im KI-Abschlussbericht (Schmid et al., 2021) beschriebenen drei Ebenen diskutiert:

1. Mikroebene: Individuelles Lernen und Üben
2. Mesoebene: Lehren, Unterrichten und Prüfen in Lerngruppen
3. Makroebene: Steuerung, Evaluation und Planung von Schulen als Organisation und System

Als ein erstes Beispiel einer Nutzung für die Mikro- und/oder Mesoebene bearbeiten die Lernenden das Arbeitsblatt „Analyse von unstrukturierten Daten" (Online-Material 3). In sehr vorstrukturieren Schritten wird den Studierenden das Vorgehen der Erkundung eines KI-gestützten Lernprogramms inklusive einer Dokumentation aufgezeigt. Die Studierenden werden mit dem Arbeitsblatt angeleitet, die Applikation zu erkunden, Potentiale und Grenzen für einen schulischen Einsatz herauszufinden und sie für ihre Domäne geeignet zu adaptieren. Hier profitiert das Seminar durch den Austausch der einzelnen Gruppen: Je mehr Gruppen das Arbeitsblatt bearbeiten, umso kreativer und vielschichtiger werden die Ergebnisse der Analyse.

2.3 Phase 3 – KI-kompetente Gestaltung

Mit der Reflexion des sehr strukturierten Vorgangs aus Phase 2 wird die nächste Phase eingeleitet. Die Studierenden wählen nun in Gruppen eine KI-gestützte Applikation mit dem Ziel aus, einen Unterrichtseinsatz basierend auf dieser KI-Anwendung selbst zu gestalten (Online-Material 4). Hierbei stehen zunächst wieder die Erkundung und strukturierte Dokumentation des eigenen Vorgehens im Vordergrund. Dies wird auch in der Unterrichtspraxis von großer Bedeutung sein, wenn Lernende KI-gestützte Applikationen für die Lösung von Aufgaben verwenden. Die Dokumentation der Nutzung ist ein entscheidender Faktor für die Beurteilung der Qualität eines Ergebnisses. Im Rahmen dieser Erkundung sollen die Studierenden einen Einsatz für die Unterrichtspraxis entwickeln und beschreiben. Die Einsatzszenarien werden dann der Lerngruppe zum Testen zur Verfügung gestellt. Sie werden dabei in die Situation von Nutzenden des Einsatzszenarios versetzt (Lernende bei Lernanwendungen oder Lehrkräfte, wenn es sich um den Einsatz einer Vor- oder Nachbereitung oder eines Monitorings handelt). Diese Testphase dient dem Feedback und der möglichen Überarbeitung der Produkte. Gleichzeitig werden aber auch Kriterien für die Beurteilung eines adäquaten Arbeitsmaterials erarbeitet (Online-Material 5).

In einer anschließenden Reflexion und Diskussion im gesamten Plenum werden weitere Potenziale der KI-Anwendungen z. B. für andere Domänen erarbeitet. Die von uns in der zweiten Phase eingebrachte Anwendung zur Analyse unstrukturierter Daten lässt sich z. B. für die Lehrkraft zur Unterrichtsvorbereitung genauso verwenden wie für die Lernenden in der Unterrichtspraxis selbst. Es bietet sich sogar die Möglichkeit, bei stark heterogenen Lerngruppen durch das Tool eine Differenzierung vorzunehmen. Um die Kreativität bei den Studierenden anzuregen, werden vergleichbare Praxisbeispiele vorgestellt (Online-Material 6).

3. Fazit und Ausblick

Im WS 2022/23 haben wir erstmals ein Seminar zum Thema KI in der Lehrkräftebildung durchgeführt. Es diente als Erprobung erster Überlegungen und wurde zu der hier beschriebenen Seminarkonzeption weiterentwickelt. Dabei verlief die Recherche und Erprobung von als KI-gestützt beschriebenen Anwendungen im schulischen Kontext eher enttäuschend. Viele Produkte z. B. von Lehrmittelanbietern entpuppten sich eher als programmiertes Lernen, indem bei geschlossenen Fragen dem Antwortverhalten entsprechend neue Lernangebote gemacht wurden. Im ersten Durchgang war es noch kaum möglich explizite KI-gestützte Einsätze für die Unterrichtspraxis zu gestalten. Doch noch während des Seminars wuchs durch das Publik werden von ChatGPT das Bewusstsein für die Bedeutung und Notwendigkeit eines derartigen Seminars. Zum Beginn des zweiten Seminardurchgangs war dann eine Vielzahl an KI-gestützten Anwendungsbeispielen verfügbar, die aufzeigen, wie sich Lehren und Lernen in Zukunft anders darstellen wird. Um eben diese Zukunft aktiv mitgestalten zu können, ist es notwendig, sich intensiv mit den Entwicklungen auseinanderzusetzen und diese für einen Einsatz in die Unterrichtspraxis zu erproben. Das Seminar verfolgt genau dieses Ziel und bestätigt anhand sehr unterschiedlicher entwickelter Endprodukte den Erfolg. Die Seminarkonzeption gibt dem Erkunden aktueller KI-Tools durch die Lerngruppe bewusst viel Raum. Damit bleibt es unabhängig von weiteren Entwicklungen im KI-Bereich aktuell und realisierbar.

Studierende, die über dieses Seminar das Interesse daran finden, sich weiter und intensiver mit KI im Bildungskontext auseinanderzusetzen, können sich im Rahmen des Micro-Degree Programms qualifizieren. Die Leibniz Universität Hannover ist einer der ersten Universitäten überhaupt, die die Basis für derartige Weiterqualifizierungsprogramme geschaffen hat, an denen auch Lehrkräfte im Rahmen einer

Weiterbildung teilnehmen können. Aus einer Auswahl von Grundlagen- und Vertiefungsmodulen können sie sich spezialisieren und im Modul *AI for Education* mit einer Abschlussarbeit qualifizieren. Hier ist geplant, dass (angehende) Lehrkräfte in Tandems mit Informatikerinnen bzw. Informatikern eine Anwendung für den Bildungsbereich selbst erstellen und erproben.

Literatur

Schmid, U., Blanc, B. & Toepel, M. (2021). *KI@Bildung: Lehren und Lernen in der Schule mit Werkzeugen Künstlicher Intelligenz. Schlussbericht.* Deutsche Telekom Stiftung. https://www.telekom-stiftung.de/sites/default/files/files/media/publications/KI%20Bildung%20Schlussbericht.pdf

Wienrich, C., Carolus, A., Markus, A. & Augustin, Y. (2022). *AI Literacy: Kompetenzdimensionen und Einflussfaktoren im Kontext von Arbeit.* Denkfabrik Digitale Arbeitsgesellschaft. https://www.denkfabrik-bmas.de/fileadmin/Downloads/Publikationen/AI_Literacy_Kompetenzdimensionen_und_Einflussfaktoren_im_Kontext_von_Arbeit.pdf

Onlinequellen

DeepL: https://www.deepl.com/de/translator
Google Workspace: http://workspace.google.com/
KI-Campus: https://ki-campus.org/
Leibniz AI Academy: https://www.ai-academy.uni-hannover.de/en/
OpenAI: https://openai.com/
Open AI Anwendungsbeispiele: https://platform.openai.com/examples
Quick,Draw!: https://quickdraw.withgoogle.com/
Teachable Machine: https://teachablemachine.withgoogle.com/

[zuletzt abgerufen am 10.10.2023]

 Onlinematerial

Sascha Schanze, Institut für Didaktik der Naturwissenschaften, Leibniz Universität Hannover, Am Kleinen Felde 30, 30167 Hannover
schanze@idn.uni-hannover.de
https://orcid.org/0000-0002-5570-4991

Patricia Kühne, Institut für Didaktik der Naturwissenschaften, Leibniz Universität Hannover, Am Kleinen Felde 30, 30167 Hannover
kuehne@idn.uni-hannover.de

Marcus Kubsch, Stefan Sorge,
Julia Arnold, Nicole Graulich
(Hrsg.)

Lehrkräftebildung
neu gedacht

Ein Praxishandbuch
für die Lehre in den
Naturwissenschaften
und deren Didaktiken

2021, 268 Seiten, br., 29,90 €,
ISBN 978-3-8309-4349-5
E-Book: Open Access

WAXMANN

www.waxmann.com
info@waxmann.com

Die Lehrkräftebildung in den Naturwissenschaften hat die Aufgabe, die angehenden Lehrkräfte der Biologie, Chemie und Physik auf die Gestaltung des Unterrichts der Zukunft vorzubereiten. Dabei wurden in den letzten Jahren verstärkt neue Lehr-Lern-Formate, Technologien und Methoden an einzelnen Hochschulstandorten entwickelt, um dieser Herausforderung gerecht zu werden. Dieses Buch gibt einen praxisbezogenen Einblick in Innovationen der Lehrkräftebildung in den Naturwissenschaften und macht sie damit auch für den Einsatz an weiteren deutschsprachigen Hochschulen zugänglich. Dazu präsentieren die Autorinnen und Autoren von über 30 Hochschulen in Deutschland, Österreich und der Schweiz neue Ansätze zu Unterstützungsmöglichkeiten der Kompetenzentwicklung, zum Einsatz von Medien und zur Förderung der Planung und Reflexion von Unterricht. Unterstützt wird dies durch umfassende Onlinematerialien, was die Nutzung an anderen Hochschulstandorten begünstigen und damit die Weiterentwicklung der Lehrkräftebildung in den Naturwissenschaften insgesamt fördern soll.

Alois Buholzer,
Dorothee Brovelli (Hrsg.)

Formatives Assessment

Perspektiven für Unterricht und Lehrerinnen- und Lehrerbildung

2023, 240 Seiten, br., 29,90 €,
ISBN 978-3-8309-4749-3
E-Book: Open Access

Formatives Assessment gilt als wesentlicher Indikator für Unterrichtsqualität und ist Teil einer lernförderlichen Beurteilungskultur. Das Konzept des formativen Assessments geht davon aus, dass Beurteilungen als Teil eines Lernprozesses verstanden werden, mit dem Ziel, diesen zu erfassen und zu fördern. Der Sammelband vermittelt im ersten Teil anhand von sieben Beiträgen einen Einblick in aktuelle Studien zur Umsetzung von formativen Beurteilungsprozessen in der Unterrichtspraxis. Der zweite Teil beinhaltet vier Beiträge, wie Lehramtsstudierende für diese Thematik qualifiziert werden können.

WAXMANN

www.waxmann.com
info@waxmann.com